# 西南民族地区新型城镇化进程中旅游型城市新区产业布局研究

A Study on Industrial Layout of New District of Tourism City in the Process of New Urbanization in Southwest Minority Areas

曾 鹏　曹冬勤　著

中国财经出版传媒集团
经济科学出版社
Economic Science Press

图书在版编目（CIP）数据

西南民族地区新型城镇化进程中旅游型城市新区产业布局研究/曾鹏，曹冬勤著 . —北京：经济科学出版社，2019.8

ISBN 978 – 7 – 5218 – 0888 – 9

Ⅰ.①西… Ⅱ.①曾…②曹… Ⅲ.①民族地区 – 旅游业发展 – 研究 – 西南地区 Ⅳ.①F592.77

中国版本图书馆 CIP 数据核字（2019）第 202494 号

责任编辑：李晓杰
责任校对：王肖楠
责任印制：李　鹏

**西南民族地区新型城镇化进程中旅游型城市新区产业布局研究**
曾　鹏　曹冬勤　著
经济科学出版社出版、发行　新华书店经销
社址：北京市海淀区阜成路甲 28 号　邮编：100142
总编部电话：010 – 88191217　发行部电话：010 – 88191522
网址：www.esp.com.cn
电子邮件：esp@esp.com.cn
天猫网店：经济科学出版社旗舰店
网址：http://jjkxcbs.tmall.com
北京密兴印刷有限公司印装
710×1000　16 开　20 印张　360000 字
2019 年 11 月第 1 版　2019 年 11 月第 1 次印刷
ISBN 978 – 7 – 5218 – 0888 – 9　定价：66.00 元
（图书出现印装问题，本社负责调换。电话：010 – 88191510）
（版权所有　侵权必究　打击盗版　举报热线：010 – 88191661
QQ：2242791300　营销中心电话：010 – 88191537
电子邮箱：dbts@esp.com.cn）

# 作者简介

**曾鹏**，男，1981年7月生，汉族，广西桂林人，中共党员。广西师范大学经济学、法学双学士、管理学硕士，哈尔滨工业大学管理学博士，中国社会科学院研究生院经济学博士（第二博士），中央财经大学经济学博士后，经济学教授，重庆大学、广西民族大学博士研究生导师。历任桂林理工大学人文社会科学学院副院长（主持行政工作）、广西壮族自治区科学技术厅办公室副主任（挂职）、桂林理工大学社会科学办公室主任、科技处副处长，现任广西民族大学研究生院院长。获得共青团广西壮族自治区委员会—广西壮族自治区青年联合会"广西青年五四奖章"；入选中华人民共和国国家民族事务委员会"民族问题研究优秀中青年专家"、中华人民共和国国家旅游局"旅游业青年专家培养计划"、中华人民共和国民政部"行政区划调整论证专家"、中共广西壮族自治区委员会—广西壮族自治区人民政府"八桂青年学者"、广西壮族自治区人民政府"十百千人才工程"第二层次人选、广西壮族自治区教育厅"广西高等学校高水平创新团队及卓越学者计划"、广西壮族自治区教育厅"广西高等学校优秀中青年骨干教师培养工程"、广西壮族自治区知识产权局"广西知识产权（专利）领军人才"、广西壮族自治区文化厅"广西文化产业发展专家"、桂林市人民代表大会常务委员会"立法专家顾问"等专家人才计划。

主要从事城市群与区域经济可持续发展方面的教学与科研工作。主持完成或在研国家社会科学基金项目3项（含重点项目1项）、中国博士后科学基金项目1项、国家民委民族问题研究项目1项、国家旅游局旅游业青年专家培养计划项目1项、广西哲学社会科学规划课题3项（含重点项目1项）、广西教育科学规划课题2项、广西壮族自治区教育厅科研项目3项、广西壮族自治区民政厅科研项目1项、广西壮族自治区民族宗教事务委员会课题1项、广西高等教育教学改革工程项目1项、广西学位与研究生教育改革和发展专项课题1项、广西人文社会科学发展研究中心项目1项、广西旅游产业人才小高地人才提升专项研究课题1项、广西壮族自治区社会科学界联合会研究课题2项、广西研究生科研创新项目1项；作为主研人员完成或在研国家社会科学基金课题6项、国家自然科学基金课题1项。出版《面向后发地区的区域技术战略对企业迁移作用机理研究》

《中国—东盟自由贸易区带动下的西部民族地区城镇化布局研究——基于广西和云南的比较》《中西部地区城市群培育与人口就近城镇化研究》《西南民族地区高速公路与特色旅游小城镇协同研究（中、英、日、朝鲜四种语言版本）》《珠江—西江经济带城市发展研究（2010－2015）（10 卷本）》等著作 7 部（套）；在《科研管理》《自然辩证法研究》《社会科学》《国际贸易问题》《农业经济问题》《数理统计与管理》《经济地理》《中国人口·资源与环境》《人文地理》《现代法学》《青年研究》等中文核心期刊、CSSCI 源期刊、EI 源期刊上发表论文 95 篇，在省级期刊上发表论文 24 篇，在《中国人口报》《广西日报》的理论版上发表论文 33 篇，在《海派经济学》《产业组织评论》等 CSSCI 源辑刊、国际年会和论文集上发表论文 24 篇。论文中有 9 篇被 EI 检索，有 4 篇被 ISTP/ISSHP 检索，有 79 篇被 CSSCI 检索，有 3 篇被《人大复印资料》《社会科学文摘》全文转载。撰写的管理教学案例被中国专业学位教学案例中心、中国管理案例共享中心等案例库收录 8 篇。学术成果获中华人民共和国国家民族事务委员会颁发的国家民委社会科学优秀成果奖二等奖 1 项、三等奖 1 项；广西壮族自治区人民政府颁发的广西社会科学优秀成果奖一等奖 1 项、二等奖 3 项、三等奖 7 项；中华人民共和国商务部颁发的商务部商务发展研究成果奖三等奖 1 项；中国共产主义青年团中央委员会颁发的全国基层团建创新理论成果奖二等奖 1 项；中华人民共和国民政部颁发的民政部民政政策理论研究一等奖 1 项、二等奖 3 项、三等奖 3 项、优秀奖 1 项；教育部社会科学司颁发的高校哲学社会科学研究优秀咨询报告 1 项；中国共产主义青年团中央委员会办公厅颁发的全国社区共青团工作调研活动优秀调研奖一等奖 1 项；桂林市人民政府颁发的桂林社会科学优秀成果奖一等奖 2 项、二等奖 2 项、三等奖 4 项；广西壮族自治区教育厅颁发的广西教育科学研究优秀成果奖三等奖 1 项；广西壮族自治区教育厅颁发的广西高等教育自治区级教学成果奖二等奖 1 项；全国工商管理硕士教育指导委员会颁发的"全国百篇优秀管理案例" 1 项。

**曹冬勤**，女，1994 年 1 月出生，汉族，四川资阳人。南京航空航天大学博士研究生，主要从事创新管理、区域经济可持续发展方面的研究。在《自然辩证法研究》《数理统计与管理》等中文核心期刊、CSSCI 源期刊上发表了论文 4 篇，出版专著《西南民族地区高速公路与特色旅游小城镇协同研究（中文、英文、日文、朝鲜文四种语言版本）》《西南民族地区旅游城市化进程中的新型城乡形态演化研究》2 部。获得广西社会科学优秀成果奖一等奖、国家民委社会科学研究成果三等奖各 1 项，桂林市社会科学优秀成果奖二等奖、三等奖 2 项，也是国家文化和旅游部"2018 年度万名旅游英才计划"项目获得者。

# 序 一

中国社会科学院学部委员、中国社会科学院大学首席教授、
博士研究生导师　程恩富教授

公平是人类思想史的重要论题，是人类永恒的追求，马克思主义公平理论认为，公平对现实的经济具有维护或者破坏的作用。在社会经济当中，人人都有平等地付出劳动，平等地享用劳动所得的权利，每一个劳动者都有享受经济增长、经济发展带来福利的平等权利。马克思的公平理论指导我们，在社会主义条件下，提高效率、增进财富的目的不是为了少数人财富的过度积累，而是实现共同富裕。公平分配就是避免收入差距拉大过程中出现的两极分化和实现共同富裕的最直接、最有效的手段。

我国是一个统一的多民族国家，各民族都是中华民族的重要组成部分，是国民经济社会发展的重要组成部分，各民族的经济、社会、文化发展都与国家整体发展息息相关。为适应新时期加强和改进民族工作的需要，以习近平同志为核心的党中央紧紧围绕"两个一百年"奋斗目标认识民族关系，牢牢把握解决民族问题过程中物质文明和精神文明建设的关系及其重要性，强调要围绕民生需求加快民族地区经济社会全面发展，要重视做好城市民族工作，要加强党对民族工作的领导并不断促进党的建设，为民族工作的发展提供坚实的政治保障。西南民族地区地处我国西南边陲，是我国西南边疆的门户，历史社会发展条件的限制使得当地的经济和社会发展有所欠缺，城镇化进程缓慢与社会经济发展滞后问题互相交错。相对于东部沿海经济地带，西南民族地区是我国贫困发生率较高的区域，是我国经济社会发展的短

板，更是国家精准扶贫工作的攻坚主战场。进入新时代，要实现共同富裕和全国各族人民共同繁荣发展，促进区域经济发展公平，加强西南民族地区的经济社会发展成为新时期的首要任务。

从区域经济发展的角度来看，新型城镇化作为我国全面建设小康社会的重要载体，已成为新时期我国经济、社会发展的重要战略选择，是促进区域经济发展的重要抓手。与此同时，西南民族地区城镇化进程缓慢，新型城镇化对西部的影响比东部更大，加快新型城镇化发展步伐有利于缩小西南民族地区城乡发展差距，实现城乡协同发展，减少城镇人口与农村人口的收入差距，让更多的农村人口能够享受到城市的公共服务和福利，是实现城市和农村同时发展的必经之路。同时，在现有的西南民族地区产业布局中，旅游型城市新区的产业布局还存在着许多不合理的地方，旅游产业与泛旅游产业的内部物质交流强度还不够，相关产业没有形成产业集聚优势，也没有形成城市新区的经济增长极。曾鹏教授所著《西南民族地区新型城镇化进程中旅游型城市新区产业布局研究》结合新型城镇化建设目标和发展特征，提出了通过新型城镇化发展以优化西南民族地区的产业布局可以实现不同类型资源的整合和优势互补的路径，有利于促进西南民族地区的经济社会的发展，维护民族团结，促进区域经济平衡发展。

本书以实现民族地区经济社会发展为研究目的，运用科学的研究方法对西南民族地区新型城镇化建设、旅游型城市发展、城市新区产业布局展开深入的研究。曾鹏教授长期以来对西南民族地区发展问题十分关注，通过机理分析——实证研究——案例验证——路径规划——实践规划的逻辑架构对西南民族地区新型城镇化与旅游型城市新区产业布局的关系进行了分析和案例验证。运用质性的研究方法提出西南民族地区新型城镇化进程中旅游型城市新区产业布局的分析框架、布局机理、研究假设、理论模型等，同时运用调查问卷所收集到的数据对西南民族地区新型城镇化与旅游型城市新区产业布局的关系进行实证分析，建立结构方程模型，对本书所提出的研究假设和理论模型进行检验，做到定量和定性的统一。这是在现有的城镇化与旅游型城市产业布局研究上的一个创新点。

为了保证本书的严谨性，在计量的基础上运用SPS案例研究的方法进行案例分析，选择广西桂林、贵州六枝、云南丽江、云南昆明及广西巴马作为案例地，集中体现了曾鹏教授及其团队成员立足实际、求真务实的科研精神。通过典型案例的描述与分析，对西南民族地区新型城镇化进程中旅游型城市新区产业布局优化路径进行案例验证，做到了理论分析与定量分析的深度切合，使本书在逻辑上具有高度的连贯性和逻辑性。面对范围广、内容复杂的论题，这本书中所涉及的研究或许还存在着一些值得推敲的地方，有待于进一步深化和完善，但是总体来说不失为一项较高学术水平的学术成果。

2019年6月

# 序 二

山东大学经济研究院院长、长江学者特聘教授、
博士研究生导师 黄少安教授

  制度经济学研究制度对于经济行为和经济发展的影响，以及经济发展如何影响制度的演变，以制度作为视角，研究"制度"和分析"制度因素"在社会经济发展中的作用。新制度经济学认为，市场经济发展除了新科学、新技术的推动作用之外，制度创新与变迁也会对其产生影响。诺斯认为，制度是决定长期经济绩效的根本因素。《西南民族地区新型城镇化进程中旅游型城市新区产业布局研究》从制度匹配的角度出发，创新性地提出了制度匹配的两个维度——新型城镇化匹配和产业布局匹配，并进一步将新型城镇化匹配和产业布局匹配进行构成维度的划分，在维度划分的基础上进行各自内部要素的匹配，充分发挥制度创新对旅游型城市新区产业布局的优化作用。

  新制度经济学家安德鲁·肖特界定社会制度，"是社会全体成员都赞同的社会行为中带有某种规律性的东西，这一规律性具体表现在各种特定的往复情境中，并且能够自行实行或由某种外在权威实行之。"诺斯提出制度包括正式规则和非正式规则，包括政治规则、经济规则、契约和声誉、普遍接受的行为标准，以及因重复交易而产生的惯例等，是一些人为设计的，形塑人们互动关系的约束。正式规则是人们有意识建立起来的，并通过正式方式予以确定，非正式规则被演进变化中的社会关系所强化，诸如习俗、传统、道德伦理、意识形态等。在人类行为的规则约束体系中，尽管正式规则构成了基本结构，但是对人

们行为的具体约束大部分是由非正式规则来维持的。西南民族地区旅游型城市新区产业布局是一个动态的过程，构建良好的制度环境既需要正式规则，也需要非正式规则。西南民族地区有丰富的旅游资源，民俗文化、节庆、价值信念作为经济学意义上的非正式规则安排，具有制度的属性与功能，当它们与经济发展的客观要求相适应时，可以降低交易成本，强化激励机制，提高经济绩效。

制度经济学强调立足于个人之间的互动来理解经济活动，首先确立以人与人之间的关系作为研究的起点，反对以一个确定的、总量的标准对整个经济活动作出安排的研究思路。西南民族地区的新型城镇化建设将注意力由追求城市规模扩大和空间扩张转为进行城市的文化建设、增加公共物品的供给和公共服务设施上来，要求城镇建设不仅仅是进行硬件设施的建设，还应该将注意力放在城镇建设的质量上来，推动城镇化由偏重数量规模增加向注重质量内涵提升转变，使得新型城镇成为真正的宜居场所，建设绿色人文城市。该书所研究的新型城镇化是以人为核心的城镇化，在思想上牢牢树立以人为本的思想，积极创造良好的以人为本的城市环境，产生良好的为人服务的功能。强调把符合条件的农业人口逐渐转变为城市居民，让更多的农村人口享受到城市居民的待遇，从本质上提高人口城镇水平。

随着社会经济的发展，西南民族地区因工业化推进城市化，伴随经济、人口和用地规模的扩大，城市中出现了一系列的经济问题、社会问题和环境问题。建设城市新区成为现代城市发展的必然选择，建设城市新区是保护和改善城市环境的根本措施。习近平同志在党的十九大报告中提出构建"以城市群为主体构建大中小城市和小城镇协调发展的城镇格局，加快农业转移人口市民化"，以促进人的城镇化为核心、提高质量为导向的新型城镇化战略成为新时代中国特色社会主义发展的重要制度，成为实施乡村振兴战略和区域协调发展战略的有力支撑。近十几年来我国旅游型城市得到了快速发展，并在不断发展经济中促进社会、文化、生态、公共服务等综合发展，城市综合效益不断提高，旅游型城市发展要求也越来越高，其中，如何在旅游型城市进行合理的产业布局成为新时期旅游型城市提高自身社会经济发展水平的重要路径之一，也是制度创新的重要内容。

曾鹏教授长期关注中国旅游城镇化和民族区域经济发展的重大理论和现实问题，这本著作对西南民族地区旅游型城市新区产业布局问题进行了深入的探讨研究。在新型城镇化的背景下探讨旅游型城市新区产业布局内在机理、概念模型和优化路径，运用全新的方法和思路对西南民族地区新型城镇化进程中旅游型城市新区产业布局进行探讨，对进一步促进西南民族地区旅游产业的繁荣和发展、推进以人为核心的新型城镇化进程及优化旅游型城市新区产业布局具有重要的理论价值和实践意义。

这本著作凝聚了曾鹏教授团队的心血和努力，集中体现了他们求真务实、艰苦探索、脚踏实地的团队精神，具有一定的科研价值和实践价值。限于自身学术水平和学术水平，该书虽然对西南民族地区新型城镇化进程旅游型城市新区产业布局进行了深入和研究，但是研究仍然存在许多的不足和未解决的问题，在研究的一些方面还可以展开进一步的研究，如果能激发更多的研究者加入这个研究领域，产生出更多的研究成果，则是我所衷心期盼的。

2019 年 6 月

# 序 三

哈尔滨工业大学发展战略研究中心主任、博士研究生导师  于渤教授

城市作为社会经济发展的重要载体，也是创新要素的主要聚集地，创新成为城市社会和经济发展的主导力量和重要源泉。我国的城市发展已经进行了全新的发展时代，在新时代促进新型城镇化发展，必须深入学习贯彻习近平新时代中国特色社会主义思想和党的十九大精神，坚持稳中求进工作总基调，坚持新发展理念，紧扣我国社会主要矛盾变化，推动新型城镇化高质量发展，努力实现在新起点上取得新突破。本著作以创新为起点，在新型城镇化的大背景下探讨旅游型城市新区产业布局的优化机理和优化路径，将旅游型城市新区产业布局与新型城镇化相结合进行研究有利于缓解城镇化过程中出现的发展不均衡、环境污染严重、产业支撑力度不够等相关问题。通过提高城镇化水平来促进西南民族地区社会经济的发展，通过发展旅游经济来提高当地居民的财产性收入和增加旅游公共服务设施供给，促进区域经济平衡发展。

就目前我国的城市新区发展来说，我国城市空间进入快速拓展时期，新区开发在我国现阶段大中城市发展中占有重要地位，城市新区开发与建设是我国当今城市发展的主要态势。与此同时，很多新区面临着大量农业人口向城市人口转化、城市社会服务设施和基本功能薄弱、新区入住率偏低、产业竞争力弱、新老城区功能衔接不够等诸多问题。城市新区作为城市郊区化过程中各种新城市地区的高级形式，其产业布局结构关系到城市新区的经济、社会和环境发展。旅游化与

城镇化是当今经济社会发展的两大推动力，影响着城市新区发展和布局规划，而城市新区产业结构的调整与升级和组织形式的演化与更替，影响了城市空间的物质与功能要素，进而推动了城市空间形态的演变。

新型城镇化是推动城市新区建设的主要动力之一，对城市新区发展提出了新的目标和要求，如产城融合、集约发展、环境友好、社会和谐等。而纵观我国现有的城市新区产业发展，在新型城镇化发展的大趋势中还出现了亟须解决的问题。集中表现在城市新区建设的核心价值理念不突出，一些城市新区简单地表现为城市发展的空间扩张，没有将新型城镇化的理念体现在新区规划和产业发展中，没有承载新功能、探索新体制、创新新理念和搭建新平台。新区的城市规划水平较低，新区的规划建设没有将生态、产业发展、城乡统筹、智能交通等要素考虑在内，没有体现出21世纪新型城镇化进程中的城市规划的特点和进步。如何在新型城镇化发展的大背景下将创新要素贯彻到城市新区建设当中，促进城市新区产业布局优化，进一步扩大旅游产业供给，优化旅游型城市产业布局成为当今西南民族地区新型城镇化与旅游产业发展共同面对的难题。

本书以西南民族地区为研究区域，将研究机理与西南民族地区的实际情况相结合，将研究的重点放在新型城镇化进程中旅游型城市新区产业布局上来。为了进一步细分旅游型城市产业布局路径，本书分别构建出了西南民族地区新型城镇化进程中观光旅游主导型城市新区产业布局、新型城镇化进程中生态旅游主导型城市新区产业布局、新型城镇化进程中休闲旅游主导型城市新区产业布局、新型城镇化进程中商务旅游主导型城市新区产业布局及新型城镇化进程中养生旅游主导型城市新区产业布局模型，强调在城市新区发展中通过优化新区布局以使得产业的优势更为突出，强调旅游型城市新区的发展必须根据发展阶段、地域特征、功能形式等选择合适的开发管理模式。

为了对西南民族地区旅游型城市展开深入的研究，曾鹏教授团队成员前后三次亲赴广西桂林、贵州六枝特区、云南丽江、云南昆明及广西巴马案例地，克服重重困难，不辞劳苦，集中体现了锲而不舍、求真务实的团队精神。在区域可持续发展思想不断深入的大趋势下，本书的出版对西南民族地区走一条能使经济与人口、资源、环境得以协调持续发展的道路，具有非凡的理论指导价值。

2019年6月

# 目 录

## 第 1 章 ▶ 绪论　1

1.1　研究背景及问题提出　1

1.2　研究目的及研究意义　7

1.3　研究综述　9

1.4　主要研究内容、技术路线和研究方法　16

## 第 2 章 ▶ 西南民族地区新型城镇化进程中旅游型城市新区产业布局的分析框架和布局机理　21

2.1　西南民族地区新型城镇化进程中旅游型城市新区产业布局的构成维度　21

2.2　西南民族地区新型城镇化进程中旅游型城市新区产业布局的分析框架　24

2.3　西南民族地区新型城镇化进程中旅游型城市新区产业布局机理　28

## 第 3 章 ▶ 西南民族地区新型城镇化进程中旅游型城市新区产业布局的研究假设和理论模型　48

3.1　新型城镇化进程中观光旅游主导型城市新区产业布局的研究假设和理论模型　48

3.2　新型城镇化进程中生态旅游主导型城市新区产业布局的研究假设和理论模型　54

3.3　新型城镇化进程中休闲旅游主导型城市新区产业布局的研究假设和理论模型　59

3.4 新型城镇化进程中商务旅游主导型城市新区产业布局的研究
　　假设和理论模型　64
3.5 新型城镇化进程中养生旅游主导型城市新区产业布局的研究
　　假设和理论模型　69

# 第4章▶西南民族地区新型城镇化进程中旅游型城市新区
　　　　产业布局的结构方程实证研究　75

4.1 调查问卷设计与数据收集　75
4.2 新型城镇化进程中观光旅游主导型城市新区产业布局的
　　实证研究　80
4.3 新型城镇化进程中生态旅游主导型城市新区产业布局的
　　实证研究　104
4.4 新型城镇化进程中休闲旅游主导型城市新区产业布局的
　　实证研究　123
4.5 新型城镇化进程中商务旅游主导型城市新区产业布局的
　　实证研究　142
4.6 新型城镇化进程中养生旅游主导型城市新区产业布局的
　　实证研究　160

# 第5章▶西南民族地区新型城镇化进程中旅游型城市新区产业
　　　　布局的SPS案例验证研究　179

5.1 案例研究设计　179
5.2 新型城镇化进程中观光旅游主导型城市新区产业布局：
　　以广西桂林观光旅游为例　186
5.3 新型城镇化进程中生态旅游主导型城市新区产业布局：
　　以贵州六枝特区生态旅游为例　193
5.4 新型城镇化进程中休闲旅游主导型城市新区产业布局：
　　以云南大理休闲旅游为例　199
5.5 新型城镇化进程中商务旅游主导型城市新区产业布局：
　　以云南昆明商务旅游为例　205
5.6 新型城镇化进程中养生旅游主导型城市新区产业布局：
　　以广西巴马养生旅游为例　210

# 第 6 章 ▶ 西南民族地区新型城镇化进程中旅游型城市新区产业布局优化的实现路径　216

6.1　新型城镇化进程中观光旅游主导型城市新区产业布局优化路径　216
6.2　新型城镇化进程中生态旅游主导型城市新区产业布局优化路径　218
6.3　新型城镇化进程中休闲旅游主导型城市新区产业布局优化路径　221
6.4　新型城镇化进程中商务旅游主导型城市新区产业布局优化路径　223
6.5　新型城镇化进程中养生旅游主导型城市新区产业布局优化路径　226

# 第 7 章 ▶ 西南民族地区新型城镇化进程中旅游型城市新区产业布局的实践规划：以桂林至阳朔黄金旅游带为例　229

7.1　产业规划基本原理　229
7.2　发展基础及思路　231
7.3　黄金旅游带 SWOT 分析　237
7.4　产业选择　243
7.5　空间布局　252
7.6　基础设施　256
7.7　环境保护　258

# 结论　260

附录 1：西南民族地区新型城镇化进程中观光旅游主导型城市新区产业布局调查问卷　263

附录 2：西南民族地区新型城镇化进程生态旅游主导型城市新区产业布局调查问卷　267

附录 3：西南民族地区新型城镇化进程休闲旅游主导型城市新区产业布局调查问卷　271

附录 4：西南民族地区新型城镇化进程商务旅游主导型城市新区产业布局调查问卷　275

附录 5：西南民族地区新型城镇化进程养生旅游主导型
　　　　城市新区产业布局调查问卷　　279

参考文献　283

后记　298

# 第1章

# 绪　论

## 1.1　研究背景及问题提出

### 1.1.1　研究背景

习近平总书记在党的十九大报告中指出："以城市群为主体构建大中小城市和小城镇协调发展的城镇格局，加快农业转移人口市民化。"以促进人的城镇化为核心、提高质量为导向的新型城镇化战略，是新时代中国特色社会主义发展的重要实践，是建设现代化国家的关键举措，也是实施乡村振兴战略和区域协调发展战略的有力支撑。在新时代全民促进新型城镇化发展，必须深入学习贯彻习近平新时代中国特色社会主义思想和党的十九大精神，全面贯彻落实中央经济工作会议、中央农村工作会议和政府工作报告部署，坚持稳中求进工作总基调，坚持新发展理念，紧扣我国社会主要矛盾变化，推动新型城镇化高质量发展，努力实现在新起点上取得新突破。新型城镇化发展水平应当与城镇产业结构转型和新增就业岗位、城镇实际吸纳农村人口的能力，以及水土资源和环境承载力等保持一致。

新型城镇化建设的重点任务包括以下四方面：一是加快农业转移人口市民化。全面放宽城市落户条件，强化常住人口基本公共服务，深化"人地钱挂钩"配套政策，不断促进新市民融入城市，通过促进人口市民化、深化户籍制度改革和增加公共福利支出来发挥人口城镇化的主导作用。二是提高城市群建设质量。全面实施城市群规划，稳步开展都市圈建设，加快培育新生中小城市，引导特色小镇健康发展。三是提高城市发展质量。提升城市经济质量，优化城市空间布局，建设绿色人文城市，推进城市治理现代化。四是加快推动城乡融合发展。做好城乡融合发展顶层设计，推进城乡产业融合发展，利用城镇化"翘首"效应，促进农村人均收入提升。

相较于城镇化的概念，新型城镇化将注意力由追求城市规模扩大和空间扩张转为进行城市的文化建设、提供公共物品的供给和增加公共服务设施，要求城镇建设不仅仅是进行硬件设施的建设，还应该将注意力放在城镇建设的质量上来，推动城镇化由偏重数量规模的增加转向注重质量内涵的提升，使新型城镇成为真正的宜居场所。新型城镇化的本质是用科学发展观来统领城镇化建设，强调优化布局和生态文明建设，未来的城镇化发展道路应该是一条创新驱动的道路，通过要素空间集聚来推动技术创新和产业结构升级，改变过去单一的、粗放的生产方式，更多地将知识和技术引入城镇化建设，将城镇打造成智能文化社区。总体来说，可以将新型城镇化的特点归纳为以下特点：一是科学规划，合理布局。新型城镇化强调城市群的科学规划和产业的合理布局，包括大中城市、小城镇以及城市群的科学布局，城市的布局要紧密地与区域经济发展水平和产业分布相适宜，与地区的资源、环境承载能力相适应，重视新农村建设，保护小城镇特色。二是新型城镇化是以人为核心的城镇化。新型城镇化的建设活动以人为中心进行展开，发展城镇的目的是为人服务，树立牢固人本思想，创造良好的人本环境，形成良好的人本气氛，产生良好的为人服务的功能。强调把符合条件的农业人口逐渐转变为城市居民，让更多的农村人口享受到城市居民的待遇，从本质上提高人口城镇水平。三是新型城镇化建设推行绿色发展，突出生态文明建设。在城镇化发展的过程中要以绿色发展、循环发展、低碳发展为理念，在土地利用中强调集约化，提高现有工业用地的利用率。同时，注重节约能源和提高能源的利用率，包括水、能源等资源，强化生态修复和环境治理，推动形成绿色低碳的生产生活方式和城市建设运营管理模式，降低对环境的损害。

新型城镇化作为我国全面建设小康社会的重要载体，已成为新时期我国经济、社会发展的重要战略选择，现有的城镇化发展取得了显著的成就，但是也出现了一些矛盾和问题。传统的城镇化模式主要体现为粗放扩张型，城镇人口规模的迅速增长导致城镇空间无序膨胀、资源大量消耗、城镇环境显著恶化等各种城市问题开始出现，严重影响到了城镇化发展速度和质量。党的第十八次全国代表大会提出，要坚定不移地走中国特色的新型城镇化道路，新型城镇化是我国现代化建设的大战略和历史性任务，是我国扩大内需的长期动力之所在，是推动我国经济持续健康发展的"火车头"。党的十八大以来，以习近平同志为核心的党中央分析城镇化发展形势，牢牢把握城镇化是现代化的必由之路这一指导思想，站在促进中国特色新型工业化、信息化、城镇化、农业现代化这四化同步发展的高度，以战略和全局的站位对新型城镇化做出部署，提出了今后一个时期推进城镇化的总体要求和主要任务，为城镇化更稳更好发展提供思想指南。

结合新型城镇化建设目标和发展特征，本书认为现有的新型城镇化建设出现了以下的问题：一是市民化的问题。在现有的新型城镇化发展中，被统计为城镇人口的数量依然很小，仍有2.5亿农民工无法享受到与城镇化居民相同的公共服务待遇。同时，还有7 000万城镇间流动人口也面临着公共服务差距，市民化的问题还比较突出。二是城乡统筹的问题。快速城镇化造成的重城市、轻农村、城乡分治的问题，推动农村经济社会科学发展是统筹城乡发展的重要内容。新型城镇化要着力破解城市内部二元结构难题，带动内需扩大和就业增加。三是生态文明建设的问题。传统的城镇化建设是以工业化为依托的，伴随着工业化生产其环境污染越来越严重，生态退化越来越严重，公共环境治理问题逐渐成为新兴城镇化建设的一项重大问题。四是就地城镇化的问题。城镇化要积极稳妥地推动大型城市、中型城市、小型城市、新兴城市农村社区等整个城镇体系合理化发展。发展农业生产、促进农村经济发展、增加农民收入、完善农村基础设施建设和全面发展农村社会事业，推进农业产业化，将美丽乡村作为发展目标。五是文明传承的问题。在新型城镇化进程中许多地方在城镇化中原有的文化没有得到延续，新型城镇化要从根本上抛弃经济利益导向的大拆大建，要实现城市文化的传承和城市记忆的延续。

旅游化与城镇化是当今经济社会发展的两大推动力，两者之间的动态关系对于促进旅游产业发展和新型城镇化建设有着重要意义。旅游型城市一般是指拥有丰富的自然环境或历史人文资源，并且将著名的旅游景区作为核心，以旅游产业作为城市发展的支柱性产业的一种城市类型。根据旅游资源的分类，可将旅游型城市分为观光旅游主导型旅游城市、生态旅游主导型旅游城市、休闲旅游主导型旅游城市、商务旅游主导型旅游城市以及养生旅游主导型旅游城市。旅游型城市主要依赖旅游业的发展来带动城市经济的增长，并在经济不断发展中促进社会、文化、生态、公共服务等综合发展。近十几年来，我国旅游型城市得到了快速发展，城市综合效益不断提高，旅游型城市发展要求也越来越高，其中，如何在旅游型城市进行合理的产业布局成为新时期旅游型城市提高自身社会经济发展水平的重要路径之一。一方面，旅游业在旅游城市中的主导地位使城市的主要功能受到旅游产业的影响，进一步影响城市的土地和空间利用效率，旅游产业的发展模式和发展阶段也决定着城市的资源在城市产业间流动的强度和流动方向，引发城市产业空间格局的变化。另一方面，城市产业结构的调整与升级和组织形式的演化与更替，影响了城市空间的物质与功能要素，进而推动了城市空间形态的演变。

在我国城市空间扩展中，新区开发在现阶段大中城市发展中占有重要地位，城市新区开发与建设是我国当今城市发展的主要态势，是城市空间扩展的重要方式，也是我国城市经济社会发展的重要增长极。旅游型城市的新区建设与其自身的类型和旅游资源状况密不可分，不同类型的旅游城市在新区发展中的定位策略也会有所不同。就目前我国的城市新区发展来说，我国城市空间进入快速拓展时期，很多新区面临着大量农业人口向城市人口转化、城市社会服务设施和基本功能薄弱、新区入住率偏低、产业竞争力弱、新老城区功能衔接不够等诸多问题。在此背景下，城市新区的产业布局越来越受到大众的关注。城市新区作为城市郊区化过程中各种新城市地区的高级形式，其产业布局结构关系到城市新区的经济、社会和环境发展，目前我国城市新区的开发管理模式主要有市场型、开发区型和政区型3种，城市新区的发展必须根据发展阶段、地域特征、功能形式等选择合适的开发管理模式才能推动新区经济、社会和生态的发展。相较于西方国家将新区开发的注意力放在社会发展上，我国城市新区开发更注重经济因素，如何通过优化新区布局以使产业的优势更为突出是我国新区产业布局的研究重点。

从区域经济的发展来看，产业集群化和城镇化是区域经济发展的两个重要路径，二者的良性互动可以有效地促进区域社会经济的发展。一方面，产业集聚对城镇化建设具有积极的促进作用，具体体现在：一是产业集聚效应的增强可以带动资源集聚和人口集聚，当一个地区的产业集聚发展到一定水平时，其对人口、资源等要素具有显性的吸引力，进而为城市建设提供良好的资源和人口发展环境，增强城市的综合承载力。二是从产业分工的角度来看，产业集聚能够利用企业的集中布局为内部物质交流提供一个良好的外部环境，各种生产要素在不断交换中逐渐形成一个专业化、高效率的分工体系，同时由于地域空间上的集聚使得不同产业之间的空间、时间成本大大降低，从整体上降低了城镇化的成本。另一方面，城镇化对产业集聚也具有积极的促进作用。一是与农村相比，城市的区位优势条件往往更为突出，大多数企业和工厂都更加愿意在城市选址，这是农村无法比拟的优势。二是大量的企业和工厂在城市选址就会在城市空间上形成产业集聚，由于高素质的劳动力往往也聚集在城市，其更容易进行科学技术和管理手段的创新，也就更容易吸引资金的流入，从而形成高度密集的空间聚集状态。三是城市的建设历史更为悠久，其城镇建设中的公共服务硬件设施往往更为完善，城市的管理水平更高，公共服务体系建设更为完善，这都为产业集聚的形成和发展提供良好的环境。

西南民族地区地处我国西南边陲，城镇化进程缓慢与社会经济发展滞后问题相交错，是西南民族地区目前发展的共有特征。城镇化作为促进经济发展的强大引擎，对中部及西部的影响比东部更大。加快新型城镇化发展步伐有利于缩小西南民族地区城乡发展差距，实现城乡协同发展，减少城镇人口与农村人口的收入差距，让更多的农村人口能够享受到城市的公共服务和福利，是实现城市和农村同时发展的必经之路。同时，在现有的西南民族地区产业布局中，旅游型城市新区的产业布局还存在许多不合理的地方，旅游产业与泛旅游产业的内部物质交流强度还不够，相关产业没有形成产业集聚优势，也没有形成城市新区的经济增长极。通过新型城镇化发展以优化西南民族地区的产业布局可以实现不同类型资源的整合和优势互补，有效地促进西南民族地区经济社会发展。

### 1.1.2 问题提出

改革开放以来，我国的城镇化建设取得了很大的进步，城镇比重明显增加，城镇人口比重显著上升，大中小城市和小城镇发展的协同性增强。同时也应该认识到，在全球经济一体化的新形势下，我国社会经济发展一直保持了快速前进的新局面，我国的综合国力与工业化、城镇化及城乡一体化的建设取得了辉煌的成就。这些成就实现的历程，实质上是建设用地空间扩展的过程。在这个过程当中，片面追求规模和城镇化率的"急速城镇化"道路内生的深层次矛盾和问题也不断浮现，城镇化建设中基础设施落后、产业结构布局不合理、产城分离、文化断层等现象时有发生，"空城""死城""睡城""被城市化"等城市功能发展滞后现象逐渐显现。党和政府提出走新型城镇化道路的发展战略。一方面，利用新型城镇化发展的机遇改善我国城镇和乡村居民的住房条件，提高农村居民的生活水平，通过推进新型城镇化建设促进国民经济协调发展。以城镇化建设来实现经济、社会、环境、文化的协同发展，在进行农村城镇化建设的同时保留乡村的文化气息，将城市的社会治理方法和人员管理制度积极地引入乡村，让广大的农村居民的素质得以提升。同时保护城市的生态环境，实现城市生态化发展，促进人与自然的和谐。另一方面，从经济发展和产业集聚的角度来说，城市集聚化是新型城镇化发展的重要内容之一，通过加强产业集聚和城镇化之间的良性互动关系可以有效地促进区域社会经济的协同发展。因此，加快新型城镇化建设在有效缓解城镇化出现的问题的同时，极大地促进城乡社会发展，是西南民族地区实现和谐发展的重要路径。

新型城镇化是推动城市新区建设的主要动力之一，也对城市新区发展提出了新的目标和要求，如产城融合、集约发展、环境友好、社会和谐等。而纵观我国现有的城市新区产业发展，其在新型城镇化发展的大趋势中还出现了亟须解决的问题，主要表现在：一是城市新区建设的核心价值理念不突出，一些城市新区简单地表现为城市发展的空间扩张，没有将新型城镇化的理念体现在新区规划和产业发展中，没有承载新功能、探索新体制、创新新理念和搭建新平台。二是新区的城市规划水平较低。新区的规划建设没有将生态、产业发展、城乡统筹、智能交通等要素考虑在内，没有体现出新型城镇化进程中的城市规划的特点。三是城市新区管理体制机制不健全。相关的法律规范建设尚处在初级发展阶段，财权、事权与利益关系还没有理顺，政绩考核体系不够完善，缺乏与市级的相关主管部门协调工作机制。

从区域经济的发展来看，新型城镇化与产业集聚在实现良性互动方面还存在着一些问题。主要表现在：一是政府部门的发展理念和发展规划不科学。地方政府在处理城镇化与产业集聚的关系上还存在着一些误区，主要表现在发展理念上忽略了产城互动，把产业、人口与城镇化发展人为地割裂开来。二是产业集聚层次较低。现有的产业集聚缺乏品牌效应，自主创新能力不强，对于小城镇的形成与发展虽然可以起到一定的促进作用，但难以推动更具集聚经济效应的城市的形成与发展。三是出现产能过剩、资源浪费、环境污染等问题。主要表现在各地方没有根据自身的资源状况、产业基础来进行产业发展规划，相当一部分的产业发展都呈现出盲目跟风，导致资源没有得到充分的利用，一些热门的产业又出现产能过剩的状态。四是产业集聚与新型城镇化发展存在制度瓶颈。各企业虽然为了空间优势和地域便利集聚形成了集聚，但是由于不同企业的管理方式、发展理念、文化内涵、人才结构等方面存在着较大的差异，各企业很难打破自身的约束实现资源的优势互补。

综上所述，在区域可持续发展思想不断深入的大趋势下，西南民族地区必须走一条使经济与人口、资源、环境得以协调持续发展的道路。城镇化发展应当与当地特色经济有机结合起来，通过特色经济的规模化和集群化来促动城镇化发展，从而实现城镇化与特色经济发展之间的良性互动。理论和实践方面都证明了在西南民族地区新型城镇化进程中实现旅游型城市产业新区的布局优化是具有显著重要性的，但是仅仅了解其重要性是不够的，还存在着一系列尚未回答的问题：西南民族地区新型城镇化与旅游型城市的构成要素是什么？新型城镇化与旅游型城市新区产业布局的分析框架是怎样的，二者是如何实现内部接入的？西南民族地区新型城镇化进程中旅游型城市新区产业布局机理是什么？如何进行二者内部影响关系的实证分析？等相关问题，如果这些问题没有得到很好的解决，就不能提出西南民族地区新型城镇化进程中旅游型城市新区产业布局的优化路径。基于此，本书以西南民族地区新型城镇化进程中旅游型城市新区产业布局为研究中心，将以上提出的一系列问题作为本书研究的出发点。

## 1.2 研究目的及研究意义

### 1.2.1 研究目的

本书在对西南民族地区新型城镇化进程分析的基础上将旅游型城市分为观光旅游主导型城市、生态旅游主导型城市、休闲旅游主导型城市、商务旅游主导型城市以及养生旅游主导型城市。通过分别对西南民族地区新型城镇化进程中观光旅游主导型城市新区产业布局、生态旅游主导型城市新区产业布局、休闲旅游主导型城市新区产业布局、商务旅游主导型城市新区产业布局、养生旅游主导型城市新区产业布局进行实证分析，得出相应的实现路径，为促进西南民族地区新型城镇化发展步伐提供理论指导，也有利于优化西南民族地区旅游型城市新区产业布局。

通过引入游客聚集、产业集聚、旅游资源、环境承载力、消费模式、旅游服务及旅游基础中间变量建立起西南民族地区新型城镇化进程与旅游型城市新区产业布局的分析框架，在分析框架的基础上提出研究假设、建立相应的理论模型、阐述产业布局机理。同时通过构建西南民族地区新型城镇化进程与旅游型城市新区产业布局的结构方程模型，对所提出的研究假设和建立的理论模型进行定量实证分析。最后在理论分析的基础上分别以桂林观光旅游、贵州六枝生态旅游、云南丽江休闲旅游、云南昆明商务旅游及广西巴马养生旅游为案例，运用SPS案例研究方法进行案例验证分析。本书通过机理分析—实证研究—案例验证—路径规划—实践规划的逻辑架构对西南民族地区新型城镇化与旅游型城市新区产业布局的关系进行了分析和案例验证，同时提出了西南民族地区新型城镇化进程中旅游型城市新区产业布局的优化路径，对于西南民族地区的城镇化与旅游产业布局的融合具有重要的意义。

### 1.2.2 研究意义

从现有的研究成果来看，在西南民族地区范围内研究新型城镇化进程与旅游型城市新区产业布局的关系方面的成果还较为缺乏，新型城镇化进程中旅游型城市产业布局机理、优化路径以及二者关系的实证分析尚未提出，对于如何在西南民族地区城镇化进程中进行旅游型城市新区产业布局尚未有明确的路径提出。基于此现状，本书运用全新的方法和思路对西南民族地区新型城镇化进程中旅游型城市新区产业布局进行研究具有重大的理论意义和现实意义。具体来说，其理论意义和现实意义如下表述：

本书对西南民族地区新型城镇化进程中旅游型城市新区产业布局的研究具有重要的理论意义。第一，在理论上探讨了西南民族地区新型城镇化进程与旅游型城市新区产业布局关系，对西南民族地区新型城镇化进程与旅游型城市新区产业布局之间的作用机制进行了探讨，研究了西南民族地区新型城镇化进程中旅游型城市新区产业布局的对策和路径，丰富了空间经济学、区域经济学等学科的理论内涵，并为之提供了研究案例，为进行相关主题的深入研究奠定了初步的理论基础。第二，在研究方法上采用了定性和定量相结合的研究方法，这是在现有的城镇化与旅游型城市产业布局研究上的一个创新点。运用定性的研究方法提出西南民族地区新型城镇化进程中旅游型城市新区产业布局的分析框架、布局机理、研究假设、理论模型等，同时运用调查问卷所收集到的数据对西南民族地区新型城镇化与旅游型城市新区产业布局的关系进行实证分析，建立相关的结构方程模型，对所提出的研究假设和理论模型进行检验，做到定量和定性的统一。第三，在研究思路上坚持了理论和实践的统一，保证了结构的完整性和全面性。在理论上对西南民族地区新型城镇化进程中旅游型城市新区产业布局的布局机理进行了理论分析，建立了新型城镇化进程中旅游型城市新区产业布局的分析框架、理论模型，通过进行结构方程实证研究和 SPS 案例验证分析，提出新型城镇化进程中旅游型城市新区产业布局的优化实施路径。同时，在理论架构的基础上，以桂林至阳朔的黄金旅游带为案例地，以实际案例为基础进行旅游产业布局，做到了理论和实践的统一。

本书对西南民族地区新型城镇化进程中旅游型城市新区产业布局的研究具有重要的实践意义。第一，在西南民族地区研究新型城镇化进程中的旅游型城市新区产业布局机理不仅能够为新型城镇化进程中的旅游型城市新区产业布局模式选择提供参考，有利于实现城乡基础设施一体化和公共服务均等化，促进经济社会发展，实现共同富裕，更能够为新型城镇化进程中的其他类型城市新区产业布局模式的提升提供示范。第二，本书提出了西南民族地区新型城镇化进程中旅游型城市新区产业布局的优化路径，对在西南民族地区的旅游型城市进行新区产业布局具有重要的理论指导意义，有利于加快西南民族地区城镇化步伐。第三，本书在进行案例验证时以桂林至阳朔的黄金旅游带为实践案例，通过对黄金旅游带进行旅游规划可以极大地带动桂林和阳朔的旅游经济发展，提高旅游吸引力。将阳朔打造成"处处是风景"的旅游目的地，扩大桂林国际旅游城市的影响力，促进旅游业的长远、创新、可持续发展。第四，本书以西南民族地区为研究区域，以新型城镇化为切入点，加快西南民族地区的新型城镇化进程有利于提高西南民族地区的城镇化水平。同时将旅游型城市新区产业布局与新型城镇化相结合进行研究有利于缓解城镇化过程中出现的发展不均衡、环境污染严重、产业支撑力度不够等相关问题。通过提高城镇化水平来促进西南民族地区的经济社会的发展，通过发展旅游经济来提高当地居民的财产性收入和增加旅游公共服务设施供给，有利于维护民族团结，促进区域经济平衡发展。

## 1.3 研究综述

### 1.3.1 产业布局的相关研究

产业布局是产业在一定地域空间上的分布与组合，从静态看，产业布局是指形成产业的各部门、各要素、各链环在空间上的分布态势和地域上的组合形式。从动态看，产业布局则表现为产业或企业为获得最佳区位而导致的资源和要素在空间上的移动、组合的配置与再配置过程。理论的起源可以追溯到18世纪的重商主义时代，有关劳动地域分工理论、区位论、增长极理论、点轴扩散理论和产业集群理论等经济学理论对产业布局的研究产生了不同程度的影响，其中古典区域分工理论中的绝对成本学说（Adam Smith，1776）、比较优势论（David Ricardo，1817），新古典区域分工理论中的要素禀赋论（H-O学说）（ELI. Heckscher & Ohlin，1933）、新贸易论（Paul R. Krugman，1979）解释了区域间劳动分工和专业化生产导致的产业分布及其空间结构演变的一般规律。古典区位论有农业区位论（J. H. Thünen，1826）、工业区位论（Alfred Weber，1909）、中心地理论和市场区位论（Walter Christaller，1933；August Losch，1940）等几种，现代区位论则形成了成本学派、市场学派、成本—市场学派、行为学派、社会学派、历史学派和计量学派。古典区位论从理性经济人假设条件下，把人们的经济行为的空间区位选择和空间内经济活动相组合。现代区位论则将非经济因素考虑到产业布局中，并注重历史规律、计量方法使用。空间组织理论中的地域生产综合体（H. H. 科洛索夫斯基，1948）、增长极理论（Perroux，1955；Gunnar Myrdal，1957）、点—轴扩散渐进理论（萨伦巴，1978）等则成为产业布局规划在宏观、中观层次的主要理论依据。产业集聚理论（Porter，1990）认为产业集群是在产业发展过程中，由相互关联、相互协调的企业和机构在一定范围内集中分布与组合所形成的产业群，强调发挥区域内各组成要素整合能力的作用，尤其是技术进步和创新能力。均衡与非均衡理论中产业梯度转移（Vernon L. Smith，1966）、中心—外围理论（Milton Friedman，1966）、边际产业扩张论（小岛清，1978）则论述了产业发展不同阶段的集中、扩散规律：处在创新阶段的产业一般出现在高梯度发达地区，而产业发展到衰退阶段后，一般会有顺次地向中梯度、低梯度地区转移；由于区域发展条件存在差异，个别区域率先发展而形成中心，其他地区则成为外围。此外，制度经济学、发展经济学等对这一问题也进行了非常有益的探讨。

总体而言，国外文献对产业布局的研究重点主要集中在城市空间结构与产业布局、新环境下产业布局的影响因素、产业布局的政策等方面。国内文献对产业布局的研究主要集中在产业集群、产业布局与城市布局、产业布局模式和规律、产业空间结构优化、区域产业布局战略、产业合作机制以及相关政策和立法研究等方面，大多使用国外经济学的经典理论，对我国区域产业布局问题进行不同程度的探讨。

## 1.3.2 城市新区的相关研究

城市新区是指与主城区或旧城区具有一定空间和时间发展距离，同时具备城市主要功能并且与旧城区之间存在很强的关联，通常设立在老城区和近郊区的结合处。城市新区在空间位置上是老城区的延伸，在功能上是老城区主要功能的转移、吸收、培育和深化，在动力上既存在主城区的推动力和拉动力，也存在新区自我发展和演化的内在动力。田园城市理论（Ebenezer Howard，1898）、卫星城市理论（R. Unwin，1912）、有机疏散理论（Eliel Saarinen，1943）、新城市主义理论（Peter Calthorpe，1993）、精明增长理论、城市增长理论、区域经济结构理论等为城市新区的发展和规划建立了理论基础。国外对城市新区的研究包括卫星城、新城、边缘城市、郊区城市、卧城等。其中，德国鲁尔工业区、大伦敦规划中的卫星城市、东京和巴黎的新区规划是国外比较著名的新区建设成功案例。对城市新区的研究和实践大致分为三个阶段：19世纪至第二次世界大战前，功能疏导和社会需求导向下的新区研究，如田园城市、卫星城市等；第二次世界大战至20世纪90年代，功能平衡和经济需求导向下的新区研究，主要以功能平衡、产业集聚和新产业区为主；20世纪90年代至今，政策引导和生态需求导向下的新区研究，主要包括低碳、生态新城、郊区化、边沿城市、城市增长管理和新区开发等（朱孟珏，2013）[1]。国内城市新区建设提出于20世纪50年代，梁思成与陈占祥借用有机疏散理论提出"梁陈方案"，建议北京城市建设采用组团绿带隔离、职住平衡、减少跨区交通等[2]。但在此之后的很长一段时间内，我国城市化过程并不顺利，新区研究和实践也基本处于停滞状态。改革开放后，随着我国城市化快速发展、城市规模不断扩大和旧城空间日趋饱和，城市内涵式增长和外延式扩展成为城市空间增长的两大重要形式。以综合性新区、新型产业空间为代表的城市新区建设也逐步得到开展，并经历了1980~1991年以经济特区和开发区建设和探索为导向、1992~1999年以生产型新区（开发区）开发为导向、2000年以来的综合型新区开发为导向的发展阶段，形成了边缘轴向扩展、近远郊跳跃开发及跨区域整合的"新区组群"三种模式（朱孟珏，2012）[3]。除了滨海新区、两江新区、天府新区等国家级新区外，各省级、市级、县级新区建设大量涌现。王茜（2009）在对比国内外城市新区发展过程后认为：第一，在发展路径上，国外新区最初以解决人口居住问题为主，后随着其他功能而延伸出其他产业新区；我国则大多以工业建设为先，然后带动居住、旅游等其他功能新区；第二，在区位选择上，国外新区大多远离市区、配套设施完善、独立性强；国内则容易与中心城市相连，不利产业发展。第三，从产业发展来看，国外新区的资本

---

[1] 朱孟珏，周春山. 国内外城市新区发展理论研究进展[J]. 热带地理，2013（3）：363-372.
[2] 朱涛. 阅读梁思成之八"梁陈方案"：两部国都史的总结与终结[J]. 时代建筑，2013（5）：130-142.
[3] 朱孟珏，周春山. 改革开放以来我国城市新区开发的演变历程、特征及机制研究[J]. 现代城市研究，2012（9）：80-85.

和技术性项目容易引向郊区形成复合型城市功能的新城市；国内则受到中心城市产业以及用地结构调整的影响，反而使得商业、金融和办公等第三产业向中心区域集中①。

在对城市新区的研究当中，有关城市新区产业布局的研究是其中重要内容。学者们甚至认为新区产业布局对于新区的持续、快速、健康发展具有极为重要的意义（刘立峰，2012）②。因此，对城市新区产业发展的研究一直是西方研究的重点，并伴随新城运动的始终（Ray Tomas，1994；刘林，2012）③。田园城市理论即明确表示新城需要拥有自己的工厂和作坊。英国的新城运动更是强调反磁力中心的作用，把工业发展与布局作为新城发展的重点，第三代新城中更是不仅考虑工业布局与就业机会之间的关系（职住平衡）更考虑了现代工业与生态环境的关系。法国、英国城市新区建设的经验和韩国在此问题上的失败经验无不显示产业布局对城市新区发展的重要性。在上述案例中，第三代新城将无污染的小工厂建在居民点、大工厂则在居民点之间、非工业就业中心在城市边缘等，这是目前已知的较早对产业布局和新区发展的研究。20世纪50年代，日本经济学家筱原三代平选择需求收入弹性标准和生产率标准提出了城市新区优势产业选择标准，后来这一标准发展后加入了环境标准和劳动标准的内容。而从城市规划角度对城市新区形态和产业形态进行研究的文献则主要集中在芝加哥学派的布局模型。20世纪以来，国外学者对基于经济集聚产业集群、产业园区集群进行了一定的探讨，分析如何在传统产业基础上培育新的创新集群、产业发展中产业园区的发展、产业集群的演化等。总体来讲，国外有关城市新区产业布局研究更注重宏观层面，对微观层面的规划布局则关注较少。

国内有关城市新区产业布局的研究主要以各地城市新区发展过程中具体情况的实证研究和对策研究为主，包括新区发展战略和开发模式、主导产业的选择、产业发展模式与演化路径等。城市新区发展策略和开发模式的研究主要包括新区建设的重要意义及其与母城的关系（戴琳林，2009）、新区开发的战略模式（李翅，2007；刘长虹，2010；胡耀辉，2013）、新区土地问题（陆春，2007）、新区规划策略（李保奇，2007；刘岿葳，2013）、动力机制（陈志文，1993；梁宏志，2010）等。在主导产业选择方面，主要从区位选择、集聚效应、比较优势、产业功能、产业变迁以及建立主导产业选择指标体系等方面进行论述。在产业发展模式与演化路径方面的研究成果也较多，但相对比较分散，主要的角度包括产业分

---

① 王茜. 铁岭市凡河新区发展研究 [D]. 长春：东北师范大学硕士论文，2009.
② 刘立峰. 我国城市新区发展战略研究 [J]. 城市观察，2012（3）：158-164.
③ 刘林. 城市新区产业发展与布局规划研究 [D]. 西北大学，2012.

工、空间布局或结构、产业集群竞合、动力学模型模拟、产业生态链等。随着我国城镇化的不断发展，片面追求规模和城镇化率的"急速城镇化"道路内生的深层次矛盾和问题也不断浮现。城镇化建设也面临着基础设施落后、产业结构布局不合理和体制机制创新不足等诸多问题。为此，党和政府提出走新型城镇化道路的发展战略，以科学发展观为统领，以工业化和信息化为主要动力，以统筹兼顾为原则，资源节约、环境友好、经济高效、文化繁荣、城乡统筹、社会和谐、大中小城市和小城镇协调发展个性鲜明的健康可持续的城镇化道路。同时，我国城市新区建设过程中存在的问题诸如产城分离、割裂现象严重。新型城镇化给城市新区发展提出了新的目标和要求，如产城融合、集约发展、环境友好、社会和谐等。林昆勇等论述了新型城镇化时期加快城市新区开发建设的策略，包括低碳、生态原则的融入，因地制宜发展结构优化、布局均衡、技术先进、低碳生态的产城互动型现代产业体系，构建协调高效、保障有力、可持续的现代管理体系，多渠道融资加大资金投入，培育和创新城市文化等。秦智等则以柳东新区为实证，提出新型城镇化进程中推进产城融合、产业集聚等手段促进城市新区城镇化。方创琳等则对新型城镇化进程中城市新区建设与土地集约利用进行了论述。

### 1.3.3 新型城镇化的相关研究

国外城镇化建设起步较早，且不同国家和地区的城镇化建设具有一定的区域化特征，其城镇化建设的发展模式也不尽相同，大概可以分为三种，分别是以西欧国家为代表的城镇化建设、以美国为代表的城镇化建设和以拉美、非洲等国家为代表的城镇化建设。在对国外新型城镇化的研究中，不同的学者对新型城镇化研究的方向也存在着很大的差别。塞缪尔·亚当斯（Samuel Adams）[1] 研究城市化和环境退化之间的关系，结果表明，政治经济变量对解释城市化与环境退化之间的关系具有重要意义。蔡（Danlu Cai）[2] 研究中国与美国之间城市化与热环境之间的关系，得出两个国家（和全球）的夜间光照强度随着城市规模的增加而增

---

[1] Samuel A, Edem K M Kl. Urbanization, Democracy, Bureaucratic Quality, and Environmental Degradation [J]. Policy Modeling, 2017.

[2] Danlu C, Klaus F, Yanning G, Shan G, etc. Urbanization and the thermal environment of Chinese and US - American cities [J]. Science of The Total Environment, 2017, 589 (1): 200-211.

## 1.4 主要研究内容、技术路线和研究方法

### 1.4.1 主要研究内容

本书通过机理分析——实证研究——案例验证——路径规划——实践规划的逻辑架构对西南民族地区新型城镇化进程中旅游型城市新区产业布局进行研究，在全书布局结构和逻辑线索中，主要的研究内容可以分为7章。具体每章内容如下：

第1章绪论。主要包括研究背景、问题提出、研究目的、研究意义、研究综述、主要研究内容、技术路线以及研究方法等相关的内容。理论综述部分对本书的选题背景、选题意义以及研究的逻辑框架给出了一个整体的说明。在研究综述部分主要对产业布局、城市新区以及新型城镇化三个方面来进行文献回顾，在文献回顾的基础上对产业布局、城市新区以及新型城镇化的国内外研究现状进行了综合述评，为分析全书的选题意义、现有的研究成果、存在的研究空白以及未来研究趋势奠定了文献基础。

第2章西南民族地区新型城镇化进程中旅游型城市新区产业布局的分析框架和布局机理。西南民族地区新型城镇化进程中旅游型城市新区产业布局的分析框架主要包括新型城镇化的内涵、构成维度、旅游型城市的内涵、构成维度、分析框架的构建依据、分析框架的构建、分析框架的解释四个方面。西南民族地区新型城镇化进程中旅游型城市新区产业布局机理包括观光旅游主导型城市新区产业布局基础和布局机理、生态旅游主导型城市新区产业布局基础和布局机理、商务旅游主导型城市新区产业布局基础和布局机理、观光旅游主导型城市新区产业布局基础和布局机理、养生旅游主导型城市新区产业布局基础和布局机理五个方面的内容。

第3章西南民族地区新型城镇化进程中旅游型城市新区产业布局的研究假设和理论模型。从西南民族地区新型城镇化与旅游型城市的维度构成出发，分别对观光旅游主导型城市新区产业布局、生态旅游主导型城市新区产业布局、休闲旅游主导型城市新区产业布局、商务旅游主导型城市新区产业布局及养生旅游主导型城市新区产业布局提出研究假设。在提出研究假设的基础上，构建出它们各自

的产业布局模型。

第 4 章西南民族地区新型城镇化进程中旅游型城市新区产业布局的结构方程实证研究。首先，进行初始数据的收集，主要包括调查问卷、实地考察和官方公布的权威数据，通过对受访者的感知结果进行测度来进行原始数据的收集，同时进行案例地的实地考察。其次，设置变量并对变量进行度量，在收集数据的基础上对样本数据进行检验，包括信度检验和效度检验，对数据进行描述性统计分析。最后，根据研究假设的相关内容，分别构建出相应的结构方程模型，对初始模型进行数据的匹配，计算出拟合度的大小，对路径进行选择和调整。当原始结构方程中存在着路径并没有通过检验时，需要对原始的结构方程模型进行调整，直到所有的路径都能通过检验。在确立最终结构方程模型之后，运用标准化后的路径系数对每条路径的作用强度进行估计，进行研究假设的检验，得出结论和启示。

第 5 章西南民族地区新型城镇化进程中旅游型城市新区产业布局的 SPS 案例验证研究。首先进行案例的研究设计，运用协同理论的相关原理和方法进行测算，在计量的基础上运用 SPS 案例研究的方法进行案例分析，介绍案例的选取和案例的数据收集，在本章的案例设计中，主要以广西桂林、贵州六枝特区、云南丽江、云南昆明及广西巴马作为案例地。具体来说，以广西桂林为例，对新型城镇化进程中观光旅游主导型城市新区产业布局进行验证；以贵州六枝特区为例，对新型城镇化进程中生态旅游主导型城市新区产业布局进行案例验证；以云南丽江为例，对新型城镇化进程中休闲旅游主导型城市新区产业布局进行案例验证；以云南昆明为例，对新型城镇化进程中商务旅游主导型城市新区产业布局进行验证；以广西巴马为例，对新型城镇化进程中养生旅游主导型城市进行验证。

第 6 章西南民族地区新型城镇化进程中旅游型城市新区产业布局优化的实现路径。基于结构方程分析与案例验证的结果，从政府与企业两个方面出发，分别针对观光旅游主导型城市、生态旅游主导型城市、休闲旅游主导型城市、商务旅游主导型城市及养生旅游主导型城市提出产业优化路径。

第 7 章西南民族地区新型城镇化进程中旅游型城市新区产业布局的实践规划：以桂林至阳朔黄金旅游带为例，实践规划共分为七个部分。第一部分是产业规划的基本原理，主要包括区域经济发展的基本原理、产业结构发展原理及产业空间布局原理。第二部分是发展基础和思路，主要包括黄金旅游带总体发展情况、定位与目标及发展思路与原则。第三部分是对黄金旅游带进行 SWOT 分析，主要包括对优势、劣势、机遇及威胁进行分析。第四部分是产业选择，包括产业发展思路、产业集群化发展、主导产业选择、支持产业选择及延伸产业选择。第五部分是空间布局,包括阐明黄金旅游带空间布局现实依据和对空间布局做出规划。第六部分是基础设施建设部分,主要包括交通基础设施建设、市政基础设施建设、信息基础设施建设。第七部分是环境保护,主要包括生态保护、资源利用和污染防治。

### 1.4.2 技术路线

本书对西南民族地区新型城镇化进程中旅游型城市新区产业布局研究路线构建出技术路线,如图1-1所示。

### 1.4.3 研究方法

本书采用的基本方法主要包括文献研究法、理论分析法、理论模型构建法方法、案例分析方法、政策系统设计分析法和规划实践应用案例方法。

(1) 文献研究法。通过文献研究法总结国内外关于新型城镇化进程中旅游型城市新区产业布局的研究成果、发展趋势和存在问题,主要包括产业布局的国内外研究、城市新区的国内外研究以及进行国内外研究提出的研究述评。

(2) 理论分析法。通过对西南民族地区新型城镇化进程中旅游型城市新区产业布局的关系进行理论分析和现实分析,得出新型城镇化进程和旅游型城市新区产业布局的理论分析模型。结合国内外的相关文献研究成果,根据新型城镇化进程中旅游型城市新区产业布局在西南民族地区所具有的地域特征,建立西南民族地区的新型城镇化进程和旅游型城市新区产业布局关系的理论分析框架。

(3) 理论模型构建法。通过基于经济地理学及民族区域旅游学为前提推导出一个新的多元分析框架模型,得到西南民族地区新型城镇化进程和旅游型城市新区产业布局之间内在关系的作用机理,根据内在机理提出新型城镇化进程中旅游型城市新区产业布局的机理。

(4) 实证模型检验法。通过建立西南民族地区新型城镇化进程与旅游型城市新区产业布局的结构方程模型,对研究假设和理论模型进行验证。包括新型城镇化进程中观光旅游主导型城市新区产业布局、新型城镇化进程中生态旅游主导型城市新区产业布局、新型城镇化进程中休闲旅游主导型城市新区产业布局、新型城镇化进程中商务旅游主导型城市新区产业布局及新型城镇化进程中养生旅游主导型城市新区产业布局结构方程模型。运用SPS案例研究方法,分别以广西桂林、

第1章 绪 论

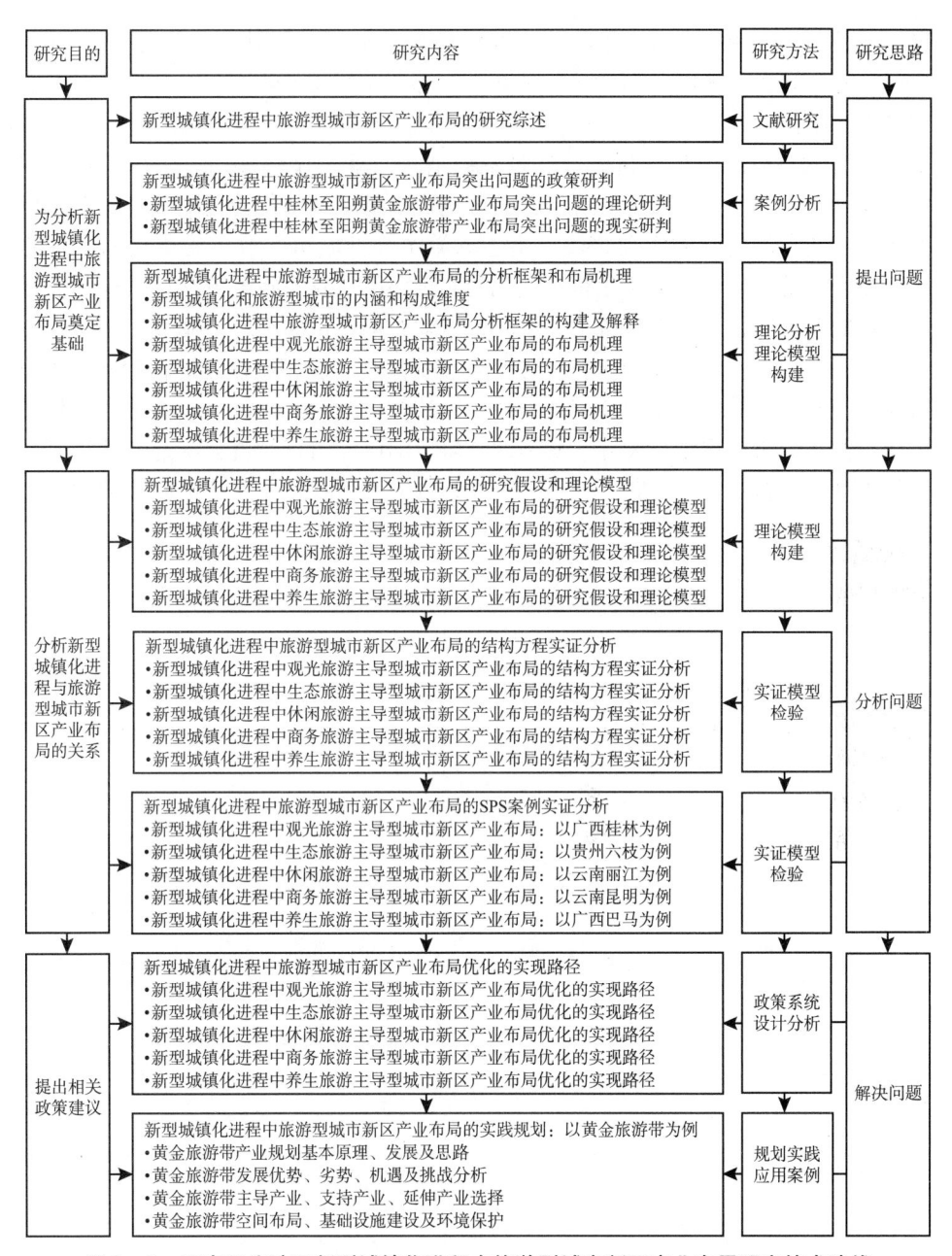

| 研究目的 | 研究内容 | 研究方法 | 研究思路 |
|---|---|---|---|
| 为分析新型城镇化进程中旅游型城市新区产业布局奠定基础 | 新型城镇化进程中旅游型城市新区产业布局的研究综述 | 文献研究 | 提出问题 |
| | 新型城镇化进程中旅游型城市新区产业布局突出问题的政策研判<br>• 新型城镇化进程中桂林至阳朔黄金旅游带产业布局突出问题的理论研判<br>• 新型城镇化进程中桂林至阳朔黄金旅游带产业布局突出问题的现实研判 | 案例分析 | |
| | 新型城镇化进程中旅游型城市新区产业布局的分析框架和布局机理<br>• 新型城镇化和旅游型城市的内涵和构成维度<br>• 新型城镇化进程中旅游型城市新区产业布局分析框架的构建及解释<br>• 新型城镇化进程中观光旅游主导型城市新区产业布局的布局机理<br>• 新型城镇化进程中生态旅游主导型城市新区产业布局的布局机理<br>• 新型城镇化进程中休闲旅游主导型城市新区产业布局的布局机理<br>• 新型城镇化进程中商务旅游主导型城市新区产业布局的布局机理<br>• 新型城镇化进程中养生旅游主导型城市新区产业布局的布局机理 | 理论分析理论模型构建 | |
| 分析新型城镇化进程与旅游型城市新区产业布局的关系 | 新型城镇化进程中旅游型城市新区产业布局的研究假设和理论模型<br>• 新型城镇化进程中观光旅游主导型城市新区产业布局的研究假设和理论模型<br>• 新型城镇化进程中生态旅游主导型城市新区产业布局的研究假设和理论模型<br>• 新型城镇化进程中休闲旅游主导型城市新区产业布局的研究假设和理论模型<br>• 新型城镇化进程中商务旅游主导型城市新区产业布局的研究假设和理论模型<br>• 新型城镇化进程中养生旅游主导型城市新区产业布局的研究假设和理论模型 | 理论模型构建 | 分析问题 |
| | 新型城镇化进程中旅游型城市新区产业布局的结构方程实证分析<br>• 新型城镇化进程中观光旅游主导型城市新区产业布局的结构方程实证分析<br>• 新型城镇化进程中生态旅游主导型城市新区产业布局的结构方程实证分析<br>• 新型城镇化进程中休闲旅游主导型城市新区产业布局的结构方程实证分析<br>• 新型城镇化进程中商务旅游主导型城市新区产业布局的结构方程实证分析<br>• 新型城镇化进程中养生旅游主导型城市新区产业布局的结构方程实证分析 | 实证模型检验 | |
| | 新型城镇化进程中旅游型城市新区产业布局的SPS案例实证分析<br>• 新型城镇化进程中观光旅游主导型城市新区产业布局：以广西桂林为例<br>• 新型城镇化进程中生态旅游主导型城市新区产业布局：以贵州六枝为例<br>• 新型城镇化进程中休闲旅游主导型城市新区产业布局：以云南丽江为例<br>• 新型城镇化进程中商务旅游主导型城市新区产业布局：以云南昆明为例<br>• 新型城镇化进程中养生旅游主导型城市新区产业布局：以广西巴马为例 | 实证模型检验 | |
| 提出相关政策建议 | 新型城镇化进程中旅游型城市新区产业布局优化的实现路径<br>• 新型城镇化进程中观光旅游主导型城市新区产业布局优化的实现路径<br>• 新型城镇化进程中生态旅游主导型城市新区产业布局优化的实现路径<br>• 新型城镇化进程中休闲旅游主导型城市新区产业布局优化的实现路径<br>• 新型城镇化进程中商务旅游主导型城市新区产业布局优化的实现路径<br>• 新型城镇化进程中养生旅游主导型城市新区产业布局优化的实现路径 | 政策系统设计分析 | 解决问题 |
| | 新型城镇化进程中旅游型城市新区产业布局的实践规划：以黄金旅游带为例<br>• 黄金旅游带产业规划基本原理、发展及思路<br>• 黄金旅游带发展优势、劣势、机遇及挑战分析<br>• 黄金旅游带主导产业、支持产业、延伸产业选择<br>• 黄金旅游带空间布局、基础设施建设及环境保护 | 规划实践应用案例 | |

图1-1 西南民族地区新型城镇化进程中旅游型城市新区产业布局研究技术路线

贵州六枝、云南丽江、云南昆明及广西巴马为案例地，分别对观光旅游主导型、生态旅游主导型、休闲旅游主导型、商务旅游主导型及养生旅游主导型城市产业布局进行案例验证。

（5）政策系统设计分析法。通过从政府和企业两个角度出发，以分析、规划、设计及实施四个阶段为分析逻辑，分别提出新型城镇化进程中观光旅游主导型城市产业布局优化的实现路径、生态旅游主导型城市产业布局优化的实现路径、休闲旅游主导型城市产业布局优化的实现路径、商务旅游主导型城市产业布局优化的实现路径及养生旅游主导型城市产业布局优化的实现路径。

（6）规划实践应用案例方法。基于西南民族地区新型城镇化进程和旅游型城市新区产业布局的理论模型和实现路径，以桂林市至阳朔的黄金旅游带为规划案例地，按照分析、规划、设计、实施四个阶段的研究内容对黄金旅游带进行研究设计、理论分析、规划实施，将本书的规划内容和实施路径与黄金旅游带的现实情况相切合。

# 第 2 章

# 西南民族地区新型城镇化进程中旅游型城市新区产业布局的分析框架和布局机理

## 2.1 西南民族地区新型城镇化进程中旅游型城市新区产业布局的构成维度

### 2.1.1 新型城镇化的内涵和构成维度

新型城镇化是相较于"城镇化"的概念发展得来的,与"城镇化"概念不同的是,在发展理念上,新型城镇化不再是一味地追求规模建设和空间扩张,而将更多的注意力放在城镇化建设的质量上。在发展模式上,新型城镇化不再是采用过去粗放式的发展模式,而是注重土地的集约利用,强调节约资源和提高能源利用率,在特大、大、中、小城市及小城镇中注重彼此发展的协调性。在城镇建设上,强调文化是城镇化的根基,加强城乡配套,实现创新驱动的探索和实践,将城镇化作为一种秉承文化自觉,传承文化基因的有效方式。同时,新型城镇化注重城市的生态文明建设,注重环境保护,坚持绿色发展、创新发展、可持续发展。根据新型城镇化的概念,结合本书对新型城镇化与产业布局的研究,将新型城镇化分成城市现代化、城市集聚化、城市生态化以及农村城镇化四个维度，具体的解释如下：

第一，城市现代化。从经济全球化的视角去定义城市现代化，将发展、资源、人口、环境的协调性纳入城市现代化发展的度量指标中。由此，城市现代化是生产力不断适应生产关系的过程，以现代工业、信息与技术革命为主要推动力，将工业技术、信息技术逐渐渗透到现代城市的生活、生产、文化、社会文明、环境以及政治等各个领域之中，不断地促进传统的农业社会向现代工业和信息社会转变。城市现代化是现代化在城市这个特定空间地域上的投影，是城市化的进一步延伸，也是城市化发展的高级形态。

第二，城市集聚化。从地理空间上看，城市集聚化是指一定区域内城市分布较为密集的地区，与城市群的概念类似。伴随着现代交通工具与通信技术的飞速发展，不同城市之间的空间运输成本和时间成本得以降低，这就改变了城市之间的物质、客流、资金流、信息流的流量和流向。当不同类型的城市集聚到一定的区域空间时，城市的资源、人口、技术与产业要素也在不断地集聚，城市集聚区内的大中小城市便形成了一定的等级体系与职能分工，城市之间、城市与区域之间的空间相互作用进一步强化，提高了区域生产力，形成了集聚效应。

第三，城市生态化。城市生态化是指在一个城市系统中，生态环境与经济发展水平、社会、文化有着高度的协调，并且在城市内部形成了一个完整的复合系统。在这个复合系统中，各城市既能得到较好的发展，经济、文化、社会等多方面的要素也能够实现内部物质交换、能量流动和信息传递，并通过内部的物质交换和能量流动实现城市物质循环再生、能量充分利用、信息反馈调节、社会和谐度升高。在城市生态化中强调人与自然、人与社会的和谐相处，城市的其他生产要素通过对生态规律的运用以更好地与生态环境相适应，并最终促进生态城市建设。

第四，农村城镇化。农村城镇化是指各种要素不断在农村城镇中集聚，农村城镇人口不断增多，城镇数量、规模不断增大，质量不断提高的过程。农村城镇化是构建社会主义新农村的基础，有利于增强城乡之间的互动，使城市和乡村的信息和物质交流得以实现。农村城镇化也有利于农村社会制度的完善和农村和谐社会的构建，有利于农村人文传统和自然环境的全面恢复。在农村城镇化当中，优化产业结构是城镇化的核心和内涵，坚持以市场为导向，以产业为依托，大力发展特色经济，着力培育各类农业产业化经营的龙头企业。

## 2.1.2 旅游型城市的内涵和构成维度

旅游型城市是指经济社会发达，具有丰富的旅游资源，资源品位高，综合环境优美，旅游设施配套完善，能够对外界形成旅游吸引力的城市类型。旅游型城市一个突出的特点在于旅游经济具有一定的发展水平，城市具有一定的旅游规模，旅游收入在城市的总收入中占有绝对的优势地位。旅游型城市是在城市参与经济发展分工合作中形成的，是根据城市发展条件和比较优势的大小，选择了旅游产业作为其主要的外在功能，并依托完善的城市功能体系产生强大的客源聚集能力，最终形成的城市形态。由于目的地核心吸引的不同，旅游目的地系统呈现出观光旅游主导型城市、生态旅游主导型城市、休闲旅游主导型城市、商务旅游主导型城市和养生旅游主导型城市等不同形式和特点，促进产业集群化发展，优化旅游产业的布局结构，需要针对不同类型的旅游目的地采用不同的结构和布局模式。

第一，观光旅游主导型城市。以观光旅游资源为城市主体吸引物，一般具有鲜明的自然风光标识，凭借城市得天独厚的自然风光以及融自然环境为一体的人文景观，包括自然风光、历史文化遗产、名胜古迹等观光旅游产品。根据西南民族地区观光旅游资源构成，其观光型旅游主导城市主要可以分为山水风光、城市景观、名胜古迹、国家公园、主题公园以及森林湖泊等多样化的形式。随着观光旅游的发展，其原来单一的观光游览属性被打破，逐渐地融入更多的文化内涵和休闲度假的内容，使得观光旅游的形式和内容都更为的多样化。

第二，生态旅游主导型城市。以生态旅游资源为城市主体吸引物，具有保护自然环境和维护当地人民生活的双重责任，生态旅游主导型城市强调的是对生态环境的保护，城市经济社会坚持可持续发展。生态旅游主导型城市要求城市一切的生产活动要以保护生态环境为前提，以统筹人与自然和谐发展为准则，开展依托良好的自然生态环境和独特的人文生态系统，采取生态友好方式，开展生态体验、生态教育、生态认知并获得心身愉悦的旅游发展方式。

第三，休闲旅游主导型城市。以休闲旅游资源为城市主体吸引物，以休闲为主要目的，以休闲旅游设施为条件，以特定的文化景观和服务项目为内容。休闲旅游主导型城市往往注重休闲旅游服务设施的建设，往往依托当地的自然旅游资源为游客营造一个良好的休闲旅游氛围，让游客在进行旅游的同时能够身心得到放松，强调旅游活动的动静结合、行居结合、劳逸结合，这类型城市在一定的服务设施条件下形成，具有较大的发展空间。

第四，商务旅游主导型城市。以商务旅游资源为城市主体吸引物，通常为商务旅游者提供谈判、会议、展览、科技文化交流活动以及随之带来的住宿、餐饮、交通、游览、休闲、通信等活动。随着经济社会的发展，现代商务旅游服务不仅仅是代买机票、预订酒店，更重要的是为商务游客提供一揽子旅游管理项目的解决方案，包括提供各种咨询服务、最大程度地降低旅行成本、提供最便捷合理的旅行方案和打理一切旅行接待服务等。商务旅游主导型的城市往往是后期随着经济发展而逐渐形成的，对市场的依赖性较强，随着现代商务活动的发展而不断完善自身。

第五，养生旅游主导型城市。以养生旅游资源为城市主体吸引物，随着人口结构的老龄化与亚健康现象的日渐普遍，以及全球整体健康理念的革命性影响，人们对健康养生的需求成为时代发展热点。养生旅游集养生资源与旅游活动交叉渗透，实现融合，以一种新型业态形式出现，满足了人们对身心健康的全方位需求，开始受到全球性关注。养生旅游主导型城市既是市场发展的选择结果，也是文明的传承方式，注重旅游者的身心健康。

## 2.2 西南民族地区新型城镇化进程中旅游型城市新区产业布局的分析框架

### 2.2.1 分析框架的构建依据

构建西南民族地区新型城镇化进程中旅游型城市新区产业布局的分析框架，可以将西南民族地区新型城镇化进程分别与观光主导型旅游城市、生态主导型旅游城市、商务主导型旅游城市、休闲主导型旅游城市和养生主导型旅游城市相结合，同时引入旅游发展、游客聚集和产业集聚三个中间变量。

从新型城镇化进程与旅游产业互动效应出发，新型城镇化水平与旅游化水平之间存在显著的空间相关性，旅游业作为推动国民经济发展的战略性支柱产业，旅游业的发展特征与动力机制、发展模式与路径、效应与影响、管理与决策方面都对新型城镇化有着引导作用。旅游产业已成为推动新型城镇化发展的主导动力之一，从系统论分析的角度出发，旅游的空间效应、人口效应、生态效应和服务效应都对新型城镇化有着直接正向关系。构建西南民族地区新型城镇化与旅游型城市新区产业布局的分析框架可以从新型城镇化与旅游业发展的关系来作为切入点。

从人地关系的视角出发，城镇化是涉及经济、社会、生态、文化等多要素系统的复杂变迁过程，"物的城镇化"与"人的城镇化"是新型城镇化的两个重要方面。"物的城镇化"是"人的城镇化"的重要基础，而"人的城镇化"是"物的城镇化"的终极目标。在新型城镇化进程中要注重人的要素，既要注重人口流动市民化和社会融合，避免城镇化过程中移民群体难以融入城市带来人的排斥和隔离，也要注重社会群体的整体需求，以提升人民的整体福利水平为目标，注重新型城镇化中人的主观感知。因此，作为旅游主导的新型城镇化进程，在构建新型城镇化进程中旅游型城市新区产业布局的分析框架中加入人的因素是不可或缺的。

从产业集聚的角度出发，现有的研究表明在西部地区，产业集聚与城镇化之间存在双向互动因果关系，产业集聚效应的增强会在很大程度上带动城镇化发展进程，城镇化进程的加快又进一步增强区域产业的集聚效应。产业集聚有利于区域全要素增长率增加，其促进效果随着城镇化水平的提高而显著增强，特别是资源型产业集聚对全要素生产率增长的非线性影响。具体来说，服务业细分行业集聚对城镇化的影响是不相同的，生产性服务业集聚和消费性服务业集聚显著促进了城镇化发展，其他类型的服务业集聚与城镇化之间也存在着不同的作用机制。

核心边缘理论指出了区域内城市空间相互作用和扩散的现象，以核心和边缘作为基本结构要素，当区域内的产业集聚到一定规模时，可以创造出新的生产力，该区域便成了新的核心区域，能产生和吸引大量的革新。与此同时，边缘区域在顺应核心区域发展方向的同时与核心区域相互依存，为核心区的发展提供助力。在资源型经济的机制作用下，区域人口与经济活动倾向于空间分布的分散化，形成资源型区域特殊的"核心边缘"结构和要素流动特征。西南民族地区的新型城镇化进程对旅游型城市的发展具有积极的促进作用，当新型城镇化发展到一定程度时，旅游型城市在人口聚集、产业集聚上都会得到相应的助力，原有的边缘区域的经济和产业得到进一步发展，为核心区域的旅游型城市产业分布中心提供有利的发展条件。

协同理论指出区域的系统可以通过自身的内部协同实现整体功能的最大化，西南民族地区新型城镇化进程与旅游型城市新区产业布局作为一个整体的系统，运用协同论的眼光去进行综合分析两者之间内在的、本质的、必然的联系。基于协同理论，西南民族地区新型城镇化进程中旅游型小城镇协同发展模式分为三个层次：核心产业链的企业协同、产业集群协同、产业集群与环境协同等。从整体协同的观点出发去促进新型城镇化与旅游型城市新区产业布局的研究，一方面可以极大地促进新型城镇化的发展步伐，为新型城镇化的发展寻找产业支撑；另一方面对于旅游型城市来说，实现新型城镇化与旅游型城市实现目标协同、制度协同、组织协同、利益协同、创新协同、信息协同，有利于旅游型城市进一步发展。

### 2.2.2 分析框架的构建

本书在综合考虑新型城镇化与旅游经济的关系、旅游型城市支柱产业、新区产业布局规划的基础上，重点结合西南民族地区的民族性和特殊性，运用民族学、城市规划学、旅游景区布局等相关经典理论，采用协同理论的相关原理，按照"旅游资源优质化——旅游设施完善化——泛旅游产业发展——产业集群化"的协同原理和方法，根据"产业集群化——绿色集城镇化——设施配套化——服务优质化——城镇体系化"的新型城镇化建设目标，构建出西南民族地区新型城镇化进程中旅游型城市新区产业布局研究的分析框架，见图 2-1。

| 旅游型城市 | 观光旅游主导型 | 生态旅游主导型 | 休闲旅游主导型 | 商务旅游主导型 | 养生旅游主导型 |
|---|---|---|---|---|---|
| 旅游发展 | 提供优质观光旅游资源 | 提供优质生态旅游资源 | 提供优质休闲旅游资源 | 提供优质商务旅游资源 | 提供优质养生旅游资源 |
| 游客聚集 | 构成核心旅游吸引力 | 提供文明的生态环境 | 完善旅游配套设施 | 健全城市公共服务 | 完善居民就业结构 |
| 产业集聚 | 带动相关泛旅游业发展 | 促进泛旅游产业绿色发展 | 提升相关产业发展基础 | 延伸泛旅游产业链条 | 构建产业化发展模式 |
| 新型城镇化进程 | 产业集群化 | 绿色城镇化 | 设施配套化 | 服务优质化 | 城镇体系化 |

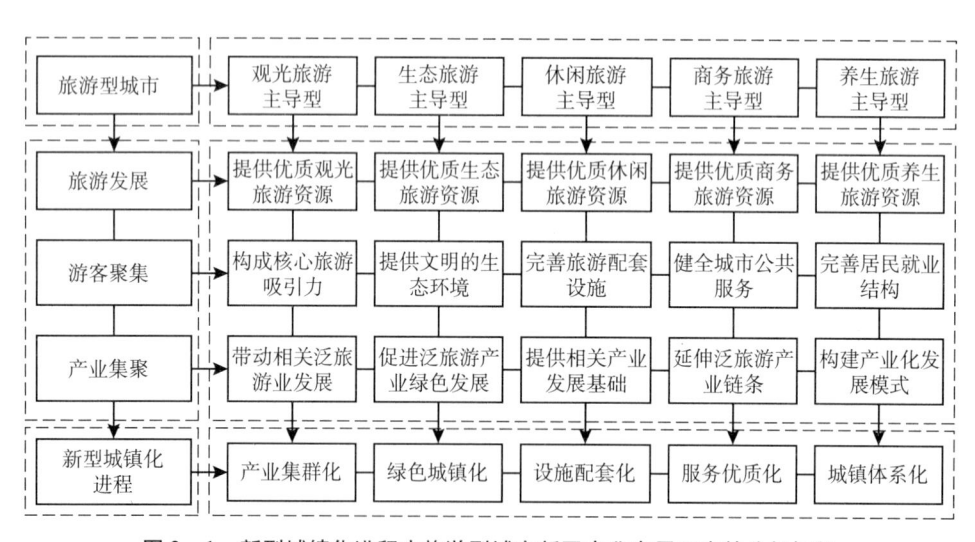

**图 2-1 新型城镇化进程中旅游型城市新区产业布局研究的分析框架**

本书从西南民族地区新型城镇化进程和旅游型城市新区产业布局两个维度出发，按照旅游型城市的现有分类和西南民族地区的旅游型城市组成，将旅游型城市分为以观光旅游主导型、生态旅游主导型、休闲旅游主导型、商务旅游主导型以及养生旅游主导型五种类型。同时，从新型城镇化进程来看，旅游引导的新型城镇化与旅游经济自身的发展程度、游客聚集程度以及相关产业集聚程度是分不开的。本书从旅游型城市和新型城镇化相协同的角度出发，分别从旅游型城市的五种类型和旅游发展、游客集聚以及产业集聚的内部结合出发，探讨在西南民族地区的大背景下新型城镇化进程与旅游型城市新区产业布局相互协同的实现路径。

### 2.2.3 分析框架的解释

由图 2-1 中可以看出，西南民族地区新型城镇化进程中旅游型城市新区产业布局的分析框架主要是由五种旅游型城市组成，包括观光旅游为主导、生态旅游为主导、休闲旅游主导型、商务旅游主导型和养生旅游主导型。新型城镇化进程主要是从旅游发展、游客集聚和产业集聚三个方面来进行与旅游型城市的接入性探讨，再结合西南民族地区的民族性和独特性特征，研究新型城镇化进程如何与旅游型城市新区产业布局进行有机地接入。

从旅游发展的角度来看西南民族地区新型城镇化进程中旅游型城市新区产业布局的分析框架，西南民族地区的旅游经济发展是以西南民族地区的旅游资源为基础的，其中，观光型旅游城市以优质的观光旅游资源为基础、生态型旅游城市以优质的生态旅游资源为基础、休闲型旅游城市以优质的休闲旅游资源为基础、商务型旅游城市以优质的商务旅游资源为基础以及养生型旅游城市以优质的养生旅游资源为基础。只有拥有丰富的旅游资源，并且将自身的旅游资源积极地转化为商业价值，才能为旅游产业的发展提供了坚实的资源基础。

从游客集聚的角度来看西南民族地区新型城镇化进程中旅游型城市新区产业布局的分析框架，只有当西南民族地区旅游目的地拥有核心的旅游吸引力，旅游规模才能进一步得到扩大。其中，包括旅游目的地的资源价值有效地转化为商业价值、旅游目的地的生态环境得到保护、旅游配套设施得到完善、城市的公共服务得到健全，以及旅游目的地的居民就业结构得到进一步优化等方面。

从产业集聚的角度来看西南民族地区新型城镇化进程中旅游型城市新区产业布局的分析框架，核心的旅游资源得到进一步开发和保护会积极地带动相关泛旅游产业的发展，生态旅游的发展会大大促进泛旅游产业绿色发展、健康发展的步伐。同时，当城市的基础旅游资源发展和旅游设施建设达到一定的规模以后，以旅游型产业为主导的城市的相关产业才能得到相应地发展，旅游产业逐渐摆脱原有的单一的产业链条，形成集设计、生产、销售、服务为一体的产业链条，创新产业发展的模式，促进产业集聚。

## 2.3 西南民族地区新型城镇化进程中旅游型城市新区产业布局机理

### 2.3.1 新型城镇化进程中旅游型城市新区产业布局原理

第一，区位理论。区位理论主要包括杜能的农业区位论、韦伯的工业区位论、克里斯泰勒的中心地理论、廖什的市场区位论和哈格斯特朗的空间扩散论。杜能的农业区位论：在19世纪初叶出版的《孤立国对于农业和国民经济之关系》（1826）一书中，杜能指出距离城市远近的地租差异即区位地租或经济地租，是决定农业土地利用方式和农作物布局的关键因素。由此他提出了以城市为中心呈六个同心圆状分布的农业地带理论，即著名的"杜能环"。韦伯的工业区位论：德国经济学家韦伯认为运输费用决定着工业区位的基本方向，理想的工业区位是运距和运量最低的地点，除运费以外，韦伯又增加了劳动力费用因素与集聚因素，认为由于这两个因素的存在，原有根据运输费用所选择的区位将发生化。中心地理论：德国地理学家克里斯泰勒将区位理论扩展到聚落分布和市场研究，认为组织物质财富生产和流通的最有效的空间结构是一个以中心城市为中心、由相应的多级市场组成的网络体系。廖什的市场区位理论：德国经济学家廖什将利润原则应用于区位研究，并从宏观的一般均衡角度考察工业区位问题，从而提出了工业区位理论和经济景观论。空间扩散理论：瑞典学者哈格斯特朗认为一项创新能够提高系统运行的效率和创造出更高的价值，或者能节约劳动和节约资本，或者提供系统的功能（质量）而创造新的市场，促使在创新者与其周围的空间里产生"位势差"。为消除这种差异，一种平衡力量就会促使创新者向外扩散和传播，为消除差异而进行学习、模仿和借鉴。

第二，产业聚集布局理论。产业聚集布局理论即产业集群理论。在区域产业规划中，把产业集群作为重要的产业发展模式，以园区为载体，加强在有限地域空间进行产业集聚，不断扩大区域内产业的横向和纵向联系，细化主导产业和配套产业，培育良好的集群发展环境，培育集群创新发展氛围。西南民族地区新型城镇化进程中旅游型城市新区产业布局优化是区域经济发展的一个显著特征。在西南民族地区新型城镇化进程中旅游型城市新区产业优化布局形成初期,企业区位行为往往受环境条件的影响,而表现为向某一优势区位集中,进而发展成若干城市工业集中区,企业在运营过程中又由中心向外沿轴线扩散,这两种空间进程相互交织,便形成了新区旅游带。新区旅游带是一条带状的链条产业集中区域,是相关或相同的产业的基地,在此区域内可以形成产业集聚效应,更好地壮大产业。新区旅游带使资源被更有效地利用和配置。

第三,核心—边缘理论。核心—边缘理论是经济空间结构演变模式的一种理论,认为发展可以看作一种由基本创新群最终汇成大规模创新系统的不连续积累过程,而迅速发展的大城市系统,通常具备有利于创新活动的条件。创新往往是从大城市向外围地区进行扩散的。

## 2.3.2 新型城镇化进程中旅游型城市新区产业布局基础

第一,新型城镇化进程中观光旅游主导型城市新区产业布局基础。观光旅游是多目标的综合旅游形态,它是包括自然资源、文化资源、交通运输、旅馆、餐饮、购物中心、商业、休闲设施、游乐场所、观光宣传及其他工商企业等的整合性旅游形态。其中,提供旅客住宿、餐饮、社交、会议场所、健康、娱乐、购物等多方面功能是观光旅游中最关键的一环,其服务品质、运营管理绩效等被认为社会经济发展的缩影,对观光旅游的整体性发展具有指向性作用。结合观光旅游主导型产业布局的主导产业、支持产业、延伸产业和政府配套,可以得到观光旅游主导型产业布局内容(见表2-1)。

表2-1　　　　　　　　观光旅游主导型产业集群布局内容

| 主导产业 | 产业 | 行业 | 具体内容 |
| --- | --- | --- | --- |
| 旅游业<br>(观光旅游) | 支持产业 | 农业 | 水稻种植为主,经济作物金橘、沙田柚、板栗、柿子、橙子、温州柑、生姜、辣椒、玉米、花生等 |
| | | 渔业 | 农家鱼塘等 |
| | | 林业 | 经济林、观光果园与花圃、森林公园等 |
| | | 畜牧业 | 禽类养殖基地、牛羊类养殖场等 |

续表

| 主导产业 | 产业 | 行业 | 具体内容 |
|---|---|---|---|
| 旅游业（观光旅游） | 延伸产业 | 休闲商业 | 纪念品商店、文化街、小吃街等 |
| | | 医疗保健业 | 医院、保健机构、养生馆等 |
| | | 会议会展业 | 会议中心、会展中心等 |
| | | 酒店住宿业 | 高端酒店、连锁酒店、特色酒店等 |
| | | 餐饮业 | 高档餐厅、农业庄园、林业庄园、渔庄等 |
| | 相关产业 | 创意文化业 | 特色演艺、广告、动漫等 |
| | | 物流商贸业 | 运输业、仓储业、信息服务等 |
| | | 信息产业 | 软件和信息服务、通信、网络服务等 |
| | | 金融业 | 银行业、保险业、信托租赁业等 |
| | 政府配套 | 交通运输 | 高速公路、国道、省道、乡道等 |
| | | 遗产保护 | 物质文化遗产保护和非物质文化遗产保护等 |
| | | 环境保护 | 行政、法律、经济、科学技术、民间自发环保组织等 |

从表2-1可以看出，新型城镇化进程中观光旅游主导型城市新区产业布局的主要内容大致可以分为四种类型：支持产业、延伸产业、相关产业和政府配套。支持产业中包括农业、渔业、林业和畜牧业，延伸产业则主要包括休闲商业、医疗保健业、会议会展业、酒店住宿业和餐饮业。延伸产业将旅游活动所需要的产业支撑囊括在内，为在新型城镇化进程中进行观光旅游主导型城市新区产业布局提供了产业基础。观光旅游主导产业的相关产业则包括创意文化业、物流商贸业、信息产业和金融业四种类型的产业，观光旅游产业与这四种类型产业的发展是分不开的，相互影响、相互促进。政府配套主要包括交通运输、遗产保护和环境保护，交通状况的好坏直接决定着旅游目的地的交通通达度和旅游景区可进入性的大小，遗产保护涉及物质文化遗产保护和非物质文化遗产保护，对于西南民族地区的文化传播是具有重要意义。生态环境作为西南民族地区重要的优势资源之一，生态环境状况的好坏不但对旅游业的发展有着重要的影响作用，对整个西南民族地区的区域环境和区域发展也是重要的评价指标之一。

第二，新型城镇化进程中生态旅游主导型城市新区产业布局基础。生态旅游业的发展，一方面要充分发挥旅游系统共生原理的作用，将旅游产业的发展与区域城市化、生态环境建设有机结合起来，实现协调发展、整体优化，以谋求旅游产业发展效益最大化;另一方面要将着力点放在旅游要素的生态化上,即"食"生态绿色食品、"住"生态宾馆、"行"生态交通工具、"游"生态意义的景观、"购"生态产品和无公害产品、发展有益身心健康和生态环境的娱乐活动。在区域生态旅游产业发展上,还必须依托该区域的生态产业,建立良好的生态旅游经济体系、社会体系、技术体系和政策体系,谋求最佳的经济、环境、社会、生态综合效益,进而全面拉动客源地和旅游目的地的社会、经济、生态三位一体可持续发展。结合生态旅游主导型产业集群的主导产业、支持产业、延伸产业和政府配套,可以得到生态旅游主导型产业布局内容(见表2-2)。

表2-2　　　　　　　　　生态旅游主导型产业集群布局内容

| 主导产业 | 产业 | 行业 | 具体内容 |
| --- | --- | --- | --- |
| 旅游业<br>(生态旅游) | 支持产业 | 农业 | 水稻种植为主,经济作物金橘、沙田柚、板栗、柿子、橙子、温州柑、生姜、辣椒、玉米、花生等 |
| | | 渔业 | 农家鱼塘等 |
| | | 林业 | 经济林、观光果园与花圃、森林公园等 |
| | | 畜牧业 | 禽类养殖基地、牛羊类养殖场等 |
| | 延伸产业 | 综合娱乐业 | 主题公园、旅游综合体、演艺娱乐、竞猜型体育彩票等 |
| | | 休闲商业 | 纪念品商店、图书城、服装市场、文化街、小吃街等 |
| | | 运动康体业 | 徒步探险、自行车骑行、攀岩、水上运动、户外拓展等 |
| | | 医疗保健业 | 医院、保健机构 |
| | | 酒店住宿业 | 高端酒店、连锁酒店、特色酒店等 |
| | | 餐饮业 | 高档餐厅、农业庄园、林业庄园、渔庄等 |
| | 相关产业 | 创意文化业 | 特色演艺、广告、动漫等 |
| | | 物流商贸业 | 现代物流、信息服务 |
| | | 信息产业 | 软件和信息服务、通信 |
| | | 金融业 | 银行业、保险业、信托租赁业 |
| | 政府配套 | 交通运输 | 高速公路、国道、省道、乡道等 |
| | | 遗产保护 | 物质文化遗产保护和非物质文化遗产保护等 |
| | | 环境保护 | 行政、法律、经济、科学技术、民间自发环保组织等 |

从表2-2可以看出,新型城镇化中生态旅游主导型城市新区产业布局的主要内容大致可以分为四种类型:支持产业、延伸产业、相关产业和政府配套。支持产业中包括农业、渔业、林业和畜牧业,延伸产业则主要包括综合娱乐业、休闲商业、运动康体业、医疗保健业、酒店住宿业和餐饮业。延伸产业将旅游活动所需要的产业支撑囊括在内,为在新型城镇化进程中进行生态旅游主导型城市新区产业布局提供了产业基础。生态旅游主导产业的相关产业则包括创意文化业、物流商贸业、信息产业和金融业四种类型的产业,生态旅游产业与这四种类型产业相互影响、相互促进。政府配套主要包括交通运输、遗产保护和环境保护。

第三,新型城镇化进程中休闲旅游主导型城市新区产业布局基础。休闲旅游以旅游资源为依托,以休闲为主要目的,以旅游设施为条件,以特定的文化景观和服务项目为内容,离开定居地而到异地逗留一定时期的游览、娱乐、观光和休息。其特点为:修身养性、目的地重复、消费能级高、一地停留时间长、要求交通便捷、自助半自助方式、层次丰富。结合休闲旅游主导型产业的主导产业、支持产业、延伸产业和政府配套,可以得到休闲旅游主导型产业布局内容(见表2-3)。

表2-3　　　　　　　　休闲旅游主导型产业集群布局内容

| 主导产业 | 产业 | 行业 | 具体内容 |
| --- | --- | --- | --- |
| 旅游业（休闲旅游） | 支持产业 | 农业 | 水稻种植为主,经济作物金橘、沙田柚、板栗、柿子、橙子、温州柑、生姜、辣椒、玉米、花生等 |
| | | 渔业 | 农家鱼塘等 |
| | | 林业 | 经济林、观光果园与花卉、森林公园等 |
| | | 畜牧业 | 禽类养殖基地、牛羊类养殖场等 |
| | 延伸产业 | 综合娱乐业 | 主题公园、旅游综合体、演艺娱乐、竞猜型体育彩票等 |
| | | 休闲商业 | 纪念品商店、图书城、服装市场、文化街、小吃街等 |
| | | 运动康体业 | 徒步探险、自行车骑行、攀岩、水上运动、户外拓展等 |
| | | 医疗保健业 | 医院、保健机构 |
| | | 酒店住宿业 | 高端酒店、连锁酒店、特色酒店等 |
| | | 餐饮业 | 高档餐厅、农业庄园、林业庄园、渔庄等 |

续表

| 主导产业 | 产业 | 行业 | 具体内容 |
|---|---|---|---|
| 旅游业（休闲旅游） | 相关产业 | 创意文化业 | 特色演艺、广告、动漫等 |
| | | 物流商贸业 | 现代物流、信息服务 |
| | | 信息产业 | 软件和信息服务、通信 |
| | | 金融业 | 银行业、保险业、信托租赁业 |
| | | 旅游地产业 | 住宅地产、度假地产、商业地产、景点地产等 |
| | | 低碳工业 | 医药产业、食品加工业、旅游工业等 |
| | 政府配套 | 交通运输 | 高速公路、国道、省道、乡道 |
| | | 环境保护 | 行政、法律、经济、科学技术、民间自发环保组织等 |

　　从表2-3可以看出，新型城镇化中休闲旅游主导型城市新区产业布局的主要内容大致可以分为四种类型：支持产业、延伸产业、相关产业和政府配套。支持产业中包括农业、渔业、林业和畜牧业，延伸产业则主要包括综合娱乐业、休闲商业、运动康体业、医疗保健业、酒店住宿业和餐饮业。延伸产业将旅游活动所需要的产业支撑囊括在内，为在新型城镇化进程中进行休闲旅游主导型城市新区产业布局提供了产业基础。休闲旅游主导产业的相关产业则包括创意文化业、物流商贸业、信息产业和金融业、旅游地产业和低碳工业六种类型的产业，休闲旅游产业与这六种类型产业的发展是分不开的，它们相互影响、相互促进。政府配套主要包括交通运输和环境保护，交通运输作为旅游的重要组成要素之一，交通状况的好坏直接决定着旅游目的地的交通通达度和旅游景区可进入性的大小。休闲环境作为西南民族地区重要的优势资源之一，休闲环境状况的好坏对旅游业的发展有着重要的影响作用。

　　第四，新型城镇化进程中商务旅游主导型城市新区产业布局基础。商务旅游是指商务旅游者以商务为主要目的，离开自己的常住地到外地或外国所进行的商务活动及其他活动。商务旅游活动通常包括谈判、会议、展览、科技文化交流活动以及随之带来的住宿、餐饮、交通、游览、休闲、通信等活动。结合商务旅游主导型产业的主导产业、支持产业、延伸产业和政府配套，可以得到商务旅游主导型产业布局内容（见表2-4）。

表 2-4　　　　　　　　商务旅游主导型产业集群布局内容

| 主导产业 | 产业 | 行业 | 具体内容 |
|---|---|---|---|
| 旅游业（商务旅游） | 支持产业 | 农业 | 水稻种植为主，经济作物金橘、沙田柚、板栗、柿子、橙子、温州柑、生姜、辣椒、玉米、花生等 |
| | | 渔业 | 农家鱼塘等 |
| | | 林业 | 经济林、观光果园与花圃、森林公园等 |
| | | 畜牧业 | 禽类养殖基地、牛羊类养殖场等 |
| | 延伸产业 | 综合娱乐业 | 主题公园、旅游综合体、演艺娱乐、竞猜型体育彩票等 |
| | | 休闲商业 | 纪念品商店、图书城、服装市场、文化街、小吃街等 |
| | | 运动康体业 | 徒步探险、自行车骑行、攀岩、水上运动、户外拓展等 |
| | | 医疗保健业 | 医院、保健机构 |
| | | 会议会展业 | 会议中心、会展中心 |
| | | 酒店住宿业 | 高端酒店、连锁酒店、特色酒店等 |
| | | 餐饮业 | 高档餐厅、农业庄园、林业庄园、渔庄等 |
| | 相关产业 | 创意文化业 | 特色演艺、广告、动漫等 |
| | | 教育培训业 | 学校、科研单位、科研基地等 |
| | | 物流商贸业 | 现代物流、信息服务 |
| | | 信息产业 | 软件和信息服务、通信 |
| | | 金融业 | 银行业、保险业、信托租赁业 |
| | | 旅游地产业 | 住宅地产、度假地产、商业地产、景点地产等 |
| | | 低碳工业 | 医药产业、食品加工业、旅游工业等 |
| | 政府配套 | 交通运输 | 高速公路、国道、省道、乡道 |
| | | 环境保护 | 行政、法律、经济、科学技术、民间自发环保组织等 |

从表 2-4 可以看出，新型城镇化中商务旅游主导型城市新区产业布局的主要内容大致可以分为四种类型：支持产业、延伸产业、相关产业和政府配套。支持产业中主要是指农业、林业、渔业和畜牧业，包括当地的特色农作物和特色旅

游产品。延伸产业则主要包括综合娱乐业、休闲商业、运动康体业、医疗保健业、会议会展业、酒店住宿业和餐饮业。延伸产业将旅游活动所需要的产业支撑囊括在内,为在新型城镇化进程中进行商务旅游主导型城市新区产业布局提供了产业基础。商务旅游主导产业的相关产业则包括创意文化业、教育培训业、物流商贸业、信息产业和金融业、旅游地产业和低碳工业七种类型产业,商务旅游产业与这七种类型产业的发展是分不开的,它们相互影响、相互促进。政府配套主要包括交通运输和环境保护。

第五,新型城镇化进程中养生旅游主导型城市新区产业布局基础。养生旅游开发的类型主要有养生餐厅、养生会议中心、养生购物场所、养生培训基地、养生游乐项目、养生运动项目、养生静养项目、养生康体项目、养生文化项目、养生公寓、养生度假村、养生旅游社区等项目类型。结合养生旅游主导型产业集群的主导产业、支持产业、延伸产业和政府配套,可以得到养生旅游主导型产业集群布局内容(见表2-5)。

表2-5　　　　　　　　　养生旅游主导型产业集群布局内容

| 主导产业 | 产业 | 行业 | 具体内容 |
| --- | --- | --- | --- |
| 旅游业<br>(养生旅游) | 支持产业 | 农业 | 水稻种植为主,经济作物金橘、沙田柚、板栗、柿子、橙子、温州柑、生姜、辣椒、玉米、花生等 |
| | | 渔业 | 农家鱼塘等 |
| | | 林业 | 经济林、观光果园与花圃、森林公园等 |
| | | 畜牧业 | 禽类养殖基地、牛羊类养殖场等 |
| | 延伸产业 | 综合娱乐业 | 主题公园、旅游综合体、演艺娱乐、竞猜型体育彩票等 |
| | | 休闲商业 | 纪念品商店、图书城、服装市场、文化街、小吃街等 |
| | | 养老服务业 | 养老院、疗养院 |
| | | 运动康体业 | 徒步探险、自行车骑行、攀岩、水上运动、户外拓展等 |
| | | 医疗保健业 | 医院、保健机构 |
| | | 会议会展业 | 会议中心、会展中心 |
| | | 酒店住宿业 | 高端酒店、连锁酒店、特色酒店等 |
| | | 餐饮业 | 高档餐厅、农业庄园、林业庄园、渔庄等 |

续表

| 主导产业 | 产业 | 行业 | 具体内容 |
|---|---|---|---|
| 旅游业（养生旅游） | 相关产业 | 创意文化业 | 特色演艺、广告、动漫等 |
| | | 教育培训业 | 学校、科研单位、科研基地等 |
| | | 物流商贸业 | 现代物流、信息服务 |
| | | 信息产业 | 软件和信息服务、通信 |
| | | 金融业 | 银行业、保险业、信托租赁业 |
| | | 旅游地产业 | 住宅地产、度假地产、商业地产、景点地产等 |
| | 政府配套 | 交通运输 | 高速公路、国道、省道、乡道 |
| | | 环境保护 | 行政、法律、经济、科学技术、民间自发环保组织等 |

从表 2-5 可以看出，新型城镇化进程中养生旅游主导型城市新区产业布局的主要内容大致可以分为四种类型：支持产业、延伸产业、相关产业和政府配套。支持产业中包括农业、渔业、林业和畜牧业，延伸产业则主要包括综合娱乐业、休闲商业、养老服务业、运动康体业、医疗保健业、会议会展业、酒店住宿业和餐饮业。延伸产业将旅游活动所需要的产业支撑囊括在内，为新型城镇化进程中进行养生旅游主导型城市新区产业布局提供了产业基础。养生旅游主导产业的相关产业则包括创意文化业、教育培育业、物流商贸业、信息产业和金融业、旅游地产业六种类型的产业，养生旅游产业与这六种类型产业相互影响、相互促进。政府配套主要包括交通运输和环境保护。

### 2.3.3 新型城镇化进程中旅游型城市新区产业布局机理

第一，观光旅游产业作为主导产业对泛旅游产业具有积极的带动作用。观光旅游主导型产业布局机理中主导产业、支持产业、延伸产业和政府配套之间的相互关系，可以用观光旅游主导型产业布局机理来体现（见图 2-2）。

由图 2-2 可以看出，西南民族地区新型城镇化进程中观光旅游主导型城市新区产业布局机理主要由主导产业、支持产业、延伸产业和政府配套组成，四者相互影响、相互作用，形成了具有西南民族地区特色的新型城镇化进程中观光旅游主导型城市的布局机理。具体来说，可以从以下关系出发进行机理分析：其一，政府配套设施对主导产业、支持产业、延伸产业以及相关产业都具有积极的

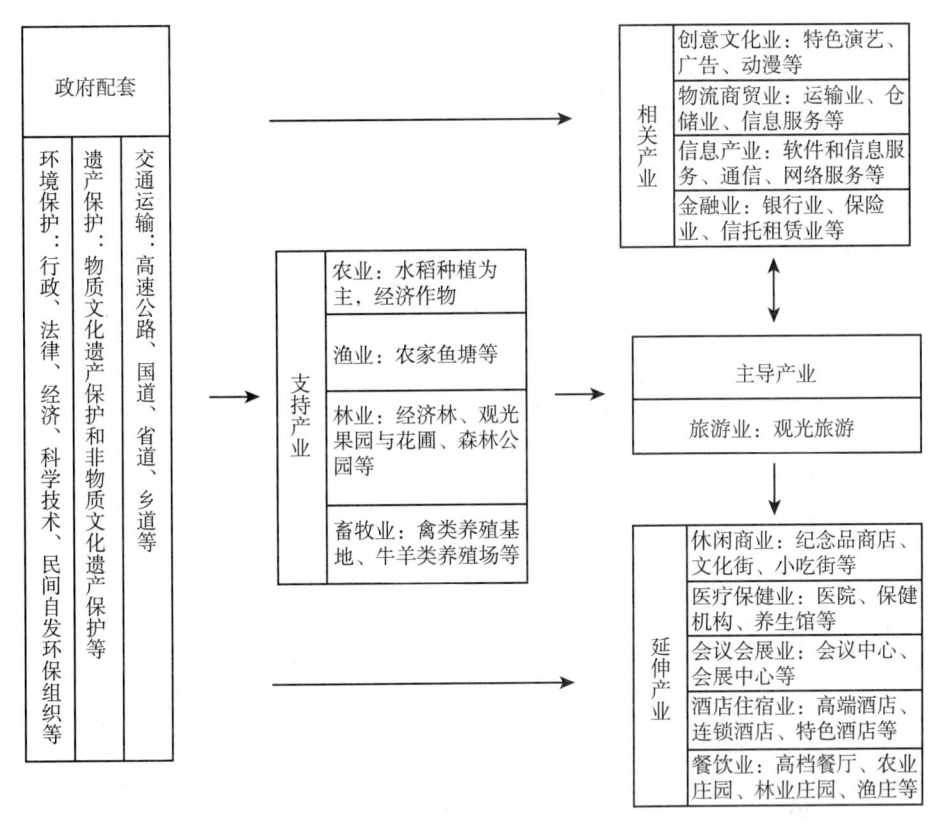

图 2-2 观光旅游主导型产业布局机理

促进作用。政府配套作为外部基础设施条件，包括交通运输条件、遗产保护和环境保护三个方面，只有建立完善的交通基础设施、保护物质文化遗产和非物质文化遗产以及维护西南民族地区原有的良好的自然生态环境，三者才能形成强有力的推力为西南民族地区观光旅游型城市新区的产业布局提供支撑作用。其二，观光旅游主导型产业布局与城市的支持产业发展是密不可分的。通过对西南民族地区的产业发展状况进行现状分析和描述，以优化观光旅游主导型城市新区产业布局为目的，大力推进西南民族地区观光型旅游城市新区的农业、渔业、林业和畜牧业的发展，包括支持水稻种植、开发农家鱼塘、培育经济林和观光林、进行规模化的禽类养殖等措施。通过积极推进支持产业的发展可以为西南民族地区观光旅游主导型城市新区产业建设提供坚实的产业基础，基础产业的发展一方面能够满足西南民族地区人民生活和生产的需要，为当地居民提供充足的物质供应，保证基础物质条件的满足。另一方面，传统农业生产单一的生产模式被打破，规模化的生产和养殖可以延伸当地产业链，同时可以将集群化的生产养殖作为旅游资源进行开发，以规模化、现代化、生态化的农业生产为旅游提供吸引力，为广大旅游者提供丰富的观光旅游资源。其三，观光旅游主导型产业布局机理中的相关产业与观光旅游形成相互促进的内在机制。旅游业的一大特点就是能够与周边的泛旅游产业形成紧密的联系，旅游业自身的发展能够带动周边相关产业的发展，实现共同进步。当西南民族地区观光旅游产业发展到一定程度时，游客人数达到一定规模，为相关的特色演出、广告、动漫等提供了消费人群和观众，从而带动了创意文化产业的发展。同时，观光旅游业的发展会使西南民族地区旅游流（包括物质流、客流、文化流、资金流和信息流）在空间上流动速度加快，有效地带动了物流商贸业的发展。旅游流网络的形成将西南民族地区观光旅游主导型城市的各类生产要素都卷入旅游流当中，旅游市场信息得到进一步的传播。同时，为了进一步进行规范化管理和便捷式管理，电子商务平台建设得到支持，通信、软件以及网络服务等信息产业得到发展。其四，资金是旅游产业得以长足发展的重要资源，观光旅游产业要实现持续增长就需要找到新的资金链条，银行、保险、信托租赁等产业便有了一个良好发展的环境契机，从而实现了金融业的发展。反过来，创意文化产业、物流商贸业、信息产业和金融业的发展也都为观光旅游产业的发展提供了重要的动力支撑，为观光旅游产业的发展不断地注入新的力量。其五，观光旅游主导产业的发展对延伸产业具有积极的促进作用。西南民族地区观光旅游主导型延伸产业包括休闲商业、医疗保健业、酒店住宿业和餐饮业四个方面，西南民族地区观光旅游产业的发展会带动休闲商业、医疗保健业、酒店住宿业和餐饮业的发展。其路径主要包括以下几点：一是观光旅游业的发展为休闲商业、医疗保健业、酒店住宿业和餐饮业的发展带来丰富的客源，游客数量的增多使消费机遇大大增加，旅游需求大大增加。二是观光旅游的发展促进了城市基础设施的完善，为了维持观光旅游良好的发展态势，城市公共服务意识提升和公共物品供给增加便成为旅游型城市管理者的重要手段，为实现延伸产业的发展创造了良好的基础设施。三是观光旅游的发展带动了外来资金的流入，融资渠道进一步多样化，为发展延伸产业提供了资金支持。

第二，生态旅游产业作为主导产业对泛旅游产业具有积极的带动作用。生态旅游主导型产业布局机理中主导产业、支持产业、延伸产业和政府配套之间的相互关系，可以用生态旅游主导型产业布局机理来体现（见图2-3）。

由图2-3可以看出，西南民族地区新型城镇化进程中生态旅游主导型城市新区产业布局机理主要由主导产业、支持产业、延伸产业和政府配套组成，四者相互影响、相互作用，形成了具有西南民族地区特色的新型城镇化进程中生态旅

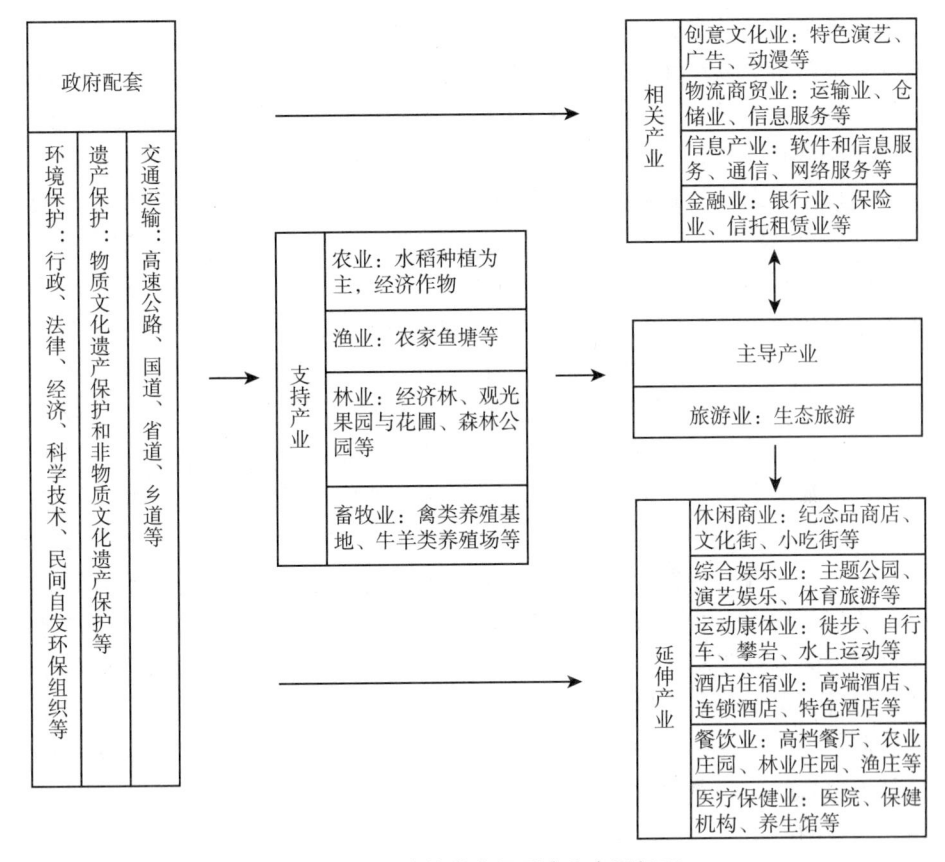

图 2-3  生态旅游主导型产业布局机理

游主导型城市的布局机理。具体来说，可以从以下关系出发进行机理分析：其一，政府配套设施对主导产业、支持产业、延伸产业以及相关产业都具有积极的促进作用。政府配套作为外部基础设施条件，包括交通运输条件、遗产保护和环境保护三个方面，只有建立完善的交通基础设施、保护物质文化遗产和非物质文化遗产以及维护西南民族地区原有的良好的自然生态环境，三者才能形成强有力的推力为西南民族地区观光旅游型城市新区的产业布局提供支撑作用。其二，生态旅游主导型产业布局与城市的支持产业发展是密不可分的。通过对西南民族地区的产业发展状况进行现状分析和描述，以生态旅游主导型城市新区产业布局优化为目的，大力推进西南民族地区生态型旅游城市新区的农业、渔业、林业和畜牧业的发展，具体的包括支持水稻种植、开发农家鱼塘、培育经济林和观光林、进行规模化的禽类养殖等措施。通过积极推进支持产业的发展可以为西南民族地区生态旅游主导型城市新区产业建设提供坚实的产业基础，基础产业的发展一方面能够满足西南民族地区人民生活和生产的需要，为当地居民提供充足的物质供应，保证基础物质条件的满足。另一方面，规模化的生产和养殖可以延伸当地经济的产业链，同时可以将集群化的生产养殖业作为旅游资源进行开发，以规模化、现代化、生态化的农业生产为旅游提供吸引力，为广大旅游者提供丰富的生态旅游资源。除此以外，通过进行生态农业建设可以在一定程度上缓解现有的城市环境压力，实现城市生态化发展，为形成绿色产业链创造了条件。其三，生态旅游主导型产业布局机理中的相关产业与生态旅游形成相互促进的内在机制。当西南民族地区生态旅游产业发展到一定程度时，游客人数达到一定规模，为相关的特色演出、广告、动漫等提供了消费人群和观众，带动了创意文化产业的发展。同时，生态旅游业的发展会使得西南民族地区旅游流在空间上流动速度的加快，有效地带动了物流商贸业的发展。旅游流网络的形成将西南民族地区生态旅游主导型城市的各类生产要素都卷入旅游流中，旅游市场信息得到进一步的传播。同时，为了进一步进行规范化管理和便捷式的管理，电子商务平台建设得到支持，通信、软件以及网络服务等信息产业得到发展。其四，资金是旅游产业得以长足发展的重要资源，生态旅游产业要实现持续性地增长就需要找到新的资金链条，银行、保险、信托租赁等产业便有了一个良好发展的环境契机，从而实现了金融业的发展。反过来，创意文化产业、物流商贸业、信息产业和金融业的发展也都为生态旅游产业的发展提供了重要的动力支撑，为生态旅游产业的发展不断地注入新的力量。其五，生态旅游主导产业的发展对延伸产业具有积极的促进作用。西南民族地区生态旅游主导型延伸产业包括休闲商业、医疗保健业、酒店住宿业和餐饮业四个方面，西南民族地区生态旅游产业的发展会带动休闲商业、医疗保健业、酒店住宿业和餐饮业的发展。其路径主要包括以下几点：一是生态旅游业的发展为休闲商业、医疗保健业、酒店住宿业和餐饮业的发展带来丰富的客源，游客数量的增多使消费机遇增加，旅游需求增加。二是生态旅游的发展促进了城市基础设施的完善，为了维持生态旅游的发展态势，城市公共服务意识提升和公共物品供给增加便成为旅游型城市管理者的重要手段，为实现延伸产业的发展创造了良好的基础设施。三是生态旅游的发展带动了外来资金的流入，融资渠道进一步多样化，为发展延伸产业提供了资金支持。四是生态旅游以绿色发展、健康发展、平衡发展为理念，以生态旅游为主导的城市发展将在未来的发展中注重绿色发展、平衡发展的理念，为延伸产业的可持续发展提供了理念。

第三，休闲旅游产业作为主导产业对泛旅游产业具有积极的带动作用。休闲旅游主导型产业集群布局机理中主导产业、支持产业、延伸产业和政府配套之间的相互关系，可以见休闲旅游主导型产业布局机理（见图2-4）。

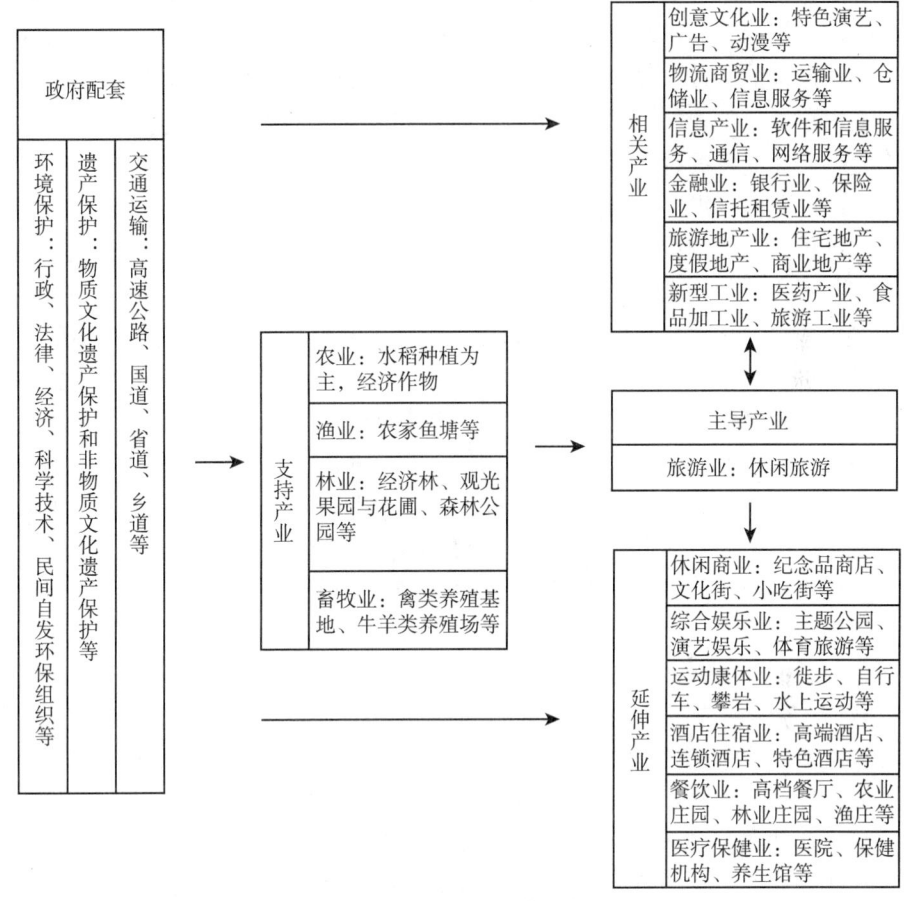

图2-4 休闲旅游主导型产业布局机理

由图2-4可以看出，西南民族地区新型城镇化进程中休闲旅游主导型城市新区产业布局机理主要由主导产业、支持产业、延伸产业和政府配套组成，四者相互影响、相互作用，形成了具有西南民族地区特色的新型城镇化进程中休闲旅游主导型城市的布局机理。具体来说，可以从以下关系出发进行机理分析：其一，政府配套对主导产业、支持产业、延伸产业以及相关产业具有积极的促进作用。政府配套作为外部基础设施条件，包括交通运输条件、遗产保护和环境保护三个方面，只有建立完善的交通基础设施、保护物质文化遗产和非物质文化遗产以及维护西南民族地区原有的良好的自然生态环境，三者才能形成强有力的推力为西南民族地区休闲旅游型城市新区的产业布局提供支撑作用，包括对支持产业、相关产业和延伸产业的支撑。其二，休闲旅游主导型产业布局与城市的支持产业发展是密不可分的。通过对西南民族地区的产业发展进行现状描述和分析，以休闲旅游主导型城市新区产业布局优化为目的，大力推进西南民族地区休闲型旅游城市新区的农业、渔业、林业和畜牧业的发展，具体的包括支持水稻种植、开发农家鱼塘、培育经济林和观光林、进行规模化的禽类养殖等措施。通过积极推进支持产业的发展可以为休闲旅游主导型城市新区产业建设提供坚实的产业基础，基础产业的发展一方面能够满足西南民族地区人民生活和生产的需要，为当地居民提供充足的物质供应，保证基础物质条件的满足。另一方面，规模化的生产和养殖可以延伸产业链，同时可以将集群化的生产养殖作为旅游资源进行开发，以规模化、现代化、生态化的农业生产为旅游提供吸引力，为广大旅游者提供丰富的观光旅游资源。其三，休闲旅游主导型产业布局机理中的相关产业与休闲旅游形成相互促进的内在机制。当西南民族地区休闲旅游产业发展到一定程度时，游客人数达到一定规模，为相关的特色演出、广告、动漫等提供了消费人群，从而带动了创意文化产业的发展。同时，休闲旅游业的发展会使得西南民族地区旅游流在空间上流动速度加快，有效地带动了物流商贸业的发展。旅游流网络的形成将西南民族地区休闲旅游主导型城市的各类生产要素都卷入旅游流中，旅游市场信息得到进一步的传播。同时，为了进一步进行规范化管理和便捷式的管理，电子商务平台建设得到支持，通信、软件以及网络服务等信息产业得到发展。其四，资金是旅游产业得以长足发展的重要资源，休闲旅游产业要实现持续性增长就需要找到新的资金链条，银行、保险、信托租赁等产业便有了一个良好发展的环境契机，从而实现了金融业的发展。反过来，创意文化产业、物流商贸业、信息产业和金融业的发展也都为观光旅游产业的发展提供了重要的动力支撑，为休闲旅游产业的发展不断地注入新的力量。其五，休闲旅游主导产业的发展对延伸产业具有积极的促进作用。西南民族地区休闲旅游主导型延伸产业包括休闲商业、医疗保健业、酒店住宿业和餐饮业四个方面，西南民族地区休闲旅游产业的发展会带动休闲商业、医疗保健业、酒店住宿业和餐饮业的发展。其路径主要包括以下几点：一是休闲旅游业的发展为休闲商业、医疗保健业、酒店住宿业和餐饮业的发展带来丰富的客源，游客数量的增多使消费机遇大大增加，旅游需求大大增加。二是休闲旅游的发展促进了城市基础设施的完善，为了维持休闲旅游良好的发展态势，城市公共服务意识提升和公共物品供给增加便成为旅游型城市管理者的重要手段，为实现延伸产业的发展创造了良好的基础设施。三是休闲旅游的发展带动了外来资金的流入，融资渠道进一步多样化，为发展延伸产业提供了资金支持。四是休闲旅游产业的发展会进一步刺激游客的旅游期望和需求，在现有的基础上游客会不断滋生新的消费需求，客观上为延伸产业的发展提供了内在动机。

第四，商务旅游产业作为主导产业对泛旅游产业具有积极的带动作用。商务旅游主导型产业布局机理中主导产业、支持产业、延伸产业和政府配套之间的相互关系，可以见商务旅游主导型产业布局机理（见图2-5）。

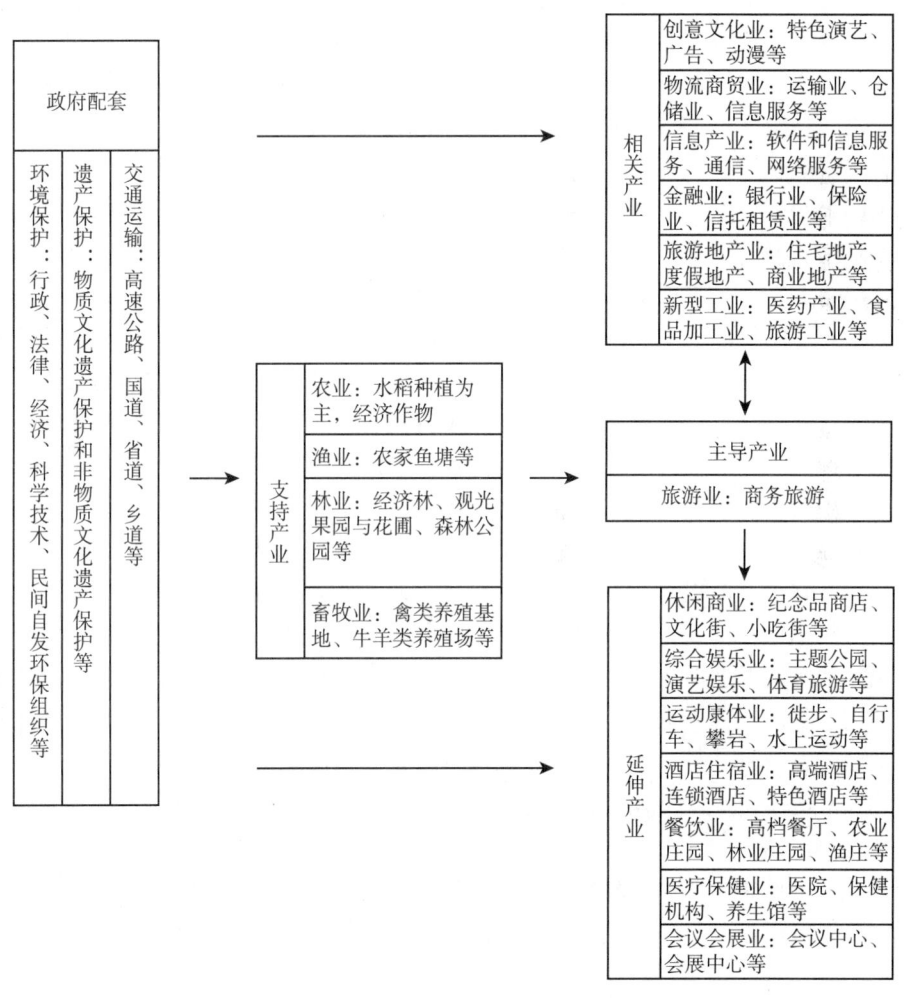

图2-5　商务旅游主导型产业布局机理

由图2-5可以看出，西南民族地区新型城镇化进程中商务旅游主导型城市新区产业布局机理主要由主导产业、支持产业、延伸产业和政府配套组成，四者相互影响、相互作用，形成了具有西南民族地区特色的新型城镇化进程中商务旅游主导型城市的布局机理。具体来说，可以从以下关系出发进行机理分析：其一，政府配套对主导产业、支持产业、延伸产业以及相关产业都具有积极的促进作用。政府配套作为外部基础设施条件，包括交通运输条件、遗产保护和环境保护三个方面，只有建立完善的交通基础设施、保护物质文化遗产和非物质文化遗产以及维护西南民族地区原有的良好的自然生态环境，三者才能形成强有力的推力为西南民族地区商务旅游型城市新区的产业布局提供支撑作用，包括对支持产业、相关产业和延伸产业的支撑。其二，商务旅游主导型产业布局与城市的支持产业发展是密不可分的。通过对西南民族地区的产业发展进行现状描述和分析，以商务旅游主导型城市新区产业布局优化为目的，大力推进西南民族地区商务型旅游城市新区的农业、渔业、林业和畜牧业的发展。通过积极推进支持产业的发展可以为西南民族地区商务旅游主导型城市新区产业建设提供坚实的产业基础，基础产业的发展一方面能够满足西南民族地区人民生活和生产的需要，为当地居民提供充足的物质供应，保证基础物质条件的满足。另一方面，规模化的生产和养殖可以延伸产业链，同时可以将集群化的生产养殖作为旅游资源进行开发，以规模化、现代化、生态化的农业生产为旅游吸引力，为广大旅游者提供丰富的观光旅游资源。其三，商务旅游主导型产业布局机理中的相关产业与商务旅游形成相互促进的内在机制。当西南民族地区休闲旅游产业发展到一定程度时，游客人数达到一定规模，为相关的特色演出、广告、动漫等提供了消费人群，从而带动了创意文化产业的发展。同时，商务旅游业的发展会使得西南民族地区旅游流在空间上流动速度加快，有效地带动了物流商贸业的发展。旅游流网络的形成将西南民族地区商务旅游主导型城市的各类生产要素都卷入旅游流中，旅游市场信息得到进一步的传播。同时，为了进一步进行规范化管理和便捷式的管理，电子商务平台建设得到支持，通信、软件以及网络服务等信息产业得到发展。商务旅游的开发对旅游地产业的发展具有一定的促进作用，不断增加的商务旅游需求需要不断进行过旅游地产业建设，包括为大型会议提供会议场所、开展商务度假旅游等，客观上产生了对旅游地和度假地的需求。其四，资金是旅游产业得以长足发展的重要资源，商务旅游产业要实现持续性地增长就需要找到新的资金链条，银行、保险、信托租赁等产业便有了一个良好发展的环境契机，从而实现了金融业的发展。反过来，创意文化产业、物流商贸业、信息产业和金融业的发展也都为商务旅游产业的发展提供了重要的动力支撑，为商务旅游产业的发展不断地注入新的力量。其五，商务旅游主导产业的发展对延伸产业具有积极的促进作用。西南民族地区商务旅游主导型延伸产业包括休闲商业、医疗保健业、酒店住宿业和餐饮业四个方面，西南民族地区商务旅游产业的发展会带动休闲商业、医疗保健业、酒店住宿业和餐饮业的发展。其路径主要包括以下几点：一是商务旅游业的发展为休闲商业、医疗保健业、酒店住宿业和餐饮业的发展带来丰富的客源，游客数量的增多使消费机遇增加，旅游需求增加。二是商务旅游的发展促进了城市基础设施的完善，为了维持观光旅游的发展态势，城市公共服务意识提升和公共物品供给增加便成为旅游型城市管理者的重要手段，为实现延伸产业的发展创造了良好的基础设施。三是商务旅游的发展带动了外来资金的流入，融资渠道进一步多样化，为发展延伸产业提供了资金支持。四是商务旅游产业的发展会进一步刺激游客的旅游期望和需求，在现有的基础上游客会不断滋生新的消费需求，客观上为延伸产业的发展提供了内在动机。

第五，养生旅游产业作为主导产业对泛旅游产业具有积极的带动作用。养生旅游主导型产业集群布局机理中主导产业、支持产业、延伸产业和政府配套之间的相互关系，可以见养生旅游主导型产业布局机理（见图2-6）。

由图2-6可以看出，西南民族地区新型城镇化进程中养生旅游主导型城市新区产业布局机理主要由主导产业、支持产业、延伸产业和政府配套组成，四者相互影响、相互作用，形成了具有西南民族地区特色的新型城镇化进程中养生旅游主导型城市的布局机理。具体来说，可以从以下关系出发进行机理分析：其一，政府配套对主导产业、支持产业、延伸产业以及相关产业都具有积极的促进作用。政府配套作为外部基础设施条件，包括交通运输条件、遗产保护和环境保护三个方面，只有建立完善的交通基础设施、保护物质文化遗产和非物质文化遗产以及维护西南民族地区原有的良好的自然生态环境，三者才能形成强有力的推力为西南民族地区养生旅游型城市新区的产业布局提供支撑作用，包括对支持产业、相关产业和延伸产业的支撑。其二，养生旅游主导型产业布局与城市的支持产业发展是密不可分的。通过对西南民族地区的产业发展进行现状描述和分析，以优化养生旅游主导型城市新区产业布局为目的，大力推进西南民族地区休闲型旅游城市新区的农业、渔业、林业和畜牧业的发展。通过积极推进支持产业的发展可以为西南民族地区养生旅游主导型城市新区产业建设提供坚实的产业基础。其三，养生旅游主导型产业布局机理中的相关产业与养生旅游形成相互促进的内在机制。旅游业的一大特点就是能够与周边的泛旅游产业形成紧密的联系，旅游业自身的发展能够带动周边相关产业的发展，实现共同进步。养生旅游业的发展会使西南民族地区旅游流在空间上流动速度加快，有效地带动了物流商贸业的发展。旅游流网络的形成将西南民族地区养生旅游主导型城市的各类生产要素都卷

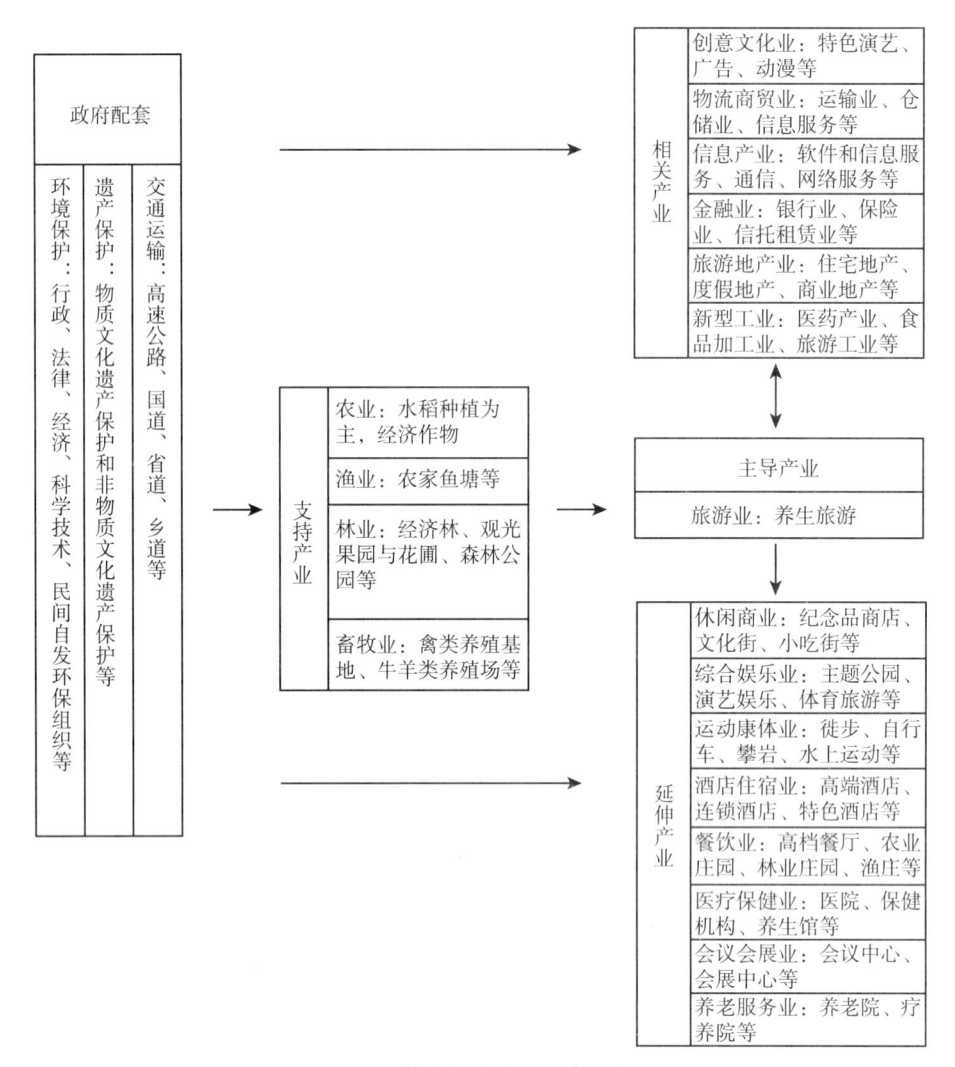

## 图 2-6 养生旅游主导型产业布局

**政府配套：**
- 交通运输：高速公路、国道、省道、乡道等
- 遗产保护：物质文化遗产保护和非物质文化遗产保护等
- 环境保护：行政、法律、经济、科学技术、民间自发环保组织等

**支持产业：**
- 农业：水稻种植为主，经济作物
- 渔业：农家鱼塘等
- 林业：经济林、观光果园与花圃、森林公园等
- 畜牧业：禽类养殖基地、牛羊类养殖场等

**主导产业：**
- 旅游业：养生旅游

**相关产业：**
- 创意文化业：特色演艺、广告、动漫等
- 物流商贸业：运输业、仓储业、信息服务等
- 信息产业：软件和信息服务、通信、网络服务等
- 金融业：银行业、保险业、信托租赁业等
- 旅游地产业：住宅地产、度假地产、商业地产等
- 新型工业：医药产业、食品加工业、旅游工业等

**延伸产业：**
- 休闲商业：纪念品商店、文化街、小吃街等
- 综合娱乐业：主题公园、演艺娱乐、体育旅游等
- 运动康体业：徒步、自行车、攀岩、水上运动等
- 酒店住宿业：高端酒店、连锁酒店、特色酒店等
- 餐饮业：高档餐厅、农业庄园、林业庄园、渔庄等
- 医疗保健业：医院、保健机构、养生馆等
- 会议会展业：会议中心、会展中心等
- 养老服务业：养老院、疗养院等

入旅游流中，旅游市场信息得到进一步的传播。同时，为了进一步进行规范化管理和便捷式的管理，电子养生平台建设得到支持，通信、软件以及网络服务等信息产业得到发展。养生旅游的开发对旅游地产业的发展具有一定的促进作用，不断增加的养生旅游需求需要不断进行对旅游地的产业建设，包括住宅产业、开展养生度假旅游等，客观上产生了对旅游地和度假地的需求。其四，资金是旅游产业得以长足发展的重要资源，养生旅游产业要实现持续性地增长就需要找到新的

资金链条，银行、保险、信托租赁等产业便有了一个良好发展的环境契机，从而实现了金融业的发展。反过来，创意文化产业、物流商贸业、信息产业、旅游地产业和金融业等发展也都为养生旅游产业的发展提供了重要的动力支撑，为养生旅游产业的发展不断地注入新的力量。其五，养生旅游主导产业的发展对延伸产业具有积极的促进作用。西南民族地区养生旅游主导型延伸产业包括休闲商业、医疗保健业、酒店住宿业和餐饮业四个方面，西南民族地区养生旅游产业的发展会带动休闲商业、医疗保健业、酒店住宿业和餐饮业的发展。其路径主要包括以下几点：一是养生旅游业的发展为休闲商业、医疗保健业、酒店住宿业和餐饮业的发展带来丰富的客源，旅游需求大大增加。二是养生旅游的发展促进了城市基础设施的完善，为了维持观光旅游良好的发展态势，城市公共服务意识提升和公共物品供给增加便成为旅游型城市管理者的重要手段，为实现延伸产业的发展创造了良好的基础设施。三是养生旅游的发展带动了外来资金的流入，融资渠道进一步多样化，为发展延伸产业提供了资金支持。四是养生旅游产业的发展会进一步刺激游客的旅游期望和需求，在现有的基础上游客会不断滋生新的消费需求，客观上为延伸产业的发展提供了内在动机。

# 第 3 章

# 西南民族地区新型城镇化进程中旅游型城市新区产业布局的研究假设和理论模型

## 3.1 新型城镇化进程中观光旅游主导型城市新区产业布局的研究假设和理论模型

### 3.1.1 新型城镇化进程中观光旅游主导型城市新区产业布局的研究假设

**1. 新型城市化进程的作用**

新型城镇化的发展表现为农村人口不断地向城市聚集，传统的农业人口比重下降，城市的非农活动比重逐步上升。在这个过程中，城市的扩张和形态塑造方式都逐渐发生了改变，产业原有的布局方式也被新型城镇化所具有的现代化、集群化特征所影响。一方面，新型城镇化进程改变了人类社会的组织方式、生产方式和生活方式，人力、物力、财力等资本要素发生着结构性的改变，事物内部组织方式的改变有利于增强事物的整体活力和创造力，为产业集群创造了所需要的经济条件。另一方面,新型城镇化进程把城市和小城镇作为一个有机的整体来考虑,在这个整体中旅游产业和泛旅游产业有着紧密的联系,相关产业之间存在着上下游关系,实现了区域内产业之间分工合作、互补互动、协调运行,在很大程度上促进了产业链条的完整,包括接通产业链和延伸产业链。除了创造良好的经济条件和促进产业链条的完整,新型城镇化进程还促进了产业发展模式的转变。相关产业的关系得到加强,合作进一步加深,为了减少地域成本和西南民族地区交通运输限制所带来的影响,产业集聚成为新的竞争模式。同时,提升城镇土地利用效率是推进新型城镇化的主要内容,产业集群化有利于提高土地的利用率,符合新型城镇化的客观要求,有利于实现新型城镇化的核心目标。从这个角度来看,新型城镇化进程为产业集聚创造了经济条件、延伸了产业链条和创新了集群化的发展竞争模式,因此,基于此,提出以下假设:

HA1:新型城市化进程对产业集聚效应具有显著的正向作用。

在经济增速放缓的今天,中国政府以及广大学者都认为推动城镇化进程是未来中国十年发展的主要动力,而旅游业作为国民经济发展的战略性支柱产业,一方面,在旅游型城市的城镇化进程中,旅游业对新型的城镇化进程中起着重要的引导作用,旅游城镇化成为新型城镇化的重要抓手。另一方面,新型城镇化通过作用于物质资本和劳动力积累、产业结构升级和市场化进程,间接地对旅游经济增长产生正向影响,促进旅游经济增长。具体来说,新型城镇化对旅游经济发展的影响主要有两个方面:一是新型城镇化坚持以人为本,树立牢固人本思想,注重提升公共服务,形成良好的人本气氛,使得城镇建设不仅仅是硬件设施的建设,而是从人的需求出发,将城镇打造成为真正的宜居之所,这就为旅游型城市发展旅游产业创造了良好的条件。二是新型城镇化坚持走科学发展、生态保护、文明协同、环境友好、人与自然和谐的道路,在新型城镇化进程中优化环境政策,将生态环境的保护落到实处,提升科技技术水平,实现城镇化的同时注重生态效率的提高。在西南民族地区旅游经济发展中,良好的生态环境条件和自然地理环境是不可替代的优势旅游资源,新型城镇化进程对环境的保护有利于一大批旅游城市发展生态旅游业。从以上两个方面来看,新型城镇化进程对旅游型城市的公共服务建设和生态环境保护都有着积极的促进作用,从而有利于提高旅游目的地的旅游吸引力,扩大游客的集聚规模。基于此,提出如下假设:

HA2:新型城镇化进程对推动游客聚集具有显著的正向作用。

西南民族地区拥有独特的地理环境和多样化的少数民族风情,这为西南民族地区形成旅游资源丰富、旅游吸引力强的观光旅游主导型城市提供了优势资源条件。旅游城镇化是以旅游产业发展带动城镇化进程的一个新方向,城镇化与区域旅游产业的结合一方面有利于提高城镇化质量，因势利导、趋利避害，积极引导城镇化健康发展。另一方面，新型城镇化进程的特点和发展态势对于西南民族地区旅游型城市新区的产业分布和空间组合特点的形成具有重要的影响作用，进而影响西南民族地区旅游型城市新区的资源、生产要素、各产业在空间地域上的流动、转移或配置与再配置的结果。根据主导旅游资源类型的不同，可将西南民族地区的旅游型城市分为观光型旅游城市、生态型旅游城市、商务型旅游城市、休闲型旅游城市以及养生型旅游城市五种类型。其中，观光旅游主导型城市以观光旅游资源作为新的引导力量能够为旅游目的地带来消费市场，并形成人口、资源、产业的集聚，推动新型城镇化的进程，提高旅游驱动型城市的旅游城镇化效率。反过来新型城镇化进程的加快也将对观光旅游主导型旅游城市形成重要的影响力量，尤其是在观光旅游主导型城市的产品组合和要素分配上，极大地促进了西南民族地区观光旅游主导型城市新区产业布局的优化。通过改变生产力在区域范围内的空间分布和组合结构，最终影响西南民族地区观光旅游主导型城市经济发展水平。从这个角度上来看，新型城镇化进程对观光旅游主导型城市新区产业布局优化具有显著的直接正向作用，因此，提出以下假设：

HA3：新型城镇化进程对观光旅游主导型城市新区产业布局具有显著的正向作用。

### 2. 产业集聚的作用

产业集聚是指同一产业在某个特定区域内高度集中，产业资本要素在空间范围内不断汇聚的一个过程。中国旅游产业发展一直伴随空间集聚的过程，旅游经济增长存在显著的正向空间相关性，当空间的产业集聚效应越强时，旅游经济会呈现出增长速度加快的态势。具体来说，产业集聚对旅游经济增长的促进作用可以从产业集聚的技术效率、产业链条和发展模式几个方面来进行说明。当资源、人力、政策等相关资本向某一个区域进行集中转移时，旅游产业的六大要素部门即餐饮、住宿、交通、景区、商店、娱乐会在一定程度上形成集聚效应，旅游产业的规模化集中度对产业技术效率有较强的积极影响，进而通过提高产业技术效率促进旅游产业的发展。从产业链条的延伸来看，产业的高度集聚会带动相关人力、物力、资源以及技术的集中，不同的产业类型和资源类型将进行进一步的优势组合，形成优势互补。在这样的产业生产环境中，资源利用率得到提高，新生产业也在反复的合作与分工中逐渐形成，产业链得到进一步延伸。最后，从产业的发展模式来看，不同的发展模式其核心驱动力也不相同，产业集聚带动相关产业要素的高度集中，尤其是技术资源和管理资源，人才的集中有利于新型发展模式的创造，为不同的产业区创造出适合自身的发展模式，例如城市依托型、景区依托型、城市—景区双依托型、特色产业依托型等相关模式。从这个角度来看，产业集聚效应的增强对旅游发展存在着显著的直接正向关系，因此，提出以下假设：

HA4：产业集聚效应对旅游资源具有显著的正向作用。

在经济全球化和区域经济一体化的背景下，空间格局和不同地域旅游产业部门的聚集是旅游经济空间发展的必然过程和提升区域旅游竞争力的客观要求，从这个角度来看，产业集聚效应对产业布局有着积极的优化作用。其优化作用主要从以下两个方面来进行说明：一是产业集聚有利于整合区域的产业资源。大量的产业集聚会形成若干相互交错的产业链条，在区域的整体产业链条中，不同类型的产业在技术上既替代又配套，在市场上既竞争又结盟，互相创造需求又共同向更高的水平迈进，为进行更好的旅游产业布局创造条件。二是促进新兴产业的发展。产业集聚使企业更加倾向于将不具有优势的业务或环节外包给其他厂商，并通过网络合作形式获得专业化产品服务和技术支持。这样会提高这些厂商的专业化程度和市场集中度，促使经过专业化整合的业务或生产环节成为独立的新产业。从这个角度来看，产业集聚效应的增强对旅游型城市新区产业布局优化具有直接正向作用，因此，提出以下假设：

HA5：产业集聚效应对观光旅游主导型城市新区产业布局具有显著的正向作用。

### 3. 游客聚集的作用

作为旅游三大基本要素之一，游客作为旅游活动的实施主体，其对旅游影响的感知状况关系到他们对旅游的态度与后续行为，在旅游业的发展中具有不可替代的作用。一般来说，旅游规模越大，旅游目的地的发展水平就越高。反之，当一个地区的游客数量十分有限，旅游规模偏小时，旅游目的地的发展水平往往不会很高，这是因为只有当旅游目的地的拥有一定的旅游接待能力和旅游吸引力时，游客人数才会到达一定规模，旅游目的地经济发展水平是影响游客进行目的地选择的要素之一。当西南民族地区旅游目的地的游客聚集规模扩大时，为了提高旅游接待能力，旅游型城市的基础设施建设便被提上了日程，投入更多的人力、物力和财力，城市旅游基础设施建设是旅游型城市未来的规划重点之一。同时，西南民族地区拥有着得天独厚的观光旅游资源和良好的自然环境，当游客集聚规模到达一定的程度时，如何使旅游活动所带来的生态影响控制在城市环境承载力范围内，这是西南民族地区旅游型城市未来的规划重点。除此以外，旅游规模扩大带来的直接影响是旅游收入的增加，餐饮、住宿、交通、娱乐、购物和景区等旅游六大部门都将迎来新一轮的发展机遇，旅游产业得到进一步发展。从这个角度来看，游客聚集规模扩大对促进旅游发展具有显著的直接正向作用，因此，提出以下假设：

HA6：游客聚集对旅游资源具有显著的正向作用。

西南民族地区产业布局优化需要考虑经济积累水平、产业发展动力和产业带动能力，从西南民族地区的发展基础和现状来看，其旅游型城市新区产业布局除受当时生产力发展水平及社会物质财富的生产方式制约外，还受当时的自然条件、经济地理区位以及人口条件的强烈影响。在西南民族地区旅游型城市中，其人口条件不仅指当地常住人口的数量、构成、增长率等方面，还包括外来旅游者，旅游者的人口构成、流动迁移状况。游客聚集密度较大的地区往往基础设施条件较好，其旅游容量较大，在进行产业布局时可以将旅游餐饮业、住宿业、购物业以及娱乐业布置在人口较为密集的区域，给游客提供便利的同时促进旅游消费，增加当地旅游收入。游客密度较小的城区需要高效利用资源条件，发展优势产业，并以资本密集型产业为主。游客的消费情况对产业布局也有显著的影响。各个地区的人口数量及构成、民族与宗教信仰、消费偏好及水平等方面的差异，导致了市场需求的多样性，而客源市场的特征在很大程度上影响着旅游产业的空间布局。西南民族地区旅游型产业布局必须与该地区的人口总体消费情况相适应，从而最大限度地满足不同层次游客的消费需求。从这个角度来看，游客聚集对旅游型城市新区产业布局优化具有显著的直接正向作用，因此，提出以下假设：

HA7：游客聚集对观光旅游主导型城市新区产业布局具有显著的正向作用。

### 4. 旅游资源的作用

旅游产业布局优化是促进旅游经济发展的手段之一，合理安排产业空间布局将有利于发挥地区的优势，充分利用本地资源，有利于经济、生态和社会的效益同步。旅游经济的发展能为旅游产业布局提供有利的产业互动、丰厚的资源要素和广阔的市场空间，是优化旅游业布局的重要支撑。二者既是整体和部分的所属关系，又互为依托、互为发展，具有内在的、不可分割的关联。一方面，旅游经济的发展强调旅游产业与泛旅游产业的联动，对相关产业结构的优化提出了新的要求，这就为旅游经济带动其他产业经济的共同进步提供了机遇。产业联动进一步促进了区域旅游经济的发展，为加快旅游产业结构调整提供无穷的动力，使旅游产业布局与相关行业的发展形成唇齿相依、互促互动、共赢发展的良性局面。

另一方面，旅游经济发展的重要内容之一是强调资源的整合，要求在区域范围内实现资源和信息的共享，尤其对分布范围广、涉及面大的旅游产业具有十分重要的意义。资源的整合和优势资源的合理分布将在区域范围内实现旅游资源、旅游基础设施等资源要素的共建共享与优化配置，提高资源的利用率，实现旅游业的集聚发展和协同效应的发挥。因此，提出以下假设：

HA8：旅游资源对于观光旅游主导型城市新区产业布局具有显著的正向作用。

## 3.1.2 新型城镇化进程中观光旅游主导型城市新区产业布局的理论模型

根据新型城镇化对观光旅游主导型城市新区产业布局优化作用的分析框架，结合新型城镇化对观光旅游主导型城市新区产业布局优化作用的研究假设，可以较好地识别出新型城镇化对观光旅游主导型城市新区产业布局优化作用路径。由此可以得出新型城镇化对观光旅游主导型城市新区产业布局优化作用的理论模型（见图3-1）。

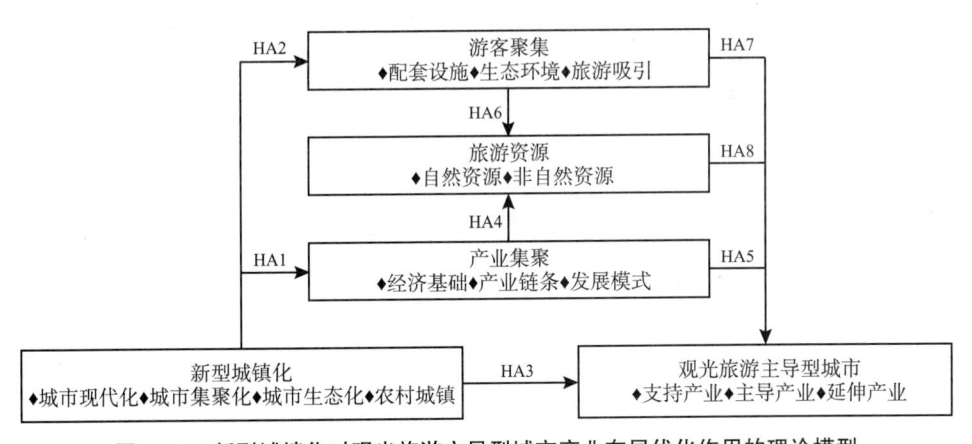

**图3-1 新型城镇化对观光旅游主导型城市产业布局优化作用的理论模型**

在新型城镇化对观光旅游主导型城市新区产业布局优化作用的理论模型中，存在五个主要的变量，分别是：新型城镇化、游客聚集、旅游资源、产业集聚和观光旅游主导型城市。其中，新型城镇化由城市现代化、城市集聚化、城市生态化和农村城镇化四个维度构成，游客聚集由配套设施、生态环境和旅游吸引三个维度构成，旅游资源由自然资源和非自然资源两个维度构成，产业聚集由经济基础、发展链条、发展模式三个维度构成，从观光旅游主导型城市产业布局的分类划分，可分为支持产业、主导产业和延伸产业三个维度。这五个主要变量之间的关系可以反映出新型城镇化进程是如何对旅游型城市新区产业布局产生作用的。

具体来看，新型城镇化对观光旅游主导型城市新区产业布局优化作用路径可以分为两种：一种是直接产生作用的路径，另一种是间接产生作用的路径。间接产生作用的路径有四条，分别是：新型城镇化对产业集聚产生直接的影响作用，再通过产业集聚对观光旅游主导型城市新区产业布局产生作用效果；新型城镇化通过对游客聚集产生作用效果，再通过游客聚集对旅游型城市产生影响；新型城镇化首先对游客集聚产生影响作用，再通过游客集聚影响旅游资源，最后通过旅游资源实现对观光旅游主导型城市新区产业布局的影响；新型城镇化首先对产业集聚产生直接的影响效果，再通过产业集聚对旅游资源产生影响作用，最后再通过旅游资源实现对观光旅游主导型城市新区产业布局的影响作用。在图 3-1 中，每条路径上的字母数字代表的是之前所作出的研究假设，针对提出的研究假设，还需要做进一步的实证检验来加以验证。

## 3.2 新型城镇化进程中生态旅游主导型城市新区产业布局的研究假设和理论模型

### 3.2.1 新型城镇化进程中生态旅游主导型城市新区产业布局的研究假设

**1. 新型城镇化的作用**

20 世纪 90 年代中后期以来，工业化和城镇化是中国经济发展的主旋律。工业化使工业和服务部门的产出上升，而这些部门对土地的占用比农业部门要节省得多，于是大量企业聚集在城市地区。大量工业企业在某个特定地理区域内的高度集中表现为产业集聚现象，而大量人口、优质的社会资源和自然资源向城市的聚集则表现为城镇化现象。城镇化的核心是将农民变成产业工人，产业工人需要产业持续发展带来就业机会，从这个层面上来说，新型城镇化为产业集聚奠定了基础。当新型城镇步伐不断加快，其累积的产业基础也呈现出相应的增长趋势，为产业集聚奠定坚实的产业基础，所以，新型城镇化与产业集聚不仅表现为特定要素在一定空间的集聚，两者之间还存在某种影响关系。因此，研究提出如下研究假设：

HB1：新型城镇化对产业集聚具有正向作用。

2013年12月，中央城镇化工作会议提出新型城镇化建设要以人为本，尊重自然，就地城镇化。在现有的城镇化与旅游关系的研究中，学者提出城镇化为旅游业的发展创造了条件，包括为旅游业发展提供了发展要素、消费人群以及完善的公共设施。其中，旅游消费人群主要集中在城镇地区，城镇地区人口的增长和旅游需求的提高都为旅游业发展提供了消费主体，加快农村人口市民化和完善旅游业信息化建设有利于旅游业和城镇化的和谐发展。随着城镇化水平的不断提高，城镇规模不断扩大，其所能承载人口和要素的能力不断提高，人口和要素密度的增加成为产业向城镇集聚的吸引力，为更多的游客集聚提供了空间规模条件。因此，提出以下假设：

HB2：新型城镇化对游客集聚具有正向作用。

随着城镇化的不断推进，"城市病"与"农村病"问题日益突出，人口增长过快、生物多样性减少、土地资源短缺等多样问题影响着西南民族地区的城镇化质量与城市建设。为了缓解城镇化过程中所出现的问题，《国家新型城镇化发展规划2014-2020》提出，随着内外部环境的深刻变化，城镇化必须进入以提升质量为主的转型发展新阶段，传统高投入、高消耗、高排放的工业化城镇化发展模式难以为继。这就对新型城镇化的快速发展提出了更高的要求，尤其强调在新型城镇化建设的过程中，要实现城镇化质量与生态环境的协调发展。新型城镇化要求旅游型城市注重自身的环境保护和生态环境建设，要把生态保护和经济发展放在同一高度，不以牺牲环境为代价来搞经济建设，产业布局要以经济效益、社会效益和环境效益的综合发展为原则，不可偏废其一。优化生态旅游主导型城市产业布局，不仅是西南民族地区旅游型城市转型升级的必经之路，也是新型城镇化建设的现实导向。新型城镇化作为工具和手段，将最终服务于生态建设这一目标，为生态旅游主导型城市建设提供强大的动力和重要保障，推进高质量的生态旅游主导型城市建设。因此，提出以下假设：

HB3：新型城镇化对生态旅游主导型城市产业布局具有正向作用。

## 2. 产业集聚的作用

产业集聚是产业资本要素在某个空间范围内不断汇聚的一个过程，产业集聚问题的研究产生于19世纪末，马歇尔在1890年就开始关注产业集聚这一经济现象。现有学者对产业集聚与环境污染之间关系的研究较多,且大多数从定量分析的角度,实证产业集聚与区域内的环境污染存在的关系。陈建军和胡晨光从宏观增长的视角,发现产业在既定空间集聚产生的自我集聚可以改善现有的生态环境,进而提高居民的生活水平。李勇刚和张鹏通过构建面板数据联立方程模型,提出产业集聚有利于缓解环境污染,并且他们认为产业集聚并不是近年来发生的生态破坏和环境污染的主要根源,当产业集聚达到一定的程度时,将对现有的环境起到一定的净化作用,提高区域内的环境承载力,有利于区域的持续发展。此外,还有学者在研究FDI对环境污染的影响时发现,FDI将促进地区产业集聚水平,进而将改善东道国的环境污染。按照以上研究内容,研究认为产业集聚有利于降低环境污染的程度,进而提高区域内的环境承载力水平。因此,提出以下假设:

HB4:产业集聚对环境承载力具有正向作用。

产业集聚是经济增长的结果,同时产业集聚又为区域经济增长提供了新的发展动力和支撑力量,这种动力和推动力量主要是由产业集聚效应表现出来的。生态旅游主导型旅游城市以生态旅游产业为主导产业,通过在区域内形成产业集聚,可以提升区域产业的竞争力。一方面,集聚效应使得交易频率提高,通过空间上的接近有效地降低了每一次的交易成本,在产业集聚内,地理位置邻近的地方集中大量的同类企业,产业集聚内存在一个共享的人力市场,群内企业共享产业集聚的品牌等,使资产专用性大为降低,从而减少了资产专用性带来的垄断,节约了交易费用,成本的降低有利于形成有力的竞争优势。另一方面,产业集聚使得在较小的区域内形成了大量的竞争对手,为了取得相对优势和占据市场份额,不同的企业致力于提高科技创新来形成新一轮的竞争优势。同时,产业集聚促进了区域内环保意识的增长和生态环境的改善,各企业为了谋求自身发展自发形成监督机制,为生态旅游主导型城市发展提供了一个良好的环境。基于此,研究认为产业集聚对生态旅游主导型城市产业布局具有积极的正向作用,因此,提出以下假设:

HB5:产业集聚对生态旅游主导型城市产业布局具有正向作用。

### 3. 游客集聚的作用

环境承载力作为衡量人类社会经济与环境协调程度的标尺,按照其内容和本书的研究重点,这里主要以社会承载力和经济承载力两个指标来度量环境承载力。在现有的研究中,大多数学者都认为旅游人数的增加、旅游规模的扩大无疑将威胁到景区的生态环境,破坏景区的原生性。本书认为,旅游经济处在初期发展阶段时,由于旅游设施不够完善、旅游管理体制不够健全及政府重视程度不够等,游客集聚对环境承载力可能会呈现出反向的作用。但是随着中国旅游经济的迅速发展，国家和地方政府都将旅游产业放在了前所未有的高度，旅游环境和体制治理问题成为众多学者的研究重点，并予以实践。在这样的旅游大背景下，当西南民族地区的旅游型城市游客集聚达到一定规模时，为了实现景区的可持续发展，当地政府或者景区领导者在进行景区规划时将注重提高景区的经济承载力和社会承载力，包括加强生态环境保护、扩大经济空间规模、健全景区管理体制、完善景区管理制度等，更加注重旅游服务管理和交通管理，为环境承载力的提高提供动力。基于此，本书认为游客集聚对环境承载力是具有积极的正向作用的，提出以下假设：

HB6：游客集聚对环境承载力具有正向作用。

旅游生命周期理论和游客平均增长率理论表明，一个旅游区刚开放时，游客人数增长迅速，当游客人数达到一定的水平时，增长速度下降，此后开始波动并再次趋于一个稳定的水平上。张生瑞在设计生态旅游检测体系中指出，游客规模是影响生态环境的重要指标，包括游客数量、每小时游客量、游客的平均逗留时间、游客的空间分布特征等。生态旅游作为以生态旅游资源为核心的旅游发展类型，其发展受到旅游规模、景区容量、环境管理制度、旅游资源利用程度及旅游基础服务设施等多种因素的影响，而这些因素又都受到来自游客集聚规模、特征和强度的影响，可以说，游客集聚在一定程度上影响着城市的生态环境。现有大多数学者的研究都认为，游客人数的增长与城市旅游环境的改善是呈现负向的作用关系，当城市的旅游人数高速增长时，城市的生态环境将面临较大的威胁，相比旅游人数较少的生态旅游城市，其生态环境更容易遭到破坏。但杨超在其研究中指出，随着人们生活水平的提高和生活质量的改善，地方政府和旅游管理者逐渐将注意力转向在不破坏景观资源和生态环境的情况下，通过改善管理水平以满足未来游客日益增长的旅游质量要求。按照这一逻辑主线，可以看出游客集聚对生态环境不再是传统的负向影响，在现代旅游发展的条件下，游客集聚对生态环境的影响，更多的是呈现出一种正向的影响。产业空间布局是一种全面、长远的经济战略布局，实现西南民族民族地区生态旅游主导型城市产业布局优化，需要充分地利用本地的生态旅游资源。游客集聚对城市生态环境具有积极的正向影响作用，而生态环境作为生态旅游主导型城市的产业基础，其对城市的产业布局是呈正相关的关系。因此，提出以下假设：

HB7：游客集聚对生态旅游主导型城市产业布局具有正向作用。

### 4. 环境承载力的作用

环境承载力是区域内资源、生态、社会、经济等多个维度综合评估的结果，既关系到区内人与自然和谐和可持续发展,也是影响生态产业布局的关键因素。西南民族地区生态旅游主导型城市资源禀赋、人口分布、环境状况及产业政策的差异,导致生态旅游主导型城市的不同区域会形成不同的产业结构,尤其是受到自然环境与自然资源的影响,即受到环境承载力的约束。而作为连接社会系统、环境系统与经济系统之间的纽带,环境承载力是协调人口、资源与环境相互联系的关键所在,决定着一个地区的产业类型、产业布局模式等经济活动。西南民族地区生态旅游主导型城市在进行产业布局时,必须遵循生态经济规律,系统地考虑环境和资源的约束条件,只有从地区的环境承载力出发,才能充分发挥自然资源与自然环境的优势,生态旅游主导型城市产业布局才会有发展活力。综上所述,环境承载力对生态旅游主导型城市产业布局具有积极的影响作用,因此,提出以下假设:

HB8:环境承载力对生态旅游主导型城市产业布局具有正向作用。

### 3.2.2 新型城镇化进程中生态旅游主导型城市新区产业布局的理论模型

根据新型城镇化对生态旅游主导型城市新区产业布局优化作用的分析框架,结合新型城镇化对生态旅游主导型城市新区产业布局优化作用的研究假设,可以较好地识别出新型城镇化对生态旅游主导型城市新区产业布局优化作用路径。由此可以得出新型城镇化对生态旅游主导型城市新区产业布局优化作用的理论模型(见图3-2)。

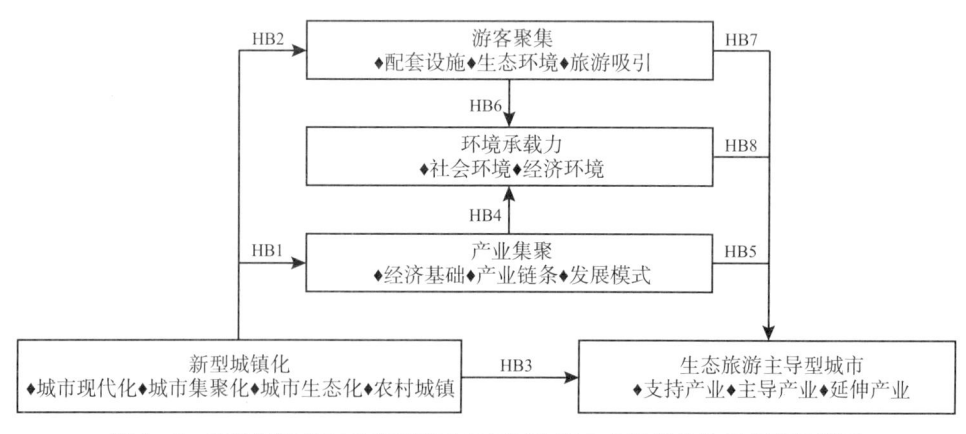

图3-2 新型城镇化对生态旅游主导型城市产业布局优化作用的理论模型

在新型城镇化对生态旅游主导型城市新区产业布局优化作用的理论模型中，存在五个主要的变量，它们分别是：新型城镇化、游客聚集、环境承载力、产业集聚和生态旅游主导型城市。其中，新型城镇化由城市现代化、城市集聚化、城市生态化和农村城镇化四个维度构成，游客聚集由配套设施、生态环境和旅游吸引三个维度构成，环境承载力由社会环境和经济环境两个维度构成，产业聚集由经济基础、发展链条、发展模式三个维度构成，从生态旅游主导型城市产业布局的分类划分，可分为支持产业、主导产业和延伸产业三个维度。这五个主要变量之间的关系可以反映出新型城镇化进程是如何对旅游型城市新区产业布局产生作用的。

具体来看，新型城镇化对生态旅游主导型城市新区产业布局优化作用路径可以分为两种：一种是直接产生作用的路径；另一种是间接产生作用的路径。间接产生作用的路径有四条，分别是：新型城镇化对产业集聚产生直接的影响作用，再通过产业集聚对生态旅游主导型城市新区产业布局产生作用效果；新型城镇化通过对游客聚集产生作用效果，再通过游客聚集对旅游型城市产生影响；新型城镇化首先对游客集聚产生影响作用，再通过游客集聚影响环境承载力，最后通过环境承载力实现对生态旅游主导型城市新区产业布局的影响；新型城镇化首先对产业集聚产生直接的影响效果，再通过产业集聚对环境承载力产生影响作用，最后再通过环境承载力实现对生态旅游主导型城市新区产业布局的影响作用。在图3-2中，每条路径上的字母数字代表的是之前所作出的研究假设，针对提出的研究假设，还需要做进一步的实证检验来加以验证。

## 3.3 新型城镇化进程中休闲旅游主导型城市新区产业布局的研究假设和理论模型

### 3.3.1 新型城镇化进程中休闲旅游主导型城市新区产业布局的研究假设

1. 新型城镇化的作用

新型城镇化是指在一个区域范围内大中小城市协调发展，并与区域内农村、农业协调发展。同时强调以人为核心、以城乡一体化为可持续发展的战略目标，最终实现城市和农村在政治、经济、社会和文化上的统一，产生新型城镇化的内生红利。新型城镇化内生的政策红利，不仅有助于完善城镇功能，同时也有助于产业在区域内发生集聚行为。新型城镇化发展的必然结果是城镇人口的高度集中以及由此产生的市场需求，而市场因素正是产业发生集聚行为的主要原因。大多数学者认为，产业集聚与城镇化均表现为空间集聚，产业集聚使大量的人口、资源向城市聚集，从而可以促进城镇化水平的提高。例如，产业集聚的奠基人马歇尔（Marshall）提出了产业集聚通过发挥产业区内辅助性配套产业、协同创新环境、专业化劳动力市场等一系列优势产生外部规模经济，促进城市化发展的理论。因此，提出以下假设：

HC1：新型城镇化对产业集聚具有正向作用。

城镇化的本质就在于其产业、要素、人口在空间的高度集聚，其中产业的集聚是人口与要素集聚的前提和基础，也就是城镇化的前提和基础。新型城镇化是以科学发展观为统领、以工业化和信息化为主要动力、资源节约、环境友好、经济高效、文化繁荣、城乡统筹、社会和谐、大中小城市和小城镇协调发展、个性鲜明的、健康可持续的城镇化道路。为了加快城镇化建设的步伐和实现区域内城乡一体化发展，新型城镇化建设将带动区域内的基础设施建设，对城市的基础设施数量、规模、种类等多方面都将提出更高的要求，因此，新型城镇化建设将在很大程度上带动城市基础设施建设和区域服务一体化发展，而基础设施作为旅游吸引物系统的重要组成部分，对游客规模和集聚强度都产生着重要的影响。基于以上研究，新型城镇化将带动区域内基础设施建设，进而影响着游客集聚，因此，本书认为新型城镇化对游客集聚具有某种内在的关系，提出以下假设：

HC2：新型城镇化对游客集聚具有正向作用。

新型城镇化进程对西南民族地区休闲旅游产业发展的空间格局、市场需求、产品结构产生了重大积极影响，对优化休闲旅游主导型城市产业布局具有重要的推进作用，主要表现在：第一，城镇化建设为休闲旅游发展提供社会综合力。城镇化水平的提高包含经济实力增强、社会事业全面发展、生态环境质量提升以及人口素质提高等诸多方面的因素，而这些因素的优化升级是发展休闲旅游的必要条件，西南民族地区休闲旅游主导型城市充分抓住城镇化为产业发展带来的机遇，将有利于促进休闲旅游产业提质增效升级。第二，新型城镇化为优化休闲旅游产业布局提供必要的基础保障和优质的服务体系，如交通、电力电讯、餐饮娱乐等基础设施的逐步完善，以及服务意识和质量的提高，尤其是对休闲旅游产品的转型升级有着重大的促进作用，通过构建休闲旅游品质提升的要素体系，有序推动现代化新型城市建设和旅游产业健康、可持续发展。第三，新型城镇化为优化休闲旅游产业布局提供良好的生态环境，顺应国家新型城镇化发展战略能够确保旅游业的可持续发展，最大限度地使区域旅游经济效益、社会效益和环境效益协调统一，提高休闲旅游业发展层次。根据以上内容可以看出，新型城镇化对休闲旅游主导型城市建设具有积极的促进作用，因此，提出以下假设：

HC3：新型城镇化对休闲旅游主导型城市产业布局具有正向作用。

## 2. 产业集聚的作用

产业集聚对增加区域内经济基础、拓宽产业链条及转变发展模式都具有积极的促进作用，尤其是产业集聚对经济增长具有显著的拉动效应。一方面，通过产业集聚形成降低资本门槛和优化劳动力结构，产业集聚能够在资本配置过度和劳动力配置不足时改善资源错配，从而对资本配置和劳动力配置产生积极作用。另一方面，从长期来看，西南民族地区的产业集聚对劳动生产率的提高是具有促进作用的，当经济活动中流动要素向某一地区集聚时，有利于该地区知识创新能力的提高，进而促进该地区的经济增长。当区域内的经济水平提高到一定程度时，经济技术既作为产业集聚的重要子系统，也是影响西南民族地区消费模式的重要变量，包括影响西南民族地区居民和游客的体验需求和消费能级。按照这一逻辑主线，本书认为产业集聚对区域内的消费模式产生着显著的影响作用，因此，提出以下假设：

HC4：产业集聚对消费模式具有正向作用。

随着城市规模市场、旅游出行便捷、核心资源吸引、城乡环境差异、旅游用地宽裕等因素的完善，旅游产业集聚已经成为西南民族地区休闲旅游城市发展的重要趋势，并在发展中展现出强大优势。面对西南民族地区规模化的旅游休闲市场，为了提升产业竞争力、促进旅游产业转型升级，西南民族地区政府必须要对休闲产业集聚区展开科学策划，从而促进休闲旅游产业主导型城市产业布局的优化。一方面，为了适应并引领市场，政府对休闲产业集聚区进行适度地超前定位，通过融入文化创意和科技创新，引领产业由资源禀赋依赖型向智力创新依赖性转变，优化了休闲旅游城市的产业布局。另一方面，为了打造开放式的休闲旅游产业集聚区，西南民族地区政府不断丰富产业内容，构建公共服务的统一平台，这就为优化产业部布局提供了基础设施条件。基于此，本书认为产业集聚对休闲旅游主导型城市产业布局具有积极的优化作用，因此，提出以下假设：

HC5：产业集聚对休闲旅游主导型城市产业布局具有正向作用。

### 3. 游客集聚的作用

影响旅游消费模式的因素有很多，在众多影响因素中，对西南民族地区影响力最大的因素是旅游目的地魅力、硬件因素、软环境、旅游产品和服务、旅游资源、行业管理、支持系统等。游客集聚所带来的客流量和消费量带动着酒店、餐饮、住宿、商品服务等多方旅游企业的兴起。杨勇在其研究中发现，旅游产业集聚密度是影响星级酒店、旅行社等旅游企业劳动生产率的重要因素，旅游产业密集度越高的区域，酒店、旅行社等旅游企业的数量往往更大，且由于不同类型的旅游企业在空间上形成了激烈的竞争，进而促使各旅游企业注重提高劳动生产率。按照这一逻辑，可以看出游客集聚对旅游企业的集聚和发展有着重要的影响。而旅游企业作为旅游服务供应商，其商业模式、发展路径、产品供应、市场营销等都影响着游客的游客的消费模式。国内的旅游消费模式大致可以分为积极主动性、中间型和消极被动型三种，不同类型的消费模式在其旅游消费行为方面存在着显著的分异现象和规律，但是这三种消费模式都受到游客自身和旅游企业的影响。综上所述，游客集聚影响着旅游企业的集聚程度与行为模式，进而对游客的消费模式产生影响。因此，提出以下假设：

HC6：游客集聚对消费模式具有正向作用。

休闲产业与服务于人的休闲生活、休闲行为、休闲消费、休闲需求等密切相关，安永刚提出休闲产业布局应该遵循经济效益优先原则和休闲公平原则。经济效益优先原则要求休闲产业布局要根据休闲旅游市场需求、劳动力供给状况及基础设施状况等因素综合确定，以最小的人力、物力和财力获得最大的市场效益。休闲公平原则要求休闲旅游产业布局除了追求利润最大化以外，还要尽可能满足社会各阶层、各群体的休闲需求，增加游客的公共休闲场所。可以看出，一方面，经济效益优先原则和休闲公平原则都将游客、基础设施、旅游市场相关要素摆在突出的位置。另一方面，基础设施建设状况和旅游市场都受到游客集聚的影响。当游客集聚在某一空间区域上时，其市场消费需求增加，为了满足规模化的游客集聚需要，城市规划也将更加注重基础设施建设。按照这一逻辑主线，可以得出游客集聚影响着休闲旅游城市的基础设施投入程度和旅游消费市场，进而对休闲旅游产业布局产生重要的影响。因此，提出以下假设：

HC7：游客集聚对休闲旅游主导型城市产业布局具有正向作用。

### 4. 消费模式的作用

西南民族地区游客消费模式主要包括游客一定时期的消费内容、消费水平、消费结构、消费爱好、消费趋势等内容，合理的消费模式，可以刺激社会生产，促进经济可持续发展，满足人们对物质文化生活的需要，提高人们的生活质量。相反，不合理的消费模式对社会经济发展与环境保护具有负向的影响作用，彭希哲就提出居民消费模式已经成为碳排放的主要增长点，影响着城市的生态环境质量。休闲旅游主导型城市与其他城市类型不同之处在于重视游客的休闲感知，是旅游得以丰富发展的产物，游客的消费能级较高。这就要求在进行休闲旅游产业布局时注重旅游服务设施的完善，合理进行休闲旅游产品布局且注重自然资源和自然环境的保护。按照这一逻辑主线，游客的消费模式对城市的社会经济发展和环境保护都产生着重要的影响，而由于休闲旅游产业的独特性，社会经济发展程度和环境保护状况是影响休闲旅游产业布局的重要因素。基于此，本书认为消费模式对休闲旅游主导型城市产业布局具有重要的影响作用，因此，提出以下假设：

HC8：消费模式对休闲旅游主导型城市产业布局具有正向作用。

### 3.3.2 新型城镇化进程中休闲旅游主导型城市新区产业布局的理论模型

根据新型城镇化对休闲旅游主导型城市新区产业布局优化作用的分析框架，结合新型城镇化对休闲旅游主导型城市新区产业布局优化作用的研究假设，可以较好地识别出新型城镇化对休闲旅游主导型城市新区产业布局优化作用路径。由此可以得出新型城镇化对休闲旅游主导型城市新区产业布局优化作用的理论模型（见图3-3）。

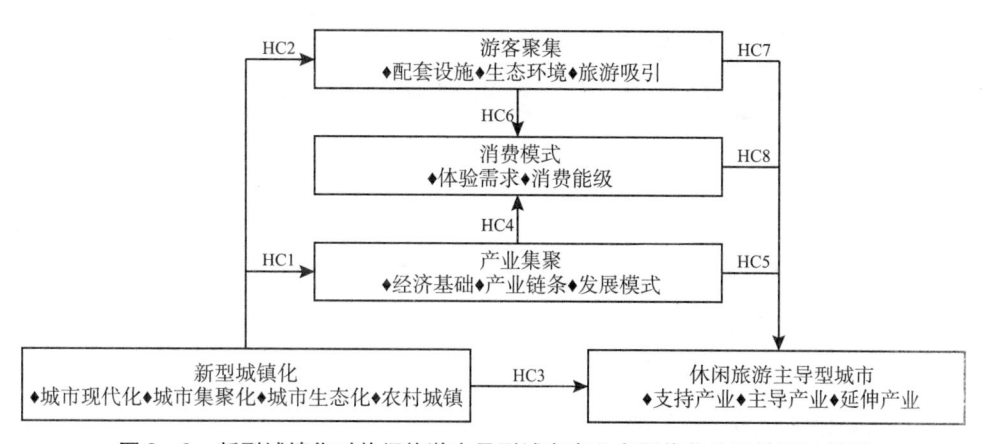

图3-3 新型城镇化对休闲旅游主导型城市产业布局优化作用的理论模型

在新型城镇化对休闲旅游主导型城市新区产业布局优化作用的理论模型中，存在五个主要的变量，它们分别是：新型城镇化、游客聚集、消费模式、产业集聚和休闲旅游主导型城市。其中，新型城镇化由城市现代化、城市集聚化、城市休闲化和农村城镇化四个维度构成，游客聚集由配套设施、休闲环境和旅游吸引三个维度构成，消费模式由体验需求与消费能级两个维度构成，产业聚集由经济基础、发展链条、发展模式三个维度构成，从休闲旅游主导型城市产业布局的分类划分，可分为支持产业、主导产业和延伸产业三个维度。这五个主要变量之间的作用关系可以反映出新型城镇化进程是如何对旅游型城市新区产业布局产生作用的。

具体来看，新型城镇化对休闲旅游主导型城市新区产业布局优化作用路径可以分为两种：一种是直接产生作用的路径，另一种是间接产生作用的路径。间接产生作用的路径有四条，分别是：新型城镇化对产业集聚产生直接的影响作用，再通过产业集聚对休闲旅游主导型城市新区产业布局产生作用效果；新型城镇化通过对游客聚集产生作用效果，再通过游客聚集对休闲旅游主导型城市产生影响；新型城镇化首先对游客集聚产生影响作用，再通过游客集聚影响消费模式，最后通过消费模式实现对休闲旅游主导型城市新区产业布局的影响；新型城镇化首先对产业集聚产生直接的影响效果，再通过产业集聚对消费模式产生影响作用，最后再通过消费模式实现对休闲旅游主导型城市新区产业布局的影响作用。在图 3-3 中，每条路径上的字母数字代表的是之前所作出的研究假设，针对提出的研究假设，还需要做进一步的实证检验来加以验证。

## 3.4　新型城镇化进程中商务旅游主导型城市新区产业布局的研究假设和理论模型

### 3.4.1　新型城镇化进程中商务旅游主导型城市新区产业布局的研究假设

**1. 新型城镇化的作用**

产业集聚推动了城镇化，反过来城镇化水平的提高又进一步强化了产业集聚，二者之间是辩证统一的关系。一个地区城镇化进程的快慢、水平的高低，城镇基础条件的优劣，城镇规模的大小都直接影响着产业集聚发展的快慢，城镇化水平较高的地区，其产业集聚发展得比较快，反之，其产业集聚发展的则相对较慢。一方面，城镇具有较好的自然资源，自然资源在空间分布上的不均衡性直接影响产业集聚成本的高低，从而影响到产业集聚的产业链条与发展模式。同时，城镇地区高素质的劳动力为产业集聚的发展提供了丰富的人力资源，为产业集聚的发展提供了良好的供给条件。另一方面，随着城镇化水平的不断提高，城镇规模不断扩大，其所能承载的人口和要素的能力不断提高，人口和要素密度的增加成为产业向城镇集聚的吸引力。因此，提出以下假设：

HD1：新型城镇化对产业集聚具有正向作用。

《国家新型城镇化发展规划 2014－2020》提出，城镇化必须进入以提升质量为主的转型发展新阶段，传统高投入、高消耗、高排放的工业化城镇化发展模式难以为继。在以往城镇化进程中，一方面，政府过度追求经济发展速度而降低了环保门槛，造成城市的环境污染问题日益严重；另一方面，随着人们生活水平的提高，小汽车、空调等使用频率增加，也使得城市在环境资源方面压力日益增大。通常城镇化与生态环境演变有九种组合方式。新型城镇化要求加快转变城镇化发展模式，从注重规模和速度的粗放式发展模式转向注重效率效益、兼顾人与自然协调同步的集约式发展模式，走一条区域与城乡统筹协调和可持续的新型城镇化道路。从这个角度出发，新型城镇化将改善传统的粗放经营方式，有利于改善自然生态环境。而西南民族地区良好的自然生态环境是重要的旅游资源，是构成景区吸引力的重要因子。因此，从这个角度出发，新型城镇化对西南民族地区的游客集聚具有正向的引导作用，因此，提出以下假设：

HD2：新型城镇化对游客集聚具有正向作用。

新型城镇化的要求是不断提升城镇化建设的质量。一方面，新型城镇化着眼于实现城乡基础设施一体化和公共服务均等化，注重产业经济、城市交通、建设用地的平衡和转型。这将大大地缓解商务旅游主导型城市旅游服务设施不完善的现状，为商务旅游这一特殊的旅游产业提供更为个性化的服务，为优化商务旅游产业布局提供了服务基础。另一方面，新型城镇化的"新"，是指观念更新、体制革新、技术创新和文化复新，在新型工业化、区域城镇化、社会信息化和农业现代化的生态发育过程中，重点要求提高城镇化的质量，提高城乡专业化服务水平。这将缓解西南民族地区商务旅游服务相对较为单一、服务和规划停留在初始阶段的现状，有助于西南民族地区建立较为系统且全面的服务模式，提升商业旅游产业布局的专业化水平。基于此，本书认为新型城镇化对商务旅游主导型城市建设具有重要的促进作用，因此，提出以下假设：

HD3：新型城镇化对商务旅游主导型城市产业布局具有正向作用。

### 2. 产业集聚的作用

旅游服务作为旅游产业实力表现的重要象征，旅游服务水平的高低和服务质量的优劣，已经成为衡量旅游经济发展水平和旅游可持续发展能力的重要标准。一方面，当旅游产业在西南民族地区空间上形成地域上的集聚时，集聚区为了实现自身更好的发展，集聚区将根据自身特点，细分整个旅游市场及旅游服务对象，探索多样化的旅游服务路径来提升旅游产业集聚区的服务质量，完善产业链、供应链、服务链，推动文化产业形成差异化、特色化、集群化发展态势。另一方面，旅游产业的集聚有利于旅游资源的整合，尤其是专业化人才的培养，各个旅游产业充分借鉴彼此先进的管理理念和发展模式，以市场为导向，以游客为中心，建立综合管理体制来全面提升旅游从业人员的服务素质。同时，旅游产业集聚有利于积极引进硬件设施设备，运用现代智能化和云技术进行景区、游客及从业人员的管理，旨在为游客提供具有针对性的、多样化的、定制性的服务，提升整个旅游景区的旅游服务水平。可以看出，产业集聚对旅游服务有着积极的促进作用，因此，提出以下假设：

HD4：产业集聚对旅游服务具有正向作用。

产业布局是产业机构在地理空间上的投影，从地方经济积累水平和产业发展动力出发，徐杰认为衡量地区产业布局合理性的评价标准主要包括资源利用程度、技术结构合理程度、产业部门协调程度等。而产业集聚使资本、人才、技术等要素高度集聚在某一个地理空间上，影响资源配置、技术结构和产业部门协调程度，进而影响西南民族地区的产业布局。具体来说，可以从以下几个方面来进行阐述：一是根据季书涵提出的资源利用配置与区域内的产业集聚具有直接的关系，产业集聚能在大多数情况下对资源错配起到积极效果。二是技术创新与产业结构优化升级作为区域经济发展的重要驱动要素，产业集聚带动下的资本、劳动、创新要素等集聚为技术结构优化创造了条件，技术结构的优化是产业结构变迁和产业布局优化的动力。三是商务旅游主导型城市在区域经济发展过程中，商业旅游产业集聚现象逐渐凸显，为了顺应城市现代化与城乡发展一体化规律，商务旅游产业部门内部必须加快建立统一协调机制，形成商务旅游主导的新型产业群，完善配套功能设施，进一步优化商务旅游产业布局。综上所述，产业布局对商务旅游主导型城市产业布局具有积极的优化作用，因此，提出以下假设：

HD5：产业集聚对商务旅游主导型城市产业布局具有正向作用。

### 3. 游客集聚的作用

游客在某一地域空间上的集聚往往伴随着多种旅游要素在空间上发生位移，通过以旅游产业链或价值链为纽带，从而形成具有一定规模、一定空间形态和组合特征以及一定旅游服务功能和综合经济社会效应的旅游区。游客集聚对旅游区内的服务水平具有影响作用，具体来说，可以从以下几个方面来展开：一是游客集聚带来的大批客流量，为了满足大规模游客旅游的需要，景区必然要增加公共旅游服务设施的建设，扩大旅游供给，如景区厕所、交通工具、商品销售、路标指引等硬件设施，从而为提升旅游服务奠定了硬件基础。二是大规模的游客伴随多样化的旅游需求产生，旅游主体的不同导致在旅游服务的选择上也呈现出较大的差异性，为了制定旅游区的人性化和定制化服务，旅游区将致力于扩大旅游服务供给，进一步优化旅游服务提升的客观条件，为旅游服务的高质量化、多样化、定制化提供技术和人才支持。基于此，游客集聚对旅游服务有着积极的正向作用，因此，提出以下假设：

HD6：游客集聚对旅游服务具有正向作用。

西南民族地区的游客集聚地具有以下的突出特征：一是基础设施配套完善，旅游服务设施供给不断扩大；二是生态环境保护受到旅游部门和景区管理者的高度重视，环境管理力度较大；三是具有自身独特的旅游吸引力，包括原生旅游资源和后天人造资源。商务旅游与传统旅游形式不同之处在于商务旅游的主体往往消费能力较强，时间观念强，对旅游目的地的软硬件有一定的要求，包括环境、资源及基础设施方面的要求。商务旅游主导型城市在进行产业布局时重点把握旅游中的人这一因素，特别是旅游者对环境的感知和文化熏陶。彭顺生在研究我国商务旅游面临的挑战研究中，提出商务旅游与其他旅游活动一样，在其开展的过程中，往往会给环境带来诸多负面影响，包括交通工具的污染、各类商务旅游设施增多带来的城市压力及奖励旅游对脆弱环境的破坏。可以看出，游客集聚所带来的环境、基础设施及旅游吸引力影响将对城市商务旅游的产业布局产生影响，为了适应商务旅游需求，商务旅游主导型城市产业布局必须要注重环境、资源及基础设施方面的合理配置。基于此，游客集聚对商务旅游主导型城市产业布局具有积极的正向作用，因此，提出以下假设：

HD7：游客集聚对商务旅游主导型城市产业布局具有正向作用。

### 4. 旅游服务的作用

作为发展最快的项目之一，商务旅游服务产业在我国发展速度较快。由于商务旅游人员各项费用基本上是由组织或公司等单位支出，所以商务客人在住宿、通信、宴请、饮食、交通等方面较一般的观光旅游来说，其消费标准更高，对目的地所提供的旅游服务质量要求也较高。具体来说，其旅游服务包括代买机票、预订酒店等基本旅游服务，也包括提供各种咨询服务、最大程度地降低旅行成本、提供最便捷合理的旅行方案和打理一切旅行接待服务等。同时，城市物质基础设施也是旅游服务重要内容之一，谢佩清提出商务旅游是依赖于复杂的、多层次的城市物质基础设施的。按照这一逻辑主线，研究认为旅游服务的软件硬件条件都是影响商务旅游产业发展的重要基础，旅游服务的质量和发展偏好影响着商务旅游城市的产业布局。因此，提出以下假设：

HD8：旅游服务对商务旅游主导型城市产业布局具有正向作用。

### 3.4.2 新型城镇化进程中商务旅游主导型城市新区产业布局的理论模型

根据新型城镇化对商务旅游主导型城市新区产业布局优化作用的分析框架，结合新型城镇化对商务旅游主导型城市新区产业布局优化作用的研究假设，可以较好地识别出新型城镇化对商务旅游主导型城市新区产业布局优化作用路径。由此可以得出新型城镇化对商务旅游主导型城市新区产业布局优化作用的理论模型（见图3-4）。

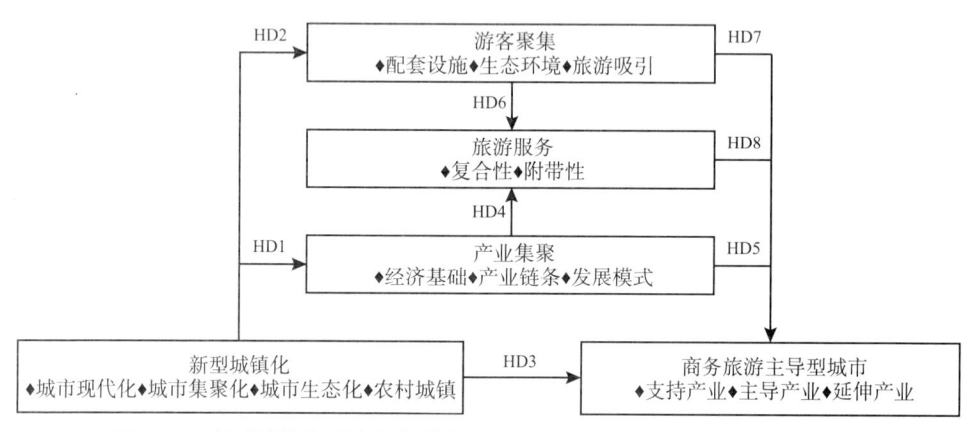

图3-4　新型城镇化对商务旅游主导型城市产业布局优化作用的理论模型

在新型城镇化对商务旅游主导型城市新区产业布局优化作用的理论模型中，存在五个主要的变量，它们分别是：新型城镇化、游客聚集、旅游服务、产业集聚和商务旅游主导型城市。其中，新型城镇化由城市现代化、城市集聚化、城市商务化和农村城镇化四个维度构成，游客聚集由配套设施、商务环境和旅游吸引三个维度构成，旅游服务由复合性和附带性两个维度构成，产业聚集由经济基础、发展链条、发展模式三个维度构成，从商务旅游主导型城市产业布局的分类划分，可分为支持产业、主导产业和延伸产业三个维度。这五个主要变量之间的作用关系可以反映出新型城镇化进程是如何对旅游型城市新区产业布局产生作用的。

具体来看，新型城镇化对商务旅游主导型城市新区产业布局优化作用路径可以分为两种：一种是直接产生作用的路径；另一种是间接产生作用的路径。间接产生作用的路径有四条，分别是：新型城镇化对产业集聚产生直接的影响作用，再通过产业集聚对商务旅游主导型城市新区产业布局产生作用效果；新型城镇化通过对游客聚集产生作用效果，再通过游客聚集对商务旅游主导型城市产生影响；新型城镇化首先对游客集聚产生影响作用，再通过游客集聚影响旅游服务，最后通过旅游服务实现对商务旅游主导型城市新区产业布局的影响；新型城镇化首先对产业集聚产生直接的影响效果，再通过产业集聚对旅游服务产生影响作用，最后再通过旅游服务实现对商务旅游主导型城市新区产业布局的影响作用。在图3-4中，每条路径上的字母数字代表的是之前所作出的研究假设，针对提出的研究假设，还需要做进一步的实证检验来加以验证。

## 3.5 新型城镇化进程中养生旅游主导型城市新区产业布局的研究假设和理论模型

### 3.5.1 新型城镇化进程中养生旅游主导型城市新区产业布局的研究假设

**1. 新型城镇化的作用**

产业发展是城镇化发展的基础，城镇化发展反过来也可以促进产业发展。城镇为产业集聚区内的企业和员工提供良好的基础设施和公共产品等物质支持，有利于企业进行良好的区位选择、降低交易成本、提高生产效率，留住高层次人才。在城市的经济活动当中，大量的人口特别是高素质的劳动力在市区的集聚，形成了对服务业发展的需求，当这种需求量达到并超过了服务业部门发展的门槛要求时，就成为服务业发展的动力。城镇化水平的提高通过人口要素的集聚直接降低了产业集聚的成本，同时又促进了资本市场、生产资料市场、商品市场的兴起与繁荣，降低了交易成本，使集聚的企业能够获得低成本优势。政府治理下的城镇必须创造良好的投资环境和企业生存发展环境，以吸引外来资本，促进人才与技术流入，从而加快产业集聚向更高层次发展，才能为区域经济发展提供强有力的保障。因此，提出以下假设：

HE1：新型城镇化对产业集聚具有正向作用。

新型城镇化是现代化的必由之路，也是旅游发展的有力支撑。旅游产业是推动新型城镇化发展的主导动力之一，新型城镇化的发展对旅游业的发展也具有明显的反作用。城镇化对旅游经济发展的影响可以从投资和消费两个方面进行解读：一是消费效应。消费对中国经济增长的贡献效应日趋增加，城镇化促进了农村居民收入增加，引发了消费观念的转变和消费结构的改善，推动了城乡居民旅游消费模式变迁与升级，扩大了旅游消费规模，提升了旅游消费水平。二是投资效应。伴随着城镇化进程的推进，城乡居民对餐饮、住宿、游览和娱乐等消费需要的增加，以及因人口集聚效应引发了环境污染、交通拥挤等"城市病"的出现，进一步扩大了居民对旅游与休闲度假的需求，这都加大了对旅游业基础和配套设施的投资力度，促进了服务业的转型升级。从这个角度出发，可以看出，新型城镇化对旅游经济的发展具有不可替代的推动作用，而游客作为旅游经济的主体，与新型城镇化之间存在着内在的联系。因此，提出以下假设：

HE2：新型城镇化对游客集聚具有正向作用。

新型城镇化要求把生态文明理念和原则全面融入城镇化全过程，走集约、智能、绿色、低碳的新型城镇化道路，实现区域经济与产业布局紧密衔接，与资源环境承载力相适应。一方面，新型城镇化为优化养生旅游主导型城市产业布局提供了发展思路和准则。按照新型城镇化未来模板，在全面整合资本、管理、建设、服务和运营资源的基础上，养生旅游将环境保护、资源利用与居民幸福感进行紧密结合，实现生态新农村建设和资源环境保护及可持续利用，促进养生旅游主导型城市发展。另一方面，新型城镇化为养生旅游产品规划提供重点内容，有利于优化养生旅游产品布局。新型城镇化建设城乡一体、协调发展、共同繁荣的和谐新城的要求，使乡村休闲文化消费正在日益加大，且在发展乡村旅游和小城镇建设中更加地注重自然景观、乡土文化、生态审美的开发与体验。基于以上内容，新型城镇化对养生旅游主导型城市建设具有积极的正向作用，因此，提出以下假设：

HE3：新型城镇化对养生旅游主导型城市产业布局具有正向作用。

### 2. 产业集聚的作用

刘佳和王娟在旅游产业集聚与承载力关联作用的研究中，提出随着规模效应、成本效应与竞争优势的发挥，旅游产业集聚会推动区域旅游环境承载水平的提升，为旅游产业的发展奠定一个良好的环境基础。同时，旅游产业在空间格局上呈现出的集聚发散状态不仅会改变集聚区的资源环境、旅游市场、社会资本等要素，还会影响到集聚区内的文化集聚状态。一方面，同质的市场文化将会进一步得到扩散，为在集聚区内形成同质文化区提供区位条件和交通环境；另一方面，当不同的产业文化高度集聚到一个固定的区域内时，不同的文化相互碰撞，文化的现代性和传统性、单一性和多样性都受到前所未有的冲击，同时也被卷进前所未有的融合浪潮。不同种类、特征的文化在不同的相互作用中相互影响，并最终在市场导向的引导下，创造出新的文化特征，为集聚区的文化增添新的文化生命力。按照这一逻辑思路，产业集聚为旅游产业的发展奠定了坚实的环境基础和文化基础，对旅游基础的进一步巩固具有积极的正向作用。因此，提出以下假设：

HE4：产业集聚对旅游基础具有正向作用。

养生旅游将传统的健康产业与乡村旅游相结合，其市场需求呈现出逐渐扩大的趋势。而纵观现阶段西南民族地区养生旅游产业的发展状态，尚存在着一系列的问题，尤其体现在养生旅游资源开发力度不够、养生旅游与其他产业融合力度不大两个问题上。产业集聚作为资本、土地、资源、技术、人才等要素结合的空间集聚区，西南民族地区产业集聚趋势的逐渐扩大较好地解决了养生旅游产业发展的瓶颈。具体来说：一方面，产业集聚使同质性产业在空间内高度集聚，同质产业的竞争力在空间上被放大，有限的空间、土地、生态等资源呈现出更为紧缺的状态，促使旅游产业不得不深度挖掘已经开发的旅游资源，提高资源的利用程度，从而较好地解决了养生旅游资源开发力度不够的问题。另一方面，产业集聚也使得不同性质的产业在地域上更为相近，地理空间距离的拉近为不同产业的技术交流、人才共享提供了客观的可能性，不同产业之间的合作概率大幅度上升，弥补了养生旅游产业与其他产业融合度不大的空缺。基于此，产业集聚对养生旅游的发展具有积极的促进作用。同时，西南民族地区养生旅游资源利用度的提升、产业融合力度的加大会使养生旅游产业在资源配置和产业选择上更为合理，进而优化养生旅游产业布局。因此，提出以下假设：

HE5：产业集聚对养生旅游主导型城市产业布局具有正向作用。

### 3. 游客集聚的作用

旅游基础包括旅游景点建设、旅游交通、酒店、住宿、餐饮、旅游信息化基础建设等，旅游基础设施作为旅游业发展的生命线，旅游基础设施建设的规模大小、数量、区域布局等都受到旅游规划的影响。而旅游规划实际上是以市场变化和发展为出发点，尤其是游客规模大小，按照当地旅游经济的发展基础，对旅游消费六大要素发展及相关行业进行安排和部署。因此，游客集聚规模、集散程度、游客集散偏好都成为旅游规划重点考虑的因素。一般来说，游客集聚程度越高的旅游区域，旅游规划制定者会将更多的资源放置在景点规划、资源开发、住宿、餐饮、交通、购物等旅游基础设施的发展规模、水平、布局等方面，以更好地满足大规模游客集聚的需求。综上所述，游客集聚与旅游基础建设有着一定的关联，因此，提出如下假设：

HE6：游客集聚对旅游基础具有正向作用。

养生旅游是融合养生文化、养生产业和生态旅游方式的一种体验式旅游形式，与其他旅游类型不同的是，养生旅游更加注重游客的主体感知。西南民族地区是游客集聚的区域，养生旅游拥有了更为广阔的旅游市场，其经济效益更高。与此同时，随着时代的发展，旅游需求日趋多元化、彰显个性化，尤其是游客集聚程度高的地区，其旅游需求更加多元化，旅游市场结构不再单一。在对养生旅游主导型城市进行产业布局时，要立足生态和环保的理念，迎合现代都市人群回归自然、回归乡村的心理诉求，以人为本、天人合一的理念，积极开展养生产业技术、商业模式和服务模式的集成创新。按照这一逻辑主线，游客集聚对养生旅游主导型城市产业布局具有重要的影响作用，因此，提出以下假设：

HE7：游客集聚对养生旅游主导型城市产业布局具有正向作用。

### 4. 旅游基础的作用

西南民族地区养生旅游主导型城市旅游基础主要包括旅游环境基础与文化基础两个方面的内容，周作明提出养生旅游资源可归纳为自然养生旅游资源与人文养生旅游资源两大类型。自然养生旅游发展要具备养生品质的旅游资源，指大自然环境中有益于人类身心健康和延年益寿的资源，包括空气、气候、山林、水资源等环境要素，自然养生旅游资源是养生旅游资源发展的重要基础。人文养生旅游资源则以古代养生术、武术、文化、医学等要素为基础资源，尤其是文化资源，为养生旅游产品与项目的策划提供重要思想源泉。总的来说，养生旅游资源具有广泛性和多元性，自然养生资源与文化资源是养生旅游资源的主要内容，也是构成养生旅游产业的依赖要素，影响着养生旅游城市的产业布局。因此，提出以下假设：

HE8：旅游基础对养生旅游主导型城市产业布局具有正向作用。

### 3.5.2 新型城镇化进程中养生旅游主导型城市新区产业布局的理论模型

根据新型城镇化对养生旅游主导型城市新区产业布局优化作用的分析框架，结合新型城镇化对养生旅游主导型城市新区产业布局优化作用的研究假设，可以较好地识别出新型城镇化对养生旅游主导型城市新区产业布局优化作用路径。由此可以得出新型城镇化对养生旅游主导型城市新区产业布局优化作用的理论模型（见图3-5）。

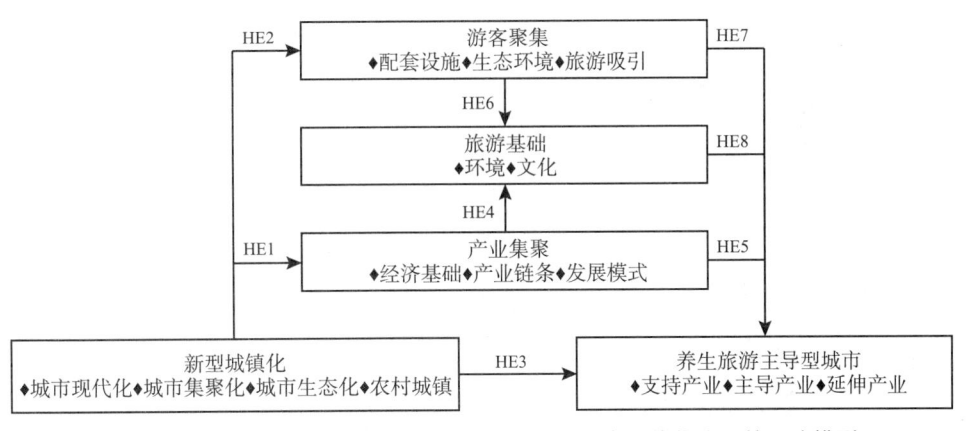

**图3-5 新型城镇化对养生旅游主导型城市产业布局优化作用的理论模型**

在新型城镇化对养生旅游主导型城市新区产业布局优化作用的理论模型中，存在五个主要的变量，它们分别是：新型城镇化、游客聚集、旅游基础、产业集聚和养生旅游主导型城市。其中，新型城镇化由城市现代化、城市集聚化、城市养生化和农村城镇化四个维度构成，游客聚集由配套设施、养生环境和旅游吸引三个维度构成，旅游基础由环境基础和文化基础两个维度构成，产业聚集由经济基础、发展链条、发展模式三个维度构成，从养生旅游主导型城市产业布局的分类划分，可分为支持产业、主导产业和延伸产业三个维度。这五个主要变量之间的作用关系可以反映出新型城镇化进程是如何对旅游型城市新区产业布局产生作用的。

具体来看，新型城镇化对养生旅游主导型城市新区产业布局优化作用路径可以分为两种：一种是直接产生作用的路径；另一种是间接产生作用的路径。间接产生作用的路径有四条，分别是：新型城镇化对产业集聚产生直接的影响作用，再通过产业集聚对养生旅游主导型城市新区产业布局产生作用效果；新型城镇化通过对游客聚集产生作用效果，再通过游客聚集对旅游型城市产生影响；新型城镇化首先对游客集聚产生影响作用，再通过游客集聚影响旅游基础，最后通过旅游基础实现对养生旅游主导型城市新区产业布局的影响；新型城镇化首先对产业集聚产生直接的影响效果，再通过产业集聚对旅游基础产生影响作用，最后再通过旅游基础实现对养生旅游主导型城市新区产业布局的影响作用。在图 3-5 中，每条路径上的字母数字代表的是之前所作出的研究假设，针对提出的研究假设，还需要做进一步的实证检验来加以验证。

# 第 4 章

# 西南民族地区新型城镇化进程中旅游型城市新区产业布局的结构方程实证研究

## 4.1 调查问卷设计与数据收集

### 4.1.1 问卷设计

实证研究西南民族地区新型城镇化进程对旅游型城市产业新区布局优化作用中所需要数据的获得主要通过发放和收集调查问卷的形式获得。由此，要保障获取数据的有效性、科学性和可靠性，必须科学合理地设计《新型城镇化进程对观光旅游主导型城市产业新区布局优化作用调查问卷》《新型城镇化进程对生态旅游主导型城市产业新区布局优化作用调查问卷》《新型城镇化进程对休闲旅游主导型城市产业新区布局优化作用调查问卷》《新型城镇化进程对商务旅游主导型城市产业新区布局优化作用调查问卷》《新型城镇化进程对养生旅游主导型城市产业新区布局优化作用调查问卷》（简称"调查问卷"）。

在设计《新型城镇化进程对观光旅游主导型城市产业新区布局优化作用调查问卷》时，将新型城镇化、观光旅游主导型城市新区产业布局、游客集聚、旅游资源及产业集聚五个主要的变量放在重点位置，深刻理解主要变量在西南民族地区特定地域条件下所呈现出来的特殊性，通过对这五个方面的情况进行具体化、规模化、条理化和操作化的处理来形成一系列能够被科学观测和量化的指标或者变量。同时，为了进一步突出重点研究内容，调查问卷的设计主要是从五个方面出发，有针对性地设计为五个部分的内容。这五个部分分别是：第一部分"新型城镇化状况"；第二部分"观光旅游主导型城市新区产业布局状况"；第三部分"旅游资源状况"；第四部分"游客集聚状况"；第五部分"产业集聚状况"。

在设计《新型城镇化进程对生态旅游主导型城市产业新区布局优化作用调查问卷》时，将新型城镇化、生态旅游主导型城市新区产业布局、游客集聚、环境承载力及产业集聚五个主要的变量放在重点位置，调查问卷主要分为五个部分，分别是：第一部分"新型城镇化状况"；第二部分"生态旅游主导型城市新区产业布局状况"；第三部分"环境承载力状况"；第四部分"游客集聚状况"；第五部分"产业集聚状况"。

在设计《新型城镇化进程对休闲旅游主导型城市产业新区布局优化作用调查问卷》时，将新型城镇化、休闲旅游主导型城市新区产业布局、游客集聚、消费模式及产业集聚五个主要的变量放在重点位置，调查问卷主要分为五个部分，分别是：第一部分"新型城镇化状况"；第二部分"休闲旅游主导型城市新区产业布局状况"；第三部分"消费模式状况"；第四部分"游客集聚状况"；第五部分"产业集聚状况"。

在设计《新型城镇化进程对商务旅游主导型城市产业新区布局优化作用调查问卷》时，将新型城镇化、商务旅游主导型城市新区产业布局、游客集聚、旅游服务及产业集聚五个主要的变量放在重点位置，调查问卷主要分为五个部分，分别是：第一部分"新型城镇化状况"；第二部分"商务旅游主导型城市新区产业布局状况"；第三部分"旅游服务状况"；第四部分"游客集聚状况"；第五部分"产业集聚状况"。

在设计《新型城镇化进程对养生旅游主导型城市产业新区布局优化作用调查问卷》时，将新型城镇化、养生旅游主导型城市新区产业布局、游客集聚、旅游基础及产业集聚五个主要的变量放在重点位置，调查问卷主要分为五个部分，分别是：第一部分"新型城镇化状况"；第二部分"养生旅游主导型城市新区产业布局状况"；第三部分"旅游基础状况"；第四部分"游客集聚状况"；第五部分"产业集聚状况"。

在把握问卷重要内容和主要变量的基础上，针对每个变量的特性以及主要变量之间的相互关系，结合已有文献在相关领域的研究成果，结合西南民族地区新型城镇化与旅游型城市新区产业布局的特殊性和地域性，对主要变量进行度量。为了保证调查问卷的可操作性、合理性和科学性，本章在进行问卷设计时必须申明一下问卷设计原则：一是坚持合理性原则。调查问卷的内容一定要与研究主题紧密相关，问卷题项的设置必须坚持以西南民族地区新型城镇化进程与旅游型城市新区产业布局的实际情况为基础，不可主观臆想或单纯地从理论角度出发。二是坚持完备性原则。问卷选项的设置应覆盖问题涉及的所有内容，力求让每一个被访者都有一个适宜自己的选项，如果被访者在多个问题里都没有找到属于自己的答案，他们可能会随便选择一个与自己真实情况不相符的答案，影响回答的有效性。三是逻辑性原则。问卷的设计要有整体感，这种整体感即是问题与问题之间要具有逻辑性，独立的问题本身也不能出现逻辑上的谬误，整体性原则有利于问卷调查者获得较为完整的信息，保证问卷的严谨性。四是测量角度统一。本章采用主观感知的方法来测度受访对象对题项中问题的感知结果，运用Likert‐scaled item 五星量表这一相对成熟的形式，这种量表由一组陈述组成，每一陈述有"非常同意""同意""不一定""不同意""非常不同意"五种回答，分别记为5分、4分、3分、2分、1分，总分的多少可说明他的态度强弱或他在这一量表上的不同状态。Likert‐scaled item 五星量表有正向排列和反向排列两种方式，保证测量方式的统一，把社会期许性比较高的选项放到不易被选择的位置。

为了保证问卷数据采集更有效率性，在问卷设计的过程中既要保证问卷内容的丰富性，也要保证问卷的成果反馈，在问卷题项的设计中要注意以下两个方面的内容：一是必须保证调查问卷问题的涵盖面，力求让每一个被访者都有一个适宜自己的选项，达到研究所需的基本题项项目；二是为了保证受访者的积极性，问卷题项的设计不宜过于冗长，数量过多的题项会大大降低受访者填写的意愿和积极性。因此，考虑以上两个方面的问题和基于本领域内成熟的调研问卷设计经验，采用在调查问卷的五个部分中，每个部分设计2~3项题项（调查问卷详见附录）。

### 4.1.2 预调研

没有调查就没有发言权。从预调研的必要性出发，西南民族地区的城镇化进程有其自身的特殊性，其旅游型城市在长期的历史文化发展中也逐渐形成自身特有的文化基础和经济基础，对西南民族地区完全不了解或无从估计的话，日后进行问卷发放和数据收集工作将会面临很大的困难。研究在问卷设计的基础上展开预调研，通过对西南民族地区新型城镇化进程中旅游型城市新区产业布局调查问卷展开预调研，在预调研的基础上对结果进行分析，对西南民族地区新型城镇化进程和旅游型城市新区产业布局的现状、特征及未来发展趋势进行研判。同时，针对在问卷发放、填写以及后期的整理过程中所面临的问题进行相应的梳理，并根据整理结果形成系统化的政策，为后期展开更为顺利的问卷调研提供前期基础条件。

预调研的目的是获得西南民族地区旅游城市化进程中新型城乡形态演化的基本情况和现实问题，以便对原定问卷题项、表述以及与现实相冲突的内容进行修改，为第二阶段的正式调研展开做好相关的安排和奠定基础。从研究的主要内容出发，了解新型城镇化进程中观光旅游主导型城市新区产业布局、新型城镇化进程中生态旅游主导型城市新区产业布局、新型城镇化进程中休闲旅游主导型城市新区产业布局、新型城镇化进程中商务旅游主导型城市新区产业布局及新型城镇化进程中养生旅游主导型城市新区产业布局的发展现状、特殊性、面临的问题、实际情况及未来发展趋势等。通过预调研结果对初次设计的问卷进行修改，包括题项、主要变量的衡量是否存在缺失、语言表述等相关问题，如果这些问题得不到妥善的解决，将会影响到正式问卷的发放和数据收集。如果通过受访后进行相应的修改，能有效地规避大规模投放问卷所带来的一系列问题，包括人员、时间、资金的浪费。

在预调研的过程中，问卷发放主要在小范围内进行，在受访者对象的选择上也是十分重要的，通过对小范围受访者进行调查，可以发现一些具有普遍性的问题。例如，在预调研中，如果所有的受访者中只有一位受访者针对一个问题提出疑问，调研者可以不对此项问题进行关注。相反，如果在十位受访者中有超过五位受访者针对某一个问题提出疑问，即使他们所提出的疑问有所不同，调研者也应该对此项问题进行关注。值得注意的是，在重新思考这个问题时，调研者应该将自己放在受访者的角度上，思考提出的问题是否合理，是否符合被访问地区的实际情况，在语言表述上是否存在理解偏差等。

预调的时间是 2017 年 4 月至 2017 年 8 月，地点是西南民族地区（广西、贵州、云南），预调研的程序主要包括准备阶段、实施阶段、结果处理阶段以及具体的日程时间安排。进行了为期 4 个月的预调研的原因主要包括以下两点：一是西南民族地区具有典型的民族性和地域特殊性，语言交流障碍、交通条件限制及多样化文化所带来的认知差异等，给问卷发放和填写带来一定的困难。二是西南民族地区的新型城乡形态呈现出一定的模糊性，不同形态之间的边界线较为模糊，为了取得有价值的数据，在预调研的过程中需要花费一定的时间和人力进行新型城乡形态的判断。

## 4.1.3 数据收集

在对预调研的结果进行整理统计分析的基础上，结合在西南民族地区预调研中所遇到一些现实的问题和困难，为了取得西南民族地区新型城镇化进程中旅游型城市新区产业布局的一手数据和资料，研究对问卷进行二次设计。二次设计主要是针对初次设计问卷在预调研中所呈现出来的一些问题进行相应地修改，删除掉"景区联动"和"城市协作"两个维度，并在"产业集聚"中增加"发展模式"这一指标。同时结合西南民族地区休闲旅游主导型城市新区产业布局的特点，对"消费能级"这一变量重新定义，主要从消费需求和消费特征两个方面对其进行定义。除此以外，针对问卷中部分问题的语言表述不清、语言结构不明、问卷题项排列不合理等问题进行调整。正式调研是在预调研的基础上进行有针对性的数据采集，新一轮正式调研的时间为2017年8月到2017年12月，主要的调研地点包括西南民族地区三省区，即广西壮族自治区、云南省、贵州省。

数据收集是通过收集受访者填写后调查问卷并获取数据的过程。在数据收集的过程中，必须把握两个方面，分别是选取合适的调查对象和选择恰当的调查形式。在挑选合适的调查对象方面，本次研究的地域范围主要分布在西南民族地区，其中选择广西、云南和贵州三省区部分具有民族特色和代表性的地区作为调查目的地。调查的对象主要选择调查目的地游览的游客和当地居住的居民。选择调查目的地游览游客和当地居民的原因是在对调查目的地新型城镇化、旅游型城市、资源开发、环境保护、旅游服务、基础设施建设、游客聚集以及产业集聚的感知方面，他们具有更直观和深刻的认识和感受。

在调查的过程中，采取针对面向调查目的地游览的游客和当地居民进行的调查问卷随机发放形式，并在回收调查问卷后进行一定的访谈，通过访谈修正因调查对象理解偏差或调查问卷不够全面所带来的相应问题。在填写的过程中积极对问卷的内容进行解说，当被访问者完成问卷时及时收回，整个过程做到研究小组成员的亲自参与和及时解说。要求受访对象在接受问卷调查的过程中，遵循自我的真实感知情况，对相关问题进行打分。在发放调查问卷给调查对象填写后收回，保证调查问卷在填写之后的回收率。

除了问卷所获得的主观数据以外，为了进一步研究西南民族地区新型城镇化进程中观光旅游主导型、生态旅游型城市、休闲旅游主导型、商务旅游主导型及养生旅游主导型新区产业布局的现状、特征、发展趋势及存在的问题,研究小组赴西南民族地区进行考察,以获得所需要的一手数据。除了一手数据以外,西南民族地区政府网站(包括广西壮族自治区人民政府门户网站、贵州省人民政府网站及云南省人民政府门户网站)所公开的权威数据资料也是研究的重要来源之一。

本章运用结构方程模型进行西南民族地区新型城镇化进程中旅游型城市新区产业布局的实证研究,为了保证参数估计的稳定性和准确性,结构方程模型在进行估计和检验时,在进行样本选择时一般最少的需求为200位以上。为了保证问卷数量符合结构方程所需要的样本量,考虑到问卷在填写的过程中可能会产生的无效问卷,此次调查在每一案例地分别发放350份调查问卷。由于在问卷调查的过程中出现游客因为时间原因填写不认真、居民理解偏差及问卷漏答数过多等原因,出现了一部分无效问卷。在排除无效问卷干扰后,贵州回收300份,有效问卷数量为241份,占回收调查问卷总数的80.3%。广西回收291份,其中有效问卷为220份,有效率为75.6%。云南共回收288份,有效问卷为232份,有效率为80.5%。调查问卷数量在样本容量上符合结构方程模型要求的数量,为进行实证研究西南民族地区新型城镇化进程中旅游型城市新区产业布局提供了可能性。

## 4.2 新型城镇化进程中观光旅游主导型城市新区产业布局的实证研究

### 4.2.1 变量度量

对新型城镇化进程中观光旅游主导型城市产业新区布局优化作用的研究中,新型城镇化是解释变量。针对新型城镇化设计了9个题项,分别从城市现代化、城市集聚化、城市生态化和农村城镇化四个方面对新型城镇化进行测度(见表4-1)。

表 4–1　　　　　　　　　　　新型城镇化（NTUA）指标量

| 指标 | | 内容 |
|---|---|---|
| 城市现代化（NTUA1） | NTUA11 | 城市现代化的程度符合观光旅游主导型城市产业布局要求的程度 |
| | NTUA12 | 城市现代化与产业要素符合观光旅游主导型城市产业布局要求程度 |
| 城市集聚化（NTUA2） | NTUA21 | 城市集聚化的程度符合观光旅游主导型城市产业布局要求的程度 |
| | NTUA22 | 城市集聚化与旅游业融合符合观光旅游主导型城市产业布局要求程度 |
| | NTUA23 | 城市集聚化与产业布局符合观光旅游主导型城市产业布局要求程度 |
| 城市生态化（NTUA3） | NTUA31 | 城市生态化的要求符合观光旅游主导型城市产业布局要求的程度 |
| | NTUA32 | 城市生态化与生态旅游符合观光旅游主导型城市产业布局要求程度 |
| 农村城镇化（NTUA4） | NTUA41 | 农村城镇化程度符合观光旅游主导型城市产业布局要求的程度 |
| | NTUA42 | 农村城镇化与就业结构符合观光旅游主导型城市产业布局要求程度 |

在新型城镇化进程对观光旅游主导型城市产业新区布局优化作用的研究中，被解释变量有四个，分别是：观光旅游主导型城市、旅游资源、游客聚集和产业集聚。其中，从西南民族地区观光旅游主导型城市的产业构成出发，将观光旅游主导型城市产业布局分为支持产业、主导产业和延伸产业，并针对三个指标设置了9个题项来进行测度采用了（见表4–2）。

表 4–2　　　　　　　　　　观光旅游主导型城市（STC）指标量

| 指标 | | 内容 |
|---|---|---|
| 支持产业（STC1） | STC11 | 支持产业分布符合观光旅游主导型城市产业布局要求的程度 |
| | STC12 | 支持产业类型符合观光旅游主导型城市产业布局要求的程度 |
| | STC13 | 支持产业结构符合观光旅游主导型城市产业布局要求的程度 |
| 主导产业（STC2） | STC21 | 主导产业分布符合观光旅游主导型城市产业布局要求的程度 |
| | STC22 | 主导产业类型符合观光旅游主导型城市产业布局要求的程度 |
| | STC23 | 主导产业结构符合观光旅游主导型城市产业布局要求的程度 |
| 延伸产业（STC2） | STC31 | 延伸产业分布符合观光旅游主导型城市产业布局要求的程度 |
| | STC32 | 延伸产业类型符合观光旅游主导型城市产业布局要求的程度 |
| | STC33 | 延伸产业结构符合观光旅游主导型城市产业布局要求的程度 |

游客聚集指标的测度采用了 9 个题项，分别从配套设施、生态环境、旅游吸引三个角度对游客聚集进行测度（见表 4-3）。

表 4-3　　　　　　　　　　游客聚集（TGA）指标量

| 指标 | | 内容 |
|---|---|---|
| 配套设施<br>（TGA1） | TGA11 | 游客对配套设施的满意度符合观光旅游主导型城市产业布局要求程度 |
| | TGA12 | 配套设施所带来的公共服务符合观光旅游主导型城市产业布局要求程度 |
| | TGA13 | 配套设施的分布符合观光旅游主导型城市产业布局要求的程度 |
| 生态环境<br>（TGA2） | TGA21 | 环境容量与游客进入符合观光旅游主导型城市产业布局要求程度 |
| | TGA22 | 生态环境设施建设符合观光旅游主导型城市产业布局要求的程度 |
| | TGA23 | 生态环境保护范围符合观光旅游主导型城市产业布局要求的程度 |
| 旅游吸引<br>（TGA3） | TGA31 | 旅游吸引与游客进入结合符合观光旅游型城市产业布局要求的程度 |
| | TGA32 | 旅游吸引的空间特征符合观光旅游主导型城市产业布局要求的程度 |
| | TGA33 | 旅游吸引强度与动机符合观光旅游主导型城市产业布局要求程度 |

旅游资源指标的测度采用了 4 个题项，分别从自然资源、非自然资源两个角度对资源集聚力进行测度（见表 4-4）。

表 4-4　　　　　　　　　　旅游资源（TA）指标量

| 指标 | | 内容 |
|---|---|---|
| 自然资源<br>（TA1） | TA11 | 自然资源开发强度符合观光旅游主导型城市产业布局要求的程度 |
| | TA12 | 自然资源开发潜力符合观光旅游主导型城市产业布局要求的程度 |
| 非自然资源<br>（TA2） | TA21 | 非自然资源开发强度符合观光旅游主导型城市产业布局要求程度 |
| | TA22 | 非自然资源开发潜力符合观光旅游主导型城市产业布局要求的程度 |

产业集聚指标的测度采用了 9 个题项，分别从经济基础、产业链条、发展模式等三个角度对产业集聚进行测度（见表 4-5）。

表 4-5　　　　　　　　　　　产业集聚（IAA）指标量

| 指标 | | 内容 |
|---|---|---|
| 经济基础<br>（IAA1） | IAA11 | 经济发展状况符合观光旅游主导型城市产业布局要求的程度 |
| | IAA12 | 经济发展潜力符合观光旅游主导型城市产业布局要求的程度 |
| | IAA13 | 经济基础与产业结合符合观光旅游主导型城市产业布局要求的程度 |
| 产业链条<br>（IAA2） | IAA21 | 产业链条的长度符合观光旅游主导型城市产业布局要求的程度 |
| | IAA22 | 产业链条与旅游结合符合观光旅游主导型城市产业布局要求的程度 |
| | IAA23 | 产业链与泛旅游产业融合符合观光旅游主导型城市产业布局要求程度 |
| 发展模式<br>（IAA3） | IAA31 | 产业集群模式符合观光旅游主导型城市产业布局要求的程度 |
| | IAA32 | 产业集群与旅游业结合符合观光旅游主导型城市产业布局要求的程度 |
| | IAA33 | 产业集群化趋势与城市定位符合观光旅游主导型城市产业布局要求程度 |

## 4.2.2 数据检验

在运用结构方程模型对新型城镇化进程中观光主导型旅游城市新区产业布局进行实证分析之前，仅仅考虑通过科学、合理、可操作地设计调查问卷量表来获取准确、科学的研究结论是不够的，必须要考虑原始数据量表是否具有可行性和可靠性，而可行性和可靠性往往是以信度作为衡量标准，只有信度在被接受时，量表的数据分析才是可靠的。在保证问卷的信度基础上，需要对调查问卷所收集到的数据进行效度检验，只有当量表数据通过效度检验时，所获得的一手数据才是有效的。可以说，只有保证了调查问卷获取数据的信度和效度，才能够在接下来进行的对数据的实证研究中获得准确、科学的结论，才能真正掌握西南民族地区新型城镇化进程中观光旅游主导型城市新区产业布局的优化原理。因此，在实证分析之前，对通过调查问卷获得的数据进行信度检验和效度检验是保证获得准确、科学的西南民族地区新型城镇化进程对观光旅游主导型城市新区产业布局作用原理的有力保障。

在进行样本数据信度和效度检验之前，需要对量表数据的整体性数字规律进行归纳和描述，这也是在进行结构方程实证分析之前所必需的步骤。一般来说，描述性统计可以直观地看到样本数据的分布特征，具体来说，本书所做的描述性统计分析可以起到以下作用：一是发现数据中的异常，比如说样本数据所使用的是李克特五星量表，数字是 1、2、3、4、5，如果存在这五个数字以外的数字，则是异常数据。二是检查数据缺失情况。三是检查样本数据数量是否达到结构方程所需要的数据。运用结构方程模型进行估计和检验时，为了保证参数估计的稳定性和准确性，在进行样本选择时一般最少的需求为 200 位以上，若是以待估计参数的个数来进行核验，则样本大小视待估计参数的总数而有所不同，每个待估计参数最后介于 5~10，而多数学者认为样本大小应该至少为待估计参数的 10 倍以上。除此以外，描述性统计不仅对其分布的整体分布情况通过均值等指标进行描述，而且对其分布的离散程度通过标准差等指标进行描述。通过运用 SPSS 21 软件对新型城镇化对观光旅游主导型城市新区产业布局的优化作用调查获取的数据进行统计性描述，计算各指标的均值和标准差，直观地了解数据分布的整体分布情况和分布的离散情况。

SPSS（statistical product and service solutions）的应用范围涉及自然科学、技术科学、社会科学的各个领域，被研究者们广泛地用作数据分析，作为世界上最早的统计分析软件，具有完整的数据输入、编辑、统计分析、报表、图形制作等功能。描述性统计分析是指对数据进行基础性的描述，表示在一组数据的中心位置的同时，还能表示这组数据的离散程度的一种统计方法，也是 SPSS 数据处理的常用功能。

在进行西南民族地区新型城镇化进程中观光旅游主导型城市新区产业布局的描述性统计时，一方面，为了能够直观地看出新型城镇化对旅游型城市新区产业布局的优化作用研究中各个变量数据分布的平均程度和集中程度，对样本数据的均值进行描述，更好地反映出各指标数据的整体趋势。另一方面，为了直观观测新型城镇化对旅游型城市新区产业布局的优化作用研究中各变量离散程度的指标，在描述性统计中对标准差进行计算，变量数据的标准差越大，则表示该变量数据的分布离散程度越强，越发散；反之，若变量数据的标准差越小，则表示该变量数据的分布离散程度越低，越收敛。

因此，运用均值和标准差两个指标对新型城镇化对旅游型城市新区产业布局的优化作用中各变量指标进行描述性统计分析，可以很直观地获得新型城镇化、观光旅游主导型城市、旅游资源、游客聚集以及产业集聚的均值和标准差（见表 4-6）。

表 4-6  各指标的均值和标准差

| 指标 | | 均值 | 标准差 | 指标 | | 均值 | 标准差 |
|---|---|---|---|---|---|---|---|
| 城市现代化（NTUA1） | NTUA11 | 3.69 | 0.668 | 产业链条（IAA1） | IAA11 | 3.33 | 0.708 |
| | NTUA12 | 3.72 | 0.701 | | IAA12 | 3.07 | 0.713 |
| 城市集群化（NTUA2） | NTUA21 | 3.65 | 0.771 | | IAA13 | 3.14 | 0.678 |
| | NTUA22 | 3.59 | 0.814 | 发展模式（IAA2） | IAA21 | 3.21 | 0.735 |
| | NTUA23 | 3.66 | 0.824 | | IAA22 | 3.11 | 0.719 |
| 城市生态化（NTUA3） | NTUA31 | 3.58 | 0.776 | | IAA23 | 3.19 | 0.725 |
| | NTUA32 | 3.57 | 0.742 | 自然资源（TA1） | TA11 | 3.38 | 0.741 |
| 农村城镇化（NTUA4） | NTUA41 | 3.64 | 0.797 | | TA12 | 3.39 | 0.783 |
| | NTUA42 | 3.61 | 0.773 | 非自然资源（TA2） | TA21 | 3.43 | 0.792 |
| 配套设施（TGA1） | TGA11 | 3.16 | 0.702 | | TA22 | 3.33 | 0.776 |
| | TGA12 | 3.24 | 0.720 | 支持产业（STC1） | STC11 | 3.59 | 0.702 |
| | TGA13 | 3.15 | 0.673 | | STC12 | 3.57 | 0.731 |
| 生态环境（TGA2） | TGA21 | 3.21 | 0.794 | | STC13 | 3.57 | 0.742 |
| | TGA22 | 3.17 | 0.764 | 主导产业（STC2） | STC21 | 3.60 | 0.737 |
| | TGA23 | 3.10 | 0.729 | | STC22 | 3.63 | 0.790 |
| 旅游吸引（TGA3） | TGA31 | 3.38 | 0.776 | | STC23 | 3.67 | 0.745 |
| | TGA32 | 3.16 | 0.692 | 延伸产业（STC3） | STC31 | 3.58 | 0.816 |
| | TGA33 | 3.20 | 0.735 | | STC32 | 3.66 | 0.743 |
| 经济基础（IAA1） | IAA41 | 3.27 | 0.745 | | STC33 | 3.69 | 0.773 |
| | IAA42 | 3.22 | 0.673 | | | | |
| | IAA43 | 3.02 | 0.672 | | | | |

从表 4-6 可以看出，城市现代化、城市集群化、城市生态化及农村城镇化都是影响西南民族地区新型城镇化的重要因子，且它们的均值都在 3.60 左右，相对其他变量均值较高。可以看出新型城镇化在西南民族地区发展到一定阶段，现代化、集群化、生态化及农村城镇化进程在不断加快。结合对新型城镇化与观光旅游主导型城市产业布局的主题研究，可以看出城镇化与旅游的关系在不断地深化。同时，在所有描述性指标中，标准差均小于 1，可以得出新型城镇化进程中观光旅游主导型城市产业布局样本数据大多是收敛的，是具有可操作性的。

在描述游客集聚的指标中，配套设施、生态环境及旅游吸引三个指标的均值都较小，数值大多在3.20以下，这与西南民族地区的现实状况是分不开的。西南民族地区的观光旅游主导型城市在发展旅游经济的过程中，还存在诸多的问题，如旅游配套设施不完善、生态环境保护力度较小、旅游市场混乱及旅游资源的深度加工力度小等。这些突出问题就造成了在游客集聚中，旅游配套设施、生态环境及旅游吸引力都亟待改善。

同理，在描述西南民族地区新型城镇化进程中观光旅游主导型城市新区产业布局的指标中，产业集聚的各项指标数值也呈现出较低的特征，包括经济基础、产业链条及发展模式三项指标。可以看出，在政府的大力推动下，西南民族地区的新型城镇化进程虽然加快，城镇化已经发展到一定的阶段，但是由于西南民族地区落后的经济发展水平、产业支撑力不强及人才资源匮乏等原因，其产业集聚规模依然较小，没有形成较为完整的产业链条，众多产业在集聚的过程中也没有实现资源优势互补，深层次的合作有所欠缺。

不同的是，在描述旅游资源的自然资源和非自然资源的各项指标中，其均值都在3.33以上，高于其他指标的均值，这与西南民族地区的旅游资源基础条件是分不开的。一方面，西南民族地区地处我国西南一隅，地域条件和自然条件为其提供了得天独厚的自然资源，广西壮族自治区的溶洞、贵州省的高山瀑布及云南省的苍山洱海，都是独具特色的自然旅游资源。另一方面，西南民族地区在长期的历史发展中形成了自身独特的民族文化，少数民族世代居住在这块土地上，其生产生活方式都与民族特色相互融合，民族风情呈现出多样化特征。还可以看出，在描述观光旅游主导型城市的各项指标中，支持产业、主导产业及延伸产业的均值也较高，这也与西南民族地区的观光旅游资源是分不开的。

信度（reliability）是指通过同一种方法对相同的对象多次重复测量之后，得到一致性结果的程度高低。通常信度依靠相关系数的形式来表示，表示的方式大体可以分为三种：等值系数（跨形式的一致性）、平稳系数（跨时间的一致性）和内部一致性系数（跨项目的一致性）。信度高低依靠信度系数进行衡量，信度系数越高，表明调查问卷测度的可信度越高，反之则越低。

在测度新型城镇化对观光旅游主导型城市新区产业布局的优化作用的过程中，保证实证研究的样本数据的可靠度是十分重要的。在测度信度的方法上，选择能够考察跨项目一致性的内部一致性系数。内部一致性系数能够有效测量样本数据的内部一致性程度。样本数据只有通过内部一致性检验，才能够被证明是有效的样本数据。常用的测度方法有折半信度、克朗巴哈信度（Cronbach's α 信度）、评分者信度（θ 信度或 Ω 信度）等。在这些测量方法中，目前相对成熟和常用的方法是克朗巴哈信度。但在克朗巴哈信度基本假设中,存在与事实明显冲突的部分,即潜在变量对任何项目的载荷值均相等,若不相等,则系数会被严重低估。由此,这种测度方式正逐步被组合信度所取代。组合信度的测量能够有效避免克朗巴哈信度测量过程中存在的问题,测量结果更具有说服力。

组合信度的测量模型可以表示为:

$$组合信度 = \rho_c = (\sum \lambda)^2 / [(\sum \lambda)^2 + \sum \theta]$$

$$= (\sum 因素载荷量)^2 / [(\sum 因素载荷量)^2 + \sum 测量误差变异量]$$

其中,$\rho_c$ 为组合信度;$\lambda$ 为观测变量针对潜在变量的标准化参数,即因素载荷量;$\theta$ 为指标变量测量误差变异量,即 $\varepsilon$ 变异量或 $\delta$ 变异量。

在组合信度系数测量值的评判方面,有多种标准。巴戈兹来伊(Bagozzi & Yi)[1]、迪曼托普罗斯和西古阿(Diamantopoulos & Siguaw)[2] 分别在1988年和2000年提出类似的观点,认为组合信度高于0.6表示潜在变量的组合信度较好。而有些学者则提出更低标准,认为组合信度高于0.5即可被接受[3]。但绝大多数学者均认可克兰(Kline)的判别标准[4]:组合信度系数高于0.9为最佳(excellent);0.8左右为很好(very good);0.7左右为适中;高于0.5为最低可接受值;低于0.5,则表示不能接受(见表4-7)。

表4-7　　　　　　　　　　　组合信度检验标准

| 组合信度系数 $\rho_c$ 值 | 接受程度 |
| --- | --- |
| $\rho_c \geq 0.90$ | 最佳 |
| $\rho_c \in [0.80, 0.90)$ | 很好 |
| $\rho_c \in [0.60, 0.80)$ | 适中 |
| $\rho_c < 0.50$ | 不可接受 |

在对新型城镇化对旅游型城市新区产业布局的优化作用研究的信度检验中,

---

[1] Bagozzi, Yi, Y. On the Evaluation of Structural Equation Models. Academic of Marketing Science, 1988 (16): 76-94.

[2] Diamantopoulos, A., Siguaw, J. A. Introducing LISREL: A Guide for the Uninitiated. Thousand Oaks, CA: Sage, 2002.

[3] Raine-Eudy, Ruth. Using Structural Equation Modeling to Test for Differential Reliability and Validity: A Empirical Demonstration. Structural Equation Modeling, 2000 (7): 124-141.

[4] Kline, R. B. Principles and Practice of Structural Equation Modeling. New York: Guilford Press, 1998.

运用组合信度的方法,并采用 Kline 的判别标准作为信度检验参照的标准。根据对新型城镇化对观光旅游主导型城市新区产业布局的优化作用中各变量进行信度检验,得到各变量的组合信度系数值(见表 4-8),均通过了组合信度检验,达到最佳和很好的标准。

表 4-8　　　　　　　　　各变量组合信度检验系数

| 变量名 | 组合信度系数 $\rho_c$ 值 | 接受程度 |
| --- | --- | --- |
| 新型城镇化 | 0.959 | 最佳 |
| 产业集聚 | 0.871 | 很好 |
| 游客聚集 | 0.861 | 很好 |
| 旅游资源 | 0.849 | 很好 |
| 观光旅游主导型城市 | 0.929 | 最佳 |

效度(validity)是指测量的有效程度,即获取的样本数据反映研究问题的真实性的高低。效度检验是保证样本数据在进行实证研究中科学性和有效性的必备环节。效度检验过程中,必须对研究的目的和对象进行明确,对研究内容的特征、性质等重要环节全面考虑,核对实际研究内容与研究目的的匹配性,进而确定研究结果真实反映研究内容的真实性和准确性程度。效度可以分为内容效度(face validity)、准则效度(criterion validity)、架构效度(construct validity)三种类型,效度检验分析的方法种类则呈现多样性,结果也反映效度的不同方面。效度检验在调查问卷实践中主要运用的方法有单项总和关联效度分析、准则效度分析和架构效度分析。其中,架构效度分析反映的是存在于样本数据中某些结构与测度值之间的对应程度。这种对应程度的高低能够很好地反映出通过样本数据获得的解释说明和研究结论的有效程度。

新型城镇化对观光旅游主导型城市新区产业布局的优化作用的研究采用因子分析的方法对架构效度进行检验分析,目的是核验通过调查问卷量表获得的数据能否科学地反映出测度变量的真实架构,是否满足假设条件。在通常情况下,因子载荷量越高,通过调查问卷量表获取的样本数据的架构效度也越高。进行因子分析操作之前,必须通过 KMO 检验(Kaiser - Meyer - Olkin test)和 Bartlett's 球型检验两种方法评估因子分析的合适性。KMO 值越大,表明越适合进行因子分析;Bartlett's 球型检验过程中卡方值的显著性概率小于或等于显著性水平值时,表明适合进行因子分析(见表 4-9)。

表4-9 效度检验标准

| KMO值 | 能否进行因子分析 | Bartlett's球型检验 | 能否进行因子分析 |
|---|---|---|---|
| KMO > 0.90 | 最好 | | |
| KMO ∈ [0.80, 0.90) | 比较好 | $p < 0.05$ | 可以 |
| KMO ∈ [0.70, 0.80) | 中等水平 | | |
| KMO ∈ [0.60, 0.70) | 比较差 | $p > 0.05$ | 不可以 |
| KMO < 0.50 | 不可以 | | |

KMO检验和Bartlett's球型检验通过后,进行因子分析,首先对因子进行提取,然后运用Promax法进行旋转因子,提取特征值大于1,通过架构效度检验的标准为指标的因子载荷均大于0.50。

根据上述方法和标准,对新型城镇化对观光旅游主导型城市新区产业布局的优化作用的各项指标进行效度检验,发现各项指标均适合进行因子分析,并全部通过了架构效度检验(见表4-10)。

表4-10 各变量的效度检验值

| 变量名 | KMO值 | Bartlett卡方值 | 因子负载 | | | | 累计方差解释率(%) | 显著性水平 |
|---|---|---|---|---|---|---|---|---|
| 新型城镇化(NTUA) | 0.940 | 2342.527 | NTUA11 | 0.875 | NTUA31 | 0.840 | 75.450 | 0.000 |
| | | | NTUA12 | 0.869 | NTUA32 | 0.884 | | |
| | | | NTUA21 | 0.893 | NTUA41 | 0.876 | | |
| | | | NTUA22 | 0.868 | NTUA42 | 0.859 | | |
| | | | NTUA23 | 0.858 | | | | |
| 产业集聚(IAA) | 0.906 | 837.615 | IAA11 | 0.686 | IAA23 | 0.719 | 49.362 | 0.000 |
| | | | IAA12 | 0.699 | IAA31 | 0.619 | | |
| | | | IAA13 | 0.732 | IAA32 | 0.678 | | |
| | | | IAA21 | 0.714 | IAA33 | 0.712 | | |
| | | | IAA22 | 0.758 | | | | |

续表

| 变量名 | KMO 值 | Bartlett 卡方值 | 因子负载 | | | | 累计方差解释率（%） | 显著性水平 |
|---|---|---|---|---|---|---|---|---|
| 游客聚集（TGA） | 0.908 | 745.754 | TGA11 | 0.711 | TGA23 | 0.683 | 47.567 | 0.000 |
| | | | TGA12 | 0.635 | TGA31 | 0.735 | | |
| | | | TGA13 | 0.703 | TGA32 | 0.680 | | |
| | | | TGA21 | 0.669 | TGA33 | 0.695 | | |
| | | | TGA22 | 0.682 | | | | |
| 旅游资源（TA） | 0.781 | 441.004 | TA11 | 0.786 | TA21 | 0.830 | 69.028 | 0.000 |
| | | | TA12 | 0.838 | TA22 | 0.863 | | |
| 观光旅游主导型城市（STC） | 0.942 | 1464.162 | STC11 | 0.779 | STC23 | 0.814 | 64.173 | 0.000 |
| | | | STC12 | 0.769 | STC31 | 0.846 | | |
| | | | STC13 | 0.753 | STC32 | 0.820 | | |
| | | | STC21 | 0.791 | STC33 | 0.775 | | |
| | | | STC22 | 0.841 | | | | |

### 4.2.3 结构方程模型分析

结构方程模型（structural equation modeling）也可称为潜变量模型、线性结构关系模型、协方差结构分析、潜变量分析、验证性因素分析、简单的 Lisrel 分析等。结构方程模型是一种集因子分析和路径分析于一身的多变量统计分析方法，能够同时对显变量、潜变量、干扰变量等关系进行验证，由此获取因变量受自变量的直接影响（direct effects）、间接影响（indirect effects）和总影响（total effects）。

针对结构方程模型的功能和基本特性，选取结构方程模型对新型城镇化对观光旅游主导型城市新区产业布局的优化作用研究进行实证分析是契合的。

结构方程模型中存在显变量和潜变量，显变量是能够直接观察到的变量，而潜变量则无法直接观测。在景区城市化对城镇化农村演化作用的研究中，通过调查问卷进行调查获得的样本数据信息即可直接观测的显变量，在结构方程模型图示中，用椭圆形图标来表示；无法通过调查问卷直接获取的变量称为潜变量，只能通过间接推测的方式获得，在结构方程模型图示中，用长方形图标来表示。在新型城镇化对观光旅游主导型城市新区产业布局的优化作用的理论模型中，新型城镇化、观光旅游主导型城市、旅游发展、游客聚集、产业集聚等五个变量均是无法直接观测的潜变量。除了这五个潜变量之外，各项残差值也均为潜变量。同时，显变量和潜变量中均存在内生变量和外生变量。内生变量是"因果"关系中的"因"变量，外生变量是"因果"关系中的"果"变量，还有一种中间变量，是既可作"因"又可做"果"的变量。

根据变量性质的确定标准，可以将新型城镇化对观光旅游主导型城市新区产业布局的优化作用中的各项变量进行归类。其中，新型城镇化是内生变量，旅游资源、游客聚集和产业集聚力是中间变量，观光旅游主导型城市则是外生变量。根据新型城镇化对观光旅游主导型城市新区产业布局的优化作用的结构方程模型的因果路径图示（见图4-1），箭头方向指示了变量之间的因果关系，指向由"因"变量向"果"变量。单向箭头表示前一变量与后一变量存在因果关系，双向箭头则表示前一变量和后一变量之间互相存在因果关系。每一个有箭头指向的线都表示一条因果关系路径，对应存在一个回归权重系数。图4-1展示了新型城镇化对观光旅游主导型城市新区产业布局的优化作用的原始结构方程模型。

根据图4-1显示的情况，构建的新型城镇化对观光旅游主导型城市新区产业布局的优化作用的原始结构方程模型中，存在内生显变量31项、外生显变量9项、内生潜变量14项、外生潜变量5项。

内生显变量31项：STC11、STC12、STC13、STC21、STC22、STC23、STC31、STC32、STC33、TA11、TA12、TA21、TA22、TGA11、TGA12、TGA13、TGA21、TGA22、TGA23、TGA31、TGA32、TGA33、IAA11、IAA12、IAA13、IAA21、IAA22、IAA23、IAA31、IAA32、IAA33。

外生显变量9项：NTUA11、NTUA12、NTUA21、NTUA22、NTUA23、NTUA31、NTUA32、NTUA41、NTUA42。

内生潜变量14项：城市现代化（NTUA1）、城市集群化（NTUA2）、城市生态化（NTUA3）、农村城镇化（NTUA4）、支持产业（STC1）、主导产业（STC2）、延伸产业（STC3）、配套设施（TGA1）、生态环境（TGA2）、旅游吸引（TGA3）、自然资源（TA1）、非自然资源（TA2）、经济基础（IAA1）、产业链条（IAA2）、发展模式（IAA3）。

外生潜变量5项：新型城镇化（NTUA）、旅游型城市（STC）、旅游资源（TA）、游客聚集（TGA）、产业集聚（IAA）。

测量模型和结构模型是组成结构方程模型的重要部分，因此必须对这两个模型进行逐个构建。

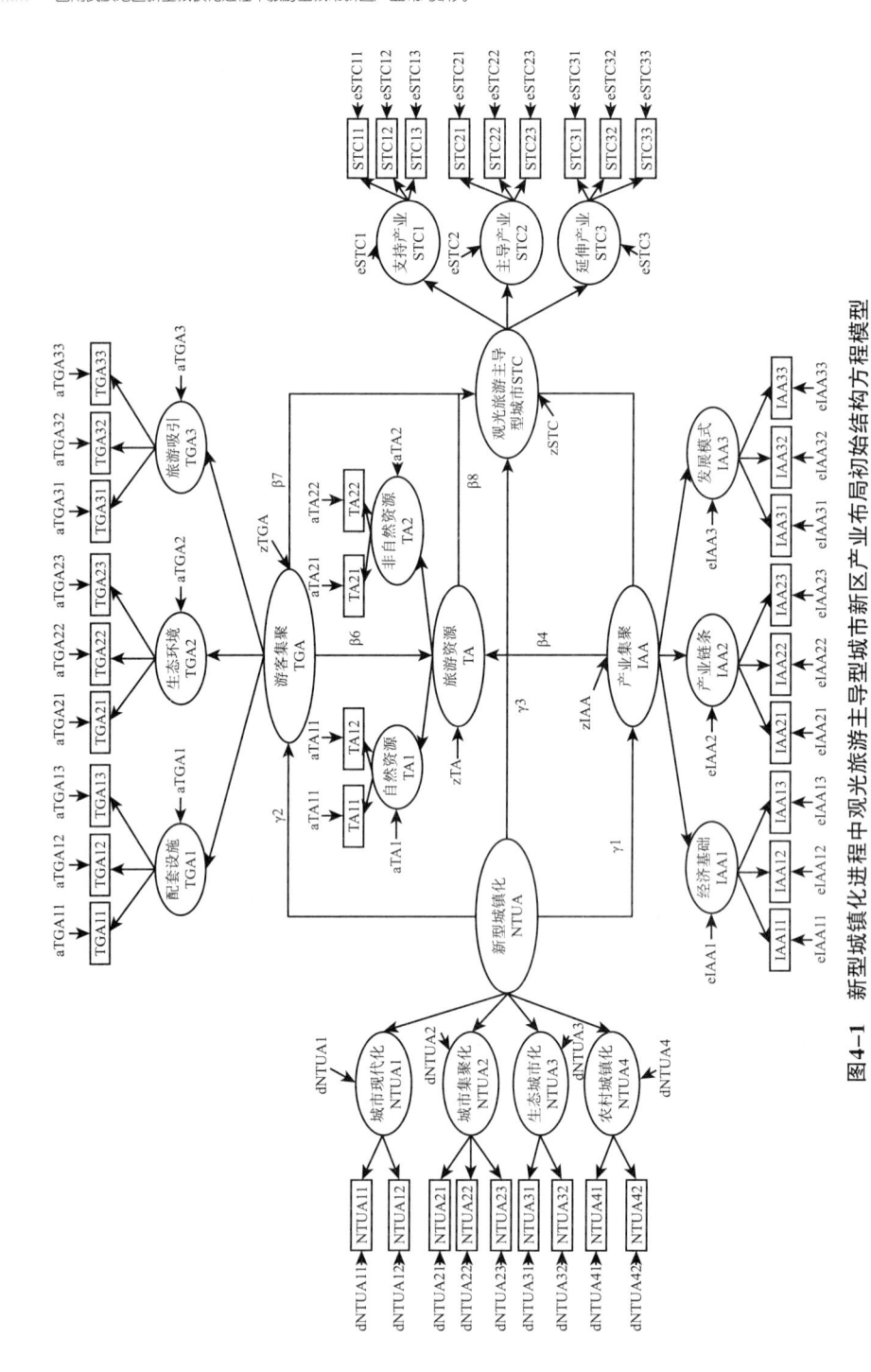

图 4—1 新型城镇化进程中观光旅游主导型城市新区产业布局初始结构方程模型

测量模型的构建。根据测量模型的一般形式：

$$\begin{cases} X = \Lambda_x \xi + \delta \\ Y = \Lambda_Y \eta + \varepsilon \end{cases}$$

其中，X 代表外生显变量，Y 表示内生显变量，ξ 代表外生潜变量，η 代表内生潜变量。ε 与 δ 均代表显变量的误差项，X 的潜变量 ξ 与自己的误差项 δ 和 Y 的误差项 ε 均无关，Y 的潜变量 η 与自己的误差项 ε 和 X 的误差项 δ 也均无关。$\Lambda_X$ 是显变量 X 的因子载荷，$\Lambda_Y$ 是显变量 Y 的因子载荷。

新型城镇化对观光旅游主导型城市新区产业布局的优化作用的测量模型构建中，新型城镇化（NTUA）、城市现代化（NTUA1）、城市集群化（NTUA2）、城市生态化（NTUA3）、农村城镇化（NTUA4）是外生潜变量，用 $\xi_{NTU}$、$\xi_{NTU1}$、$\xi_{NTU2}$、$\xi_{NTU3}$ 和 $\xi_{NTU4}$ 来分别表示。观光旅游主导型城市（STC）、旅游资源（TA）、游客聚集（TGA）、产业集聚（IAA）、支持产业（STC1）、主导产业（STC2）、延伸产业（STC3）、自然资源（TA1）、非自然资源（TA2）、配套设施（TGA1）、生态环境（TGA2）、旅游吸引（TGA3）、经济基础（IAA1）、产业链条（IAA2）、发展模式（IAA3）是内生潜变量，用 $\eta_{STC}$、$\eta_{TA}$、$\eta_{TGA}$、$\eta_{IAA}$、$\eta_{STC1}$、$\eta_{STC2}$、$\eta_{STC3}$、$\eta_{TA1}$、$\eta_{TA2}$、$\eta_{TGA1}$、$\eta_{TGA2}$、$\eta_{TGA3}$、$\eta_{IAA1}$、$\eta_{IAA2}$、$\eta_{IAA3}$ 来分别表示。根据上述变量的设定，构建观测模型的方程式表达如下结构模型。

$X_{NTUA1} = \lambda_{NTUA1} \xi_{NTUA} + \delta_{NTUA1}$，$X_{NTUA2} = \lambda_{NTUA2} \xi_{NTUA} + \delta_{NTUA2}$，

$X_{NTUA3} = \lambda_{NTUA3} \xi_{NTUA} + \delta_{NTUA3}$，$X_{NTUA4} = \lambda_{NTUA4} \xi_{NTUA} + \delta_{NTUA4}$，

$X_{NTUA11} = \lambda_{NTUA11} \xi_{NTUA1} + \delta_{NTUA11}$，$X_{NTUA12} = \lambda_{NTUA12} \xi_{NTUA1} + \delta_{NTUA12}$，

$X_{NTUA21} = \lambda_{NTUA21} \xi_{NTUA2} + \delta_{NTUA21}$，$X_{NTUA22} = \lambda_{NTUA22} \xi_{NTUA2} + \delta_{NTUA22}$，$X_{NTUA23} = \lambda_{NTUA23} \xi_{NTUA2} + \delta_{NTUA23}$，

$X_{NTUA31} = \lambda_{NTUA31} \xi_{NTUA3} + \delta_{NTUA31}$，$X_{NTUA32} = \lambda_{NTUA32} \xi_{NTUA3} + \delta_{NTUA32}$，

$X_{NTUA41} = \lambda_{NTUA41} \xi_{NTUA4} + \delta_{NTUA41}$，$X_{NTUA42} = \lambda_{NTUA42} \xi_{NTUA4} + \delta_{NTUA42}$，

$Y_{IAA1} = \lambda_{IAA1} \eta_{IAA} + \varepsilon_{IAA1}$，$Y_{IAA2} = \lambda_{IAA2} \eta_{IAA} + \varepsilon_{IAA2}$，$Y_{IAA3} = \lambda_{IAA3} \eta_{IAA} + \varepsilon_{IAA3}$，

$Y_{IAA11} = \lambda_{IAA11} \eta_{IAA1} + \varepsilon_{IAA11}$，$Y_{IAA12} = \lambda_{IAA12} \eta_{IAA1} + \varepsilon_{IAA12}$，$Y_{IAA13} = \lambda_{IAA13} \eta_{IAA1} + \varepsilon_{IAA13}$，

$Y_{IAA21} = \lambda_{IAA21} \eta_{IAA2} + \varepsilon_{IAA21}$，$Y_{IAA22} = \lambda_{IAA22} \eta_{IAA2} + \varepsilon_{IAA22}$，$Y_{IAA23} = \lambda_{IAA23} \eta_{IAA2} + \varepsilon_{IAA23}$，

$Y_{IAA31} = \lambda_{IAA31} \eta_{IAA3} + \varepsilon_{IAA31}$，$Y_{IAA32} = \lambda_{IAA32} \eta_{IAA3} + \varepsilon_{IAA32}$，$Y_{IAA33} = \lambda_{IAA33} \eta_{IAA3} + \varepsilon_{IAA33}$，

$Y_{TGA1} = \lambda_{TGA1} \eta_{TGA} + \varepsilon_{TGA1}$，$Y_{TGA2} = \lambda_{TGA2} \eta_{TGA} + \varepsilon_{TGA2}$，$Y_{TGA3} = \lambda_{TGA3} \eta_{TGA} + \varepsilon_{TGA3}$，

$Y_{TGA11} = \lambda_{TGA11} \eta_{TGA1} + \varepsilon_{TGA11}$，$Y_{TGA12} = \lambda_{TGA12} \eta_{TGA1} + \varepsilon_{TGA12}$，$Y_{TGA13} = \lambda_{TGA13} \eta_{TGA1} + \varepsilon_{TGA13}$，

$Y_{TGA21} = \lambda_{TGA21} \eta_{TGA2} + \varepsilon_{TGA21}$，$Y_{TGA22} = \lambda_{TGA22} \eta_{TGA2} + \varepsilon_{TGA22}$，$Y_{TGA23} = \lambda_{TGA23} \eta_{TGA2} + \varepsilon_{TGA23}$，

$Y_{TGA31} = \lambda_{TGA31} \eta_{TGA3} + \varepsilon_{TGA31}$，$Y_{TGA32} = \lambda_{TGA32} \eta_{TGA3} + \varepsilon_{TGA32}$，$Y_{TGA33} = \lambda_{TGA33} \eta_{TGA3} + \varepsilon_{TGA33}$，

$Y_{TA1} = \lambda_{TA1} \eta_{TA} + \varepsilon_{TA1}$，$Y_{TA2} = \lambda_{TA2} \eta_{TA} + \varepsilon_{TA2}$，

$Y_{TA11} = \lambda_{TA11} \eta_{TA1} + \varepsilon_{TA11}$，$Y_{TA12} = \lambda_{TA12} \eta_{TA2} + \varepsilon_{TA12}$，

$Y_{TA21} = \lambda_{TA21} \eta_{TA2} + \varepsilon_{TA21}$，$Y_{TA22} = \lambda_{TA22} \eta_{TA2} + \varepsilon_{TA22}$，

$Y_{STC1} = \lambda_{STC1} \eta_{STC} + \varepsilon_{STC1}$，$Y_{STC2} = \lambda_{STC2} \eta_{STC} + \varepsilon_{STC2}$，$Y_{STC3} = \lambda_{STC3} \eta_{STC} + \varepsilon_{STC3}$，

$Y_{STC11} = \lambda_{STC11}\eta_{STC1} + \varepsilon_{STC11}$，$Y_{STC12} = \lambda_{STC12}\eta_{STC1} + \varepsilon_{STC12}$，$Y_{STC13} = \lambda_{STC13}\eta_{STC1} + \varepsilon_{STC13}$，
$Y_{STC21} = \lambda_{STC21}\eta_{STC2} + \varepsilon_{STC21}$，$Y_{STC22} = \lambda_{STC22}\eta_{STC2} + \varepsilon_{STC22}$，$Y_{STC23} = \lambda_{STC23}\eta_{STC23} + \varepsilon_{STC23}$，
$Y_{STC31} = \lambda_{STC31}\eta_{STC3} + \varepsilon_{STC31}$，$Y_{STC32} = \lambda_{STC32}\eta_{STC3} + \varepsilon_{STC32}$，$Y_{STC33} = \lambda_{STC33}\eta_{STC3} + \varepsilon_{STC33}$。

根据结构模型的一般形式：

$$\eta = \beta\eta + \Gamma\xi + \zeta$$

其中，$\eta$代表内生潜变量，$\beta$代表内生潜变量之间的关系系数，$\Gamma$代表内生潜变量受外生潜变量的影响系数，$\xi$代表外生潜变量，$\zeta$代表残差项。

新型城镇化对观光旅游主导型城市产业布局作用中结构模型构建中，用$\gamma_1$、$\gamma_2$和$\gamma_3$来分别表示新型城镇化对产业集聚、游客聚集和观光旅游主导型城市的影响作用；用$\beta_4$和$\beta_5$来分别表示产业集聚对旅游资源和观光旅游主导型城市的影响作用；用$\beta_6$和$\beta_7$来分别表示游客聚集对旅游资源和观光旅游主导型城市的影响作用；用$\beta_8$来表示旅游资源对观光旅游主导型城市的影响作用。

根据上述变量的设定，构建结构模型的方程式表达如下：

$$\eta_{IAA} = \gamma_1\xi_{NTUA} + \zeta_{IAA}$$
$$\eta_{TGA} = \gamma_2\xi_{NTUA} + \zeta_{TGA}$$
$$\eta_{TA} = \beta_6\eta_{TGA} + \beta_4\eta_{IAA} + \zeta_{TA}$$
$$\eta_{STC} = \gamma_3\xi_{NTUA} + \beta_5\eta_{IAA} + \beta_7\eta_{TGA} + \beta_8\eta_{TA} + \zeta_{STC}$$

对结构方程的测量模型和结构模型构建完成后，还存在检验拟合指标、检验参数和决定系数等是否合适，通过不同评价方法对上述指标进行检验，进而判断构建的西南民族地区新型城镇化对观光旅游主导型城市新区产业布局优化作用原始模型是否需要进行修正。

拟合指标的检验。判断原始模型是否与现实情况相符，可以通过对拟合指标的测度来加以评判，拟合指标的值高于满足拟合条件的临界值时，说明真实情况与原始模型构建相符，反之则不相符。拟合指标检验的方法有很多种，但最常用的主要是八种拟合指标检验方法，分别为$\chi^2/df$、CFI、IFI、TLI、AGFI、PNFI、RMSEA、RMR。

第一种拟合指标是$\chi^2/df$，即卡方与自由度的比值。$\chi^2$（卡方值）在整体模型的适配度指标中是绝对适配统计量，其主要功能是对实际的样本数据和构建模型设计的因果路径进行拟合度的检验。检验结果的值越小，表示实际的样本数据和构建模型设计的因果路径之间的拟合度越高，反之则越低。然而，样本容量的规模会对$\chi^2$产生很强的影响，样本容量与$\chi^2$往往呈正向关系，即样本容量越大，$\chi^2$也越大，模型被拒绝的可能性也越大。为避免这种情况的发生，可以通过引入df（自由度）来对$\chi^2$进行勘偏，获得两者之间的比值，即$\chi^2/df$，可称为

规范卡方。规范卡方值越小，表明实际的样本数据和构建模中的协方差矩阵之间适配度越高。在取值上，经验做法认为规范卡方值小于2.0时构建模型的适配度较好，可接受的适配度为规范卡方值小于3.0。

第二种拟合指标是CFI，即比较适配指标。CFI在整体模型的适配度指标中是增值适配统计量，属于相对拟合指数，是对传统的规范适配指标（NFI）的一种改良指数。CFI的主要功能是测度非集中参数在约束度最高的模型状态到饱和度最高的模型状态变化过程中的改善状况，定义方式采用非集中参数及卡方分布。CFI的取值范围在0~1，CFI取值越靠近1，表明实际的样本数据和构建模型之间的适配度越高，反之则越低。通常认为CFI取值高于0.90时，适配度较好。

第三种拟合指标是IFI，即递增拟合指数，又称$\Delta^2$指标。IFI在整体模型的适配度指标中是增值适配统计量，属于相对拟合指数。IFI的主要功能是测度依假设构建的模型与虚无的真实模型之间的适配度。IFI的取值范围在0~1，IFI取值越接近于1，表明依假设构建的模型与虚无的真实模型之间的适配度越高，反之则越低。通常情况下，认为IFI取值高于0.90时，适配度较好。

第四种拟合指标是TLI，即非规范适配指标，又称Tucker-Lewis指标或NNFI指标。TLI在整体模型的适配度指标中是增值适配统计量，属于相对拟合指数。TLI的主要功能是在修正NFI的基础上测度依假设构建的模型与虚无的真实模型之间的适配度。TLI的取值范围在0~1，TLI取值越接近于1，表明依假设构建的模型与虚无的真实模型之间的适配度越高，反之则越低。通常情况下，认为TLI取值高于0.90时，适配度较好。

第五种拟合指标是AGFI，即调整后的适配度指标。AGFI在整体模型的适配度指标中是绝对适配统计量。AGFI的主要功能是比照依假设构建的模型的自由度和模型变量项数之间的比值来指导修正适配度指标（GFI），让AGFI不会受到单位因素的影响。AGFI的取值范围在0~1，AGFI的取值与GFI的取值呈正相关关系，即GFI取值越高，AGFI取值也越高，反之越低。AGFI取值越高，说明依假设构建的模型与虚无的真实模型之间的适配度越高，反之则越低。通常认为当AGFI高于0.80时，适配度较好。

第六种拟合指标是PNFI，即简约调整规范适配指标。PNFI在整体模型的适配度指标中是简约适配统计量，属于简约调整指数。PNFI的主要功能是测度依假设构建模型的精简程度，这是由于PNFI在考虑预期获取的适配度时加入了自由度的数量。PNFI适用的领域主要在于对自由度不同的模型进行比较。PNFI的取值越高，模型的适配度越好。通常认为PNFI的取值高于0.50是依假设构建模型可以被接受的临界值。

第七种拟合指标是 RMSEA，即近似误差的均方根。RMSEA 在整体模型的适配度指标中是绝对适配统计量，是无需基准线模型的绝对适配指标。RMSEA 的主要功能是通过考察依假设构建模型中每一个自由度之间的差异来测度适配度。RMSEA 的取值越小，说明依假设构建模型的适配度越高，越容易被接受。通常来说，RMSEA 的取值低于 0.05 被认为是适配度较好的模型，取值低于 0.08 被认为是模型被接收的临界条件。

第八种拟合指标是 RMR，即误差均方和平方根。RMR 在整体模型的适配度指标中是绝对适配统计量，其值为适配误差方差协方差平均值的平方根。要使得依假设构建模型能够被接受，从适配误差值的角度来看，RMR 的取值越低越好。通常来看，RMR 的取值低于 0.05 是保证依假设构建模型被接受的临界条件。

将图 4-1 中的新型城镇化对观光旅游主导型城市新区产业布局优化作用的原始结构方程模型录入 AMOS 17.0 中，通过计算和对相关参数进行估计，获得了新型城镇化对旅游型城市新区产业布局优化作用原始结构方程模型中各项反映拟合关系的拟合指标值（见表 4-11）。

表 4-11　　　　新型城镇化对旅游型城市新区产业布局作用
原始结构方程模型适配度检验结果

| 拟合指标 | $\chi^2/df$ | CFI | IFI | TLI | AGFI | PNFI | RMSEA | RMR |
|---|---|---|---|---|---|---|---|---|
| 观测值 | 1.441 | 0.953 | 0.953 | 0.949 | 0.816 | 0.792 | 0.041 | 0.027 |
| 拟合标准 | <3.00 | >0.90 | >0.90 | >0.90 | >0.80 | >0.50 | <0.08 | <0.05 |

表 4-11 表明，将新型城镇化对观光旅游主导型城市新区产业布局优化作用原始结构方程中各项拟合指标的观测值和拟合标准进行对比后，所有观测值均达到了拟合标准。说明新型城镇化对观光旅游主导型城市新区产业布局优化作用的原始模型能够较好地与通过调查问卷获得的样本数据拟合。

在完成新型城镇化对观光旅游主导型城市新区产业布局优化作用原始结构方程模型适配度检验后，对原始结构方程中各路径的系数进行测度（见表4-12）。

表4-12 新型城镇化对观光旅游主导型城市新区产业布局作用原始模型的路径估计

| 路径 | 结构方程模型路径 | 路径系数 | C.R | p |
| --- | --- | --- | --- | --- |
| $\gamma_1$ | IAA←NTUA | 0.672 | 11.363 | *** |
| $\gamma_2$ | TGA←NTUA | 0.558 | 8.956 | *** |
| $\gamma_3$ | STC←NTUA | 0.218 | 2.203 | 0.028 |
| $\beta_4$ | TA←IAA | 0.551 | 4.688 | *** |
| $\beta_5$ | STC←IAA | 0.108 | 0.764 | 0.445 |
| $\beta_6$ | TA←TGA | 0.359 | 2.797 | 0.005 |
| $\beta_7$ | STC←TGA | 0.350 | 3.101 | 0.002 |
| $\beta_8$ | STC←TA | 0.224 | 2.509 | 0.012 |

注：*** 表示 $p<0.001$。

根据表4-12可以看出，在新型城镇化对旅游型城市新区产业布局作用的原始结构方程模型构建过程中，IAA对STC的这条路径未能通过显著性检验，也就意味着IAA对STC没有产生显著的作用。尽管如此，但由于绝大多数路径均通过了路径显著性检验，所以并不能对之前构造的原始结构方程模型全盘否定。从结果上看，新型城镇化对观光旅游主导型城市新区产业布局作用的原始结构方程模型的构造思路基本正确，但其中的部分关系需要调整后进行重新测度，才能满足研究的目的。

根据表4-12中测度的路径估计结果中了解到新型城镇化、产业集聚、旅游资源和游客聚集对观光旅游主导型城市的对应路径系数都比较小，因此要能够更好地拟合和测度结构方程模型，就必须对原始的新型城镇化对旅游型城市新区产业布局作用结构方程模型进行适当的调整。通过对文献的梳理查找，在新型城镇化对观光旅游主导型城市新区产业布局作用的原始结构方程调整过程中，应当保留新型城镇化、旅游资源和游客聚集旅游城市的直接作用路径，剔除产业集聚对旅游型城市的直接作用路径。由此获得新型城镇化对旅游型城市新区产业布局作用调整后的结构方程模型（见图4-2）。

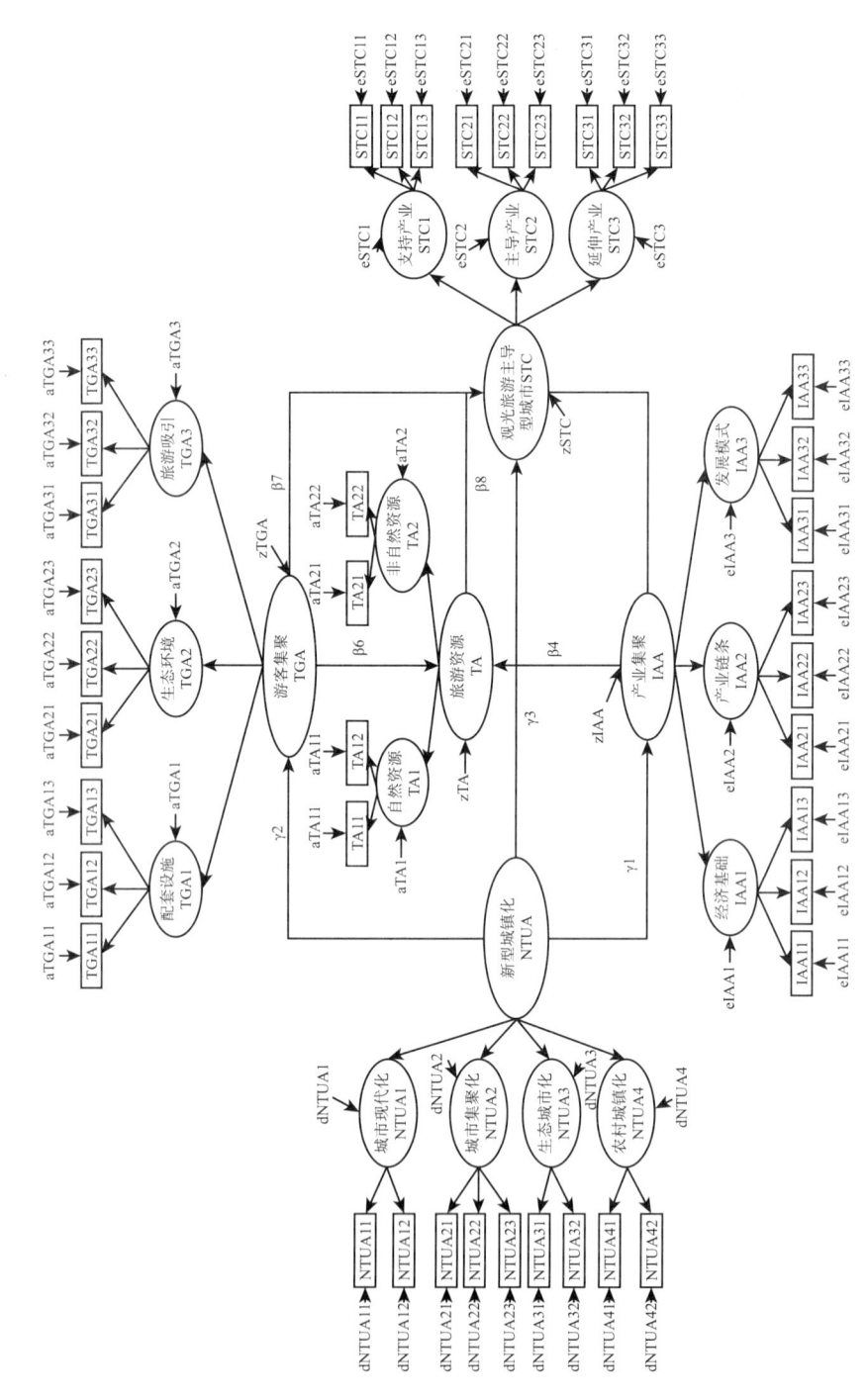

图 4-2 调整后的新型城镇化进程中观光旅游主导型城市新区产业布局结构方程模型

图 4-2 表明，与新型城镇化对观光旅游主导型城市新区产业布局作用的原始结构方程模型相比，调整后的结构方程模型将产业集聚对观光旅游主导型城市的直接路径剔除了。将调整后的结构方程模型再次放入 AMOS 17.0 软件中进行计算和对作用路径的参数估计，得到调整后的结构方程模型中反映模型拟合程度的多项拟合指标值（见表 4-13）。

表 4-13　　　　　新型城镇化对观光旅游主导型城市新区产业
布局作用调整后结构方程模型适配度检验结果

| 拟合指标 | $\chi^2/df$ | CFI | IFI | TLI | AGFI | PNFI | RMSEA | RMR |
| --- | --- | --- | --- | --- | --- | --- | --- | --- |
| 观测值 | 1.440 | 0.953 | 0.953 | 0.949 | 0.816 | 0.793 | 0.041 | 0.027 |
| 拟合标准 | <3.00 | >0.90 | >0.90 | >0.90 | >0.80 | >0.50 | <0.08 | <0.05 |

对表 4-13 中的拟合指标观测值与拟合标准进行对比后，发现新型城镇化对观光旅游主导型城市新区产业布局作用调整后的模型中各项拟合指标值都达到了拟合标准范围，因此，认为整体上新型城镇化对观光旅游主导型城市新区产业布局作用调整后的模型通过了模型拟合度检验。

新型城镇化对观光旅游主导型城市新区产业布局作用调整后模型通过拟合度检验后，需要再次对调整后的模型进行结构方程模型各作用路径的系数测量，结果见表 4-14。

表 4-14　　　　　新型城镇化对观光旅游主导型城市新区
产业布局作用调整后模型的路径估计

| 路径 | 结构方程模型路径 | 路径系数 | C.R | p |
| --- | --- | --- | --- | --- |
| $\gamma_1$ | IAA←NTUA | 0.673 | 11.357 | *** |
| $\gamma_2$ | TGA←NTUA | 0.558 | 8.963 | *** |
| $\gamma_3$ | STC←NTUA | 0.269 | 3.605 | *** |
| $\beta_4$ | TA←IAA | 0.557 | 4.739 | *** |
| $\beta_6$ | TA←TGA | 0.352 | 2.751 | 0.006 |
| $\beta_7$ | STC←TGA | 0.359 | 3.192 | 0.001 |
| $\beta_8$ | STC←TA | 0.256 | 3.150 | 0.002 |

注：*** 表示 $p<0.001$。

表 4-14 显示，新型城镇化对观光旅游主导型城市新区产业布局作用调整后模型中的各项路径的作用系数都通过了显著性检验，其中绝大多数都达到了 0.001 的显著性水平。同时，根据标准化路径系数的测度标准：高于 0.50 为效果明显、0.10~0.50 为效果适中、低于 0.10 为效果较小，可以确定新型城镇化对观光旅游主导型城市新区产业布局作用调整后的结构方程模型中所有的路径作用效果都在适中和明显的级别上，由此可以判定调整后的结构方程模型为最终的新型城镇化对观光旅游主导型城市新区产业布局作用的结构方程模型（见图 4-3）。

由于最终的新型城镇化对观光旅游主导型城市新区产业布局作用的结构方程模型图形过于复杂，为研究的直观方便，将最终结构方程模型的主体部分单独列出，得到最终的新型城镇化对观光旅游主导型城市新区产业布局作用的结构方程模型简化形式（见图 4-4）。

在确定最终的新型城镇化对观光旅游主导型城市新区产业布局作用的结构方程模型及其简化形式之后，还需要对其包含的各种效应进行分解，从而最终确定模型的各个变量之间的确切作用方向和作用强度。对结构方程模型进行效应分解就是对结构方程模型中各个变量之间存在的直接效应和间接效应以及他们之间的作用方向和作用强度进行准确的测定。其中，直接效应表示作为原因的变量直接对作为结果的变量作用而产生的影响，其影响程度的测度依靠直接效应的路径系数来衡量；间接效应表示作为原因的变量不直接作用作为结果的变量，而是通过其他作为中介的变量来间接地对作为结果的变量产生影响。为了使新型城镇化对观光旅游主导型城市新区产业布局作用的主要变量能够被有效测度，需要对新型城镇化、产业集聚、旅游资源和游客聚集四个变量作用的效应进行分解。由新型城镇化对观光旅游主导型城市新区产业布局作用的最终结构方程模型可以看出，在对西南民族地区新型城镇化对观光旅游主导型城市产业新区布局的研究中，新型城镇化、游客集聚和旅游资源对观光旅游主导型城市产生了直接的影响效应。

图 4-4 显示，旅游型城镇化对观光旅游主导型城市新区的产业布局形成了 0.31 的直接影响，游客集聚对观光旅游主导型城市新区产业布局形成了 0.31 的直接影响，旅游资源对观光旅游主导型城市新区产业布局形成了影响力为 0.26 的直接影响作用。其中，在新型城镇化、产业集聚、游客聚集和旅游资源四个解释变量之间，新型城镇化对产业集聚和游客聚集分别有着 0.84 和 0.75 的影响效应，产业集聚和游客聚集分别对旅游资源起着 0.51、0.30 的影响效应。

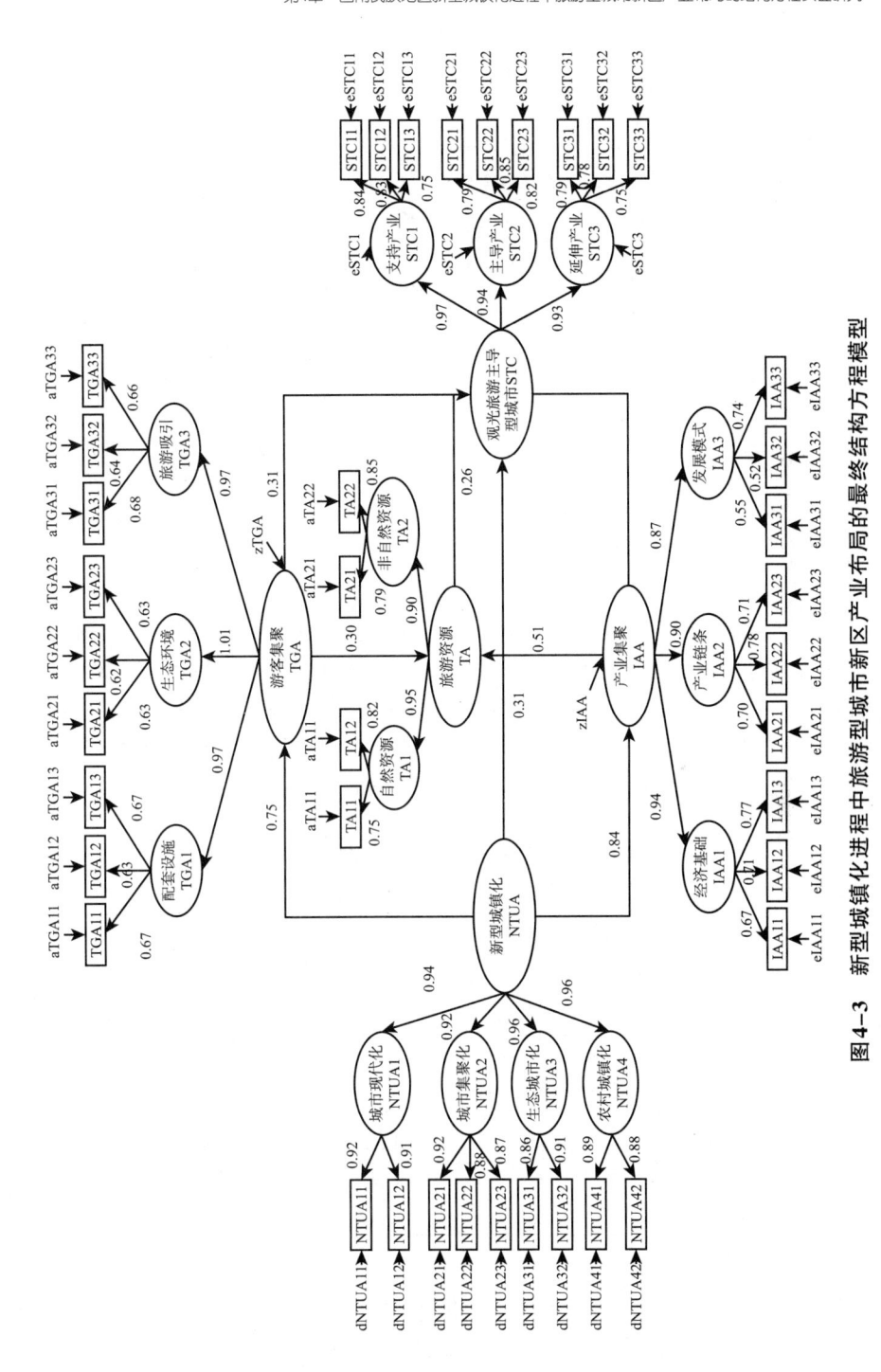

图 4-3 新型城镇化进程中旅游型城市新区产业布局的最终结构方程模型

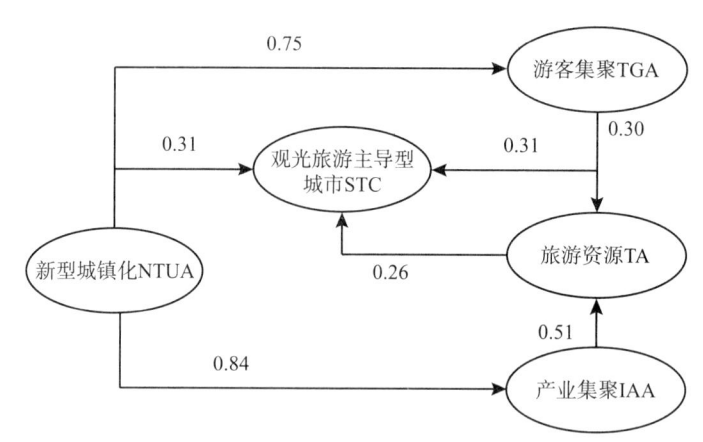

图 4-4 新型城镇化对观光旅游主导型城市新区产业布局作用的最终结构方程模型

### 4.2.4 实证结果

根据统计的显著性分析,运用标准化后的路径系数来对每条路径的作用强度进行估计,以此作为对每一条因果路径的评价,经过标准化处理之后,路径系数的数值都分布在 -1~1。针对西南民族地区调研获取的样本数据支持了理论分析部分提出的大部分假设。表 4-15 将新型城镇化对观光旅游主导型城市新区产业布局作用的假设验证和构建模型的路径系数情况进行了总结归纳。

表 4-15　　　新型城镇化对观光旅游主导型城市新区产业布局作用原始模型的路径估计

| 路径 | 变量 | 标准化路径系数 | p | 研究假设 | 假设检验 |
| --- | --- | --- | --- | --- | --- |
| $\gamma_1$ | IAA←NTUA | 0.84 | *** | HA1 | 支持 |
| $\gamma_2$ | TGA←NTUA | 0.75 | *** | HA2 | 支持 |
| $\gamma_3$ | STC←NTUA | 0.31 | *** | HA3 | 支持 |
| $\beta_4$ | TA←IAA | 0.51 | *** | HA4 | 支持 |
| $\beta_5$ | STC←IAA | — | — | HA5 | 不支持 |
| $\beta_6$ | TA←TGA | 0.30 | 0.006 | HA6 | 支持 |
| $\beta_7$ | STC←TGA | 0.31 | 0.001 | HA7 | 支持 |
| $\beta_8$ | STC←TA | 0.26 | 0.002 | HA8 | 支持 |

注:*** 表示 $p<0.001$。

表 4-15 表明,新型城镇化到产业集聚的路径及其系数为 $\gamma_1 = 0.84$,$p < 0.001$,通过了显著性检验,由此,可以验证"新型城镇化对产业集聚效应具有

显著的直接正向作用"的假设，检验的结果支持了原假设 HA1。

新型城镇化到游客聚集的路径及其系数为 $\gamma_2 = 0.75$，$p < 0.001$，通过了显著性检验，由此，可以验证"新型城镇化对游客聚集效应具有显著的直接正向作用"的假设，检验的结果支持了原假设 HA2。

新型城镇化到观光旅游主导型城市新区的产业布局的路径及其系数为 $\gamma_3 = 0.31$，通过了显著性检验，$p < 0.001$，由此，可以判定"新型城镇化进程对观光旅游主导型城市新区产业布局具有显著的直接正向作用"的假设成立，检验的结果支持了原假设 HA3。

产业集聚到旅游资源的路径及其系数为 $\beta_4 = 0.51$，$p < 0.001$，通过了显著性检验，由此，可以验证"产业集聚效应对旅游资源具有显著的直接正向作用"的假设，检验的结果支持了原假设 HA4。

产业集聚到观光旅游主导型城市新区产业布局的路径在调整结构方程模型中被删除掉了。由此，原假设"产业集聚对优化观光旅游主导型城市产业布局具有显著的直接正向作用"的假设不能得到验证，检验的结果不支持原假设 HA5。

游客聚集到旅游资源的路径及其系数为 $\beta_6 = 0.30$，$p < 0.05$，通过了显著性检验，由此，可以验证"游客聚集效应对旅游资源具有显著的直接正向作用"的假设，检验的结果支持了原假设 HA6。

游客集聚到观光旅游主导型城市新区产业布局的路径及其系数为 $\beta_7 = 0.31$，$p < 0.01$，通过了显著性检验，由此，可以验证"游客集聚效应对观光旅游主导型城市新区产业布局的优化具有显著的直接正向作用"的假设，检验的结果支持了原假设 HA7。

旅游资源到观光旅游主导型城市新区产业布局的路径及其系数为 $\beta_8 = 0.26$，$p < 0.05$，通过了显著性检验，由此，可以验证"旅游资源对观光旅游主导型城市新区产业布具有显著的直接正向作用"的假设，检验的结果支持了原假设 HA8。

通过新型城镇化对观光旅游主导型城市新区产业布局的研究，得到新型城镇化、游客聚集和旅游资源对观光旅游主导型城市新区产业布局具有显著的直接正向作用，直接正向作用产生的效应分别为 0.31、0.31、0.26，表明新型城镇化、游客聚集和旅游资源都是影响观光旅游主导型城市新区产业布局优化的重要因素，也证明了新型城镇化的城市现代化、城市集群化、城市生态化和农村城镇化这四个构成维度在识别新型城镇化过程时的合理性。与此同时，游客集聚和旅游资源分别对观光旅游主导型城市新区的产业布局优化产生了直接的影响效应，说明游客集聚形成的规模效应以及旅游资源所带来的旅游规模扩大都将对观光旅游主导型城市新区产业布局的不断优化形成正向的促进作用，都是在研究西南民族地区观光旅游主导型城市新区产业布局中所不可或缺的重要因素。

在对研究结果的梳理分析中不难发现一个重要问题：产业集聚对观光旅游主导型城市新区产业布局没有显著的直接正向作用，但是产业集聚对旅游资源具有路径系数为 0.51 的直接影响。旅游产业和泛旅游产业所形成的集聚会产生更大的集聚效应，产业资本要素在空间上形成了高度的集聚，为观光旅游主导型城市进行深度旅游资源开发提供了较好的产业基础。

从西南民族地区新型城镇化进程中观光旅游主导型城市新区产业布局的实证结果可以看出，产业集聚、游客集聚及旅游资源都是影响新型城镇化对观光旅游主导型城市新区产业布局的重要中间变量。产业集聚为观光旅游主导型城市新区产业布局奠定了较好的经济基础、较为完整的产业链及符合实际的发展模式，为观光旅游主导型城市新区产业布局的优化奠定了产业基础。同时，游客集聚使得大量的游客集聚在观光旅游主导型城市的空间上，为观光旅游的发展及相关产业发展提供了广阔的消费市场，是观光旅游主导型城市产业发展的不竭源泉，也是新型城镇化不断深化的重要基础条件，有力地促进了新型城镇化与观光旅游主导型城市产业发展。而旅游资源作为观光旅游发展的重要依赖条件，既是观光旅游城市产业发展的重要基础，也是旅游引导的城镇化得以发展的依靠，为新型城镇化对观光旅游主导型城市产业布局的优化提供了良好的资源基础条件。

因此针对西南民族地区来说，根据以上结论可以获得两个十分重要的启示：第一，必须更加全面深刻地认识新型城镇化进程，将新型城镇化从城镇化的大背景中剥离出来单独研究，实施针对性的重点研究。同时也必须把握好新型城镇化进程和旅游城市发展进程之间的同步性和协调性，不能完全脱离旅游城市城镇化进程的大环境。第二，必须对新型城镇化的推进进行具体的方案设定和有效地监管，应该通过增强产业的集聚效应，扩大游客的聚集规模来促进旅游城镇化的发展。

## 4.3 新型城镇化进程中生态旅游主导型城市新区产业布局的实证研究

### 4.3.1 变量度量

对新型城镇化进程中生态旅游主导型城市产业新区布局优化作用的研究

中，新型城镇化是解释变量。针对新型城镇化设计了9个题项，分别从城市现代化、城市集聚化、城市生态化和农村城镇化四个方面对新型城镇化进行测度（见表4-16）。

表4-16　　　　　　　　　新型城镇化（NTUB）指标量

| 指标 | | 内容 |
| --- | --- | --- |
| 城市现代化（NTUB1） | NTUB11 | 城市现代化的程度符合生态旅游主导型城市产业布局要求的程度 |
| | NTUB12 | 城市现代化与产业要素符合生态旅游主导型城市产业布局要求程度 |
| 城市集聚化（NTUB2） | NTUB21 | 城市集聚化的程度符合生态旅游主导型城市产业布局要求的程度 |
| | NTUB22 | 城市集聚化与旅游业融合符合生态旅游主导型城市产业布局要求程度 |
| | NTUB23 | 城市集聚化与产业布局符合生态旅游主导型城市产业布局要求的程度 |
| 城市生态化（NTUB3） | NTUB31 | 城市生态化的要求符合生态旅游主导型城市产业布局要求的程度 |
| | NTUB32 | 城市生态化与生态旅游符合生态旅游主导型城市产业布局要求的程度 |
| 农村城镇化（NTUB4） | NTUB41 | 农村城镇化程度符合生态旅游主导型城市产业布局要求的程度 |
| | NTUB42 | 农村城镇化与就业结构符合生态旅游主导型城市产业布局要求程度 |

对新型城镇化进程对生态旅游主导型城市产业新区布局优化作用的研究中，被解释变量有四个：生态旅游主导型城市、环境承载力、游客聚集和产业集聚。其中，从西南民族地区生态旅游主导型城市的产业构成出发，将生态旅游主导型城市产业布局分为支持产业、主导产业和延伸产业，并针对三个指标设置了9个题项来进行测度采用了（见表4-17）。

表4-17　　　　　　　　　生态旅游主导型城市（ETC）指标量

| 指标 | | 内容 |
| --- | --- | --- |
| 支持产业（ETC1） | ETC11 | 支持产业分布符合生态旅游主导型城市产业布局要求的程度 |
| | ETC12 | 支持产业类型符合生态旅游主导型城市产业布局要求的程度 |
| | ETC13 | 支持产业结构符合生态旅游主导型城市产业布局要求的程度 |
| 主导产业（ETC2） | ETC21 | 主导产业分布符合生态旅游主导型城市产业布局要求的程度 |
| | ETC22 | 主导产业类型符合生态旅游主导型城市产业布局要求的程度 |
| | ETC23 | 主导产业结构符合生态旅游主导型城市产业布局要求的程度 |

续表

| 指标 | | 内容 |
|---|---|---|
| 延伸产业<br>（ETC2） | ETC31 | 延伸产业分布符合生态旅游主导型城市产业布局要求的程度 |
| | ETC32 | 延伸产业类型符合生态旅游主导型城市产业布局要求的程度 |
| | ETC33 | 延伸产业结构符合生态旅游主导型城市产业布局要求的程度 |

游客聚集指标的测度采用了9个题项，分别从配套设施、生态环境、旅游吸引三个角度对游客聚集进行测度（见表4-18）。

表4-18　　　　　　　　　游客聚集（TGB）指标量

| 指标 | | 内容 |
|---|---|---|
| 配套设施<br>（TGB1） | TGB11 | 游客对配套设施的满意度符合生态旅游主导型城市产业布局要求程度 |
| | TGB12 | 配套设施所带来的公共服务符合生态旅游主导型城市产业布局要求程度 |
| | TGB13 | 配套设施的分布符合生态旅游主导型城市产业布局要求的程度 |
| 生态环境<br>（TGB2） | TGB21 | 环境容量与游客进入符合生态旅游主导型城市产业布局要求程度 |
| | TGB22 | 生态环境设施建设符合生态旅游主导型城市产业布局要求的程度 |
| | TGB23 | 生态环境保护范围符合生态旅游主导型城市产业布局要求的程度 |
| 旅游吸引<br>（TGB3） | TGB31 | 旅游吸引与游客进入结合符合观光旅游型城市产业布局要求的程度 |
| | TGB32 | 旅游吸引的空间特征符合生态旅游主导型城市产业布局要求的程度 |
| | TGB33 | 旅游吸引强度与动机符合生态旅游主导型城市产业布局要求程度 |

环境承载力指标的测度采用了4个题项，分别从社会环境、经济环境两个角度对资源集聚力进行测度（见表4-19）。

表4-19　　　　　　　　　环境承载力（EC）指标量

| 指标 | | 内容 |
|---|---|---|
| 社会环境<br>（EC1） | EC11 | 社会环境现状符合生态旅游主导型城市产业布局要求的程度 |
| | EC12 | 社会环境容量符合生态旅游主导型城市产业布局要求的程度 |
| 经济环境<br>（EC2） | EC21 | 经济环境状态符合生态旅游主导型城市产业布局要求程度 |
| | EC22 | 经济环境容量符合生态旅游主导型城市产业布局要求程度 |

产业集聚指标的测度采用了9个题项，分别从经济基础、产业链条、发展模式等三个角度对产业集聚进行测度（见表4-20）。

表4-20　　　　　　　　　产业集聚（IAB）指标量

| 指标 | | 内容 |
|---|---|---|
| 经济基础（IAB1） | IAB11 | 经济发展状况符合生态旅游主导型城市产业布局要求的程度 |
| | IAB12 | 经济发展潜力符合生态旅游主导型城市产业布局要求的程度 |
| | IAB13 | 经济基础与产业结合符合生态旅游主导型城市产业布局要求的程度 |
| 产业链条（IAB2） | IAB21 | 产业链条的长度符合生态旅游主导型城市产业布局要求的程度 |
| | IAB22 | 产业链条与旅游结合符合生态旅游主导型城市产业布局要求的程度 |
| | IAB23 | 产业链与泛旅游产业融合符合生态旅游主导型城市产业布局要求程度 |
| 发展模式（IAB3） | IAB31 | 产业集群模式符合生态旅游主导型城市产业布局要求的程度 |
| | IAB32 | 产业集群与旅游业结合符合生态旅游主导型城市产业布局要求的程度 |
| | IAB33 | 产业集群化趋势与城市定位符合生态旅游主导型城市产业布局要求程度 |

## 4.3.2　数据检验

在运用结构方程模型对新型城镇化进程中生态主导型旅游城市新区产业布局进行实证分析之前，必须要考虑原始数据量表是否具有可行性和可靠性，而数据的可行性和可靠性往往是以信度作为衡量标准，只有信度在被接受时，量表的数据分析才是可靠的。在保证问卷的信度基础上，需要对调查问卷所收集到的数据进行效度检验，只有当量表数据通过效度检验时，所获得的一手数据才是有效的。可以说，只有保证了调查问卷获取数据的信度和效度，才能够在接下来进行的对数据的实证研究中获得准确、科学的结论，才能真正掌握西南民族地区新型城镇化进程中生态旅游主导型城市新区产业布局的优化原理。因此，在实证分析之前，对通过调查问卷获得的数据进行信度检验和效度检验是保证获得准确、科学的西南民族地区新型城镇化进程对生态旅游主导型城市新区产业布局作用原理的有力保障。

在进行西南民族地区新型城镇化进程中生态旅游主导型城市新区产业布局的描述性统计时，一方面，为了能够直观地看出各个变量数据分布的平均程度和集中程度，对样本数据的均值进行描述，更好地反映出各指标数据的整体趋势。另一方面，为了直观观测各变量的离散程度，在描述性统计中对标准差进行计算，变量数据的标准差越大，则表示该变量数据的分布离散程度越强，越发散；反之，若变量数据的标准差越小，则表示该变量数据的分布离散程度越低，越收敛。

因此，运用均值和标准差两个指标对新型城镇化对旅游型城市新区产业布局的优化作用中各变量指标进行描述性统计分析，可以很直观地获得新型城镇化、生态旅游主导型城市、环境承载力、游客聚集以及产业集聚的均值和标准差（见表4-21）。

表4-21　　　　　　　　　　各指标的均值和标准差

| 指标 | | 均值 | 标准差 | 指标 | | 均值 | 标准差 |
|---|---|---|---|---|---|---|---|
| 城市现代化（NTUB1） | NTUB11 | 3.67 | 0.681 | 产业链条（IAB1） | IAB11 | 3.33 | 0.710 |
| | NTUB12 | 3.70 | 0.708 | | IAB12 | 3.08 | 0.717 |
| 城市集群化（NTUB2） | NTUB21 | 3.62 | 0.789 | | IAB13 | 3.15 | 0.682 |
| | NTUB22 | 3.58 | 0.830 | 发展模式（IAB2） | IAB21 | 3.22 | 0.755 |
| | NTUB23 | 3.63 | 0.847 | | IAB22 | 3.11 | 0.735 |
| 城市生态化（NTUB3） | NTUB31 | 3.58 | 0.805 | | IAB23 | 3.18 | 0.728 |
| | NTUB32 | 3.57 | 0.764 | 社会环境（EC1） | EC11 | 3.39 | 0.760 |
| 农村城镇化（NTUB4） | NTUB41 | 3.64 | 0.812 | | EC12 | 3.37 | 0.799 |
| | NTUB42 | 3.59 | 0.783 | 经济环境（EC2） | EC21 | 3.41 | 0.809 |
| 配套设施（TGB1） | TGB11 | 3.16 | 0.712 | | EC22 | 3.33 | 0.796 |
| | TGB12 | 3.24 | 0.727 | 支持产业（ETC1） | ETC11 | 3.57 | 0.710 |
| | TGB13 | 3.16 | 0.675 | | ETC12 | 3.56 | 0.744 |
| 生态环境（TGB2） | TGB21 | 3.20 | 0.805 | | ETC13 | 3.59 | 0.752 |
| | TGB22 | 3.16 | 0.777 | 主导产业（ETC2） | ETC21 | 3.59 | 0.746 |
| | TGB23 | 3.10 | 0.747 | | ETC22 | 3.62 | 0.799 |
| 旅游吸引（TGB3） | TGB31 | 3.38 | 0.794 | | ETC23 | 3.68 | 0.757 |
| | TGB32 | 3.18 | 0.719 | 延伸产业（ETC3） | ETC31 | 3.57 | 0.820 |
| | TGB33 | 3.22 | 0.763 | | ETC32 | 3.64 | 0.760 |
| 经济基础（IAB1） | IAB41 | 3.26 | 0.741 | | ETC33 | 3.69 | 0.780 |
| | IAB42 | 3.22 | 0.669 | | | | |
| | IAB43 | 3.02 | 0.672 | | | | |

从表4-21可以看出，城市现代化、城市集群化、城市生态化及农村城镇化都是影响西南民族地区新型城镇化的重要因子，且它们的均值相对其他变量均值较高。可以看出新型城镇化在西南民族地区发展到一定阶段，集中体现在现代化、集群化、生态化及农村城镇化进程在不断加快。结合对新型城镇化与生态旅游主导型城市产业布局的主题研究，可以看出城镇化与旅游的关系在不断地深化。同时，在所有描述性指标中，标准差均小于1，可以得出研究多搜集到的新型城镇化进程中生态旅游主导型城市产业布局样本数据是收敛的，是具有可操作性的。

在描述游客集聚的指标中，配套设施、生态环境及旅游吸引三个指标的均值都较小，数值大多在3.20以下，这与西南民族地区的现实状况是分不开的。西南民族地区的生态旅游主导型城市在发展旅游经济的过程中，还存在诸多的问题，如旅游配套设施不完善、生态环境保护力度较小、旅游市场混乱及旅游资源的深度加工力度小等。这些突出问题就造成了在游客集聚中，旅游配套设施、生态环境及旅游吸引力都亟待改善。

同理，在描述西南民族地区新型城镇化进程中生态旅游主导型城市新区产业布局的指标中，产业集聚的各项指标也呈现出较小的特征。可以看出，在政府的大力推动下，西南民族地区的新型城镇化进程虽然加快，城镇化已经发展到一定的阶段，但是由于西南民族地区落后的经济发展水平、产业支撑力不强及人才资源匮乏等原因，其产业集聚规模依然较小，没有形成较为完整的产业链条，众多产业在集聚的过程中也没有实现资源优势互补，深层次的合作有所欠缺。

不同的是，在描述旅游资源的自然资源和非自然资源的各项指标中，其均值都在3.33以上，高于其他指标的均值，这与西南民族地区的旅游资源基础条件是分不开的。一方面，西南民族地区地处我国西南一隅，地域条件和自然条件为其提供了得天独厚的资源，广西壮族自治区的溶洞、贵州省的高山瀑布及云南省的苍山洱海，都是独具特色的自然旅游资源。另一方面，西南民族地区在长期的历史发展中形成了自身独特的民族文化，少数民族人民世代居住在这块土地上，其生产生活方式都与民族特色相互融合，民族风情呈现出多样化特征。还可以看出，在描述生态旅游主导型城市的各项指标中，支持产业、主导产业及延伸产业的均值也较高，这也与西南民族地区的生态旅游资源是分不开的。

在对新型城镇化对生态旅游主导型城市新区产业布局的优化作用研究的信度检验中，运用组合信度的方法，并采用Kline的判别标准作为信度检验参照的标准。根据对新型城镇化对生态旅游主导型城市新区产业布局的优化作用中各变量进行信度检验，得到各变量的组合信度系数值（见表4-22），均通过了组合信度检验，达到最佳和很好的标准。

表4-22 各变量组合信度检验系数

| 变量名 | 组合信度系数 $\rho_c$ 值 | 接受程度 |
| --- | --- | --- |
| 新型城镇化 | 0.956 | 最佳 |
| 产业集聚 | 0.875 | 很好 |
| 游客聚集 | 0.864 | 很好 |
| 环境承载力 | 0.850 | 很好 |
| 生态旅游主导型城市 | 0.930 | 最佳 |

新型城镇化对生态旅游主导型城市新区产业布局的优化作用的研究采用因子分析的方法对架构效度进行检验分析,目的是核验通过调查问卷量表获得的数据能否科学地反映出测度变量的真实架构,是否满足假设条件。在通常情况下,因子载荷量越高,通过调查问卷量表获取的样本数据的架构效度也越高。进行因子分析操作之前,必须通过KMO检验(Kaiser – Meyer – Olkin Test)和Bartlett's球型检验两种方法评估因子分析的合适性。KMO值越大,表明越适合进行因子分析;Bartlett's球型检验过程中卡方值的显著性概率小于或等于显著性水平值时,表明适合进行因子分析。

KMO检验和Bartlett's球型检验通过后,进行因子分析,首先对因子进行提取,然后运用Promax法进行旋转因子,提取特征值大于1,通过架构效度检验的标准为指标的因子载荷均大于0.50。

根据上述方法和标准,对新型城镇化对生态旅游主导型城市新区产业布局的优化作用的各项指标进行效度检验,发现各项指标均适合进行因子分析,并全部通过了架构效度检验(见表4-23)。

表4-23 各变量的效度检验值

| 变量名 | KMO值 | Bartlett卡方值 | 因子负载 | | | | 累计方差解释率(%) | 显著性水平 |
| --- | --- | --- | --- | --- | --- | --- | --- | --- |
| 新型城镇化(NTUB) | 0.923 | 2263.321 | NTUB11 | 0.863 | NTUB31 | 0.843 | 74.274 | 0.000 |
| | | | NTUB12 | 0.859 | NTUB32 | 0.867 | | |
| | | | NTUB21 | 0.880 | NTUB41 | 0.859 | | |
| | | | NTUB22 | 0.864 | NTUB42 | 0.857 | | |
| | | | NTUB23 | 0.864 | | | | |

续表

| 变量名 | KMO 值 | Bartlett 卡方值 | 因子负载 | | | | 累计方差解释率（%） | 显著性水平 |
|---|---|---|---|---|---|---|---|---|
| 产业集聚（IAB） | 0.902 | 857.991 | IAB11 | 0.698 | IAB23 | 0.696 | 50.167 | 0.000 |
| | | | IAB12 | 0.707 | IAB31 | 0.663 | | |
| | | | IAB13 | 0.733 | IAB32 | 0.689 | | |
| | | | IAB21 | 0.713 | IAB33 | 0.722 | | |
| | | | IAB22 | 0.752 | | | | |
| 游客聚集（TGB） | 0.904 | 741.881 | TGB11 | 0.705 | TGB23 | 0.678 | 48.132 | 0.000 |
| | | | TGB12 | 0.618 | TGB31 | 0.755 | | |
| | | | TGB13 | 0.672 | TGB32 | 0.701 | | |
| | | | TGB21 | 0.686 | TGB33 | 0.708 | | |
| | | | TGB22 | 0.692 | | | | |
| 环境承载力（EC） | 0.762 | 442.631 | EC11 | 0.790 | EC21 | 0.836 | 69.175 | 0.000 |
| | | | EC12 | 0.832 | EC22 | 0.864 | | |
| 生态旅游主导型城市（ETC） | 0.942 | 1 440.985 | ETC11 | 0.785 | ETC23 | 0.816 | 64.402 | 0.000 |
| | | | ETC12 | 0.773 | ETC31 | 0.850 | | |
| | | | ETC13 | 0.735 | ETC32 | 0.832 | | |
| | | | ETC21 | 0.791 | ETC33 | 0.792 | | |
| | | | ETC22 | 0.827 | | | | |

### 4.3.3 结构方程模型分析

根据变量性质的确定标准，可以将新型城镇化对生态旅游主导型城市新区产业布局的优化作用中的各项变量进行归类。其中，新型城镇化是内生变量，环境承载力、游客聚集和产业集聚力是中介变量，生态旅游主导型城市则是外生变量。根据新型城镇化对生态旅游主导型城市新区产业布局的优化作用的结构方程模型的因果路径图示（见图 4-5），箭头方向指示了变量之间的因果关系，指向由"因"变量向"果"变量。单向箭头表示前一变量与后一变量存在因果关系，双向箭头则表示前一变量和后一变量之间互相存在因果关系。每一个有箭头指向的线都表示一条因果关系路径，对应存在一个回归权重系数。图 4-5 展示了新型城镇化对生态旅游主导型城市新区产业布局的优化作用的原始结构方程模型。

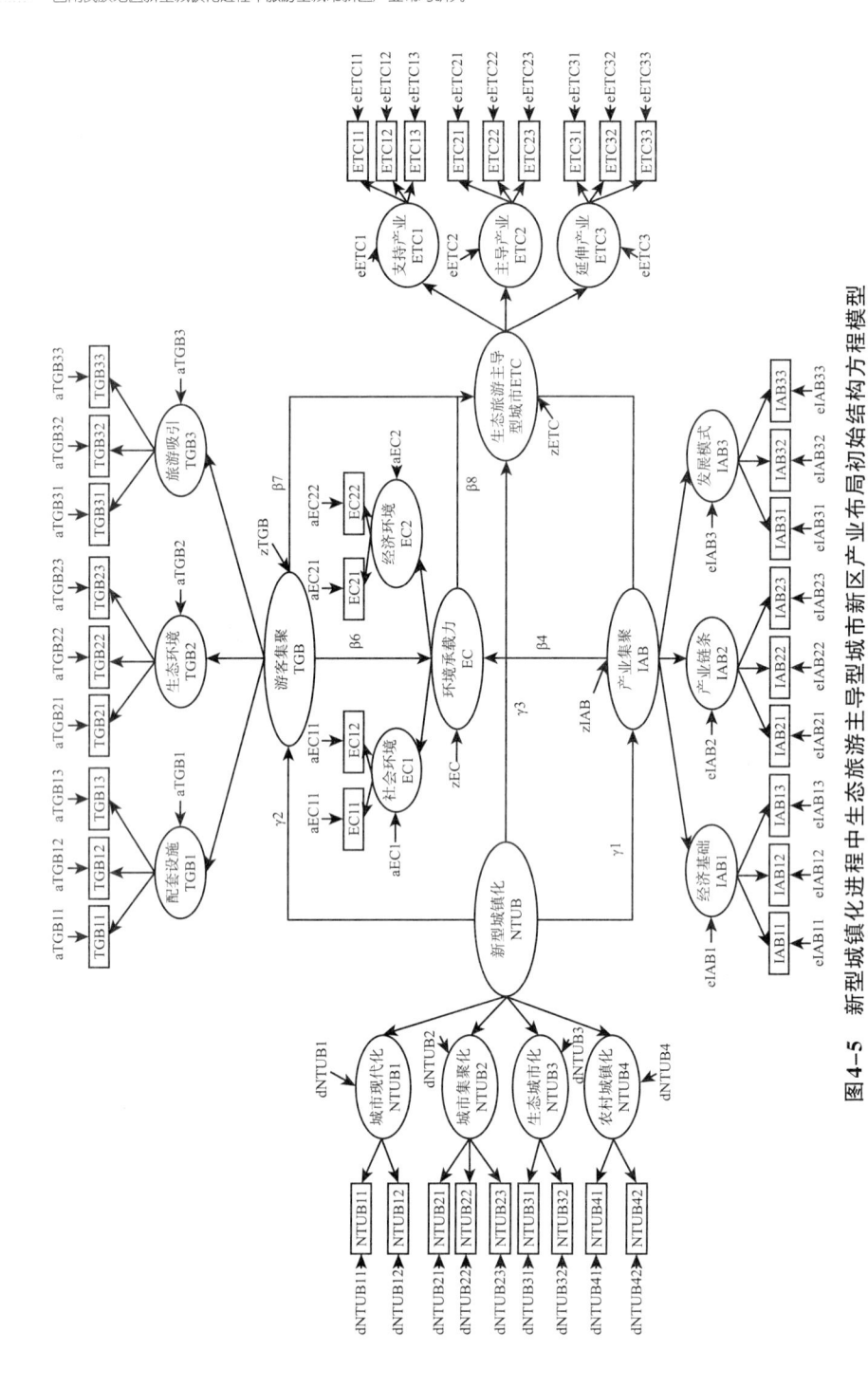

图 4-5 新型城镇化进程中生态旅游主导型城市新区产业布局初始结构方程模型

根据图 4-5 显示的情况，构建的新型城镇化对生态旅游主导型城市新区产业布局的优化作用的原始结构方程模型中，存在内生显变量 31 项、外生显变量 9 项、内生潜变量 14 项、外生潜变量 5 项。

内生显变量 31 项：ETC11、ETC12、ETC13、ETC21、ETC22、ETC23、ETC31、ETC32、ETC33、EC11、EC12、EC21、EC22、TGB11、TGB12、TGB13、TGB21、TGB22、TGB23、TGB31、TGB32、TGB33、IAB11、IAB12、IAB13、IAB21、IAB22、IAB23、IAB31、IAB32、IAB33。

外生显变量 9 项：NTUB11、NTUB12、NTUB21、NTUB22、NTUB23、NTUB31、NTUB32、NTUB41、NTUB42。

内生潜变量 14 项：城市现代化（NTUB1）、城市集群化（NTUB2）、城市生态化（NTUB3）、农村城镇化（NTUB4）、支持产业（ETC1）、主导产业（ETC2）、延伸产业（ETC3）、配套设施（TGB1）、生态环境（TGB2）、旅游吸引（TGB3）、社会环境（EC1）、非社会环境（EC2）、经济基础（IAB1）、产业链条（IAB2）、发展模式（IAB3）。

外生潜变量 5 项：新型城镇化（NTUB）、生态旅游型城市（ETC）、环境承载力（EC）、游客聚集（TGB）、产业集聚（IAB）。

测量模型和结构模型是组成结构方程模型的重要部分，因此必须对这两个模型进行逐个构建。

测量模型的构建。根据测量模型的一般形式：

$$\begin{cases} X = \Lambda_X \xi + \delta \\ Y = \Lambda_Y \eta + \varepsilon \end{cases}$$

其中，X 代表外生显变量，Y 表示内生显变量，$\xi$ 代表外生潜变量，$\eta$ 代表内生潜变量。$\varepsilon$ 与 $\delta$ 均代表显变量的误差项，X 的潜变量 $\xi$ 与自己的误差项 $\delta$ 和 Y 的误差项 $\varepsilon$ 均无关，Y 的潜变量 $\eta$ 与自己的误差项 $\varepsilon$ 和 X 的误差项 $\delta$ 也均无关。$\Lambda_X$ 是显变量 X 的因子载荷，$\Lambda_Y$ 是显变量 Y 的因子载荷。

新型城镇化对生态旅游主导型城市新区产业布局的优化作用的测量模型构建中，新型城镇化（NTUB）、城市现代化（NTUB1）、城市集群化（NTUB2）、城市生态化（NTUB3）、农村城镇化（NTUB4）是外生潜变量，用 $\xi_{NTU}$、$\xi_{NTU1}$、$\xi_{NTU2}$、$\xi_{NTU3}$ 和 $\xi_{NTU4}$ 来分别表示。生态旅游主导型城市（ETC）、环境承载力（EC）、游客聚集（TGB）、产业集聚（IAB）、支持产业（ETC1）、主导产业（ETC2）、延伸产业（ETC3）、社会环境（EC1）、经济环境（EC2）、配套设施（TGB1）、生态环境（TGB2）、旅游吸引（TGB3）、经济基础（IAB1）、产业链条（IAB2）、发展模式（IAB3）是内生潜变量，用 $\eta_{ETC}$、$\eta_{EC}$、$\eta_{TGB}$、$\eta_{IAB}$、

$\eta_{ETC1}$、$\eta_{ETC2}$、$\eta_{ETC3}$、$\eta_{EC1}$、$\eta_{EC2}$、$\eta_{TGB1}$、$\eta_{TGB2}$、$\eta_{TGB3}$、$\eta_{IAB1}$、$\eta_{IAB2}$、$\eta_{IAB3}$ 来分别表示。根据上述变量的设定，构建观测模型的方程式表达为如下结构模型。

$\chi_{NTUB1} = \lambda_{NTUB1}\xi_{NTUB} + \delta_{NTUB1}$, $\chi_{NTUB2} = \lambda_{NTUB2}\xi_{NTUB} + \delta_{NTUB2}$,

$\chi_{NTUB3} = \lambda_{NTUB3}\xi_{NTUB} + \delta_{NTUB3}$, $\chi_{NTUB4} = \lambda_{NTUB4}\xi_{NTUB} + \delta_{NTUB4}$,

$\chi_{NTUB11} = \lambda_{NTUB11}\xi_{NTUB1} + \delta_{NTUB11}$, $\chi_{NTUB12} = \lambda_{NTUB12}\xi_{NTUB1} + \delta_{NTUB12}$,

$\chi_{NTUB21} = \lambda_{NTUB21}\xi_{NTUB2} + \delta_{NTUB21}$, $\chi_{NTUB22} = \lambda_{NTUB22}\xi_{NTUB2} + \delta_{NTUB22}$, $\chi_{NTUB23} = \lambda_{NTUB23}\xi_{NTUB2} + \delta_{NTUB23}$,

$\chi_{NTUB31} = \lambda_{NTUB31}\xi_{NTUB3} + \delta_{NTUB31}$, $\chi_{NTUB32} = \lambda_{NTUB32}\xi_{NTUB3} + \delta_{NTUB32}$,

$\chi_{NTUB41} = \lambda_{NTUB41}\xi_{NTUB4} + \delta_{NTUB41}$, $\chi_{NTUB42} = \lambda_{NTUB42}\xi_{NTUB4} + \delta_{NTUB42}$,

$Y_{IAB1} = \lambda_{IAB1}\eta_{IAB} + \varepsilon_{IAB1}$, $Y_{IAB2} = \lambda_{IAB2}\eta_{IAB} + \varepsilon_{IAB2}$, $Y_{IAB3} = \lambda_{IAB3}\eta_{IAB} + \varepsilon_{IAB3}$,

$Y_{IAB11} = \lambda_{IAB11}\eta_{IAB1} + \varepsilon_{IAB11}$, $Y_{IAB12} = \lambda_{IAB12}\eta_{IAB1} + \varepsilon_{IAB12}$, $Y_{IAB13} = \lambda_{IAB13}\eta_{IAB1} + \varepsilon_{IAB13}$,

$Y_{IAB21} = \lambda_{IAB21}\eta_{IAB2} + \varepsilon_{IAB21}$, $Y_{IAB22} = \lambda_{IAB22}\eta_{IAB2} + \varepsilon_{IAB22}$, $Y_{IAB23} = \lambda_{IAB23}\eta_{IAB2} + \varepsilon_{IAB23}$,

$Y_{IAB31} = \lambda_{IAB31}\eta_{IAB3} + \varepsilon_{IAB31}$, $Y_{IAB32} = \lambda_{IAB32}\eta_{IAB3} + \varepsilon_{IAB32}$, $Y_{IAB33} = \lambda_{IAB33}\eta_{IAB3} + \varepsilon_{IAB33}$,

$Y_{TGB1} = \lambda_{TGB1}\eta_{TGB} + \varepsilon_{TGB1}$, $Y_{TGB2} = \lambda_{TGB2}\eta_{TGB} + \varepsilon_{TGB2}$, $Y_{TGB3} = \lambda_{TGB3}\eta_{TGB} + \varepsilon_{TGB3}$,

$Y_{TGB11} = \lambda_{TGB11}\eta_{TGB1} + \varepsilon_{TGB11}$, $Y_{TGB12} = \lambda_{TGB12}\eta_{TGB1} + \varepsilon_{TGB12}$, $Y_{TGB13} = \lambda_{TGB13}\eta_{TGB1} + \varepsilon_{TGB13}$,

$Y_{TGB21} = \lambda_{TGB21}\eta_{TGB2} + \varepsilon_{TGB21}$, $Y_{TGB22} = \lambda_{TGB22}\eta_{TGB2} + \varepsilon_{TGB22}$, $Y_{TGB23} = \lambda_{TGB23}\eta_{TGB2} + \varepsilon_{TGB23}$,

$Y_{TGB31} = \lambda_{TGB31}\eta_{TGB3} + \varepsilon_{TGB31}$, $Y_{TGB32} = \lambda_{TGB32}\eta_{TGB3} + \varepsilon_{TGB32}$, $Y_{TGB33} = \lambda_{TGB33}\eta_{TGB3} + \varepsilon_{TGB33}$,

$Y_{EC1} = \lambda_{EC1}\eta_{EC} + \varepsilon_{EC1}$, $Y_{EC2} = \lambda_{EC2}\eta_{EC} + \varepsilon_{EC2}$,

$Y_{EC11} = \lambda_{EC11}\eta_{EC1} + \varepsilon_{EC11}$, $Y_{EC12} = \lambda_{EC12}\eta_{EC2} + \varepsilon_{EC12}$,

$Y_{EC21} = \lambda_{EC21}\eta_{EC2} + \varepsilon_{EC21}$, $Y_{EC22} = \lambda_{EC22}\eta_{EC2} + \varepsilon_{EC22}$,

$Y_{ETC1} = \lambda_{ETC1}\eta_{ETC} + \varepsilon_{ETC1}$, $Y_{ETC2} = \lambda_{ETC2}\eta_{ETC} + \varepsilon_{ETC2}$, $Y_{ETC3} = \lambda_{ETC3}\eta_{ETC} + \varepsilon_{ETC3}$,

$Y_{ETC11} = \lambda_{ETC11}\eta_{ETC1} + \varepsilon_{ETC11}$, $Y_{ETC12} = \lambda_{ETC12}\eta_{ETC1} + \varepsilon_{ETC12}$, $Y_{ETC13} = \lambda_{ETC13}\eta_{ETC1} + \varepsilon_{ETC13}$,

$Y_{ETC21} = \lambda_{ETC21}\eta_{ETC2} + \varepsilon_{ETC21}$, $Y_{ETC22} = \lambda_{ETC22}\eta_{ETC2} + \varepsilon_{ETC22}$, $Y_{ETC23} = \lambda_{ETC23}\eta_{ETC23} + \varepsilon_{ETC23}$,

$Y_{ETC31} = \lambda_{ETC31}\eta_{ETC3} + \varepsilon_{ETC31}$, $Y_{ETC32} = \lambda_{ETC32}\eta_{ETC3} + \varepsilon_{ETC32}$, $Y_{ETC33} = \lambda_{ETC33}\eta_{ETC3} + \varepsilon_{ETC33}$。

根据结构模型的一般形式：

$$\eta = \beta\eta + \Gamma\xi + \zeta$$

其中，$\eta$ 代表内生潜变量，$\beta$ 代表内生潜变量之间的关系系数，$\Gamma$ 代表内生潜变量受外生潜变量的影响系数，$\xi$ 代表外生潜变量，$\zeta$ 代表残差项。

新型城镇化对生态旅游主导型城市产业布局作用中结构模型构建中，用 $\gamma_1$、$\gamma_2$ 和 $\gamma_3$ 来分别表示新型城镇化对产业集聚、游客聚集和生态旅游主导型城市的影响作用；用 $\beta_4$ 和 $\beta_5$ 来分别表示产业集聚对环境承载力和生态旅游主导型城市的影响作用；用 $\beta_6$ 和 $\beta_7$ 来分别表示游客聚集对环境承载力和生态旅游主导型城市的影响作用；用 $\beta_8$ 来表示环境承载力对生态旅游主导型城市的影响作用。

根据上述变量的设定，构建结构模型的方程式表达如下：

$$\eta_{IAB} = \gamma_1 \xi_{NTUB} + \zeta_{IAB},$$
$$\eta_{TGB} = \gamma_2 \xi_{NTUB} + \zeta_{TGB},$$
$$\eta_{EC} = \beta_6 \eta_{TGB} + \beta_4 \eta_{IAB} + \zeta_{EC},$$
$$\eta_{ETC} = \gamma_3 \xi_{NTUB} + \beta_5 \eta_{IAB} + \beta_7 \eta_{TGB} + \beta_8 \eta_{EC} + \zeta_{ETC}$$

对结构方程模型的测量模型和结构模型构建完成后，还存在检验拟合指标、检验参数和决定系数等是否合适，通过不同评价方法对上述指标进行检验，进而判断构建的西南民族地区新型城镇化对生态旅游主导型城市新区产业布局优化作用原始模型是否需要进行修正。

拟合指标的检验。判断原始模型是否与现实情况相符，可以通过对拟合指标的测度来加以评判，拟合指标的值高于满足拟合条件的临界值时，说明真实情况与原始模型构建相符，反之则不相符。拟合指标检验的方法有很多种，但最常用的主要是八种拟合指标检验方法，分别为 $\chi^2/df$、CFI、IFI、TLI、AGFI、PNFI、RMSEA、RMR。

将图4-5中的新型城镇化对生态旅游主导型城市新区产业布局优化作用的原始结构方程模型录入 AMOS 17.0 中，通过计算和对相关参数进行估计，获得了新型城镇化对旅游型城市新区产业布局优化作用原始结构方程模型中各项反映拟合关系的拟合指标值（见表4-24）。

表4-24　　新型城镇化对生态旅游主导型城市新区产业布局作用原始结构方程模型适配度检验结果

| 拟合指标 | $\chi^2/df$ | CFI | IFI | TLI | AGFI | PNFI | RMSEA | RMR |
| --- | --- | --- | --- | --- | --- | --- | --- | --- |
| 观测值 | 1.386 | 0.957 | 0.958 | 0.954 | 0.815 | 0.794 | 0.039 | 0.028 |
| 拟合标准 | <3.00 | >0.90 | >0.90 | >0.90 | >0.80 | >0.50 | <0.08 | <0.05 |

表4-24表明，将新型城镇化对生态旅游主导型城市新区产业布局优化作用原始结构方程中各项拟合指标的观测值和拟合标准进行对比后，所有观测值均达到了拟合标准。说明新型城镇化对生态旅游主导型城市新区产业布局优化作用的原始模型能够较好地与通过调查问卷获得的样本数据拟合。

在完成新型城镇化对生态旅游主导型城市新区产业布局优化作用原始结构方程模型适配度检验后，对原始结构方程中各路径的系数进行测度（见表4-25）。

表4-25　新型城镇化对生态旅游主导型城市新区产业布局作用原始模型的路径估计

| 路径 | 结构方程模型路径 | 路径系数 | C.R | p |
| --- | --- | --- | --- | --- |
| $\gamma_1$ | IAB←NTUB | 0.677 | 11.195 | *** |
| $\gamma_2$ | TGB←NTUB | 0.563 | 8.829 | *** |
| $\gamma_3$ | ETC←NTUB | 0.274 | 2.706 | 0.007 |
| $\beta_4$ | EC←IAB | 0.555 | 4.742 | *** |
| $\beta_5$ | ETC←IAB | -0.022 | -0.164 | 0.870 |
| $\beta_6$ | EC←TGB | 0.366 | 2.773 | 0.006 |
| $\beta_7$ | ETC←TGB | 0.374 | 3.097 | 0.002 |
| $\beta_8$ | ETC←EC | 0.195 | 2.044 | 0.041 |

注：*** 表示 p<0.001。

根据表4-25可以看出，在新型城镇化对旅游型城市新区产业布局作用的原始结构方程模型构建过程中，IAB对ETC的这条路径未能通过显著性检验，也就意味着IAB对ETC没有产生显著的作用。尽管如此，但由于绝大多数路径均通过了路径显著性检验，所以并不能对之前构造的原始结构方程模型全盘否定。从结果上看，新型城镇化对生态旅游主导型城市新区产业布局作用的原始结构方程模型的构造思路基本正确，但其中的部分关系需要调整后进行重新测度，才能满足研究的目的。

根据之前表4-25中测度的路径估计结果中了解到新型城镇化、产业集聚、环境承载力和游客聚集对生态旅游主导型城市的对应路径系数都比较小，因此要使得能够更好地拟合和测度结构方程模型，就必须对原始的新型城镇化对旅游型城市新区产业布局作用结构方程模型进行适当的调整。根据相关文献研究基础，将产业集聚对生态旅游主导型城市产业布局的直接作用路径进行剔除，由此获得新型城镇化对旅游型城市新区产业布局作用调整后的结构方程模型（见图4-6）。

图4-6表明，与新型城镇化对生态旅游主导型城市新区产业布局作用的原始结构方程模型相比，调整后的结构方程模型将产业集聚对生态旅游主导型城市的直接路径剔除了。将调整后的结构方程模型再次放入AMOS 17.0软件中进行计算和对作用路径的参数估计，得到调整后的结构方程模型中反映模型拟合程度的多项拟合指标值（见表4-26）。

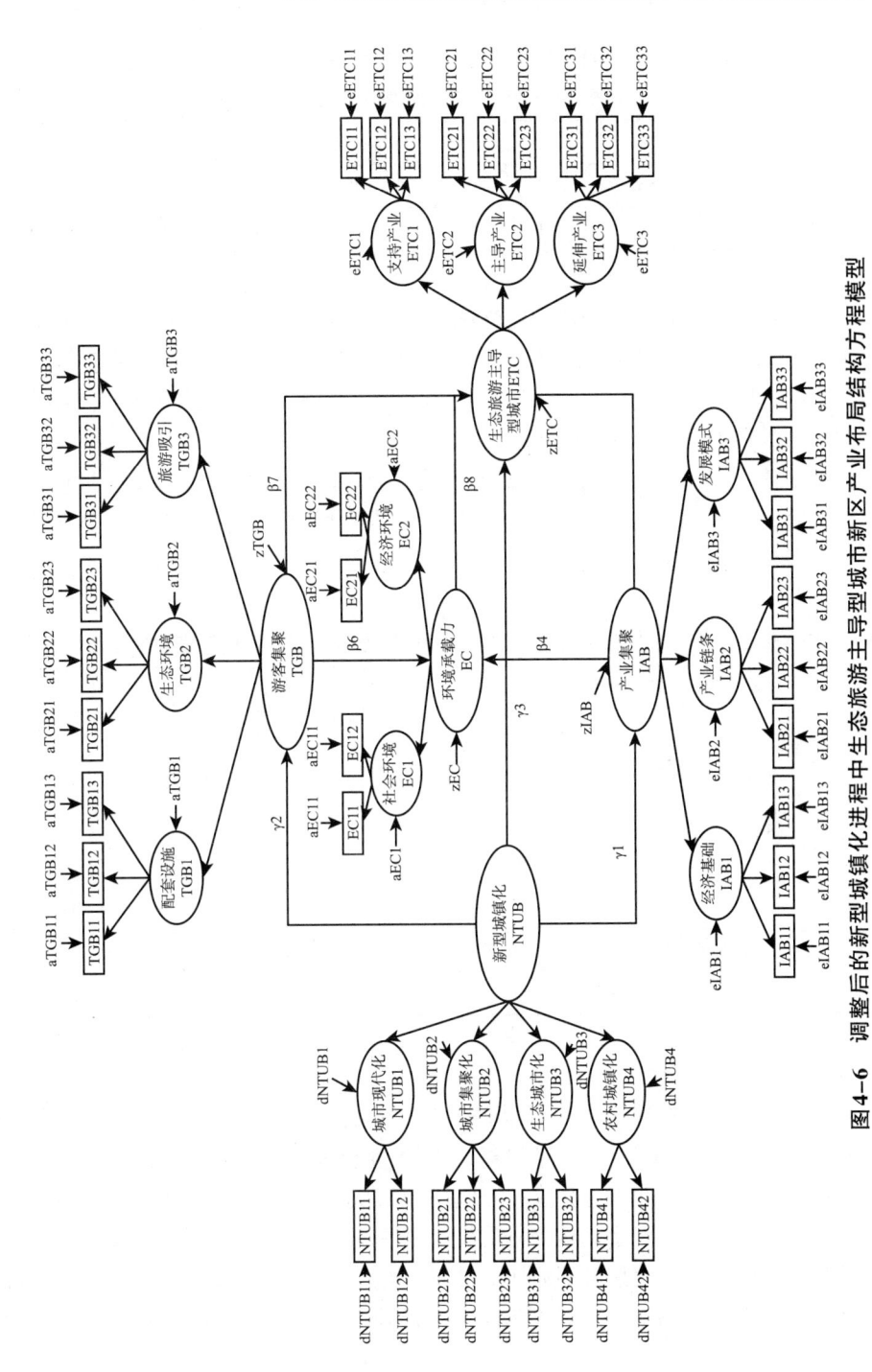

图 4-6 调整后的新型城镇化进程中生态旅游主导型城市新区产业布局结构方程模型

表4-26　　　　　　新型城镇化对生态旅游主导型城市新区产业
布局作用调整后结构方程模型适配度检验结果

| 拟合指标 | $\chi^2/df$ | CFI | IFI | TLI | AGFI | PNFI | RMSEA | RMR |
|---|---|---|---|---|---|---|---|---|
| 观测值 | 1.385 | 0.957 | 0.958 | 0.954 | 0.815 | 0.795 | 0.039 | 0.028 |
| 拟合标准 | <3.00 | >0.90 | >0.90 | >0.90 | >0.80 | >0.50 | <0.08 | <0.05 |

对表4-26中的拟合指标观测值与拟合标准进行对比后发现新型城镇化对生态旅游主导型城市新区产业布局作用调整后的模型中各项拟合指标值都达到了拟合标准范围，因此，认为整体上新型城镇化对生态旅游主导型城市新区产业布局作用调整后的模型通过了模型拟合度检验。

新型城镇化对生态旅游主导型城市新区产业布局作用调整后模型通过模型拟合度检验后，需要再次对调整后的模型进行结构方程模型各路径的作用系数进行测量，结果见表4-27。

表4-27　新型城镇化对生态旅游主导型城市新区产业布局作用调整后模型的路径估计

| 路径 | 结构方程模型路径 | 路径系数 | C.R | p |
|---|---|---|---|---|
| $\gamma_1$ | IAB←NTUB | 0.677 | 11.196 | *** |
| $\gamma_2$ | TGB←NTUB | 0.562 | 8.828 | *** |
| $\gamma_3$ | ETC←NTUB | 0.264 | 3.326 | *** |
| $\beta_4$ | EC←IAB | 0.553 | 4.746 | *** |
| $\beta_6$ | EC←TGB | 0.368 | 2.792 | 0.005 |
| $\beta_7$ | ETC←TGB | 0.373 | 3.093 | 0.002 |
| $\beta_8$ | ETC←EC | 0.188 | 2.278 | 0.023 |

注：*** 表示 $p<0.001$。

表4-27显示，新型城镇化对生态旅游主导型城市新区产业布局作用调整后模型中的各项路径的作用系数都通过了显著性检验，其中绝大多数都达到了0.001的显著性水平。同时，根据标准化路径系数的测度标准，可以确定新型城镇化对生态旅游主导型城市新区产业布局作用调整后的结构方程模型中所有的路径作用效果都在适中和明显的级别上，由此可以判定调整后的结构方程模型为最终的新型城镇化对生态旅游主导型城市新区产业布局作用的结构方程模型（见图4-7）。

第4章 西南民族地区新型城镇化进程中旅游型城市新区产业布局的结构方程实证研究

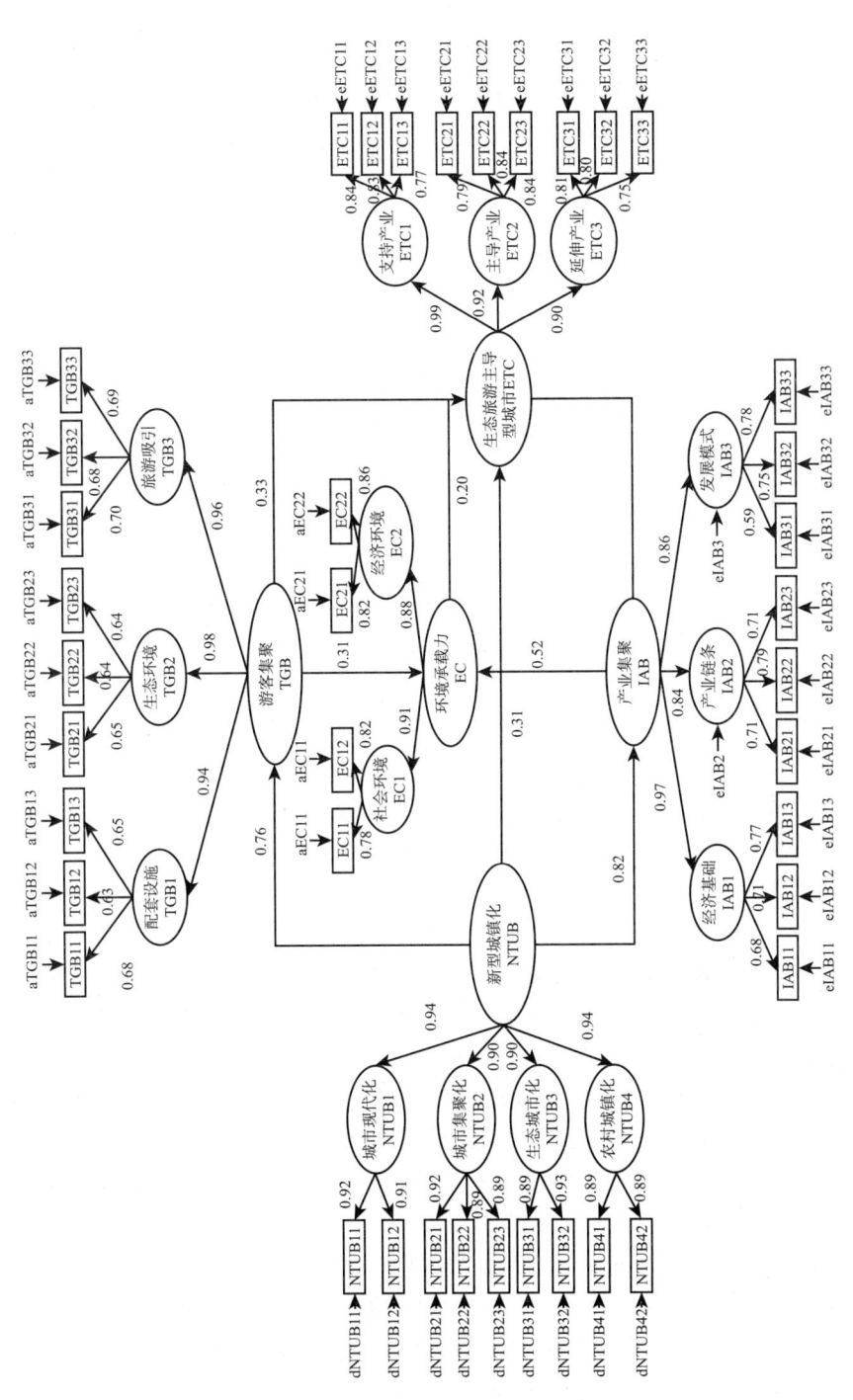

图4-7 新型城镇化进程中旅游型城市新区产业布局的最终结构方程模型

由于最终的新型城镇化对生态旅游主导型城市新区产业布局作用的结构方程模型图形过于复杂，为研究的直观方便，将最终结构方程模型的主体部分单独列出，得到最终的新型城镇化对生态旅游主导型城市新区产业布局作用的结构方程模型简化形式（见图 4-8）。

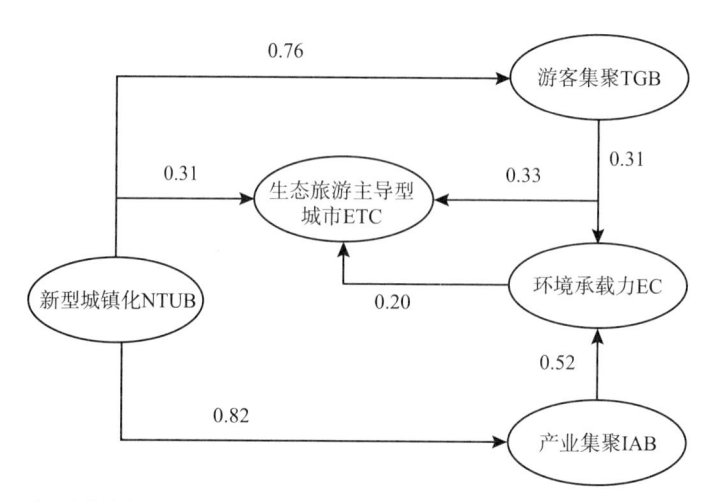

**图 4-8  新型城镇化对生态旅游主导型城市新区产业布局作用的最终结构方程模型**

在确定最终的新型城镇化对生态旅游主导型城市新区产业布局作用的结构方程模型及其简化形式之后，还需要对其包含的各种效应进行分解，从而最终确定模型的各个变量之间的确切作用方向和作用强度。对结构方程模型进行效应分解就是对结构方程模型中各个变量之间存在的直接效应和间接效应以及他们之间的作用方向和作用强度进行准确的测定。其中，直接效应表示作为原因的变量直接对作为结果的变量作用而产生的影响，其影响程度的测度依靠直接效应的路径系数来衡量；间接效应表示作为原因的变量通过其他作为中介的变量来间接地对作为结果的变量产生影响。为了使新型城镇化对生态旅游主导型城市新区产业布局作用的主要变量能够被有效测度，需要对新型城镇化、产业集聚、环境承载力和游客聚集等四个变量作用的效应进行分解。由新型城镇化对生态旅游主导型城市新区产业布局作用的最终结构方程模型可以看出，在对西南民族地区新型城镇化对生态旅游主导型城市产业新区布局的研究中，新型城镇化、游客集聚和环境承载力对生态旅游主导型城市产生了直接的影响效应。

图 4-8 显示，旅游型城镇化对生态旅游主导型城市新区的产业布局形成了数值为 0.31 的直接影响，游客集聚对生态旅游主导型城市新区产业布局形成了

数值为 0.33 的直接影响,环境承载力对生态旅游主导型城市新区产业布局形成了数值为 0.20 的直接影响作用。其中,在新型城镇化、产业集聚、游客聚集和环境承载力四个解释变量之间,新型城镇化对产业集聚和游客聚集分别有着数值为 0.82 和数值为 0.76 的影响效应,产业集聚和游客聚集分别对环境承载力起着数值为 0.52 和数值为 0.31 的影响效应。

### 4.3.4 实证结果

根据统计的显著性分析,运用标准化后的路径系数来对每条路径的作用强度进行估计,以此作为对每一条因果路径的评价,经过标准化处理之后,路径系数的数值都在 -1~1。针对西南民族地区调研获取的样本数据支持了理论分析部分提出的大部分假设。表 4-28 将新型城镇化对生态旅游主导型城市新区产业布局作用的假设验证和构建模型的路径系数情况进行了总结归纳。

表 4-28　　　　新型城镇化对生态旅游主导型城市新区
产业布局作用原始模型的路径估计

| 路径 | 变量 | 标准化路径系数 | p | 研究假设 | 假设检验 |
| --- | --- | --- | --- | --- | --- |
| $\gamma_1$ | IAB←NTUB | 0.82 | *** | HA1 | 支持 |
| $\gamma_2$ | TGB←NTUB | 0.76 | *** | HA2 | 支持 |
| $\gamma_3$ | ETC←NTUB | 0.31 | *** | HA3 | 支持 |
| $\beta_4$ | EC←IAB | 0.52 | *** | HA4 | 支持 |
| $\beta_5$ | ETC←IAB | | | HA5 | 不支持 |
| $\beta_6$ | EC←TGB | 0.31 | 0.005 | HA6 | 支持 |
| $\beta_7$ | ETC←TGB | 0.33 | 0.002 | HA7 | 支持 |
| $\beta_8$ | ETC←EC | 0.20 | 0.023 | HA8 | 支持 |

注:*** 表示 $p<0.001$。

表 4-28 表明,新型城镇化到产业集聚的路径及其系数为 $\gamma_1 = 0.82$,$p<0.001$,通过了显著性检验,由此,可以验证"新型城镇化对产业集聚效应具有显著的直接正向作用"的假设,检验的结果支持了原假设 HB1。

新型城镇化到游客聚集的路径及其系数为 $\gamma_2 = 0.76$,$p<0.001$,通过了显著性检验,由此,可以验证"新型城镇化对游客聚集效应具有显著的直接正向作

用"的假设，检验的结果支持了原假设 HB2。

新型城镇化到生态旅游主导型城市新区的产业布局的路径及其系数 $\gamma_3 = 0.31$，通过了显著性检验，$p<0.001$，由此，可以判定"新型城镇化对生态旅游主导型城市新区产业布局具有显著的直接正向作用"的假设成立，检验的结果支持了原假设 HB3。

产业集聚到环境承载力的路径及其系数为 $\beta_4 = 0.52$，$p<0.001$，通过了显著性检验，由此，可以验证"产业集聚效应对环境承载力具有显著的直接正向作用"的假设，检验的结果支持了原假设 HB4。

产业集聚到生态旅游主导型城市新区产业布局的路径在调整结构方程模型中被删除掉了。由此，原假设"产业集聚对优化生态旅游主导型城市产业布局具有显著的直接正向作用"的假设不能得到验证，检验的结果不支持原假设 HB5。

游客集聚到环境承载力的路径及其系数为 $\beta_6 = 0.31$，$p<0.05$，通过了显著性检验，由此，可以验证"游客聚集效应对环境承载力具有显著的直接正向作用"的假设，检验的结果支持了原假设 HB6。

游客集聚到生态旅游主导型城市新区产业布局的路径及其系数为 $\beta_7 = 0.33$，$p<0.01$，通过了显著性检验，由此，可以验证"游客集聚效应对生态旅游主导型城市新区产业布局的优化具有显著的直接正向作用"的假设，检验的结果支持了原假设 HB7。

环境承载力到生态旅游主导型城市新区产业布局的路径及其系数为 $\beta_8 = 0.20$，$p<0.05$，通过了显著性检验，由此，可以验证"环境承载力对生态旅游主导型城市新区产业布具有显著的直接正向作用"的假设，检验的结果支持了原假设 HB8。

通过新型城镇化对生态旅游主导型城市新区产业布局的研究，得到新型城镇化、游客集聚和环境承载力对生态旅游主导型城市新区产业布局具有显著的直接正向作用，直接正向作用产生的效应分别为 0.31、0.33、0.20，表明新型城镇化、游客集聚和环境承载力都是影响生态旅游主导型城市新区产业布局优化的重要因素，也证明了新型城镇化的城市现代化、城市集群化、城市生态化和农村城镇化这四个构成维度在识别新型城镇化过程时的合理性。与此同时，游客集聚和环境承载力分别对生态旅游主导型城市新区的产业布局优化产生了直接的影响效应，说明在西南民族地区的生态旅游主导型城市新区产业布局中，游客集聚而形成的规模效应以及环境承载力所带来的旅游规模的扩大都将对生态旅游主导型城市新区产业布局的不断优化形成正向的促进作用，都是在研究西南民族地区生态旅游主导型城市新区产业布局中不可或缺的重要因素。

在对研究结果的梳理分析中不难发现一个重要问题：产业集聚对生态旅游主导型城市新区产业布局没有显著的直接正向作用，但是产业集聚对环境承载力具有路径系数为 0.52 的直接影响。旅游产业和泛旅游产业所形成的集聚会形成两者在自身发展中所没有的集聚效应，产业资本要素在空间上形成了高度的集聚，为生态旅游主导型城市进行深度环境承载力开发提供了较好的产业基础。

从西南民族地区新型城镇化进程中生态旅游主导型城市新区产业布局的实证结果可以看出，产业集聚、游客集聚及环境承载力都是影响新型城镇化对生态旅游主导型城市新区产业布局的重要中间变量。产业集聚为生态旅游主导型城市新区产业布局奠定了较好的经济基础、较为完整的产业链条及符合实际的发展模式，为生态旅游主导型城市新区产业布局的优化奠定了产业基础。同时，游客集聚为生态旅游的发展及相关产业发展提供了广阔的消费市场，是生态旅游主导型城市产业发展的不竭源泉，也是新型城镇化不断深化的重要基础条件，有力地促进了新型城镇化与生态旅游主导型城市产业发展。环境承载力作为生态旅游发展的重要依赖条件，既是生态旅游城市产业发展的重要基础，也是旅游引导的城镇化得以发展的依靠，为新型城镇化对生态旅游主导型城市产业布局的优化提供了良好的资源基础条件。

## 4.4 新型城镇化进程中休闲旅游主导型城市新区产业布局的实证研究

### 4.4.1 变量度量

对新型城镇化进程中休闲旅游主导型城市产业新区布局优化作用的研究中，新型城镇化是解释变量。针对新型城镇化设计了 9 个题项，分别从城市现代化、城市集聚化、城市生态化和农村城镇化等四个方面对新型城镇化进行测度（见表4-29）。

表 4-29　　　　　　　　　　新型城镇化（NTUC）指标量

| 指标 | | 内容 |
|---|---|---|
| 城市现代化（NTUC1） | NTUC11 | 城市现代化的程度符合休闲旅游主导型城市产业布局要求的程度 |
| | NTUC12 | 城市现代化与产业要素符合休闲旅游主导型城市产业布局要求程度 |
| 城市集聚化（NTUC2） | NTUC21 | 城市集聚化的程度符合休闲旅游主导型城市产业布局要求的程度 |
| | NTUC22 | 城市集聚化与旅游业融合符合休闲旅游主导型城市产业布局要求程度 |
| | NTUC23 | 城市集聚化与产业布局符合休闲旅游主导型城市产业布局要求程度 |
| 城市生态化（NTUC3） | NTUC31 | 城市生态化的要求符合休闲旅游主导型城市产业布局要求的程度 |
| | NTUC32 | 城市生态化与生态旅游符合休闲旅游主导型城市产业布局要求程度 |
| 农村城镇化（NTUC4） | NTUC41 | 农村城镇化程度符合休闲旅游主导型城市产业布局要求的程度 |
| | NTUC42 | 农村城镇化与就业结构符合休闲旅游主导型城市产业布局要求程度 |

对新型城镇化进程对休闲旅游主导型城市产业新区布局优化作用的研究中，被解释变量有四个：休闲旅游主导型城市、环境承载力、游客聚集和产业集聚。其中，从西南民族地区休闲旅游主导型城市的产业构成出发，将休闲旅游主导型城市产业布局分为支持产业、主导产业和延伸产业，并针对三个指标设置了 9 个题项来进行测度（见表 4-30）。

表 4-30　　　　　　　　　休闲旅游主导型城市（LTC）指标量

| 指标 | | 内容 |
|---|---|---|
| 支持产业（LTC1） | LTC11 | 支持产业分布符合休闲旅游主导型城市产业布局要求的程度 |
| | LTC12 | 支持产业类型符合休闲旅游主导型城市产业布局要求的程度 |
| | LTC13 | 支持产业结构符合休闲旅游主导型城市产业布局要求的程度 |
| 主导产业（LTC2） | LTC21 | 主导产业分布符合休闲旅游主导型城市产业布局要求的程度 |
| | LTC22 | 主导产业类型符合休闲旅游主导型城市产业布局要求的程度 |
| | LTC23 | 主导产业结构符合休闲旅游主导型城市产业布局要求的程度 |
| 延伸产业（LTC2） | LTC31 | 延伸产业分布符合休闲旅游主导型城市产业布局要求的程度 |
| | LTC32 | 延伸产业类型符合休闲旅游主导型城市产业布局要求的程度 |
| | LTC33 | 延伸产业结构符合休闲旅游主导型城市产业布局要求的程度 |

游客聚集指标的测度采用了 9 个题项，分别从配套设施、生态环境、旅游吸引三个角度对游客聚集进行测度（见表 4-31）。

表 4-31　　　　　　　　　　游客聚集（TGC）指标量

| 指标 | | 内容 |
| --- | --- | --- |
| 配套设施<br>（TGC1） | TGC11 | 游客对配套设施的满意度符合休闲旅游主导型城市产业布局要求程度 |
| | TGC12 | 配套设施所带来的公共服务符合休闲旅游主导型城市产业布局要求程度 |
| | TGC13 | 配套设施的分布符合休闲旅游主导型城市产业布局要求的程度 |
| 生态环境<br>（TGC2） | TGC21 | 环境容量与游客进入符合休闲旅游主导型城市产业布局要求程度 |
| | TGC22 | 生态环境设施建设符合休闲旅游主导型城市产业布局要求的程度 |
| | TGC23 | 生态环境保护范围符合休闲旅游主导型城市产业布局要求的程度 |
| 旅游吸引<br>（TGC3） | TGC31 | 旅游吸引与游客进入结合符合观光旅游型城市产业布局要求的程度 |
| | TGC32 | 旅游吸引的空间特征符合休闲旅游主导型城市产业布局要求的程度 |
| | TGC33 | 旅游吸引强度与动机符合休闲旅游主导型城市产业布局要求程度 |

消费模式指标的测度采用了 4 个题项，分别从体验需求、消费能级两个角度进行测度（见表 4-32）。

表 4-32　　　　　　　　　　消费模式（CP）指标量

| 指标 | | 内容 |
| --- | --- | --- |
| 体验需求<br>（CP1） | CP11 | 体验需求与休闲设施符合休闲旅游主导型城市产业布局要求的程度 |
| | CP12 | 体验需求与产业发展符合休闲旅游主导型城市产业布局要求的程度 |
| 消费能级<br>（CP2） | CP21 | 消费能级高度符合休闲旅游主导型城市产业布局要求程度 |
| | CP22 | 消费能级与休闲设施符合休闲旅游主导型城市产业布局要求程度 |

产业集聚指标的测度采用了 9 个题项，分别从经济基础、产业链条、发展模式三个角度对产业集聚进行测度（见表 4-33）。

表 4-33　　　　　　　　　　产业集聚（IAC）指标量

| 指标 | | 内容 |
|---|---|---|
| 经济基础<br>（IAC1） | IAC11 | 经济发展状况符合休闲旅游主导型城市产业布局要求的程度 |
| | IAC12 | 经济发展潜力符合休闲旅游主导型城市产业布局要求的程度 |
| | IAC13 | 经济基础与产业结合符合休闲旅游主导型城市产业布局要求的程度 |
| 产业链条<br>（IAC2） | IAC21 | 产业链条的长度符合休闲旅游主导型城市产业布局要求的程度 |
| | IAC22 | 产业链条与旅游结合符合休闲旅游主导型城市产业布局要求的程度 |
| | IAC23 | 产业链与泛旅游产业融合符合休闲旅游主导型城市产业布局要求程度 |
| 发展模式<br>（IAC3） | IAC31 | 产业集群模式符合休闲旅游主导型城市产业布局要求的程度 |
| | IAC32 | 产业集群与旅游业结合符合休闲旅游主导型城市产业布局要求的程度 |
| | IAC33 | 产业集群化趋势与城市定位符合休闲旅游主导型城市产业布局要求程度 |

## 4.4.2　数据检验

在运用结构方程模型对新型城镇化进程中休闲主导型旅游城市新区产业布局进行实证分析之前，只有保证调查问卷获取数据的信度和效度，才能够在接下来进行的对数据的实证研究中获得准确、科学的结论，才能真正掌握西南民族地区新型城镇化进程中休闲旅游主导型城市新区产业布局的优化原理。因此，在实证分析之前，对通过调查问卷获得的数据进行信度检验和效度检验是保证获得准确、科学的西南民族地区新型城镇化进程对休闲旅游主导型城市新区产业布局作用原理的有力保障。

在进行西南民族地区新型城镇化进程中休闲旅游主导型城市新区产业布局的描述性统计时，一方面，为了能够直观地看出各个变量数据分布的平均程度和集中程度，对样本数据的均值进行描述，更好地反映出各指标数据的整体趋势。另一方面，为了直观观测各变量的离散程度，在描述性统计中对标准差进行计算，变量数据的标准差越大，则表示该变量数据的分布离散程度越强，越发散；反之，若变量数据的标准差越小，则表示该变量数据的分布离散程度越低，越收敛。

因此，运用均值和标准差两个指标对新型城镇化对旅游型城市新区产业布局的优化作用中各变量指标进行描述性统计分析，可以很直观地获得新型城镇化、休闲旅游主导型城市、消费模式、游客聚集以及产业集聚的均值和标准差（见表4-34）。

表 4-34　　各指标的均值和标准差

| 指标 | | 均值 | 标准差 | 指标 | | 均值 | 标准差 |
|---|---|---|---|---|---|---|---|
| 城市现代化（NTUC1） | NTUC11 | 3.68 | 0.673 | 产业链条（IAC1） | IAC11 | 3.33 | 0.742 |
| | NTUC12 | 3.71 | 0.705 | | IAC12 | 3.09 | 0.744 |
| 城市集群化（NTUC2） | NTUC21 | 3.64 | 0.777 | | IAC13 | 3.15 | 0.707 |
| | NTUC22 | 3.57 | 0.821 | 发展模式（IAC2） | IAC21 | 3.19 | 0.770 |
| | NTUC23 | 3.64 | 0.826 | | IAC22 | 3.12 | 0.734 |
| 城市生态化（NTUC3） | NTUC31 | 3.59 | 0.770 | | IAC23 | 3.21 | 0.747 |
| | NTUC32 | 3.58 | 0.740 | 体验需求（CP1） | CP11 | 3.39 | 0.736 |
| 农村城镇化（NTUC4） | NTUC41 | 3.64 | 0.762 | | CP12 | 3.42 | 0.806 |
| | NTUC42 | 3.62 | 0.745 | 消费能级（CP2） | CP21 | 3.45 | 0.789 |
| 配套设施（TGC1） | TGC11 | 3.16 | 0.714 | | CP22 | 3.36 | 0.782 |
| | TGC12 | 3.26 | 0.732 | 支持产业（LTC1） | LTC11 | 3.58 | 0.703 |
| | TGC13 | 3.16 | 0.690 | | LTC12 | 3.53 | 0.764 |
| 生态环境（TGC2） | TGC21 | 3.23 | 0.793 | | LTC13 | 3.54 | 0.764 |
| | TGC22 | 3.17 | 0.762 | 主导产业（LTC2） | LTC21 | 3.58 | 0.756 |
| | TGC23 | 3.10 | 0.717 | | LTC22 | 3.64 | 0.793 |
| 旅游吸引（TGC3） | TGC31 | 3.39 | 0.793 | | LTC23 | 3.65 | 0.745 |
| | TGC32 | 3.18 | 0.705 | 延伸产业（LTC3） | LTC31 | 3.57 | 0.812 |
| | TGC33 | 3.21 | 0.762 | | LTC32 | 3.67 | 0.752 |
| 经济基础（IAC1） | IAC41 | 3.28 | 0.753 | | LTC33 | 3.69 | 0.767 |
| | IAC42 | 3.24 | 0.681 | | | | |
| | IAC43 | 3.02 | 0.677 | | | | |

从表 4-34 中可以看出，在西南民族地区新型城镇化进程中休闲旅游主导型城市新区产业布局的描述性统计中，新型城镇化的各项指标均值都偏高，平均值在 3.60 左右，这说明休闲旅游主导型城市的新型城镇化步伐在不断地加快，并且已经发展到一定阶段。同时我们可以看出，在所有的描述性指标中，标准差均小于 1，说明研究所设置的描述性指标均呈现出收敛的状态，是符合结构方程的量表设计要求，具有可操作性，为下一步进行的信度和效度检验提供了基础。

在描述游客集聚的三个变量中，配套设施、生态环境及旅游吸引的均值都偏小，这反映出在现有的休闲旅游城市中，旅游服务配套设施的建设状况还需要进一步改进，生态环境保护力度还需要进一步加大，旅游吸引力有待进一步提高。与此同时，可以看出，在描述西南民族地区休闲旅游主导型城市新区产业布局的产业集聚这一指标的观测变量均值也相对偏小。说明在现有的休闲旅游主导型城市新区中，产业集聚所带来的规模效应没有得到有效地发挥，各集聚企业没有做到优势资源互补，产业集聚效率较为低下。

与此相反的是，在所有的描述性指标中，休闲旅游主导型城市新区产业布局和消费模式两个主要变量的指标均值都相对较大。这切实地反映出在西南民族地区，旅游资源种类丰富、数量庞大的现状，依托于良好的旅游资源基础，休闲旅游产业得以发展，并以此吸引力国内外的大批游客，不断提升旅游消费能级，改善现有的消费模式。

在对新型城镇化对休闲旅游主导型城市新区产业布局的优化作用研究的信度检验中，运用组合信度的方法，并采用 Kline 的判别标准作为信度检验参照的标准。根据对新型城镇化对休闲旅游主导型城市新区产业布局的优化作用中各变量进行信度检验，得到各变量的组合信度系数值（见表 4-35），均通过了组合信度检验，达到最佳和很好的标准。

表 4-35　　　　　　　　　　各变量组合信度检验系数

| 变量名 | 组合信度系数 $\rho_c$ 值 | 接受程度 |
| --- | --- | --- |
| 新型城镇化 | 0.949 | 最佳 |
| 产业集聚 | 0.859 | 很好 |
| 游客聚集 | 0.857 | 很好 |
| 消费模式 | 0.835 | 很好 |
| 休闲旅游主导型城市 | 0.922 | 最佳 |

新型城镇化对休闲旅游主导型城市新区产业布局的优化作用的研究采用因子分析对架构效度进行检验分析，目的是核验通过调查问卷量表获得的数据能否科学地反映出测度变量的真实架构，是否满足假设条件。在通常情况下，因子载荷量越高，通过调查问卷量表获取的样本数据的架构效度也越高。进行因子分析操作之前，必须通过 KMO 检验（Kaiser - Meyer - Olkin test）和 Bartlett's 球型检验两种方法评估因子分析的合适性。KMO 值越大，表明越适合进行因子分析；

Bartlett's 球型检验过程中卡方值的显著性概率小于或等于显著性水平值时,表明适合进行因子分析。

KMO 检验和 Bartlett's 球型检验通过后,进行因子分析,首先对因子进行提取,然后运用 Promax 法进行旋转因子,提取特征值大于1,通过架构效度检验的标准为指标的因子载荷均大于0.50。

根据上述方法和标准,对新型城镇化对休闲旅游主导型城市新区产业布局的优化作用的各项指标进行效度检验,发现各项指标均适合进行因子分析,并全部通过了架构效度检验(见表4-36)。

表4-36　　　　　　　　各变量的效度检验值

| 变量名 | KMO 值 | Bartlett 卡方值 | 因子负载 | | | | 累计方差解释率(%) | 显著性水平 |
|---|---|---|---|---|---|---|---|---|
| 新型城镇化（NTUC） | 0.919 | 2 142.427 | NTUC11 | 0.857 | NTUC31 | 0.823 | 71.522 | 0.000 |
| | | | NTUC12 | 0.847 | NTUC32 | 0.856 | | |
| | | | NTUC21 | 0.887 | NTUC41 | 0.817 | | |
| | | | NTUC22 | 0.860 | NTUC42 | 0.805 | | |
| | | | NTUC23 | 0.853 | | | | |
| 产业集聚（IAC） | 0.891 | 796.226 | IAC11 | 0.667 | IAC23 | 0.700 | 47.312 | 0.000 |
| | | | IAC12 | 0.697 | IAC31 | 0.615 | | |
| | | | IAC13 | 0.703 | IAC32 | 0.629 | | |
| | | | IAC21 | 0.718 | IAC33 | 0.710 | | |
| | | | IAC22 | 0.738 | | | | |
| 游客聚集（TGC） | 0.898 | 737.055 | TGC11 | 0.694 | TGC23 | 0.694 | 46.882 | 0.000 |
| | | | TGC12 | 0.637 | TGC31 | 0.711 | | |
| | | | TGC13 | 0.686 | TGC32 | 0.653 | | |
| | | | TGC21 | 0.699 | TGC33 | 0.682 | | |
| | | | TGC22 | 0.695 | | | | |
| 消费模式（CP） | 0.773 | 401.005 | CP11 | 0.749 | CP21 | 0.826 | 67.188 | 0.000 |
| | | | CP12 | 0.840 | CP22 | 0.850 | | |

续表

| 变量名 | KMO值 | Bartlett卡方值 | 因子负载 | | | | 累计方差解释率(%) | 显著性水平 |
|---|---|---|---|---|---|---|---|---|
| 休闲旅游主导型城市（LTC） | 0.947 | 1 312.508 | LTC11 | 0.769 | LTC23 | 0.786 | 61.692 | 0.000 |
| | | | LTC12 | 0.758 | LTC31 | 0.808 | | |
| | | | LTC13 | 0.753 | LTC32 | 0.804 | | |
| | | | LTC21 | 0.792 | LTC33 | 0.777 | | |
| | | | LTC22 | 0.811 | | | | |

### 4.4.3 结构方程模型分析

根据变量性质的确定标准，可以将新型城镇化对休闲旅游主导型城市新区产业布局的优化作用中的各项变量进行归类。其中，新型城镇化是内生变量，消费模式、游客聚集和产业集聚力是中介变量，休闲旅游主导型城市则是外生变量。根据新型城镇化对休闲旅游主导型城市新区产业布局的优化作用的结构方程模型的因果路径图示（见图4-9），箭头方向指示了变量之间的因果关系，指向由"因"变量向"果"变量。单向箭头表示前一变量与后一变量存在因果关系，双向箭头则表示前一变量和后一变量之间互相存在因果关系。每一个有箭头指向的线都表示一条因果关系路径，对应存在一个回归权重系数。图4-9展示了新型城镇化对休闲旅游主导型城市新区产业布局的优化作用的原始结构方程模型。

根据图4-9显示的情况，构建的新型城镇化对休闲旅游主导型城市新区产业布局的优化作用的原始结构方程模型中，存在内生显变量31项、外生显变量9项、内生潜变量14项、外生潜变量5项。

内生显变量31项：LTC11、LTC12、LTC13、LTC21、LTC22、LTC23、LTC31、LTC32、LTC33、CP11、CP12、CP21、CP22、TGC11、TGC12、TGC13、TGC21、TGC22、TGC23、TGC31、TGC32、TGC33、IAC11、IAC12、IAC13、IAC21、IAC22、IAC23、IAC31、IAC32、IAC33。

外生显变量9项：NTUC11、NTUC12、NTUC21、NTUC22、NTUC23、NTUC31、NTUC32、NTUC41、NTUC42。

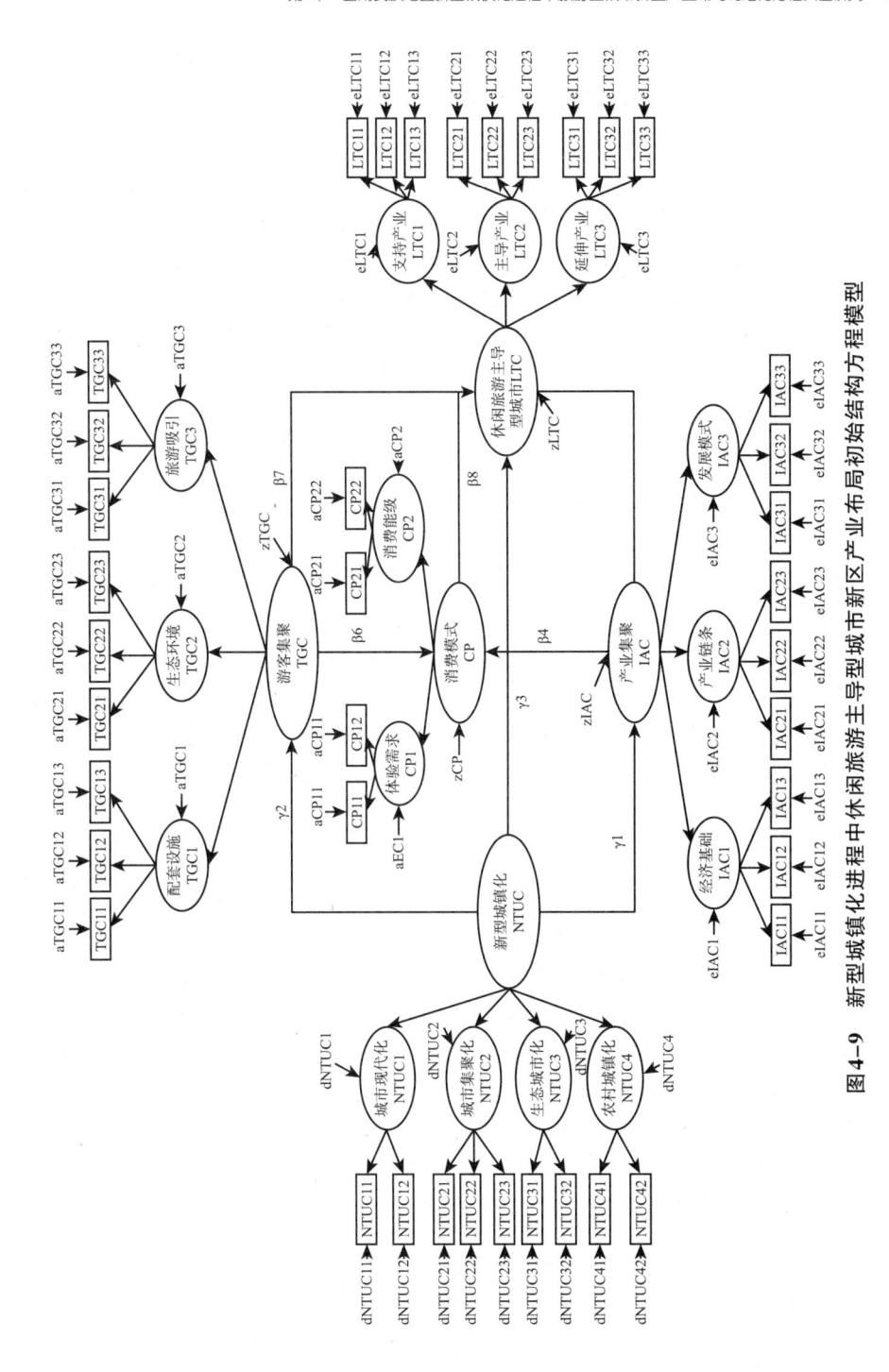

第4章 西南民族地区新型城镇化进程中旅游型城市新区产业布局的结构方程实证研究

图 4-9 新型城镇化进程中休闲旅游主导型城市新区产业布局初始结构方程模型

内生潜变量 14 项：城市现代化（NTUC1）、城市集群化（NTUC2）、城市生态化（NTUC3）、农村城镇化（NTUC4）、支持产业（LTC1）、主导产业（LTC2）、延伸产业（LTC3）、配套设施（TGC1）、生态环境（TGC2）、旅游吸引（TGC3）、体验需求（CP1）、非体验需求（CP2）、经济基础（IAC1）、产业链条（IAC2）、发展模式（IAC3）。

外生潜变量 5 项：新型城镇化（NTUC）、休闲旅游主导型城市（LTC）、消费模式（CP）、游客聚集（TGC）和产业集聚（IAC）。

测量模型和结构模型是组成结构方程模型的重要部分，因此必须对这两个模型进行逐个构建。

测量模型的构建。根据测量模型的一般形式：

$$\begin{cases} X = \Lambda_X \xi + \delta \\ Y = \Lambda_Y \eta + \varepsilon \end{cases}$$

其中，X 代表外生显变量，Y 表示内生显变量，$\xi$ 代表外生潜变量，$\eta$ 代表内生潜变量。$\varepsilon$ 与 $\delta$ 均代表显变量的误差项，X 的潜变量 $\xi$ 与自己的误差项 $\delta$ 和 Y 的误差项 $\varepsilon$ 均无关，Y 的潜变量 $\eta$ 与自己的误差项 $\varepsilon$ 和 X 的误差项 $\delta$ 也均无关。$\Lambda_X$ 是显变量 X 的因子载荷，$\Lambda_Y$ 是显变量 Y 的因子载荷。

新型城镇化对休闲旅游主导型城市新区产业布局的优化作用的测量模型构建中，新型城镇化（NTUC）、城市现代化（NTUC1）、城市集群化（NTUC2）、城市生态化（NTUC3）、农村城镇化（NTUC4）是外生潜变量，用 $\xi_{NTU}$、$\xi_{NTU1}$、$\xi_{NTU2}$、$\xi_{NTU3}$ 和 $\xi_{NTU4}$ 来分别表示。休闲旅游主导型城市（LTC）、消费模式（CP）、游客聚集（TGC）、产业集聚（IAC）、支持产业（LTC1）、主导产业（LTC2）、延伸产业（LTC3）、体验需求（CP1）、消费能级（CP2）、配套设施（TGC1）、生态环境（TGC2）、旅游吸引（TGC3）、经济基础（IAC1）、产业链条（IAC2）、发展模式（IAC3）是内生潜变量，用 $\eta_{LTC}$、$\eta_{CP}$、$\eta_{TGC}$、$\eta_{IAC}$、$\eta_{LTC1}$、$\eta_{LTC2}$、$\eta_{LTC3}$、$\eta_{CP1}$、$\eta_{CP2}$、$\eta_{TGC1}$、$\eta_{TGC2}$、$\eta_{TGC3}$、$\eta_{IAC1}$、$\eta_{IAC2}$、$\eta_{IAC3}$ 来分别表示。根据上述变量的设定，构建观测模型的方程式表达为如下结构模型。

$\chi_{NTUC1} = \lambda_{NTUC1} \xi_{NTUC} + \delta_{NTUC1}$，$\chi_{NTUC2} = \lambda_{NTUC2} \xi_{NTUC} + \delta_{NTUC2}$，

$\chi_{NTUC3} = \lambda_{NTUC3} \xi_{NTUC} + \delta_{NTUC3}$，$\chi_{NTUC4} = \lambda_{NTUC4} \xi_{NTUC} + \delta_{NTUC4}$，

$\chi_{NTUC11} = \lambda_{NTUC11} \xi_{NTUC1} + \delta_{NTUC11}$，$\chi_{NTUC12} = \lambda_{NTUC12} \xi_{NTUC1} + \delta_{NTUC12}$，

$\chi_{NTUC21} = \lambda_{NTUC21} \xi_{NTUC2} + \delta_{NTUC21}$，$\chi_{NTUC22} = \lambda_{NTUC22} \xi_{NTUC2} + \delta_{NTUC22}$，$\chi_{NTUC23} = \lambda_{NTUC23} \xi_{NTUC2} + \delta_{NTUC23}$，

$\chi_{NTUC31} = \lambda_{NTUC31} \xi_{NTUC3} + \delta_{NTUC31}$，$\chi_{NTUC32} = \lambda_{NTUC32} \xi_{NTUC3} + \delta_{NTUC32}$，

$\chi_{NTUC41} = \lambda_{NTUC41} \xi_{NTUC4} + \delta_{NTUC41}$，$\chi_{NTUC42} = \lambda_{NTUC42} \xi_{NTUC4} + \delta_{NTUC42}$，

$Y_{IAC1} = \lambda_{IAC1} \eta_{IAC} + \varepsilon_{IAC1}$，$Y_{IAC2} = \lambda_{IAC2} \eta_{IAC} + \varepsilon_{IAC2}$，$Y_{IAC3} = \lambda_{IAC3} \eta_{IAC} + \varepsilon_{IAC3}$，

$Y_{IAC11} = \lambda_{IAC11} \eta_{IAC1} + \varepsilon_{IAC11}$，$Y_{IAC12} = \lambda_{IAC12} \eta_{IAC1} + \varepsilon_{IAC12}$，$Y_{IAC13} = \lambda_{IAC13} \eta_{IAC1} + \varepsilon_{IAC13}$，

$Y_{IAC21} = \lambda_{IAC21}\eta_{IAC2} + \varepsilon_{IAC21}$，$Y_{IAC22} = \lambda_{IAC22}\eta_{IAC2} + \varepsilon_{IAC22}$，$Y_{IAC23} = \lambda_{IAC23}\eta_{IAC2} + \varepsilon_{IAC23}$，

$Y_{IAC31} = \lambda_{IAC31}\eta_{IAC3} + \varepsilon_{IAC31}$，$Y_{IAC32} = \lambda_{IAC32}\eta_{IAC3} + \varepsilon_{IAC32}$，$Y_{IAC33} = \lambda_{IAC33}\eta_{IAC3} + \varepsilon_{IAC33}$，

$Y_{TGC1} = \lambda_{TGC1}\eta_{TGC} + \varepsilon_{TGC1}$，$Y_{TGC2} = \lambda_{TGC2}\eta_{TGC} + \varepsilon_{TGC2}$，$Y_{TGC3} = \lambda_{TGC3}\eta_{TGC} + \varepsilon_{TGC3}$，

$Y_{TGC11} = \lambda_{TGC11}\eta_{TGC1} + \varepsilon_{TGC11}$，$Y_{TGC12} = \lambda_{TGC12}\eta_{TGC1} + \varepsilon_{TGC12}$，$Y_{TGC13} = \lambda_{TGC13}\eta_{TGC1} + \varepsilon_{TGC13}$，

$Y_{TGC21} = \lambda_{TGC21}\eta_{TGC2} + \varepsilon_{TGC21}$，$Y_{TGC22} = \lambda_{TGC22}\eta_{TGC2} + \varepsilon_{TGC22}$，$Y_{TGC23} = \lambda_{TGC23}\eta_{TGC2} + \varepsilon_{TGC23}$，

$Y_{TGC31} = \lambda_{TGC31}\eta_{TGC3} + \varepsilon_{TGC31}$，$Y_{TGC32} = \lambda_{TGC32}\eta_{TGC3} + \varepsilon_{TGC32}$，$Y_{TGC33} = \lambda_{TGC33}\eta_{TGC3} + \varepsilon_{TGC33}$，

$Y_{CP1} = \lambda_{CP1}\eta_{CP} + \varepsilon_{CP1}$，$Y_{CP2} = \lambda_{CP2}\eta_{CP} + \varepsilon_{CP2}$，

$Y_{CP11} = \lambda_{CP11}\eta_{CP1} + \varepsilon_{CP11}$，$Y_{CP12} = \lambda_{CP12}\eta_{CP2} + \varepsilon_{CP12}$，

$Y_{CP21} = \lambda_{CP21}\eta_{CP2} + \varepsilon_{CP21}$，$Y_{CP22} = \lambda_{CP22}\eta_{CP2} + \varepsilon_{CP22}$，

$Y_{LTC1} = \lambda_{LTC1}\eta_{LTC} + \varepsilon_{LTC1}$，$Y_{LTC2} = \lambda_{LTC2}\eta_{LTC} + \varepsilon_{LTC2}$，$Y_{LTC3} = \lambda_{LTC3}\eta_{LTC} + \varepsilon_{LTC3}$，

$Y_{LTC11} = \lambda_{LTC11}\eta_{LTC1} + \varepsilon_{LTC11}$，$Y_{LTC12} = \lambda_{LTC12}\eta_{LTC1} + \varepsilon_{LTC12}$，$Y_{LTC13} = \lambda_{LTC13}\eta_{LTC1} + \varepsilon_{LTC13}$，

$Y_{LTC21} = \lambda_{LTC21}\eta_{LTC2} + \varepsilon_{LTC21}$，$Y_{LTC22} = \lambda_{LTC22}\eta_{LTC2} + \varepsilon_{LTC22}$，$Y_{LTC23} = \lambda_{LTC23}\eta_{LTC23} + \varepsilon_{LTC23}$，

$Y_{LTC31} = \lambda_{LTC31}\eta_{LTC3} + \varepsilon_{LTC31}$，$Y_{LTC32} = \lambda_{LTC32}\eta_{LTC3} + \varepsilon_{LTC32}$，$Y_{LTC33} = \lambda_{LTC33}\eta_{LTC3} + \varepsilon_{LTC33}$。

根据结构模型的一般形式：

$$\eta = \beta\eta + \Gamma\xi + \zeta$$

其中，$\eta$ 代表内生潜变量，$\beta$ 代表内生潜变量之间的关系系数，$\Gamma$ 代表内生潜变量受外生潜变量的影响系数，$\xi$ 代表外生潜变量，$\zeta$ 代表残差项。

新型城镇化对休闲旅游主导型城市产业布局作用中结构模型构建中，用 $\gamma_1$、$\gamma_2$ 和 $\gamma_3$ 来分别表示新型城镇化对产业集聚、游客聚集和休闲旅游主导型城市的影响作用；用 $\beta_4$ 和 $\beta_5$ 来分别表示产业集聚对消费模式和休闲旅游主导型城市的影响作用；用 $\beta_6$ 和 $\beta_7$ 来分别表示游客聚集对消费模式和休闲旅游主导型城市的影响作用；用 $\beta_8$ 来表示消费模式对休闲旅游主导型城市的影响作用。

根据上述变量的设定，构建结构模型的方程式表达如下：

$$\eta_{IAC} = \gamma_1\xi_{NTUC} + \zeta_{IAC}$$

$$\eta_{TGC} = \gamma_2\xi_{NTUC} + \zeta_{TGC}$$

$$\eta_{CP} = \beta_6\eta_{TGC} + \beta_4\eta_{IAC} + \zeta_{CP}$$

$$\eta_{LTC} = \gamma_3\xi_{NTUC} + \beta_5\eta_{IAC} + \beta_7\eta_{TGC} + \beta_8\eta_{CP} + \zeta_{LTC}$$

对结构方程模型的测量模型和结构模型构建完成后，还存在检验拟合指标、检验参数和决定系数等是否合适，通过不同评价方法对上述指标进行检验，进而判断构建的西南民族地区新型城镇化对休闲旅游主导型城市新区产业布局优化作用原始模型是否需要进行修正。

拟合指标的检验。判断原始模型是否与现实情况相符，可以通过对拟合指标的测度来加以评判，拟合指标的值高于满足拟合条件的临界值时，说明真实情况与原始模型构建相符，反之则不相符。拟合指标检验的方法有很多种，但最常用

的主要是八种拟合指标检验方法,分别为 $\chi^2/df$、CFI、IFI、TLI、AGFI、PNFI、RMSEA、RMR。

将图4-9中的新型城镇化对休闲旅游主导型城市新区产业布局优化作用的原始结构方程模型录入 AMOS 17.0 中,通过计算和对相关参数进行估计,获得了新型城镇化对旅游型城市新区产业布局优化作用原始结构方程模型中各项反映拟合关系的拟合指标值(见表4-37)。

表4-37　　　新型城镇化对休闲旅游主导型城市新区产业布局作用原始结构方程模型适配度检验结果

| 拟合指标 | $\chi^2/df$ | CFI | IFI | TLI | AGFI | PNFI | RMSEA | RMR |
| --- | --- | --- | --- | --- | --- | --- | --- | --- |
| 观测值 | 1.441 | 0.949 | 0.949 | 0.944 | 0.815 | 0.782 | 0.041 | 0.029 |
| 拟合标准 | <3.00 | >0.90 | >0.90 | >0.90 | >0.80 | >0.50 | <0.08 | <0.05 |

表4-37表明,将新型城镇化对休闲旅游主导型城市新区产业布局优化作用原始结构方程中各项拟合指标的观测值和拟合标准进行对比后,所有观测值均达到了拟合标准。说明新型城镇化对休闲旅游主导型城市新区产业布局优化作用的原始模型能够较好地与通过调查问卷获得的样本数据拟合。

在完成新型城镇化对休闲旅游主导型城市新区产业布局优化作用原始结构方程模型适配度检验后,对原始结构方程中各路径的系数进行测度,结果见表4-38。

表4-38　　　新型城镇化对休闲旅游主导型城市新区产业布局作用原始模型的路径估计

| 路径 | 结构方程模型路径 | 路径系数 | C.R | p |
| --- | --- | --- | --- | --- |
| $\gamma_1$ | IAC←NTUC | 0.632 | 9.937 | *** |
| $\gamma_2$ | TGC←NTUC | 0.560 | 8.300 | *** |
| $\gamma_3$ | LTC←NTUC | 0.248 | 2.516 | 0.012 |
| $\beta_4$ | CP←IAC | 0.494 | 4.267 | *** |
| $\beta_5$ | LTC←IAC | 0.116 | 0.856 | 0.392 |
| $\beta_6$ | CP←TGC | 0.386 | 3.217 | 0.001 |
| $\beta_7$ | LTC←TGC | 0.362 | 3.316 | *** |
| $\beta_8$ | LTC←CP | 0.163 | 1.765 | 0.078 |

注：*** 表示 $p<0.001$。

根据表 4-38 可以看出，在新型城镇化对旅游型城市新区产业布局作用的原始结构方程模型构建过程中，IAC 对 LTC 的这条路径未能通过显著性检验，也就意味着 IAC 对 LTC 没有产生显著的作用。尽管如此，但由于绝大多数路径均通过了路径显著性检验，所以并不能对之前构造的原始结构方程模型全盘否定。从结果上看，新型城镇化对休闲旅游主导型城市新区产业布局作用的原始结构方程模型的构造思路基本正确，但其中的部分关系需要调整后进行重新测度，才能满足研究的目的。

根据之前表 4-38 中测度的路径估计结果中了解到新型城镇化、产业集聚、消费模式和游客聚集对休闲旅游主导型城市的对应路径系数都比较小，因此要使得能够更好地拟合和测度结构方程模型，就必须对原始的新型城镇化对旅游型城市新区产业布局作用结构方程模型进行适当的调整。通过对文献的梳理查找，研究直接剔除了产业集聚对休闲旅游主导型城市新区产业布局这一条路径，由此获得新型城镇化对旅游型城市新区产业布局作用调整后的结构方程模型（见图 4-10）。

图 4-10 表明，与新型城镇化对休闲旅游主导型城市新区产业布局作用的原始结构方程模型相比，调整后的结构方程模型将产业集聚对休闲旅游主导型城市的直接路径剔除了。将调整后的结构方程模型再次放入 AMOS 17.0 软件中进行计算和对作用路径的参数估计，得到调整后的结构方程模型中反映模型拟合程度的多项拟合指标值（见表 4-39）。

表 4-39　新型城镇化对休闲旅游主导型城市新区产业布局作用调整后结构方程模型适配度检验结果

| 拟合指标 | $\chi^2/df$ | CFI | IFI | TLI | AGFI | PNFI | RMSEA | RMR |
|---|---|---|---|---|---|---|---|---|
| 观测值 | 1.440 | 0.949 | 0.949 | 0.944 | 0.815 | 0.783 | 0.041 | 0.029 |
| 拟合标准 | <3.00 | >0.90 | >0.90 | >0.90 | >0.80 | >0.50 | <0.08 | <0.05 |

对表 4-39 中的拟合指标观测值与拟合标准进行对比后发现，新型城镇化对休闲旅游主导型城市新区产业布局作用调整后的模型中各项拟合指标值都达到了拟合标准范围，因此，认为整体上新型城镇化对休闲旅游主导型城市新区产业布局作用调整后的模型通过了模型拟合度检验。

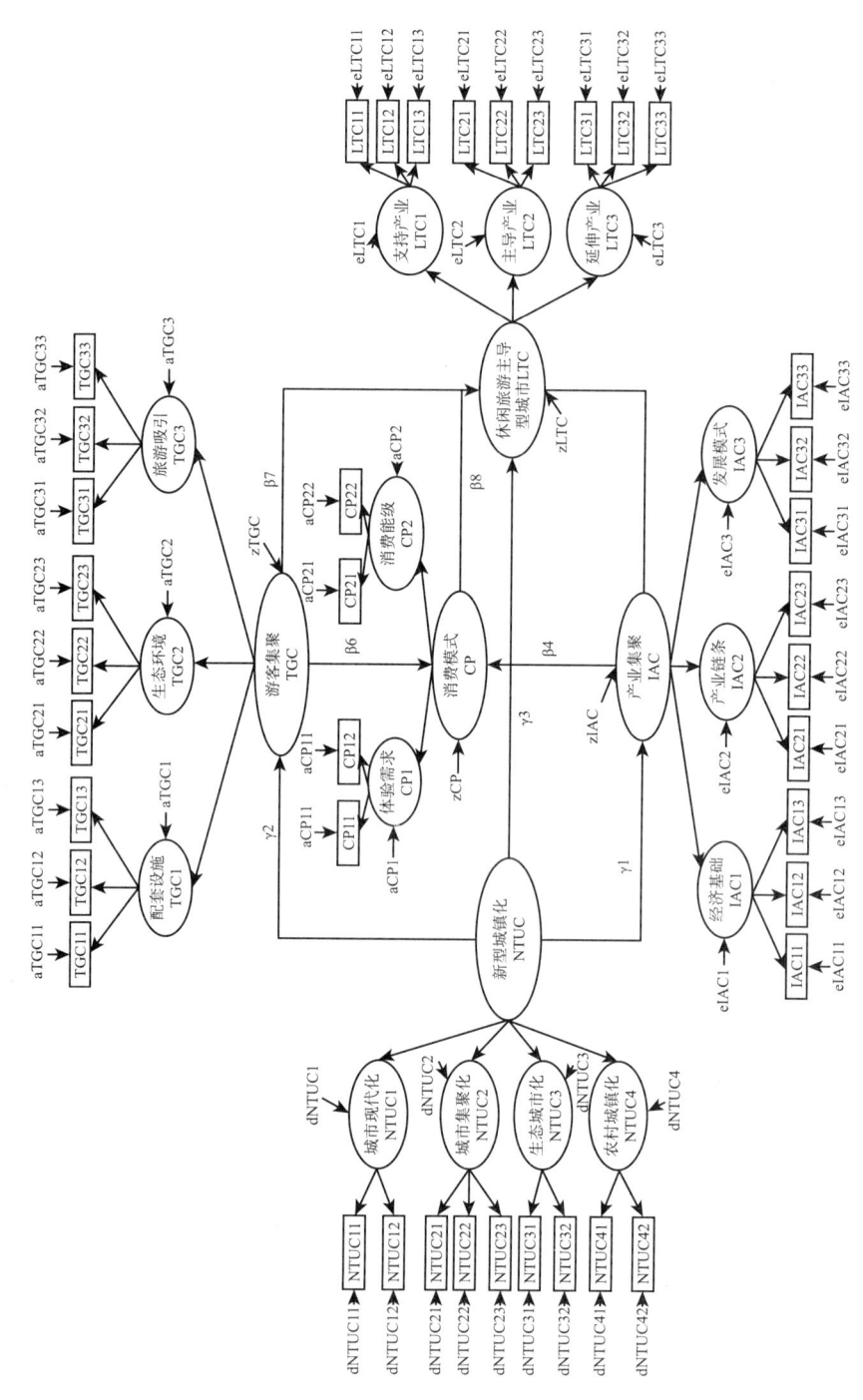

图 4-10 调整后的新型城镇化进程中休闲旅游主导型城市新区产业布局结构方程模型

新型城镇化对休闲旅游主导型城市新区产业布局作用调整后模型通过模型拟合度检验后，需要再次对调整后的模型进行结构方程模型各作用路径的系数进行测量，结果见表4-40。

表4-40　　　　新型城镇化对休闲旅游主导型城市新区产业布局
作用调整后模型的路径估计

| 路径 | 结构方程模型路径 | 路径系数 | C.R | p |
| --- | --- | --- | --- | --- |
| $\gamma_1$ | IAC←NTUC | 0.632 | 9.924 | *** |
| $\gamma_2$ | TGC←NTUC | 0.561 | 8.311 | *** |
| $\gamma_3$ | LTC←NTUC | 0.303 | 3.978 | *** |
| $\beta_4$ | CP←IAC | 0.501 | 4.311 | *** |
| $\beta_6$ | CP←TGC | 0.378 | 3.168 | 0.002 |
| $\beta_7$ | LTC←TGC | 0.367 | 3.365 | *** |
| $\beta_8$ | LTC←CP | 0.196 | 2.276 | 0.023 |

注：*** 表示 $p<0.001$。

表4-40显示，新型城镇化对休闲旅游主导型城市新区产业布局作用调整后模型中的各项路径的作用系数都通过了显著性检验，其中绝大多数都达到了0.001的显著性水平。同时，根据标准化路径系数的测度标准，可以确定新型城镇化对休闲旅游主导型城市新区产业布局作用调整后的结构方程模型中所有的路径作用效果都在适中和明显的级别上，由此可以判定调整后的结构方程模型为最终的新型城镇化对休闲旅游主导型城市新区产业布局作用的结构方程模型（见图4-11）。

由于最终的新型城镇化对休闲旅游主导型城市新区产业布局作用的结构方程模型图形过于复杂，为研究的直观方便，将最终结构方程模型的主体部分单独列出，得到最终的新型城镇化对休闲旅游主导型城市新区产业布局作用的结构方程模型简化形式（见图4-12）。

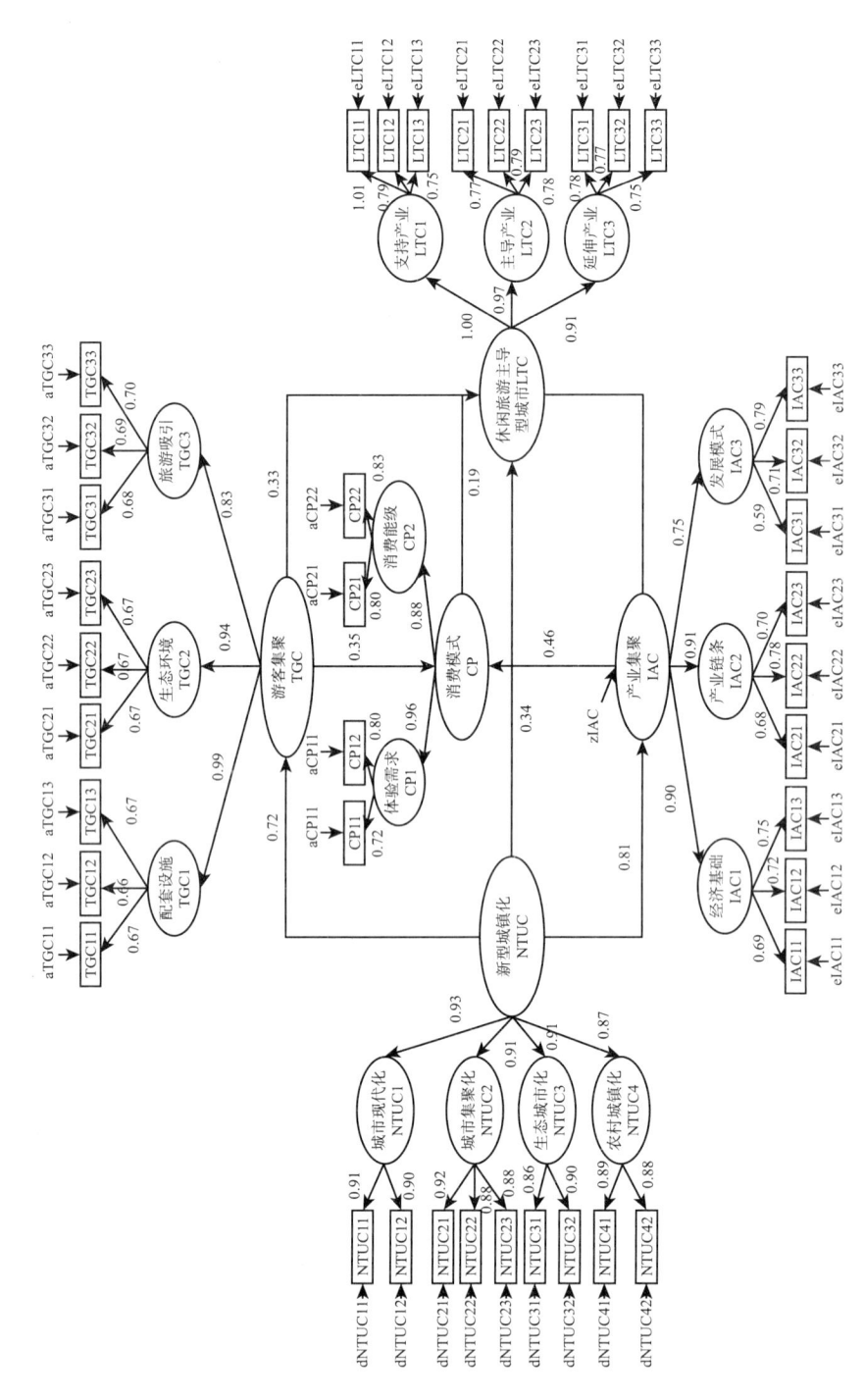

图 4-11 新型城镇化进程中旅游型城市新区产业布局的最终结构方程模型

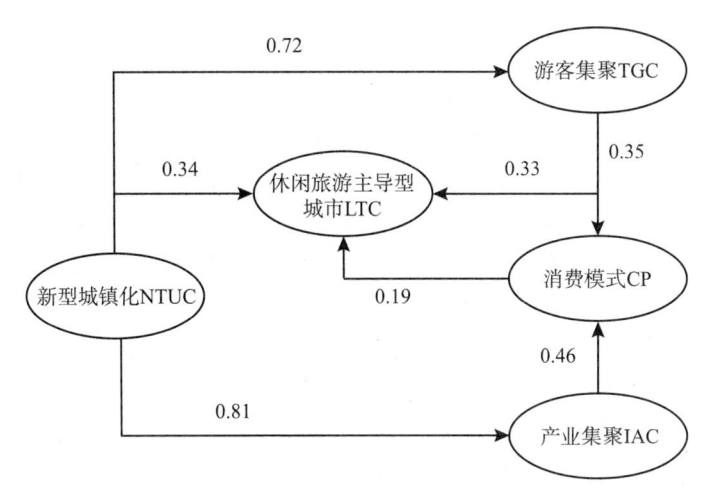

## 图 4-12 新型城镇化对休闲旅游主导型城市新区产业布局作用的最终结构方程模型

在确定最终的新型城镇化对休闲旅游主导型城市新区产业布局作用的结构方程模型及其简化形式之后,还需要对其包含的各种效应进行分解,从而最终确定模型的各个变量之间的确切作用方向和作用强度。对结构方程模型进行效应分解就是对结构方程模型中各个变量之间存在的直接效应和间接效应以及他们之间的作用方向和作用强度进行准确的测定。其中,直接效应表示作为原因的变量直接对作为结果的变量作用而产生的影响,其影响程度的测度依靠直接效应的路径系数来衡量;间接效应表示作为原因的变量通过中介变量来间接地对作为结果的变量产生影响。为了使新型城镇化对休闲旅游主导型城市新区产业布局作用的主要变量能够被有效测度,需要对新型城镇化、产业集聚、消费模式和游客聚集等四个变量作用的效应进行分解。由新型城镇化对休闲旅游主导型城市新区产业布局作用的最终结构方程模型可以看出,在对西南民族地区新型城镇化对休闲旅游主导型城市产业新区布局的研究中,新型城镇化、游客集聚和消费模式对休闲旅游主导型城市产生了直接的影响效应。

图 4-12 显示,旅游型城镇化对休闲旅游主导型城市新区的产业布局形成了数值为 0.34 的直接影响,游客集聚对休闲旅游主导型城市新区产业布局形成了数值为 0.33 的直接影响,消费模式对休闲旅游主导型城市新区产业布局形成了数值为 0.19 的直接影响作用。其中,在新型城镇化、产业集聚、游客聚集和消费模式四个解释变量之间,新型城镇化对产业集聚和游客聚集分别有着数值为 0.81 和数值为 0.72 的影响效应,产业集聚和游客聚集分别对消费模式起着数值为 0.46 和数值为 0.35 的影响效应。

### 4.4.4 实证结果

根据统计的显著性分析,运用标准化后的路径系数来对每条路径的作用强度进行估计,以此作为对每一条因果路径的评价,经过标准化处理之后,路径系数的数值都在 $-1\sim1$。针对西南民族地区调研获取的样本数据支持了理论分析部分提出的大部分假设。表 4-41 将新型城镇化对休闲旅游主导型城市新区产业布局作用的假设验证和构建模型的路径系数情况进行了总结归纳。

表 4-41　　　新型城镇化对休闲旅游主导型城市新区产业布局作用原始模型的路径估计

| 路径 | 变量 | 标准化路径系数 | p | 研究假设 | 假设检验 |
| --- | --- | --- | --- | --- | --- |
| $\gamma_1$ | IAC←NTUC | 0.81 | *** | HA1 | 支持 |
| $\gamma_2$ | TGC←NTUC | 0.72 | *** | HA2 | 支持 |
| $\gamma_3$ | LTC←NTUC | 0.34 | *** | HA3 | 支持 |
| $\beta_4$ | CP←IAC | 0.46 | *** | HA4 | 支持 |
| $\beta_5$ | LTC←IAC | — | — | HA5 | 不支持 |
| $\beta_6$ | CP←TGC | 0.35 | 0.002 | HA6 | 支持 |
| $\beta_7$ | LTC←TGC | 0.33 | *** | HA7 | 支持 |
| $\beta_8$ | LTC←CP | 0.19 | 0.023 | HA8 | 支持 |

注:*** 表示 $p<0.001$。

表 4-41 表明,新型城镇化到产业集聚的路径及其系数为 $\gamma_1 = 0.81$, $p<0.001$,通过了显著性检验,由此,可以验证"新型城镇化对产业集聚效应具有显著的直接正向作用"的假设,检验的结果支持了原假设 HA1。

新型城镇化到游客聚集的路径及其系数为 $\gamma_2 = 0.72$, $p<0.001$,通过了显著性检验,由此,可以验证"新型城镇化对游客聚集效应具有显著的直接正向作用"的假设,检验的结果支持了原假设 HA2。

新型城镇化到休闲旅游主导型城市新区的产业布局的路径及其系数 $\gamma_3 = 0.34$,通过了显著性检验,$p<0.001$,由此,可以判定"休闲旅游主导型城市对休闲旅游主导型城市新区产业布局具有显著的直接正向作用"的假设成立,检验的结果支持了原假设 HA3。

产业集聚到消费模式的路径及其系数为 $\beta_4 = 0.46$，$p < 0.001$，通过了显著性检验，由此，可以验证"产业集聚效应对消费模式具有显著的直接正向作用"的假设，检验的结果支持了原假设 HA4。

产业集聚到休闲旅游主导型城市新区产业布局的路径在调整结构方程模型中被删除掉了。由此，原假设"产业集聚对优化休闲旅游主导型城市产业布局具有显著的直接正向作用"不能得到验证，检验的结果不支持原假设 HA5。

游客集聚到消费模式的路径及其系数为 $\beta_6 = 0.35$，$p < 0.05$，通过了显著性检验，由此，可以验证"游客聚集效应对消费模式具有显著的直接正向作用"的假设，检验的结果支持了原假设 HA6。

游客集聚到休闲旅游主导型城市新区产业布局的路径及其系数为 $\beta_7 = 0.33$，$p < 0.01$，通过了显著性检验，由此，可以验证"游客集聚效应对休闲旅游主导型城市新区产业布局的优化具有显著的直接正向作用"的假设，检验的结果支持了原假设 HA7。

消费模式到休闲旅游主导型城市新区产业布局的路径及其系数为 $\beta_8 = 0.19$，$p < 0.05$，通过了显著性检验，由此，可以验证"消费模式对休闲旅游主导型城市新区产业布具有显著的直接正向作用"的假设，检验的结果支持了原假设 HA8。

通过新型城镇化对休闲旅游主导型城市新区产业布局的研究，得到新型城镇化、游客集聚和消费模式对休闲旅游主导型城市新区产业布局具有显著的直接正向作用，直接正向作用产生的效应分别为 0.34、0.33、0.19，表明新型城镇化、游客聚集和消费模式都是影响休闲旅游主导型城市新区产业布局优化的重要因素，也证明了新型城镇化的城市现代化、城市集群化、城市生态化和农村城镇化这四个构成维度在识别新型城镇化过程时的合理性。与此同时，游客集聚和消费模式分别对休闲旅游主导型城市新区的产业布局优化产生了直接的影响效应，说明在西南民族地区的休闲旅游主导型城市新区产业布局中，游客集聚而形成的规模效应以及消费模式所带来的旅游规模扩大都将对休闲旅游主导型城市新区产业布局的不断优化形成正向的促进作用，都是在研究西南民族地区休闲旅游主导型城市新区产业布局中所不可或缺的重要因素。

在对研究结果的梳理分析中不难发现一个重要问题：产业集聚对休闲旅游主导型城市新区产业布局没有显著的直接正向作用，但是产业集聚对消费模式具有路径系数为 0.51 的直接影响。旅游产业和泛旅游产业所形成的集聚会形成两者在自身发展中所没有的集聚效应，产业资本要素在空间上形成了高度的集聚，为休闲旅游主导型城市进行深度消费模式开发提供了较好的产业基础。

从实证结果可以看出，产业集聚、游客集聚及消费模式都是影响新型城镇化对休闲旅游主导型城市新区产业布局的重要中间变量。产业集聚为休闲旅游主导型城市新区产业布局奠定了较好的经济基础、较为完整的产业链条及符合实际的发展模式，为休闲旅游主导型城市新区产业布局的优化奠定了产业基础。同时，游客集聚为生态旅游的发展及相关产业发展提供了广阔的消费市场，是休闲旅游主导型城市产业发展的不竭源泉，也是新型城镇化不断深化的重要基础条件，有力地促进了新型城镇化与休闲旅游主导型城市产业发展。而消费模式作为生态旅游发展的重要依赖条件，既是生态旅游城市产业发展的重要基础，也是旅游引导的城镇化得以发展的依靠，为新型城镇化对休闲旅游主导型城市产业布局的优化提供了良好的资源基础条件。

## 4.5 新型城镇化进程中商务旅游主导型城市新区产业布局的实证研究

### 4.5.1 变量度量

对新型城镇化进程中商务旅游主导型城市产业新区布局优化作用的研究中，新型城镇化是解释变量。针对新型城镇化设计了9个题项，分别从城市现代化、城市集聚化、城市生态化和农村城镇化等四个方面对新型城镇化进行测度（见表4-42）。

表4-42　　　　　　　　　　新型城镇化（NTUD）指标量

| 指标 | | 内容 |
| --- | --- | --- |
| 城市现代化（NTUD1） | NTUD11 | 城市现代化的程度符合商务旅游主导型城市产业布局要求的程度 |
| | NTUD12 | 城市现代化与产业要素符合商务旅游主导型城市产业布局要求程度 |
| 城市集聚化（NTUD2） | NTUD21 | 城市集聚化的程度符合商务旅游主导型城市产业布局要求的程度 |
| | NTUD22 | 城市集聚化与旅游业融合符合商务旅游主导型城市产业布局要求程度 |
| | NTUD23 | 城市集聚化与产业布局符合商务旅游主导型城市产业布局要求程度 |

续表

| 指标 | | 内容 |
|---|---|---|
| 城市生态化<br>（NTUD3） | NTUD31 | 城市生态化的要求符合商务旅游主导型城市产业布局要求的程度 |
| | NTUD32 | 城市生态化与生态旅游符合商务旅游主导型城市产业布局要求程度 |
| 农村城镇化<br>（NTUD4） | NTUD41 | 农村城镇化程度符合商务旅游主导型城市产业布局要求的程度 |
| | NTUD42 | 农村城镇化与就业结构符合商务旅游主导型城市产业布局要求程度 |

对新型城镇化进程对商务旅游主导型城市产业新区布局优化作用的研究中，被解释变量有四个：商务旅游主导型城市、旅游服务、游客集聚和产业集聚。其中，从西南民族地区商务旅游主导型城市的产业构成出发，将商务旅游主导型城市产业布局分为支持产业、主导产业和延伸产业，并针对三个指标设置了9个题项来进行测度（见表4-43）。

表4-43　　　　　　　商务旅游主导型城市（BTC）指标量

| 指标 | | 内容 |
|---|---|---|
| 支持产业<br>（BTC1） | BTC11 | 支持产业分布符合商务旅游主导型城市产业布局要求的程度 |
| | BTC12 | 支持产业类型符合商务旅游主导型城市产业布局要求的程度 |
| | BTC13 | 支持产业结构符合商务旅游主导型城市产业布局要求的程度 |
| 主导产业<br>（BTC2） | BTC21 | 主导产业分布符合商务旅游主导型城市产业布局要求的程度 |
| | BTC22 | 主导产业类型符合商务旅游主导型城市产业布局要求的程度 |
| | BTC23 | 主导产业结构符合商务旅游主导型城市产业布局要求的程度 |
| 延伸产业<br>（BTC2） | BTC31 | 延伸产业分布符合商务旅游主导型城市产业布局要求的程度 |
| | BTC32 | 延伸产业类型符合商务旅游主导型城市产业布局要求的程度 |
| | BTC33 | 延伸产业结构符合商务旅游主导型城市产业布局要求的程度 |

游客集聚指标的测度采用了9个题项，分别从配套设施、生态环境、旅游吸引三个角度对游客聚集进行测度（见表4-44）。

表 4-44　　　　　　　　　　游客集聚（TGD）指标量

| 指标 | | 内容 |
|---|---|---|
| 配套设施<br>（TGD1） | TGD11 | 游客对配套设施的满意度符合商务旅游主导型城市产业布局要求程度 |
| | TGD12 | 配套设施所带来的公共服务符合商务旅游主导型城市产业布局要求程度 |
| | TGD13 | 配套设施的分布符合商务旅游主导型城市产业布局要求的程度 |
| 生态环境<br>（TGD2） | TGD21 | 环境容量与游客进入符合商务旅游主导型城市产业布局要求程度 |
| | TGD22 | 生态环境设施建设符合商务旅游主导型城市产业布局要求的程度 |
| | TGD23 | 生态环境保护范围符合商务旅游主导型城市产业布局要求的程度 |
| 旅游吸引<br>（TGD3） | TGD31 | 旅游吸引与游客进入结合符合观光旅游型城市产业布局要求的程度 |
| | TGD32 | 旅游吸引的空间特征符合商务旅游主导型城市产业布局要求的程度 |
| | TGD33 | 旅游吸引强度与动机符合商务旅游主导型城市产业布局要求程度 |

旅游服务指标的测度采用了 4 个题项，分别从复合性、附带性两个角度进行测度（见表 4-45）。

表 4-45　　　　　　　　　　旅游服务（TC）指标量

| 指标 | | 内容 |
|---|---|---|
| 复合性<br>（TC1） | TC11 | 复合性旅游产品符合商务旅游主导型城市产业布局要求的程度 |
| | TC12 | 复合性旅游服务符合商务旅游主导型城市产业布局要求的程度 |
| 附带性<br>（TC2） | TC21 | 附带性旅游产品符合商务旅游主导型城市产业布局要求程度 |
| | TC22 | 附带性旅游服务符合商务旅游主导型城市产业布局要求程度 |

产业集聚指标的测度采用了 9 个题项，分别从经济基础、产业链条、发展模式三个角度对产业集聚进行测度（见表 4-46）。

表 4-46　　　　　　　　　　产业集聚（IAD）指标量

| 指标 | | 内容 |
|---|---|---|
| 经济基础<br>（IAD1） | IAD11 | 经济发展状况符合商务旅游主导型城市产业布局要求的程度 |
| | IAD12 | 经济发展潜力符合商务旅游主导型城市产业布局要求的程度 |
| | IAD13 | 经济基础与产业结合符合商务旅游主导型城市产业布局要求的程度 |

续表

| 指标 | | 内容 |
|---|---|---|
| 产业链条<br>（IAD2） | IAD21 | 产业链条的长度符合商务旅游主导型城市产业布局要求的程度 |
| | IAD22 | 产业链条与旅游结合符合商务旅游主导型城市产业布局要求的程度 |
| | IAD23 | 产业链与泛旅游产业融合符合商务旅游主导型城市产业布局要求程度 |
| 发展模式<br>（IAD3） | IAD31 | 产业集群模式符合商务旅游主导型城市产业布局要求的程度 |
| | IAD32 | 产业集群与旅游业结合符合商务旅游主导型城市产业布局要求的程度 |
| | IAD33 | 产业集群化趋势与城市定位符合商务旅游主导型城市产业布局要求程度 |

## 4.5.2 数据检验

在运用结构方程模型对新型城镇化进程中商务主导型旅游城市新区产业布局进行实证分析之前，只有保证调查问卷获取数据的信度和效度，才能够在接下来进行的对数据的实证研究中获得准确、科学的结论，才能真正掌握西南民族地区新型城镇化进程中商务旅游主导型城市新区产业布局的优化原理。因此，在实证分析之前，对通过调查问卷获得的数据进行信度检验和效度检验是保证获得准确、科学的西南民族地区新型城镇化进程对商务旅游主导型城市新区产业布局作用原理的有力保障。

在进行西南民族地区新型城镇化进程中商务旅游主导型城市新区产业布局的描述性统计时，一方面，为了能够直观地看出新型城镇化对商务旅游主导型城市新区产业布局的优化作用研究中各个变量数据分布的平均程度和集中程度，对样本数据的均值进行描述，更好地反映出各指标数据的整体趋势。另一方面，为了直观观测新型城镇化对商务旅游主导型城市新区产业布局的优化作用研究中各变量离散程度的指标，在描述性统计中对标准差进行计算，变量数据的标准差越大，则表示该变量数据的分布离散程度越强，越发散；反之，若变量数据的标准差越小，则表示该变量数据的分布离散程度越低，越收敛。

因此，运用均值和标准差两个指标对新型城镇化对商务旅游主导型城市新区产业布局的优化作用中各变量指标进行描述性统计分析，可以很直观地获得新型城镇化、商务旅游主导型城市、旅游服务、游客集聚以及产业集聚的均值和标准差（见表4-47）。

表 4-47　　各指标的均值和标准差

| 指标 | | 均值 | 标准差 | 指标 | | 均值 | 标准差 |
|---|---|---|---|---|---|---|---|
| 城市现代化（NTUD1） | NTUD11 | 3.67 | 0.662 | 产业链条（IAD1） | IAD11 | 3.31 | 0.757 |
| | NTUD12 | 3.69 | 0.697 | | IAD12 | 3.09 | 0.781 |
| 城市集群化（NTUD2） | NTUD21 | 3.66 | 0.804 | | IAD13 | 3.14 | 0.716 |
| | NTUD22 | 3.59 | 0.838 | 发展模式（IAD2） | IAD21 | 3.19 | 0.797 |
| | NTUD23 | 3.64 | 0.840 | | IAD22 | 3.10 | 0.742 |
| 城市生态化（NTUD3） | NTUD31 | 3.56 | 0.822 | | IAD23 | 3.17 | 0.777 |
| | NTUD32 | 3.57 | 0.792 | 复合性（TC1） | TC11 | 3.38 | 0.745 |
| 农村城镇化（NTUD4） | NTUD41 | 3.65 | 0.771 | | TC12 | 3.40 | 0.818 |
| | NTUD42 | 3.64 | 0.752 | 附带性（TC2） | TC21 | 3.43 | 0.816 |
| 配套设施（TGD1） | TGD11 | 3.16 | 0.716 | | TC22 | 3.35 | 0.806 |
| | TGD12 | 3.26 | 0.742 | 支持产业（BTC1） | BTC11 | 3.56 | 0.726 |
| | TGD13 | 3.16 | 0.720 | | BTC12 | 3.48 | 0.809 |
| 生态环境（TGD2） | TGD21 | 3.22 | 0.830 | | BTC13 | 3.50 | 0.785 |
| | TGD22 | 3.16 | 0.769 | 主导产业（BTC2） | BTC21 | 3.57 | 0.757 |
| | TGD23 | 3.10 | 0.720 | | BTC22 | 3.62 | 0.810 |
| 旅游吸引（TGD3） | TGD31 | 3.38 | 0.838 | | BTC23 | 3.64 | 0.732 |
| | TGD32 | 3.17 | 0.702 | 延伸产业（BTC3） | BTC31 | 3.56 | 0.822 |
| | TGD33 | 3.19 | 0.772 | | BTC32 | 3.66 | 0.773 |
| 经济基础（IAD1） | IAD41 | 3.28 | 0.764 | | BTC33 | 3.69 | 0.767 |
| | IAD42 | 3.22 | 0.680 | | | | |
| | IAD43 | 3.02 | 0.700 | | | | |

从表4-47可以看出，在西南民族地区新型城镇化进程中商务旅游主导型城市新区产业布局的描述性统计中，新型城镇化的各项指标均值都偏高，平均值在3.60左右，这说明商务旅游主导型城市的新型城镇化步伐在不断地加快，并且已经发展到一定阶段。同时我们可以看出，在所有的描述性指标中，标准差均小于1，说明研究所设置的描述性指标均呈现出收敛的状态，是符合结构方程的量表设计要求的，具有可操作性，为进行进一步的信度和效度检验提供了基础。

在描述游客集聚的三个变量中，配套设施、生态环境及旅游吸引的均值都偏小，这反映出在现有的商务旅游城市中，旅游服务配套设施的建设状况还需要进一步改进，生态环境保护力度还需要进一步加大，旅游吸引力有待进一步提高。与此同时，可以看出，在描述西南民族地区商务旅游主导型城市新区产业布局的产业集聚这一指标的观测变量均值也相对偏小。说明在现有的商务旅游主导型城市新区中，产业集聚所带来的规模效应没有得到有效地发挥，各集聚企业没有做到优势资源互补，产业集聚效率较为低下。

与此相反的是，在所有的描述性指标中，商务旅游主导型城市新区产业布局和旅游服务两个主要变量的指标均值都相对较大。这切实地反映出在西南民族地区，旅游资源种类丰富、数量庞大的现状，依托于良好的旅游资源基础，商务旅游产业得以发展，并以此吸引力国内外的大批游客，不断提升旅游消费能级，提升现有的旅游服务水平。

在对新型城镇化对商务旅游主导型城市新区产业布局的优化作用研究的信度检验中，运用组合信度的方法，并采用 Kline 的判别标准作为信度检验参照的标准。根据对新型城镇化对商务旅游主导型城市新区产业布局的优化作用中各变量进行信度检验，得到各变量的组合信度系数值（见表 4-48），均通过了组合信度检验，达到最佳和很好的标准。

表 4-48　　　　　　　　各变量组合信度检验系数

| 变量名 | 组合信度系数 $\rho_c$ 值 | 接受程度 |
| --- | --- | --- |
| 新型城镇化 | 0.941 | 最佳 |
| 产业集聚 | 0.851 | 很好 |
| 游客聚集 | 0.843 | 很好 |
| 旅游服务 | 0.797 | 适中 |
| 商务旅游主导型城市 | 0.913 | 最佳 |

新型城镇化对商务旅游主导型城市新区产业布局的优化作用的研究采用因子分析的方法对架构效度进行检验分析，目的是核验通过调查问卷量表获得的数据能否科学地反映出测度变量的真实架构，是否满足假设条件。在通常情况下，因子载荷量越高，通过调查问卷量表获取的样本数据的架构效度也越高。进行因子分析操作之前，必须通过 KMO 检验和 Bartlett's 球型检验两种方法评估因子分析的合适性。KMO 值越大，表明越适合进行因子分析；Bartlett's 球型检验过程中卡方值的显著性概率小于或等于显著性水平值时，表明适合进行因子分析。

KMO 检验和 Bartlett's 球型检验通过后，进行因子分析，首先对因子进行提取，然后运用 Promax 法进行旋转因子，提取特征值大于1，通过架构效度检验的标准为指标的因子载荷均大于0.50。

根据上述方法和标准，对新型城镇化对商务旅游主导型城市新区产业布局的优化作用的各项指标进行效度检验，发现各项指标均适合进行因子分析，并全部通过了架构效度检验（见表4-49）。

表4-49　　　　　　　　　各变量的效度检验值

| 变量名 | KMO值 | Bartlett卡方值 | 因子负载 | | | | 累计方差解释率（%） | 显著性水平 |
|---|---|---|---|---|---|---|---|---|
| 新型城镇化（NTUD） | 0.906 | 1 938.952 | NTUD11 | 0.826 | NTUD31 | 0.814 | 68.415 | 0.000 |
| | | | NTUD12 | 0.812 | NTUD32 | 0.835 | | |
| | | | NTUD21 | 0.864 | NTUD41 | 0.793 | | |
| | | | NTUD22 | 0.842 | NTUD42 | 0.785 | | |
| | | | NTUD23 | 0.854 | | | | |
| 产业集聚（IAD） | 0.893 | 721.763 | IAD11 | 0.629 | IAD23 | 0.704 | 45.941 | 0.000 |
| | | | IAD12 | 0.680 | IAD31 | 0.642 | | |
| | | | IAD13 | 0.678 | IAD32 | 0.639 | | |
| | | | IAD21 | 0.698 | IAD33 | 0.673 | | |
| | | | IAD22 | 0.743 | | | | |
| 游客聚集（TGD） | 0.884 | 661.071 | TGD11 | 0.667 | TGD23 | 0.666 | 44.584 | 0.000 |
| | | | TGD12 | 0.602 | TGD31 | 0.722 | | |
| | | | TGD13 | 0.688 | TGD32 | 0.627 | | |
| | | | TGD21 | 0.674 | TGD33 | 0.645 | | |
| | | | TGD22 | 0.692 | | | | |
| 旅游服务（TC） | 0.767 | 309.827 | TC11 | 0.728 | TC21 | 0.815 | 62.521 | 0.000 |
| | | | TC12 | 0.773 | TC22 | 0.835 | | |
| 商务旅游主导型城市（BTC） | 0.946 | 1 185.824 | BTC11 | 0.760 | BTC23 | 0.766 | 59.162 | 0.000 |
| | | | BTC12 | 0.752 | BTC31 | 0.801 | | |
| | | | BTC13 | 0.748 | BTC32 | 0.801 | | |
| | | | BTC21 | 0.741 | BTC33 | 0.768 | | |
| | | | BTC22 | 0.777 | | | | |

### 4.5.3 结构方程模型分析

根据变量性质的确定标准，可以将新型城镇化对商务旅游主导型城市新区产业布局的优化作用中的各项变量进行归类。其中，新型城镇化是内生变量，旅游服务、游客聚集和产业集聚是中介变量，商务旅游主导型城市则是外生变量。图4-13展示了新型城镇化对商务旅游主导型城市新区产业布局的优化作用的原始结构方程模型。箭头方向指示了变量之间的因果关系，指向由"因"变量向"果"变量。单向箭头表示前一变量与后一变量存在因果关系，双向箭头则表示前一变量和后一变量之间互相存在因果关系。每一个有箭头指向的线都表示一条因果关系路径，对应存在一个回归权重系数。

根据图4-13显示的情况，新型城镇化对商务旅游主导型城市新区产业布局的优化作用的原始结构方程模型中，存在内生显变量31项、外生显变量9项、内生潜变量14项、外生潜变量5项。

内生显变量31项：BTC11、BTC12、BTC13、BTC21、BTC22、BTC23、BTC31、BTC32、BTC33、TC11、TC12、TC21、TC22、TGD11、TGD12、TGD13、TGD21、TGD22、TGD23、TGD31、TGD32、TGD33、IAD11、IAD12、IAD13、IAD21、IAD22、IAD23、IAD31、IAD32、IAD33。

外生显变量9项：NTUD11、NTUD12、NTUD21、NTUD22、NTUD23、NTUD31、NTUD32、NTUD41、NTUD42。

内生潜变量14项：城市现代化（NTUD1）、城市集群化（NTUD2）、城市生态化（NTUD3）、农村城镇化（NTUD4）、支持产业（BTC1）、主导产业（BTC2）、延伸产业（BTC3）、配套设施（TGD1）、生态环境（TGD2）、旅游吸引（TGD3）、复合性（TC1）、非复合性（TC2）、经济基础（IAD1）、产业链条（IAD2）、发展模式（IAD3）。

外生潜变量5项：新型城镇化（NTUD）、商务旅游主导型城市（BTC）、旅游服务（TC）、游客聚集（TGD）、产业集聚（IAD）。

测量模型和结构模型是组成结构方程模型的重要部分，因此必须对这两个模型进行逐个构建。

测量模型的构建。根据测量模型的一般形式：

$$\begin{cases} X = \Lambda_X \xi + \delta \\ Y = \Lambda_Y \eta + \varepsilon \end{cases}$$

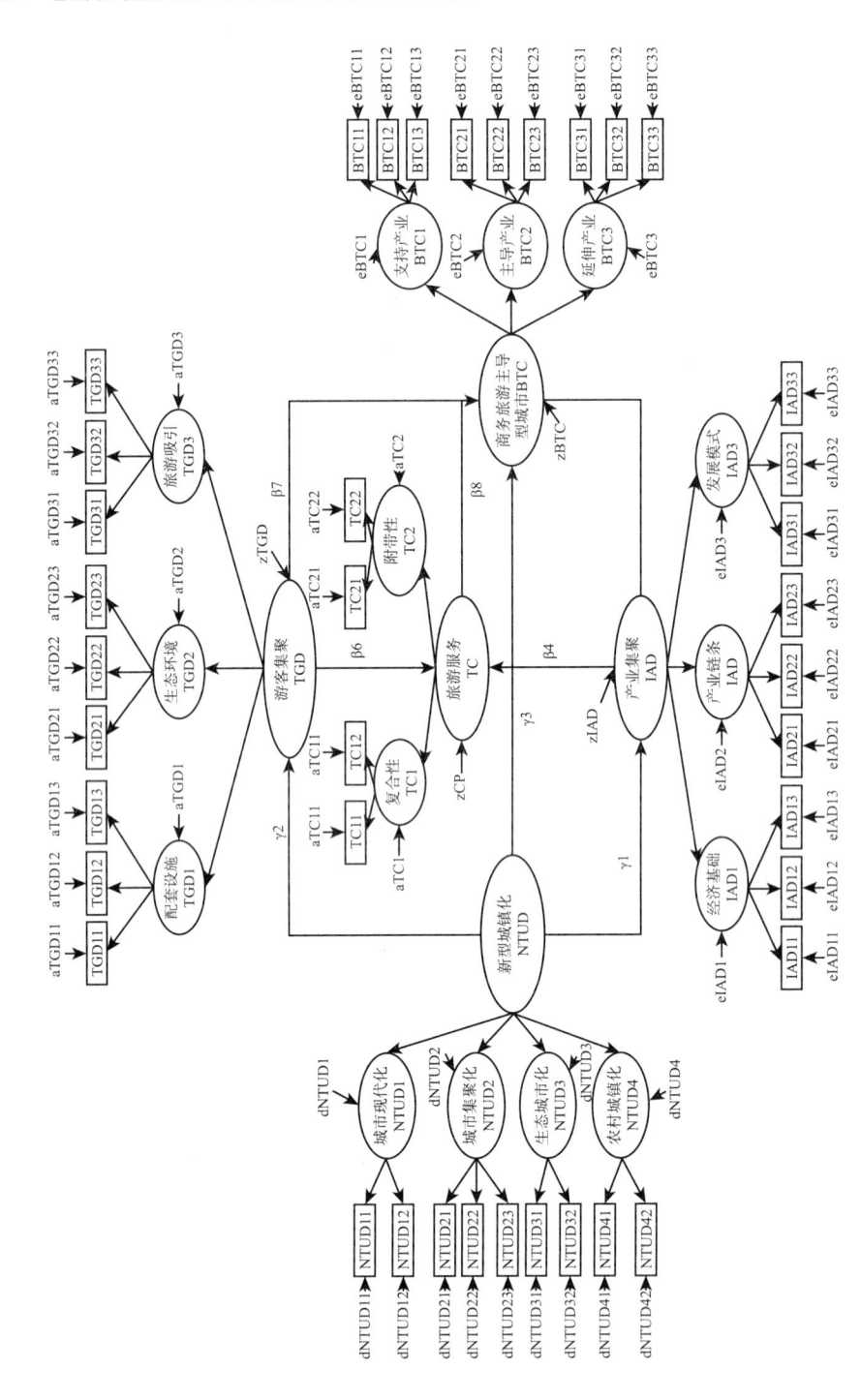

图 4-13 新型城镇化进程中商务旅游主导型城市新区产业布局初始结构方程模型

其中，X 代表外生显变量，Y 表示内生显变量，$\xi$ 代表外生潜变量，$\eta$ 代表内生潜变量。$\varepsilon$ 与 $\delta$ 均代表显变量的误差项，X 的潜变量 $\xi$ 与自己的误差项 $\delta$ 和 Y 的误差项 $\varepsilon$ 均无关，Y 的潜变量 $\eta$ 与自己的误差项 $\varepsilon$ 和 X 的误差项 $\delta$ 也均无关。$\Lambda_X$ 是显变量 X 的因子载荷，$\Lambda_Y$ 是显变量 Y 的因子载荷。

新型城镇化对商务旅游主导型城市新区产业布局的优化作用的测量模型构建中，新型城镇化（NTUD）、城市现代化（NTUD1）、城市集群化（NTUD2）、城市生态化（NTUD3）、农村城镇化（NTUD4）是外生潜变量，用 $\xi_{NTU}$、$\xi_{NTU1}$、$\xi_{NTU2}$、$\xi_{NTU3}$ 和 $\xi_{NTU4}$ 来分别表示。商务旅游主导型城市（BTC）、旅游服务（TC）、游客聚集（TGD）、产业集聚（IAD）、支持产业（BTC1）、主导产业（BTC2）、延伸产业（BTC3）、复合性（TC1）、附带性（TC2）、配套设施（TGD1）、生态环境（TGD2）、旅游吸引（TGD3）、经济基础（IAD1）、产业链条（IAD2）、发展模式（IAD3）是内生潜变量，用 $\eta_{BTC}$、$\eta_{TC}$、$\eta_{TGD}$、$\eta_{IAD}$、$\eta_{BTC1}$、$\eta_{BTC2}$、$\eta_{BTC3}$、$\eta_{TC1}$、$\eta_{TC2}$、$\eta_{TGD1}$、$\eta_{TGD2}$、$\eta_{TGD3}$、$\eta_{IAD1}$、$\eta_{IAD2}$、$\eta_{IAD3}$ 来分别表示。根据上述变量的设定，构建观测模型的方程式表达为如下结构方程。

$\chi_{NTUD1} = \lambda_{NTUD1}\xi_{NTUD} + \delta_{NTUD1}$，$\chi_{NTUD2} = \lambda_{NTUD2}\xi_{NTUD} + \delta_{NTUD2}$，

$\chi_{NTUD3} = \lambda_{NTUD3}\xi_{NTUD} + \delta_{NTUD3}$，$\chi_{NTUD4} = \lambda_{NTUD4}\xi_{NTUD} + \delta_{NTUD4}$，

$\chi_{NTUD11} = \lambda_{NTUD11}\xi_{NTUD1} + \delta_{NTUD11}$，$\chi_{NTUD12} = \lambda_{NTUD12}\xi_{NTUD1} + \delta_{NTUD12}$，

$\chi_{NTUD21} = \lambda_{NTUD21}\xi_{NTUD2} + \delta_{NTUD21}$，$\chi_{NTUD22} = \lambda_{NTUD22}\xi_{NTUD2} + \delta_{NTUD22}$，$\chi_{NTUD23} = \lambda_{NTUD23}\xi_{NTUD2} + \delta_{NTUD23}$，

$\chi_{NTUD31} = \lambda_{NTUD31}\xi_{NTUD3} + \delta_{NTUD31}$，$\chi_{NTUD32} = \lambda_{NTUD32}\xi_{NTUD3} + \delta_{NTUD32}$，

$\chi_{NTUD41} = \lambda_{NTUD41}\xi_{NTUD4} + \delta_{NTUD41}$，$\chi_{NTUD42} = \lambda_{NTUD42}\xi_{NTUD4} + \delta_{NTUD42}$，

$Y_{IAD1} = \lambda_{IAD1}\eta_{IAD} + \varepsilon_{IAD1}$，$Y_{IAD2} = \lambda_{IAD2}\eta_{IAD} + \varepsilon_{IAD2}$，$Y_{IAD3} = \lambda_{IAD3}\eta_{IAD} + \varepsilon_{IAD3}$，

$Y_{IAD11} = \lambda_{IAD11}\eta_{IAD1} + \varepsilon_{IAD11}$，$Y_{IAD12} = \lambda_{IAD12}\eta_{IAD1} + \varepsilon_{IAD12}$，$Y_{IAD13} = \lambda_{IAD13}\eta_{IAD1} + \varepsilon_{IAD13}$，

$Y_{IAD21} = \lambda_{IAD21}\eta_{IAD2} + \varepsilon_{IAD21}$，$Y_{IAD22} = \lambda_{IAD22}\eta_{IAD2} + \varepsilon_{IAD22}$，$Y_{IAD23} = \lambda_{IAD23}\eta_{IAD2} + \varepsilon_{IAD23}$，

$Y_{IAD31} = \lambda_{IAD31}\eta_{IAD3} + \varepsilon_{IAD31}$，$Y_{IAD32} = \lambda_{IAD32}\eta_{IAD3} + \varepsilon_{IAD32}$，$Y_{IAD33} = \lambda_{IAD33}\eta_{IAD3} + \varepsilon_{IAD33}$，

$Y_{TGD1} = \lambda_{TGD1}\eta_{TGD} + \varepsilon_{TGD1}$，$Y_{TGD2} = \lambda_{TGD2}\eta_{TGD} + \varepsilon_{TGD2}$，$Y_{TGD3} = \lambda_{TGD3}\eta_{TGD} + \varepsilon_{TGD3}$，

$Y_{TGD11} = \lambda_{TGD11}\eta_{TGD1} + \varepsilon_{TGD11}$，$Y_{TGD12} = \lambda_{TGD12}\eta_{TGD1} + \varepsilon_{TGD12}$，$Y_{TGD13} = \lambda_{TGD13}\eta_{TGD1} + \varepsilon_{TGD13}$，

$Y_{TGD21} = \lambda_{TGD21}\eta_{TGD2} + \varepsilon_{TGD21}$，$Y_{TGD22} = \lambda_{TGD22}\eta_{TGD2} + \varepsilon_{TGD22}$，$Y_{TGD23} = \lambda_{TGD23}\eta_{TGD2} + \varepsilon_{TGD23}$，

$Y_{TGD31} = \lambda_{TGD31}\eta_{TGD3} + \varepsilon_{TGD31}$，$Y_{TGD32} = \lambda_{TGD32}\eta_{TGD3} + \varepsilon_{TGD32}$，$Y_{TGD33} = \lambda_{TGD33}\eta_{TGD3} + \varepsilon_{TGD33}$，

$Y_{TC1} = \lambda_{TC1}\eta_{TC} + \varepsilon_{TC1}$，$Y_{TC2} = \lambda_{TC2}\eta_{TC} + \varepsilon_{TC2}$，

$Y_{TC11} = \lambda_{TC11}\eta_{TC1} + \varepsilon_{TC11}$，$Y_{TC12} = \lambda_{TC12}\eta_{TC1} + \varepsilon_{TC12}$，

$Y_{TC21} = \lambda_{TC21}\eta_{TC2} + \varepsilon_{TC21}$，$Y_{TC22} = \lambda_{TC22}\eta_{TC2} + \varepsilon_{TC22}$，

$Y_{BTC1} = \lambda_{BTC1}\eta_{BTC} + \varepsilon_{BTC1}$，$Y_{BTC2} = \lambda_{BTC2}\eta_{BTC} + \varepsilon_{BTC2}$，$Y_{BTC3} = \lambda_{BTC3}\eta_{BTC} + \varepsilon_{BTC3}$，

$Y_{BTC11} = \lambda_{BTC11}\eta_{BTC1} + \varepsilon_{BTC11}$，$Y_{BTC12} = \lambda_{BTC12}\eta_{BTC1} + \varepsilon_{BTC12}$，$Y_{BTC13} = \lambda_{BTC13}\eta_{BTC1} + \varepsilon_{BTC13}$，

$Y_{BTC21} = \lambda_{BTC21}\eta_{BTC2} + \varepsilon_{BTC21}$，$Y_{BTC22} = \lambda_{BTC22}\eta_{BTC2} + \varepsilon_{BTC22}$，$Y_{BTC23} = \lambda_{BTC23}\eta_{BTC2} + \varepsilon_{BTC23}$，

$Y_{BTC31} = \lambda_{BTC31}\eta_{BTC3} + \varepsilon_{BTC31}$，$Y_{BTC32} = \lambda_{BTC32}\eta_{BTC3} + \varepsilon_{BTC32}$，$Y_{BTC33} = \lambda_{BTC33}\eta_{BTC3} + \varepsilon_{BTC33}$。

根据结构模型的一般形式：

$$\eta = \beta\eta + \Gamma\xi + \zeta$$

其中，$\eta$ 代表内生潜变量，$\beta$ 代表内生潜变量之间的关系系数，$\Gamma$ 代表内生潜变量受外生潜变量的影响系数，$\xi$ 代表外生潜变量，$\zeta$ 代表残差项。

新型城镇化对商务旅游主导型城市产业布局作用中结构模型构建中，用 $\gamma_1$、$\gamma_2$ 和 $\gamma_3$ 来分别表示新型城镇化对产业集聚、游客聚集和商务旅游主导型城市的影响作用；用 $\beta_4$ 和 $\beta_5$ 来分别表示产业集聚对旅游服务和商务旅游主导型城市的影响作用；用 $\beta_6$ 和 $\beta_7$ 来分别表示游客聚集对旅游服务和商务旅游主导型城市的影响作用；用 $\beta_8$ 来表示旅游服务对商务旅游主导型城市的影响作用。

根据上述变量的设定，构建结构模型的方程式表达如下：

$$\eta_{IAD} = \gamma_1 \xi_{NTUD} + \zeta_{IAD}$$

$$\eta_{TGD} = \gamma_2 \xi_{NTUD} + \zeta_{TGD}$$

$$\eta_{TC} = \beta_6 \eta_{TGD} + \beta_4 \eta_{IAD} + \zeta_{TC}$$

$$\eta_{BTC} = \gamma_3 \xi_{NTUD} + \beta_5 \eta_{IAD} + \beta_7 \eta_{TGD} + \beta_8 \eta_{TC} + \zeta_{BTC}$$

对结构方程模型的测量模型和结构模型构建完成后，还要检验拟合指标、检验参数和决定系数等是否合适，通过不同评价方法对上述指标进行检验，进而判断构建的西南民族地区新型城镇化对商务旅游主导型城市新区产业布局优化作用原始模型是否需要进行修正。

拟合指标的检验。判断原始模型是否与现实情况相符，可以通过对拟合指标的测度来加以评判，拟合指标的值高于满足拟合条件的临界值时，说明真实情况与原始模型构建相符，反之则不相符。拟合指标检验的方法有很多种，但最常用的主要是八种拟合指标检验方法，分别为 $\chi^2/df$、CFI、IFI、TLI、AGFI、PNFI、RMSEA、RMR。

将图 4-13 中的新型城镇化对商务旅游主导型城市新区产业布局优化作用的原始结构方程模型录入 AMOS 17.0 中，通过计算和对相关参数进行估计，获得了新型城镇化对旅游型城市新区产业布局优化作用原始结构方程模型中各项反映拟合关系的拟合指标值（见表 4-50）。

表 4-50　　新型城镇化对商务旅游主导型城市新区产业布局作用原始结构方程模型适配度检验结果

| 拟合指标 | $\chi^2/df$ | CFI | IFI | TLI | AGFI | PNFI | RMSEA | RMR |
| --- | --- | --- | --- | --- | --- | --- | --- | --- |
| 观测值 | 1.251 | 0.967 | 0.967 | 0.964 | 0.835 | 0.786 | 0.031 | 0.028 |
| 拟合标准 | <3.00 | >0.90 | >0.90 | >0.90 | >0.80 | >0.50 | <0.08 | <0.05 |

表4-50表明，将新型城镇化对商务旅游主导型城市新区产业布局优化作用原始结构方程中各项拟合指标的观测值和拟合标准进行对比后，所有观测值均达到了拟合标准。说明新型城镇化对商务旅游主导型城市新区产业布局优化作用的原始模型能够较好地与通过调查问卷获得的样本数据拟合。

在完成新型城镇化对商务旅游主导型城市新区产业布局优化作用原始结构方程模型适配度检验后，对原始结构方程中各路径的系数进行测度（见表4-51）。

表4-51　新型城镇化对商务旅游主导型城市新区产业布局作用原始模型的路径估计

| 路径 | 结构方程模型路径 | 路径系数 | C.R | p |
| --- | --- | --- | --- | --- |
| $\gamma_1$ | IAD←NTUD | 0.634 | 9.059 | *** |
| $\gamma_2$ | TGD←NTUD | 0.549 | 7.560 | *** |
| $\gamma_3$ | BTC←NTUD | 0.216 | 2.019 | 0.043 |
| $\beta_4$ | TC←IAD | 0.546 | 4.358 | *** |
| $\beta_5$ | BTC←IAD | 0.135 | 0.926 | 0.355 |
| $\beta_6$ | TC←TGD | 0.378 | 2.798 | 0.005 |
| $\beta_7$ | BTC←TGD | 0.335 | 2.846 | 0.004 |
| $\beta_8$ | BTC←TC | 0.283 | 2.756 | 0.006 |

注：*** 表示 $p<0.001$。

根据表4-51可以看出，在新型城镇化对商务旅游主导型城市新区产业布局作用的原始结构方程模型构建过程中，IAD对BTC的这条路径未能通过显著性检验，也就意味着IAD对BTC没有产生显著的作用。尽管如此，但由于绝大多数路径均通过了路径显著性检验，所以并不能对之前构造的原始结构方程模型全盘否定。从结果上看，新型城镇化对商务旅游主导型城市新区产业布局作用的原始结构方程模型的构造思路基本正确，但其中的部分关系需要调整后进行重新测度，才能满足研究的目的。

根据之前表4-51中测度的路径估计结果中了解到新型城镇化、产业集聚、旅游服务和游客聚集对商务旅游主导型城市的对应路径系数都比较小，因此要使得能够更好地拟合和测度结构方程模型，就必须对原始的新型城镇化对旅游型城市新区产业布局作用结构方程模型进行适当的调整。通过对文献的梳理查找，保留新型城镇化、旅游服务和游客聚集对商务旅游主导型城市的直接作用路径，剔除产业集聚对商务旅游主导型城市的直接作用路径。由此获得新型城镇化对旅游型城市新区产业布局作用调整后的结构方程模型（见图4-14）。

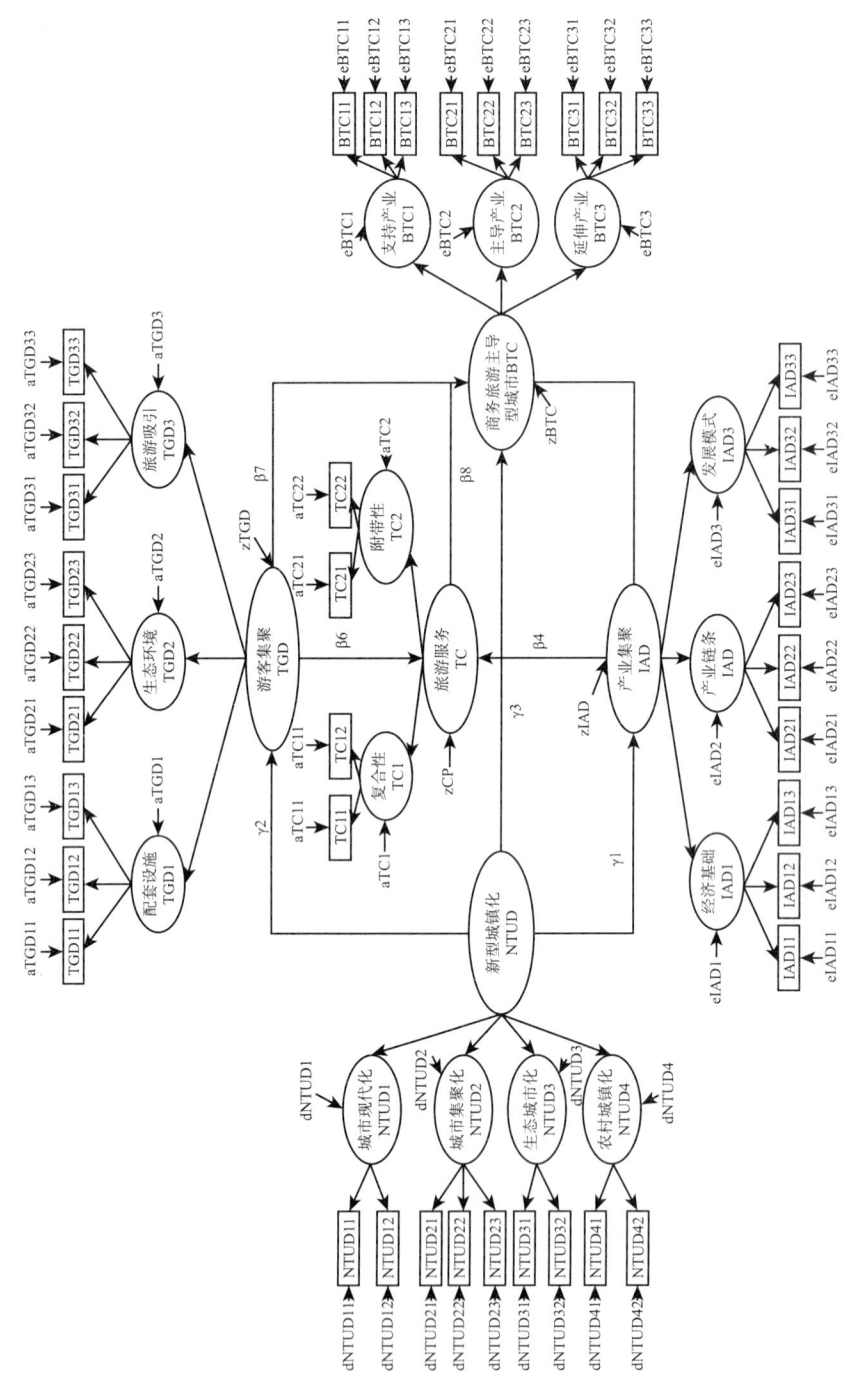

图4-14 调整后的新型城镇化进程中商务旅游主导型城市新区产业布局结构方程模型

由图 4-14 可知，调整后的结构方程模型将产业集聚对商务旅游主导型城市的直接路径剔除了。将调整后的结构方程模型再次放入 AMOS 17.0 软件中进行计算和对作用路径的参数估计，得到调整后的结构方程模型中反映模型拟合程度的多项拟合指标值（见表 4-52）。

表 4-52　　　　　新型城镇化对商务旅游主导型城市新区产业
布局作用调整后结构方程模型适配度检验结果

| 拟合指标 | $\chi^2/df$ | CFI | IFI | TLI | AGFI | PNFI | RMSEA | RMR |
|---|---|---|---|---|---|---|---|---|
| 观测值 | 1.250 | 0.967 | 0.967 | 0.964 | 0.836 | 0.787 | 0.031 | 0.028 |
| 拟合标准 | <3.00 | >0.90 | >0.90 | >0.90 | >0.80 | >0.50 | <0.08 | <0.05 |

对表 4-52 中的拟合指标观测值与拟合标准进行对比后发现新型城镇化对商务旅游主导型城市新区产业布局作用调整后的模型中各项拟合指标值都达到了拟合标准，因此，认为整体上新型城镇化对商务旅游主导型城市新区产业布局作用调整后的模型通过了模型拟合度检验。

新型城镇化对商务旅游主导型城市新区产业布局作用调整后模型通过模型拟合度检验后，需要再次对调整后的模型进行结构方程模型各作用路径的系数测量（见表 4-53）。

表 4-53　　　　　新型城镇化对商务旅游主导型城市新区
产业布局作用调整后模型的路径估计

| 路径 | 结构方程模型路径 | 路径系数 | C.R | p |
|---|---|---|---|---|
| $\gamma_1$ | IAD←NTUD | 0.633 | 9.041 | *** |
| $\gamma_2$ | TGD←NTUD | 0.550 | 7.564 | *** |
| $\gamma_3$ | BTC←NTUD | 0.279 | 3.313 | *** |
| $\beta_4$ | TC←IAD | 0.559 | 4.472 | *** |
| $\beta_6$ | TC←TGD | 0.365 | 2.739 | 0.006 |
| $\beta_7$ | BTC←TGD | 0.337 | 2.854 | 0.004 |
| $\beta_8$ | BTC←TC | 0.326 | 3.388 | *** |

注：*** 表示 $p<0.001$。

表 4-53 显示，新型城镇化对商务旅游主导型城市新区产业布局作用调整后模型中的各项路径的作用系数都通过了显著性检验，其中绝大多数都达到了 0.001 的显著性水平。同时，根据标准化路径系数的测度标准，可以确定新型城镇化对商务旅游主导型城市新区产业布局作用调整后的结构方程模型中所有路径的作用效果都在适中和明显的级别上，由此可以判定调整后的结构方程模型为最终的新型城镇化对商务旅游主导型城市新区产业布局作用的结构方程模型（见图 4-15）。

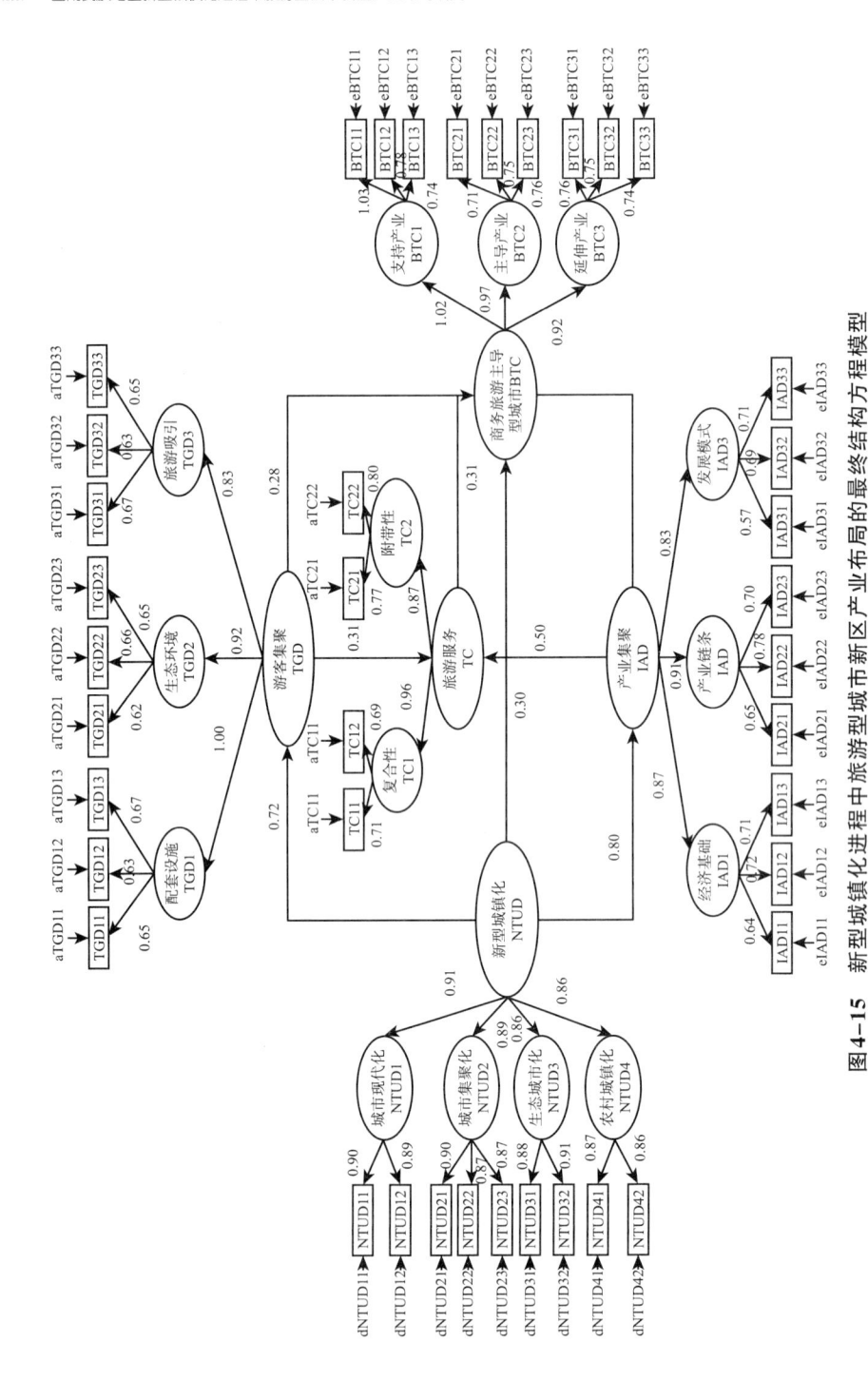

图 4-15 新型城镇化进程中旅游型城市新区产业布局的最终结构方程模型

由于最终的新型城镇化对商务旅游主导型城市新区产业布局作用的结构方程模型图形过于复杂，为研究的直观方便，将最终结构方程模型的主体部分提出，得到最终的新型城镇化对商务旅游主导型城市新区产业布局作用的结构方程模型简化形式（见图 4-16）。

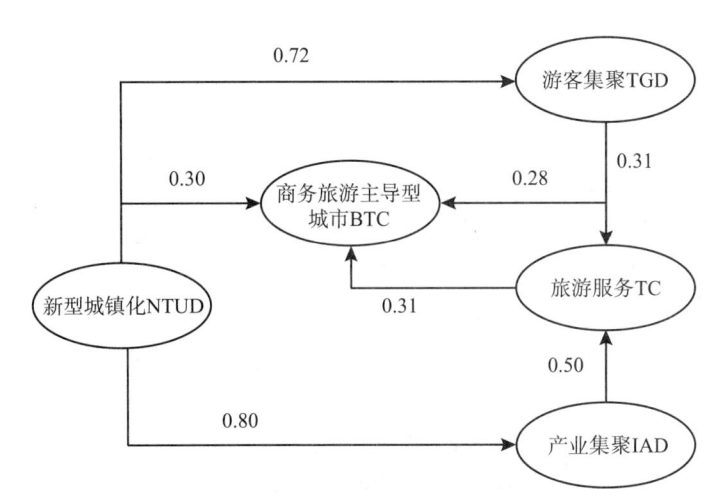

图 4-16　新型城镇化对商务旅游主导型城市新区产业布局作用的最终结构方程模型

在确定最终的新型城镇化对商务旅游主导型城市新区产业布局作用的结构方程模型及其简化形式之后，还需要对其包含的各种效应进行分解，从而最终确定模型的各个变量之间的确切作用方向和作用强度。对结构方程模型进行效应分解就是对结构方程模型中各个变量之间存在的直接效应和间接效应以及他们之间的作用方向和作用强度进行准确的测定。其中，直接效应表示作为原因的变量直接对作为结果的变量作用而产生的影响，其影响程度的测度依靠直接效应的路径系数来衡量；间接效应表示作为原因的变量通过中介变量来间接地对作为结果的变量产生影响。为了使新型城镇化对商务旅游主导型城市新区产业布局作用的主要变量能够被有效测度，需要对新型城镇化、产业集聚、旅游服务和游客聚集等四个变量作用的效应进行分解。由新型城镇化对商务旅游主导型城市新区产业布局作用的最终结构方程模型可以看出，在对西南民族地区新型城镇化对商务旅游主导型城市产业新区布局的研究中，新型城镇化、游客集聚和旅游服务对商务旅游主导型城市产生了直接的影响效应。

图 4-16 显示，新型城镇化对商务旅游主导型城市新区的产业布局形成了数值为 0.30 的直接影响，游客集聚对商务旅游主导型城市新区产业布局形成了数

值为 0.28 的直接影响，旅游服务对商务旅游主导型城市新区产业布局形成了数值为 0.31 的直接影响作用。其中，在新型城镇化、产业集聚、游客聚集和旅游服务四个解释变量之间，新型城镇化对产业集聚和游客聚集分别有着数值为 0.80 和 0.72 的影响效应，产业集聚和游客聚集分别对旅游服务起着数值为 0.50 和 0.31 的影响效应。

### 4.5.4　实证结果

根据统计的显著性分析，运用标准化后的路径系数来对每条路径的作用强度进行估计，以此作为对每一条因果路径的评价，经过标准化处理之后，路径系数的数值都在 -1~1。针对西南民族地区调研获取的样本数据支持了理论分析部分提出的大部分假设。表 4-54 将新型城镇化对商务旅游主导型城市新区产业布局作用的假设验证和构建模型的路径系数情况进行了总结归纳。

表 4-54　　新型城镇化对商务旅游主导型城市新区产业布局作用原始模型的路径估计

| 路径 | 变量 | 标准化路径系数 | p | 研究假设 | 假设检验 |
| --- | --- | --- | --- | --- | --- |
| $\gamma_1$ | IAD←NTUD | 0.80 | *** | HA1 | 支持 |
| $\gamma_2$ | TGD←NTUD | 0.72 | *** | HA2 | 支持 |
| $\gamma_3$ | BTC←NTUD | 0.30 | *** | HA3 | 支持 |
| $\beta_4$ | TC←IAD | 0.50 | *** | HA4 | 支持 |
| $\beta_5$ | BTC←IAD | — | — | HA5 | 不支持 |
| $\beta_6$ | TC←TGD | 0.31 | 0.006 | HA6 | 支持 |
| $\beta_7$ | BTC←TGD | 0.28 | 0.004 | HA7 | 支持 |
| $\beta_8$ | BTC←TC | 0.31 | *** | HA8 | 支持 |

注：*** 表示 $p < 0.001$。

表 4-54 表明，新型城镇化到产业集聚的路径及其系数为 $\gamma_1 = 0.80$，$p < 0.001$，通过了显著性检验，由此，可以验证"新型城镇化对产业集聚效应具有显著的直接正向作用"的假设，检验的结果支持了原假设 HA1。

新型城镇化到游客聚集的路径及其系数为 $\gamma_2 = 0.72$，$p < 0.001$，通过了显著性检验，由此，可以验证"新型城镇化对游客聚集效应具有显著的直接正向作

用"的假设，检验的结果支持了原假设 HA2。

新型城镇化到商务旅游主导型城市新区的产业布局的路径及其系数 $\gamma_3 = 0.30$，通过了显著性检验，$p<0.001$，由此，可以判定"商务路旅游主导型城市对商务路旅游主导型城市新区产业布局具有显著的直接正向作用"的假设成立，检验的结果支持了原假设 HA3。

产业集聚到旅游服务的路径及其系数为 $\beta_4 = 0.50$，$p<0.001$，通过了显著性检验，由此，可以验证"产业集聚效应对旅游服务具有显著的直接正向作用"的假设，检验的结果支持了原假设 HA4。

产业集聚到商务旅游主导型城市新区产业布局的路径在调整结构方程模型中被删除掉了。由此，原假设"产业集聚对优化商务路旅游主导型城市产业布局具有显著的直接正向作用"不能得到验证，检验的结果不支持原假设 HA5。

游客聚集到旅游服务的路径及其系数为 $\beta_6 = 0.31$，$p<0.05$，通过了显著性检验，由此，可以验证"游客聚集效应对旅游服务具有显著的直接正向作用"的假设，检验的结果支持了原假设 HA6。

游客集聚到商务路旅游主导型城市新区产业布局的路径及其系数为 $\beta_7 = 0.28$，$p<0.01$，通过了显著性检验，由此，可以验证"游客集聚效应对商务路旅游主导型城市新区产业布局的优化具有显著的直接正向作用"的假设，检验的结果支持了原假设 HA7。

旅游服务到商务旅游主导型城市新区产业布局的路径及其系数为 $\beta_8 = 0.31$，$p<0.05$，通过了显著性检验，由此，可以验证"旅游服务对商务旅游主导型城市新区产业布具有显著的直接正向作用"的假设，检验的结果支持了原假设 HA8。

通过新型城镇化对商务旅游主导型城市新区产业布局的研究，得到新型城镇化、游客聚集和旅游服务对商务旅游主导型城市新区产业布局具有显著的直接正向作用，直接正向作用产生的效应分别为 0.30、0.28、0.31，表明新型城镇化、游客聚集和旅游服务都是影响商务旅游主导型城市新区产业布局优化的重要因素，也证明了新型城镇化的城市现代化、城市集群化、城市生态化和农村城镇化这四个构成维度在识别新型城镇化过程时的合理性。与此同时，游客集聚和旅游服务分别对商务路旅游主导型城市新区的产业布局优化产生了直接的影响效应，说明在西南民族地区的商务路旅游主导型城市新区产业布局中，游客集聚而形成的规模效应以及旅游服务所带来的旅游规模的扩大都将对商务旅游主导型城市新区产业布局的不断优化形成正向的促进作用，都是在研究西南民族地区商务旅游主导型城市新区产业布局中所不可或缺的重要因素。

在对研究结果的梳理分析中不难发现一个重要问题：产业集聚对商务旅游主导型城市新区产业布局没有显著的直接正向作用，但是产业集聚对旅游服务具有路径系数为 0.51 的直接影响。旅游产业和泛旅游产业所形成的集聚会形成更大的集聚效应，产业资本要素在空间上形成了高度的集聚，为商务旅游主导型城市进行深度旅游服务开发提供了较好的产业基础。

从西南民族地区新型城镇化进程中商务旅游主导型城市新区产业布局的实证结果可以看出，产业集聚、游客集聚及旅游服务都是影响新型城镇化对商务旅游主导型城市新区产业布局的重要中间变量。产业集聚为商务旅游主导型城市新区产业布局奠定了较好的经济基础、较为完整的产业链条及符合实际的发展模式，为商务旅游主导型城市新区产业布局的优化奠定了产业基础。同时，游客集聚为生态旅游的发展及相关产业发展提供了广阔的消费市场，是商务旅游主导型城市产业发展的不竭源泉，也是新型城镇化不断深化的重要基础条件，有力地促进了新型城镇化与商务旅游主导型城市产业发展。而旅游服务作为生态旅游发展的重要依赖条件，既是生态旅游城市产业发展的重要基础，也是旅游引导的城镇化得以发展的依靠，为新型城镇化对商务旅游主导型城市产业布局的优化提供了良好的资源基础条件。

## 4.6 新型城镇化进程中养生旅游主导型城市新区产业布局的实证研究

### 4.6.1 变量度量

对新型城镇化进程中养生旅游主导型城市产业新区布局优化作用的研究中，新型城镇化是解释变量。针对新型城镇化设计了 9 个题项，分别从城市现代化、城市集聚化、城市生态化和农村城镇化等四个方面对新型城镇化进行测度（见表 4-55）。

表 4-55　　　　　　　　　　新型城镇化（NTUE）指标量

| 指标 | | 内容 |
|---|---|---|
| 城市现代化（NTUE1） | NTUE11 | 城市现代化的程度符合养生旅游主导型城市产业布局要求的程度 |
| | NTUE12 | 城市现代化与产业要素符合养生旅游主导型城市产业布局要求程度 |
| 城市集聚化（NTUE2） | NTUE21 | 城市集聚化的程度符合养生旅游主导型城市产业布局要求的程度 |
| | NTUE22 | 城市集聚化与旅游业融合符合养生旅游主导型城市产业布局要求程度 |
| | NTUE23 | 城市集聚化与产业布局符合养生旅游主导型城市产业布局要求的程度 |
| 城市生态化（NTUE3） | NTUE31 | 城市生态化的要求符合养生旅游主导型城市产业布局要求的程度 |
| | NTUE32 | 城市生态化与生态旅游符合养生旅游主导型城市产业布局要求的程度 |
| 农村城镇化（NTUE4） | NTUE41 | 农村城镇化程度符合养生旅游主导型城市产业布局要求的程度 |
| | NTUE42 | 农村城镇化与就业结构符合养生旅游主导型城市产业布局要求程度 |

对新型城镇化进程对养生旅游主导型城市产业新区布局优化作用的研究中，被解释变量有四个：养生旅游主导型城市、旅游基础、游客聚集和产业集聚。其中，从西南民族地区养生旅游主导型城市的产业构成出发，将养生旅游主导型城市产业布局分为支持产业、主导产业和延伸产业，并针对三个指标设置了 9 个题项来进行测度采用了（见表 4-56）。

表 4-56　　　　　　　　养生旅游主导型城市（HTC）指标量

| 指标 | | 内容 |
|---|---|---|
| 支持产业（HTC1） | HTC11 | 支持产业分布符合养生旅游主导型城市产业布局要求的程度 |
| | HTC12 | 支持产业类型符合养生旅游主导型城市产业布局要求的程度 |
| | HTC13 | 支持产业结构符合养生旅游主导型城市产业布局要求的程度 |
| 主导产业（HTC2） | HTC21 | 主导产业分布符合养生旅游主导型城市产业布局要求的程度 |
| | HTC22 | 主导产业类型符合养生旅游主导型城市产业布局要求的程度 |
| | HTC23 | 主导产业结构符合养生旅游主导型城市产业布局要求的程度 |
| 延伸产业（HTC2） | HTC31 | 延伸产业分布符合养生旅游主导型城市产业布局要求的程度 |
| | HTC32 | 延伸产业类型符合养生旅游主导型城市产业布局要求的程度 |
| | HTC33 | 延伸产业结构符合养生旅游主导型城市产业布局要求的程度 |

游客聚集指标的测度采用了9个题项，分别从配套设施、生态环境、旅游吸引三个角度对游客聚集进行测度（见表4-57）。

表4-57　　　　　　　　　　游客聚集（TGE）指标量

| 指标 | | 内容 |
| --- | --- | --- |
| 配套设施<br>（TGE1） | TGE11 | 游客对配套设施的满意度符合养生旅游主导型城市产业布局要求程度 |
| | TGE12 | 配套设施所带来的公共服务符合养生旅游主导型城市产业布局要求程度 |
| | TGE13 | 配套设施的分布符合养生旅游主导型城市产业布局要求的程度 |
| 生态环境<br>（TGE2） | TGE21 | 环境容量与游客进入符合养生旅游主导型城市产业布局要求程度 |
| | TGE22 | 生态环境设施建设符合养生旅游主导型城市产业布局要求的程度 |
| | TGE23 | 生态环境保护范围符合养生旅游主导型城市产业布局要求的程度 |
| 旅游吸引<br>（TGE3） | TGE31 | 旅游吸引与游客进入结合符合观光旅游型城市产业布局要求的程度 |
| | TGE32 | 旅游吸引的空间特征符合养生旅游主导型城市产业布局要求的程度 |
| | TGE33 | 旅游吸引强度与动机符合养生旅游主导型城市产业布局要求程度 |

旅游基础指标的测度采用了4个题项，分别从环境基础、文化基础两个角度进行测度（见表4-58）。

表4-58　　　　　　　　　　旅游基础（TB）指标量

| 指标 | | 内容 |
| --- | --- | --- |
| 环境基础<br>（TB1） | TB11 | 自然环境基础符合养生旅游主导型城市产业布局要求的程度 |
| | TB12 | 社会环境基础符合养生旅游主导型城市产业布局要求的程度 |
| 文化基础<br>（TB2） | TB21 | 地域文化基础符合养生旅游主导型城市产业布局要求程度 |
| | TB22 | 现代文化基础符合养生旅游主导型城市产业布局要求程度 |

产业集聚指标的测度采用了9个题项，分别从经济基础、产业链条、发展模式三个角度对产业集聚进行测度（见表4-59）。

表 4-59　　产业集聚（IAE）指标量

| 指标 | | 内容 |
|---|---|---|
| 经济基础（IAE1） | IAE11 | 经济发展状况符合养生旅游主导型城市产业布局要求的程度 |
| | IAE12 | 经济发展潜力符合养生旅游主导型城市产业布局要求的程度 |
| | IAE13 | 经济基础与产业结合符合养生旅游主导型城市产业布局要求的程度 |
| 产业链条（IAE2） | IAE21 | 产业链条的长度符合养生旅游主导型城市产业布局要求的程度 |
| | IAE22 | 产业链条与旅游结合符合养生旅游主导型城市产业布局要求的程度 |
| | IAE23 | 产业链与泛旅游产业融合符合养生旅游主导型城市产业布局要求程度 |
| 发展模式（IAE3） | IAE31 | 产业集群模式符合养生旅游主导型城市产业布局要求的程度 |
| | IAE32 | 产业集群与旅游业结合符合养生旅游主导型城市产业布局要求的程度 |
| | IAE33 | 产业集群化趋势与城市定位符合养生旅游主导型城市产业布局要求程度 |

## 4.6.2　数据检验

在运用结构方程模型对新型城镇化进程中养生旅游主导型城市新区产业布局进行实证分析之前，只有保证调查问卷获取数据的信度和效度，才能够在接下来进行的对数据的实证研究中获得准确、科学的结论，才能真正掌握西南民族地区新型城镇化进程中养生旅游主导型城市新区产业布局的优化原理。因此，在实证分析之前，对通过调查问卷获得的数据进行信度检验和效度检验是保证获得准确、科学的西南民族地区新型城镇化进程对养生旅游主导型城市新区产业布局作用原理的有力保障。

在进行西南民族地区新型城镇化进程中养生旅游主导型城市新区产业布局的描述性统计时，一方面，为了能够直观地看出新型城镇化对养生旅游主导型城市新区产业布局的优化作用研究中各个变量数据分布的平均程度和集中程度，对样本数据的均值进行描述，更好地反映出各指标数据的整体趋势。另一方面，为了直观观测新型城镇化对养生旅游主导型城市新区产业布局的优化作用研究中各变量离散程度的指标，在描述性统计中对标准差进行计算，变量数据的标准差越大，则表示该变量数据的分布离散程度越强，越发散；反之，若变量数据的标准差越小，则表示该变量数据的分布离散程度越低，越收敛。

因此，运用均值和标准差两个指标对新型城镇化对养生旅游主导型城市新区产业布局的优化作用中各变量指标进行描述性统计分析，可以很直观地获得新型城镇化、养生旅游主导型城市、旅游基础、游客聚集以及产业集聚的均值和标准差（见表4-60）。

表4-60  各指标的均值和标准差

| 指标 | | 均值 | 标准差 | 指标 | | 均值 | 标准差 |
| --- | --- | --- | --- | --- | --- | --- | --- |
| 城市现代化<br>（NTUE1） | NTUE11 | 3.68 | 0.678 | 产业链条<br>（IAE1） | IAE11 | 3.26 | 0.783 |
| | NTUE12 | 3.68 | 0.694 | | IAE12 | 3.09 | 0.806 |
| 城市集群化<br>（NTUE2） | NTUE21 | 3.66 | 0.813 | | IAE13 | 3.14 | 0.737 |
| | NTUE22 | 3.60 | 0.855 | 发展模式<br>（IAE2） | IAE21 | 3.16 | 0.814 |
| | NTUE23 | 3.64 | 0.850 | | IAE22 | 3.08 | 0.757 |
| 城市生态化<br>（NTUE3） | NTUE31 | 3.55 | 0.827 | | IAE23 | 3.17 | 0.784 |
| | NTUE32 | 3.57 | 0.807 | 环境基础<br>（TB1） | TB11 | 3.36 | 0.797 |
| 农村城镇化<br>（NTUE4） | NTUE41 | 3.65 | 0.771 | | TB12 | 3.40 | 0.865 |
| | NTUE42 | 3.64 | 0.762 | 文化基础<br>（TB2） | TB21 | 3.42 | 0.862 |
| 配套设施<br>（TGE1） | TGE11 | 3.15 | 0.720 | | TB22 | 3.35 | 0.829 |
| | TGE12 | 3.28 | 0.763 | 支持产业<br>（HTC1） | HTC11 | 3.53 | 0.759 |
| | TGE13 | 3.17 | 0.752 | | HTC12 | 3.43 | 0.876 |
| 生态环境<br>（TGE2） | TGE21 | 3.27 | 0.880 | | HTC13 | 3.48 | 0.819 |
| | TGE22 | 3.14 | 0.778 | 主导产业<br>（HTC2） | HTC21 | 3.56 | 0.778 |
| | TGE23 | 3.09 | 0.721 | | HTC22 | 3.58 | 0.889 |
| 旅游吸引<br>（TGE3） | TGE31 | 3.35 | 0.862 | | HTC23 | 3.60 | 0.789 |
| | TGE32 | 3.19 | 0.768 | 延伸产业<br>（HTC3） | HTC31 | 3.54 | 0.851 |
| | TGE33 | 3.18 | 0.785 | | HTC32 | 3.62 | 0.829 |
| 经济基础<br>（IAE1） | IAE41 | 3.30 | 0.780 | | HTC33 | 3.67 | 0.811 |
| | IAE42 | 3.22 | 0.711 | | | | |
| | IAE43 | 3.02 | 0.717 | | | | |

在对新型城镇化对养生旅游主导型城市新区产业布局的优化作用研究的信度检验中，运用组合信度的方法，并采用Kline的判别标准作为信度检验参照的标准。根据对新型城镇化对养生旅游主导型城市新区产业布局的优化作用中各变量进行信度检验，得到各变量的组合信度系数值（见表4-61），均通过了组合信度检验，达到最佳和很好的标准。

表 4-61　　　　　　　　　各变量组合信度检验系数

| 变量名 | 组合信度系数 $\rho_c$ 值 | 接受程度 |
| --- | --- | --- |
| 新型城镇化 | 0.933 | 最佳 |
| 产业集聚 | 0.846 | 很好 |
| 游客聚集 | 0.836 | 很好 |
| 旅游基础 | 0.773 | 适中 |
| 养生旅游主导型城市 | 0.898 | 很好 |

新型城镇化对养生旅游主导型城市新区产业布局的优化作用采用因子分析对架构效度进行检验，目的是核验通过调查问卷量表获得的数据能否科学地反映出测度变量的真实架构，是否满足假设条件。在通常情况下，因子载荷量越高，通过调查问卷量表获取的样本数据的架构效度也越高。进行因子分析操作之前，必须通过 KMO 检验和 Bartlett's 球型检验两种方法评估因子分析的合适性。KMO 值越大，表明越适合进行因子分析；Bartlett's 球型检验过程中卡方值的显著性概率小于或等于显著性水平值时，表明适合进行因子分析。

KMO 检验和 Bartlett's 球型检验通过后，进行因子分析，首先对因子进行提取，然后运用 Promax 法进行旋转因子，提取特征值大于 1，通过架构效度检验的标准为指标的因子载荷均大于 0.50。

根据上述方法和标准，对新型城镇化对养生旅游主导型城市新区产业布局的优化作用的各项指标进行效度检验，发现各项指标均适合进行因子分析，并全部通过了架构效度检验（见表 4-62）。

表 4-62　　　　　　　　　各变量的效度检验值

| 变量名 | KMO 值 | Bartlett 卡方值 | 因子负载 | | | | 累计方差解释率（%） | 显著性水平 |
| --- | --- | --- | --- | --- | --- | --- | --- | --- |
| 新型城镇化（NTUE） | 0.904 | 1 739.321 | NTUE11 | 0.811 | NTUE31 | 0.785 | 65.530 | 0.000 |
| | | | NTUE12 | 0.790 | NTUE32 | 0.805 | | |
| | | | NTUE21 | 0.842 | NTUE41 | 0.791 | | |
| | | | NTUE22 | 0.823 | NTUE42 | 0.786 | | |
| | | | NTUE23 | 0.837 | | | | |

续表

| 变量名 | KMO值 | Bartlett卡方值 | 因子负载 | | | | 累计方差解释率(%) | 显著性水平 |
|---|---|---|---|---|---|---|---|---|
| 产业集聚(IAE) | 0.890 | 690.095 | IAE11 | 0.622 | IAE23 | 0.683 | 44.993 | 0.000 |
| | | | IAE12 | 0.682 | IAE31 | 0.649 | | |
| | | | IAE13 | 0.685 | IAE32 | 0.638 | | |
| | | | IAE21 | 0.680 | IAE33 | 0.676 | | |
| | | | IAE22 | 0.715 | | | | |
| 游客聚集(TGE) | 0.882 | 623.738 | TGE11 | 0.648 | TGE23 | 0.652 | 43.317 | 0.000 |
| | | | TGE12 | 0.662 | TGE31 | 0.708 | | |
| | | | TGE13 | 0.682 | TGE32 | 0.647 | | |
| | | | TGE21 | 0.644 | TGE33 | 0.632 | | |
| | | | TGE22 | 0.643 | | | | |
| 旅游基础(TB) | 0.722 | 283.480 | TB11 | 0.705 | TB21 | 0.804 | 59.771 | 0.000 |
| | | | TB12 | 0.772 | TB22 | 0.800 | | |
| 养生旅游主导型城市(HTC) | 0.928 | 1 064.672 | HTC11 | 0.723 | HTC23 | 0.766 | 55.415 | 0.000 |
| | | | HTC12 | 0.714 | HTC31 | 0.792 | | |
| | | | HTC13 | 0.682 | HTC32 | 0.809 | | |
| | | | HTC21 | 0.699 | HTC33 | 0.762 | | |
| | | | HTC22 | 0.739 | | | | |

### 4.6.3 结构方程模型分析

根据变量性质的确定标准，可以将新型城镇化对养生旅游主导型城市新区产业布局的优化作用中的各项变量进行归类。其中，新型城镇化是内生变量，旅游基础、游客聚集和产业集聚是中介变量，养生旅游主导型城市则是外生变量。图4-17展示了新型城镇化对养生旅游主导型城市新区产业布局的优化作用的原始结构方程模型，箭头方向指示了变量之间的因果关系，指向由"因"变量向"果"变量。单向箭头表示前一变量与后一变量存在因果关系，双向箭头则表示前一变量和后一变量之间互相存在因果关系。每一个有箭头指向的线都表示一条因果关系路径，对应存在一个回归权重系数。

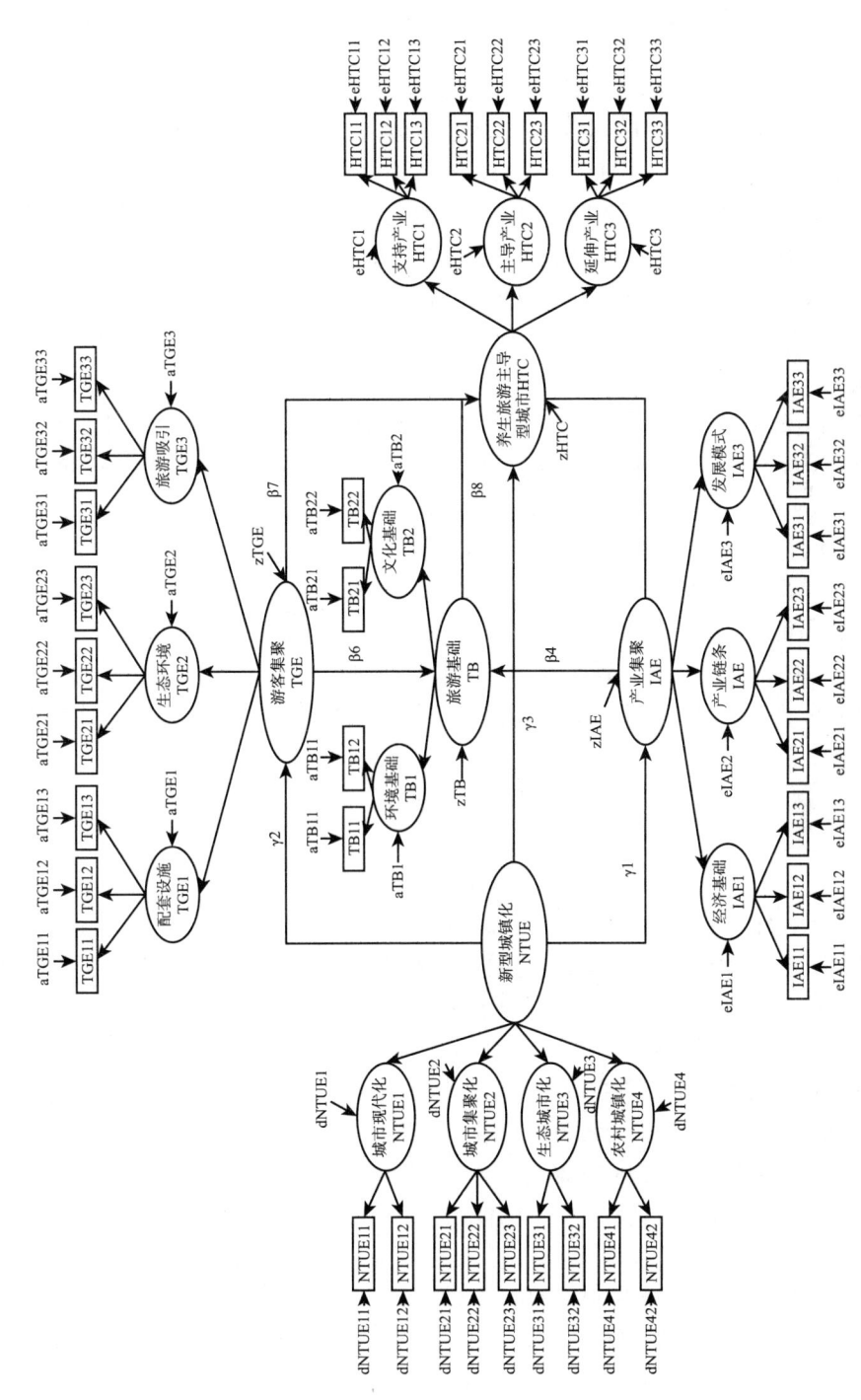

第4章 西南民族地区新型城镇化进程中旅游型城市新区产业布局的结构方程实证研究

图4-17 新型城镇化进程中养生旅游主导型城市新区产业布局初始结构方程模型

根据图4-17显示的情况，构建的新型城镇化对养生旅游主导型城市新区产业布局的优化作用的原始结构方程模型中，存在内生显变量31项、外生显变量9项、内生潜变量14项、外生潜变量5项。具体如下：

内生显变量31项：HTC11、HTC12、HTC13、HTC21、HTC22、HTC23、HTC31、HTC32、HTC33、TB11、TB12、TB21、TB22、TGE11、TGE12、TGE13、TGE21、TGE22、TGE23、TGE31、TGE32、TGE33、IAE11、IAE12、IAE13、IAE21、IAE22、IAE23、IAE31、IAE32、IAE33。

外生显变量9项：NTUE11、NTUE12、NTUE21、NTUE22、NTUE23、NTUE31、NTUE32、NTUE41、NTUE42。

内生潜变量14项：城市现代化（NTUE1）、城市集群化（NTUE2）、城市生态化（NTUE3）、农村城镇化（NTUE4）、支持产业（HTC1）、主导产业（HTC2）、延伸产业（HTC3）、配套设施（TGE1）、生态环境（TGE2）、旅游吸引（TGE3）、环境基础（TB1）、非环境基础（TB2）、经济基础（IAE1）、产业链条（IAE2）、发展模式（IAE3）。

外生潜变量5项：新型城镇化（NTUE）、养生旅游主导型城市（HTC）、旅游基础（TB）、游客聚集（TGE）、产业集聚（IAE）。

测量模型和结构模型是组成结构方程模型的重要部分，因此必须对这两个模型进行逐个构建。

测量模型的构建。根据测量模型的一般形式：

$$\begin{cases} X = \Lambda_X \xi + \delta \\ Y = \Lambda_Y \eta + \varepsilon \end{cases}$$

其中，X代表外生显变量，Y表示内生显变量，$\xi$代表外生潜变量，$\eta$代表内生潜变量。$\varepsilon$与$\delta$均代表显变量的误差项，X的潜变量$\xi$与自己的误差项$\delta$和Y的误差项$\varepsilon$均无关，Y的潜变量$\eta$与自己的误差项$\varepsilon$和X的误差项$\delta$也均无关。$\Lambda_X$是显变量X的因子载荷，$\Lambda_Y$是显变量Y的因子载荷。

新型城镇化对养生旅游主导型城市新区产业布局的优化作用的测量模型构建中，新型城镇化（NTUE）、城市现代化（NTUE1）、城市集群化（NTUE2）、城市生态化（NTUE3）、农村城镇化（NTUE4）是外生潜变量，用$\xi_{NTU}$、$\xi_{NTU1}$、$\xi_{NTU2}$、$\xi_{NTU3}$和$\xi_{NTU4}$来分别表示。养生旅游主导型城市（HTC）、旅游基础（TB）、游客聚集（TGE）、产业集聚（IAE）、支持产业（HTC1）、主导产业（HTC2）、延伸产业（HTC3）、环境基础（TB1）、文化基础（TB2）、配套设施（TGE1）、生态环境（TGE2）、旅游吸引（TGE3）、经济基础（IAE1）、产业链条（IAE2）、发展模式（IAE3）是内生潜变量，用$\eta_{HTC}$、$\eta_{TB}$、$\eta_{TGE}$、$\eta_{IAE}$、$\eta_{HTC1}$、$\eta_{HTC2}$、

$\eta_{HTC3}$、$\eta_{TB1}$、$\eta_{TB2}$、$\eta_{TGE1}$、$\eta_{TGE2}$、$\eta_{TGE3}$、$\eta_{IAE1}$、$\eta_{IAE2}$、$\eta_{IAE3}$来分别表示。根据上述变量的设定,构建观测模型的方程式表达为如下结构模型:

$\chi_{NTUE1} = \lambda_{NTUE1}\xi_{NTUE} + \delta_{NTUE1}$,  $\chi_{NTUE2} = \lambda_{NTUE2}\xi_{NTUE} + \delta_{NTUE2}$,

$\chi_{NTUE3} = \lambda_{NTUE3}\xi_{NTUE} + \delta_{NTUE3}$,  $\chi_{NTUE4} = \lambda_{NTUE4}\xi_{NTUE} + \delta_{NTUE4}$,

$\chi_{NTUE11} = \lambda_{NTUE11}\xi_{NTUE1} + \delta_{NTUE11}$,  $\chi_{NTUE12} = \lambda_{NTUE12}\xi_{NTUE1} + \delta_{NTUE12}$,

$\chi_{NTUE21} = \lambda_{NTUE21}\xi_{NTUE2} + \delta_{NTUE21}$,  $\chi_{NTUE22} = \lambda_{NTUE22}\xi_{NTUE2} + \delta_{NTUE22}$,  $\chi_{NTUE23} = \lambda_{NTUE23}\xi_{NTUE2} + \delta_{NTUE23}$,

$\chi_{NTUE31} = \lambda_{NTUE31}\xi_{NTUE3} + \delta_{NTUE31}$,  $\chi_{NTUE32} = \lambda_{NTUE32}\xi_{NTUE3} + \delta_{NTUE32}$,

$\chi_{NTUE41} = \lambda_{NTUE41}\xi_{NTUE4} + \delta_{NTUE41}$,  $\chi_{NTUE42} = \lambda_{NTUE42}\xi_{NTUE4} + \delta_{NTUE42}$,

$Y_{IAE1} = \lambda_{IAE1}\eta_{IAE} + \varepsilon_{IAE1}$,  $Y_{IAE2} = \lambda_{IAE2}\eta_{IAE} + \varepsilon_{IAE2}$,  $Y_{IAE3} = \lambda_{IAE3}\eta_{IAE} + \varepsilon_{IAE3}$,

$Y_{IAE11} = \lambda_{IAE11}\eta_{IAE1} + \varepsilon_{IAE11}$,  $Y_{IAE12} = \lambda_{IAE12}\eta_{IAE1} + \varepsilon_{IAE12}$,  $Y_{IAE13} = \lambda_{IAE13}\eta_{IAE1} + \varepsilon_{IAE13}$,

$Y_{IAE21} = \lambda_{IAE21}\eta_{IAE2} + \varepsilon_{IAE21}$,  $Y_{IAE22} = \lambda_{IAE22}\eta_{IAE2} + \varepsilon_{IAE22}$,  $Y_{IAE23} = \lambda_{IAE23}\eta_{IAE2} + \varepsilon_{IAE23}$,

$Y_{IAE31} = \lambda_{IAE31}\eta_{IAE3} + \varepsilon_{IAE31}$,  $Y_{IAE32} = \lambda_{IAE32}\eta_{IAE3} + \varepsilon_{IAE32}$,  $Y_{IAE33} = \lambda_{IAE33}\eta_{IAE3} + \varepsilon_{IAE33}$,

$Y_{TGE1} = \lambda_{TGE1}\eta_{TGE} + \varepsilon_{TGE1}$,  $Y_{TGE2} = \lambda_{TGE2}\eta_{TGE} + \varepsilon_{TGE2}$,  $Y_{TGE3} = \lambda_{TGE3}\eta_{TGE} + \varepsilon_{TGE3}$,

$Y_{TGE11} = \lambda_{TGE11}\eta_{TGE1} + \varepsilon_{TGE11}$,  $Y_{TGE12} = \lambda_{TGE12}\eta_{TGE1} + \varepsilon_{TGE12}$,  $Y_{TGE13} = \lambda_{TGE13}\eta_{TGE1} + \varepsilon_{TGE13}$,

$Y_{TGE21} = \lambda_{TGE21}\eta_{TGE2} + \varepsilon_{TGE21}$,  $Y_{TGE22} = \lambda_{TGE22}\eta_{TGE2} + \varepsilon_{TGE22}$,  $Y_{TGE23} = \lambda_{TGE23}\eta_{TGE2} + \varepsilon_{TGE23}$,

$Y_{TGE31} = \lambda_{TGE31}\eta_{TGE3} + \varepsilon_{TGE31}$,  $Y_{TGE32} = \lambda_{TGE32}\eta_{TGE3} + \varepsilon_{TGE32}$,  $Y_{TGE33} = \lambda_{TGE33}\eta_{TGE3} + \varepsilon_{TGE33}$,

$Y_{TB1} = \lambda_{TB1}\eta_{TB} + \varepsilon_{TB1}$,  $Y_{TB2} = \lambda_{TB2}\eta_{TB} + \varepsilon_{TB2}$,

$Y_{TB11} = \lambda_{TB11}\eta_{TB1} + \varepsilon_{TB11}$,  $Y_{TB12} = \lambda_{TB12}\eta_{TB1} + \varepsilon_{TB12}$,

$Y_{TB21} = \lambda_{TB21}\eta_{TB2} + \varepsilon_{TB21}$,  $Y_{TB22} = \lambda_{TB22}\eta_{TB2} + \varepsilon_{TB22}$,

$Y_{HTC1} = \lambda_{HTC1}\eta_{HTC} + \varepsilon_{HTC1}$,  $Y_{HTC2} = \lambda_{HTC2}\eta_{HTC} + \varepsilon_{HTC2}$,  $Y_{HTC3} = \lambda_{HTC3}\eta_{HTC} + \varepsilon_{HTC3}$,

$Y_{HTC11} = \lambda_{HTC11}\eta_{HTC1} + \varepsilon_{HTC11}$,  $Y_{HTC12} = \lambda_{HTC12}\eta_{HTC1} + \varepsilon_{HTC12}$,  $Y_{HTC13} = \lambda_{HTC13}\eta_{HTC1} + \varepsilon_{HTC13}$,

$Y_{HTC21} = \lambda_{HTC21}\eta_{HTC2} + \varepsilon_{HTC21}$,  $Y_{HTC22} = \lambda_{HTC22}\eta_{HTC2} + \varepsilon_{HTC22}$,  $Y_{HTC23} = \lambda_{HTC23}\eta_{HTC23} + \varepsilon_{HTC23}$,

$Y_{HTC31} = \lambda_{HTC31}\eta_{HTC3} + \varepsilon_{HTC31}$,  $Y_{HTC32} = \lambda_{HTC32}\eta_{HTC3} + \varepsilon_{HTC32}$,  $Y_{HTC33} = \lambda_{HTC33}\eta_{HTC3} + \varepsilon_{HTC33}$。

根据结构模型的一般形式:

$$\eta = \beta\eta + \Gamma\xi + \zeta$$

其中,$\eta$代表内生潜变量,$\beta$代表内生潜变量之间的关系系数,$\Gamma$代表内生潜变量受外生潜变量的影响系数,$\xi$代表外生潜变量,$\zeta$代表残差项。

新型城镇化对养生旅游主导型城市产业布局作用中结构模型构建中,用$\gamma_1$、$\gamma_2$和$\gamma_3$来分别表示新型城镇化对产业集聚、游客聚集和养生旅游主导型城市的影响作用;用$\beta_4$和$\beta_5$来分别表示产业集聚对旅游基础和养生旅游主导型城市的影响作用;用$\beta_6$和$\beta_7$来分别表示游客聚集对旅游基础和养生旅游主导型城市的影响作用;用$\beta_8$来表示旅游基础对养生旅游主导型城市的影响作用。

根据上述变量的设定,构建结构模型的方程式表达如下:

$$\eta_{IAE} = \gamma_1\xi_{NTUE} + \zeta_{IAE}$$
$$\eta_{TGE} = \gamma_2\xi_{NTUE} + \zeta_{TGE}$$

$$\eta_{TB} = \beta_6 \eta_{TGE} + \beta_4 \eta_{IAE} + \zeta_{TB}$$
$$\eta_{HTC} = \gamma_3 \xi_{NTUE} + \beta_5 \eta_{IAE} + \beta_7 \eta_{TGE} + \beta_8 \eta_{TB} + \zeta_{HTC}$$

对结构方程模型的测量模型和结构模型构建完成后，还存在检验拟合指标、检验参数和决定系数等是否合适，通过不同评价方法对上述指标进行检验，进而判断构建的西南民族地区新型城镇化对养生旅游主导型城市新区产业布局优化作用原始模型是否需要进行修正。

拟合指标的检验。判断原始模型是否与现实情况相符，可以通过对拟合指标的测度来加以评判，拟合指标的值高于满足拟合条件的临界值时，说明真实情况与原始模型构建相符，反之则不相符。拟合指标检验的方法有很多种，但最常用的主要是八种拟合指标检验方法，分别为 $\chi^2/df$、CFI、IFI、TLI、AGFI、PNFI、RMSEA、RMR。

将图 4–17 中的新型城镇化对养生旅游主导型城市新区产业布局优化作用的原始结构方程模型录入 AMOS 17.0 中，通过对相关参数进行估计，获得了新型城镇化对旅游型城市新区产业布局优化作用原始结构方程模型中各项拟合指标值（见表 4–63）。

表 4–63　新型城镇化对养生旅游主导型城市新区产业布局作用原始结构方程模型适配度检验结果

| 拟合指标 | $\chi^2/df$ | CFI | IFI | TLI | AGFI | PNFI | RMSEA | RMR |
|---|---|---|---|---|---|---|---|---|
| 观测值 | 1.165 | 0.976 | 0.976 | 0.974 | 0.847 | 0.748 | 0.025 | 0.029 |
| 拟合标准 | <3.00 | >0.90 | >0.90 | >0.90 | >0.80 | >0.50 | <0.08 | <0.05 |

表 4–63 表明，将新型城镇化对养生旅游主导型城市新区产业布局优化作用原始结构方程中各项拟合指标的观测值和拟合标准进行对比后，所有观测值均达到了拟合标准。说明新型城镇化对养生旅游主导型城市新区产业布局优化作用的原始模型能够较好地与通过调查问卷获得的样本数据拟合。

在完成新型城镇化对养生旅游主导型城市新区产业布局优化作用原始结构方程模型适配度检验后，对原始结构方程中各路径的系数进行测度，结果见表 4–64。

表4-64　新型城镇化对养生旅游主导型城市新区产业布局作用原始模型的路径估计

| 路径 | 结构方程模型路径 | 路径系数 | C.R | p |
| --- | --- | --- | --- | --- |
| $\gamma_1$ | IAE←NTUE | 0.665 | 8.764 | *** |
| $\gamma_2$ | TGE←NTUE | 0.522 | 6.719 | *** |
| $\gamma_3$ | HTC←NTUE | 0.210 | 1.658 | 0.097 |
| $\beta_4$ | TB←IAE | 0.394 | 3.032 | 0.002 |
| $\beta_5$ | HTC←IAE | 0.225 | 1.496 | 0.135 |
| $\beta_6$ | TB←TGE | 0.538 | 3.144 | 0.002 |
| $\beta_7$ | HTC←TGE | 0.428 | 2.678 | 0.007 |
| $\beta_8$ | HTC←TB | 0.271 | 2.300 | 0.021 |

注：*** 表示 $p<0.001$。

根据表4-64可以看出，在新型城镇化对养生旅游主导型城市新区产业布局作用的原始结构方程模型构建过程中，IAE对HTC的这条路径未能通过显著性检验，也就意味着IAE对HTC没有产生显著的作用。尽管如此，但由于绝大多数路径均通过了路径显著性检验，所以并不能对之前构造的原始结构方程模型全盘否定。从结果上看，新型城镇化对养生旅游主导型城市新区产业布局作用的原始结构方程模型的构造思路基本正确，但其中的部分关系需要调整后进行重新测度，才能满足研究的目的。

根据表4-64中测度的路径估计结果中了解到新型城镇化、产业集聚、旅游基础和游客聚集对养生旅游主导型城市的对应路径系数都比较小，因此要对原始的新型城镇化对旅游型城市新区产业布局作用结构方程模型进行适当的调整。通过原始模型的路径估计可以看出在西南民族地区新型城镇化进程中养生旅游主导型城市新区产业布局中，大多数的路径系数都在显著性水平为0.05，较好地通过了显著性检验，但是产业集聚到养生旅游主导型城市新区产业布局的路径不显著，基于相关理论研究基础，我们将产业集聚到养生旅游主导型城市新区产业布局的作用路径进行剔除，由此获得新型城镇化对养生旅游主导型城市新区产业布局作用调整后的结构方程模型（见图4-18）。

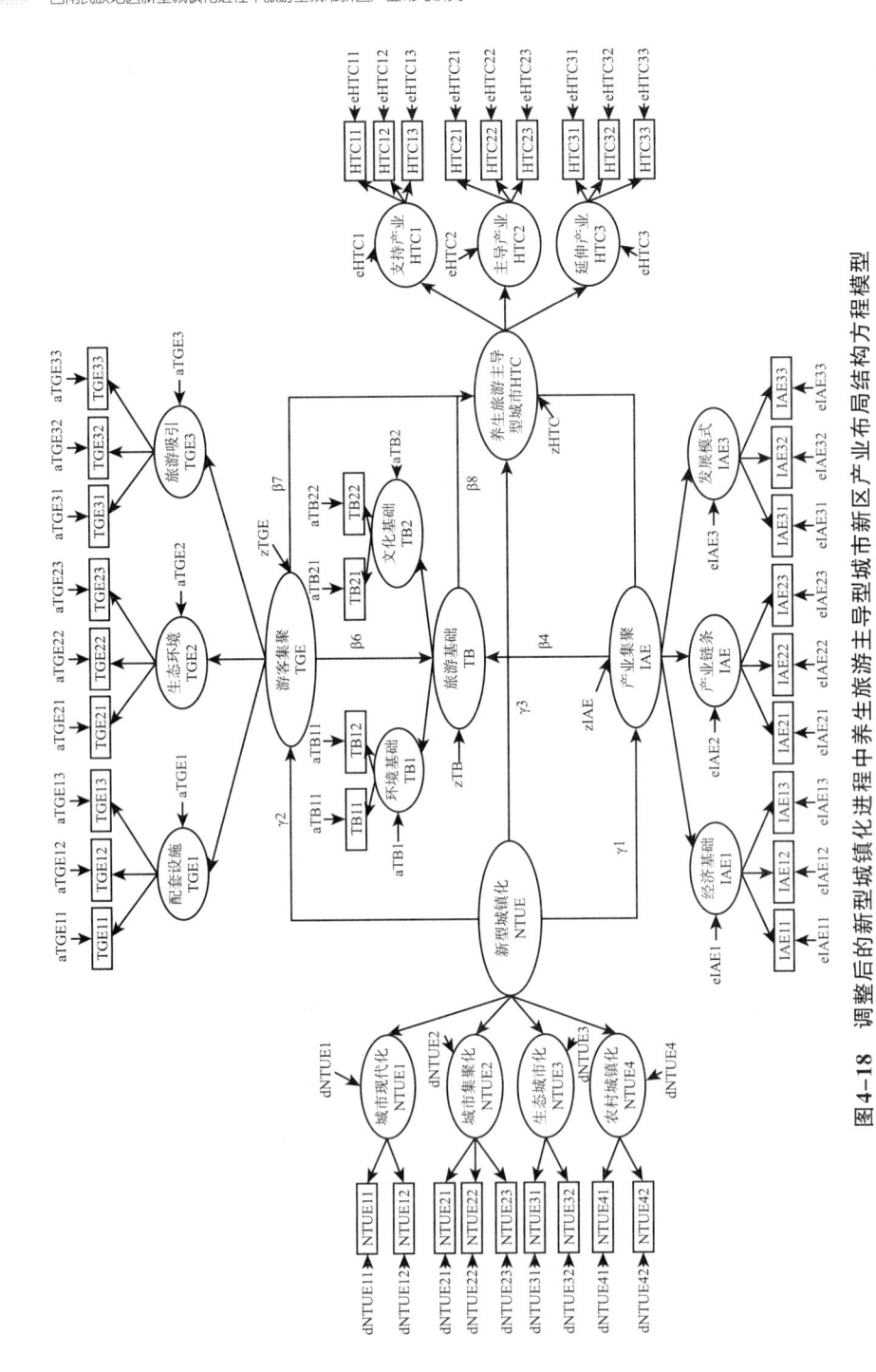

图 4-18 调整后的新型城镇化进程中养生旅游主导型城市新区产业布局结构方程模型

图 4-18 表明,与新型城镇化对养生旅游主导型城市新区产业布局作用的原始结构方程模型相比,调整后的结构方程模型将产业集聚对养生旅游主导型城市的直接路径剔除了。将调整后的结构方程模型再次放入 AMOS 17.0 软件中进行计算和对作用路径的参数估计,得到调整后的结构方程模型中反映模型拟合程度的多项拟合指标值,见表 4-65。

表 4-65　　　　　新型城镇化对养生旅游主导型城市新区产业
布局作用调整后结构方程模型适配度检验结果

| 拟合指标 | $\chi^2/df$ | CFI | IFI | TLI | AGFI | PNFI | RMSEA | RMR |
| --- | --- | --- | --- | --- | --- | --- | --- | --- |
| 观测值 | 1.166 | 0.976 | 0.976 | 0.974 | 0.847 | 0.785 | 0.025 | 0.030 |
| 拟合标准 | <3.00 | >0.90 | >0.90 | >0.90 | >0.80 | >0.50 | <0.08 | <0.05 |

对表 4-65 中的拟合指标观测值与拟合标准进行对比后发现新型城镇化对养生旅游主导型城市新区产业布局作用调整后的模型中各项拟合指标值都达到了拟合标准范围,因此,认为整体上新型城镇化对养生旅游主导型城市新区产业布局作用调整后的模型通过了模型拟合度检验。

新型城镇化对养生旅游主导型城市新区产业布局作用调整后模型通过模型拟合度检验后,需要再次对调整后的模型进行结构方程模型各作用路径的系数测量,结果见表 4-66。

表 4-66　　　　　　新型城镇化对养生旅游主导型城市新区
产业布局作用调整后模型的路径估计

| 路径 | 结构方程模型路径 | 路径系数 | C.R | p |
| --- | --- | --- | --- | --- |
| $\gamma_1$ | IAE←NTUE | 0.667 | 8.760 | *** |
| $\gamma_2$ | TGE←NTUE | 0.524 | 6.734 | *** |
| $\gamma_3$ | HTC←NTUE | 0.329 | 3.237 | 0.001 |
| $\beta_4$ | TB←IAE | 0.421 | 3.226 | 0.001 |
| $\beta_6$ | TB←TGE | 0.508 | 3.033 | 0.002 |
| $\beta_7$ | HTC←TGE | 0.436 | 2.719 | 0.007 |
| $\beta_8$ | HTC←TB | 0.329 | 2.710 | 0.007 |

注: *** 表示 p<0.001。

表 4-66 显示，新型城镇化对养生旅游主导型城市新区产业布局作用调整后模型中的各项路径的作用系数都通过了显著性检验，其中绝大多数都达到了 0.001 的显著性水平。同时，根据标准化路径系数的测度标准，可以确定新型城镇化对养生旅游主导型城市新区产业布局作用调整后的结构方程模型中所有的路径作用效果都在适中和明显的级别上，由此可以判定调整后的结构方程模型为最终的新型城镇化对养生旅游主导型城市新区产业布局作用的结构方程模型（见图 4-19）。

由于最终的新型城镇化对养生旅游主导型城市新区产业布局作用的结构方程模型图形过于复杂，为研究的直观方便，将最终结构方程模型的主体部分列出，得到最终的新型城镇化对养生旅游主导型城市新区产业布局作用的结构方程模型简化形式（见图 4-20）。

在确定最终的新型城镇化对养生旅游主导型城市新区产业布局作用的结构方程模型及其简化形式之后，还需要对其包含的各种效应进行分解，从而最终确定模型的各个变量之间的确切作用方向和作用强度。对结构方程模型进行效应分解就是对结构方程模型中各个变量之间存在的直接效应和间接效应以及他们之间的作用方向和作用强度进行准确的测定。其中，直接效应表示作为原因的变量直接对作为结果的变量作用而产生的影响，其影响程度的测度依靠直接效应的路径系数来衡量；间接效应表示作为原因的变量通过中介变量来间接地对作为结果的变量产生影响。为了使新型城镇化对养生旅游主导型城市新区产业布局作用的主要变量能够被有效测度，需要对新型城镇化、产业集聚、旅游基础和游客聚集等四个变量作用的效应进行分解。由新型城镇化对养生旅游主导型城市新区产业布局作用的最终结构方程模型可以看出，在对西南民族地区新型城镇化对养生旅游主导型城市产业新区布局的研究中，新型城镇化、游客集聚和旅游基础对养生旅游主导型城市产生了直接的影响效应。

图 4-20 显示，旅游型城镇化对养生旅游主导型城市新区的产业布局形成了数值为 0.30 的直接影响，游客集聚对养生旅游主导型城市新区产业布局形成了数值为 0.29 的直接影响，旅游基础对养生旅游主导型城市新区产业布局形成了影响力数值为 0.20 的直接影响。其中，在新型城镇化、产业集聚、游客聚集和旅游基础四个解释变量之间，新型城镇化对产业集聚和游客聚集分别有着数值为 0.79 和 0.72 的影响效应，产业集聚和游客聚集分别对旅游基础起着数值为 0.38 和 0.40 的影响效应。

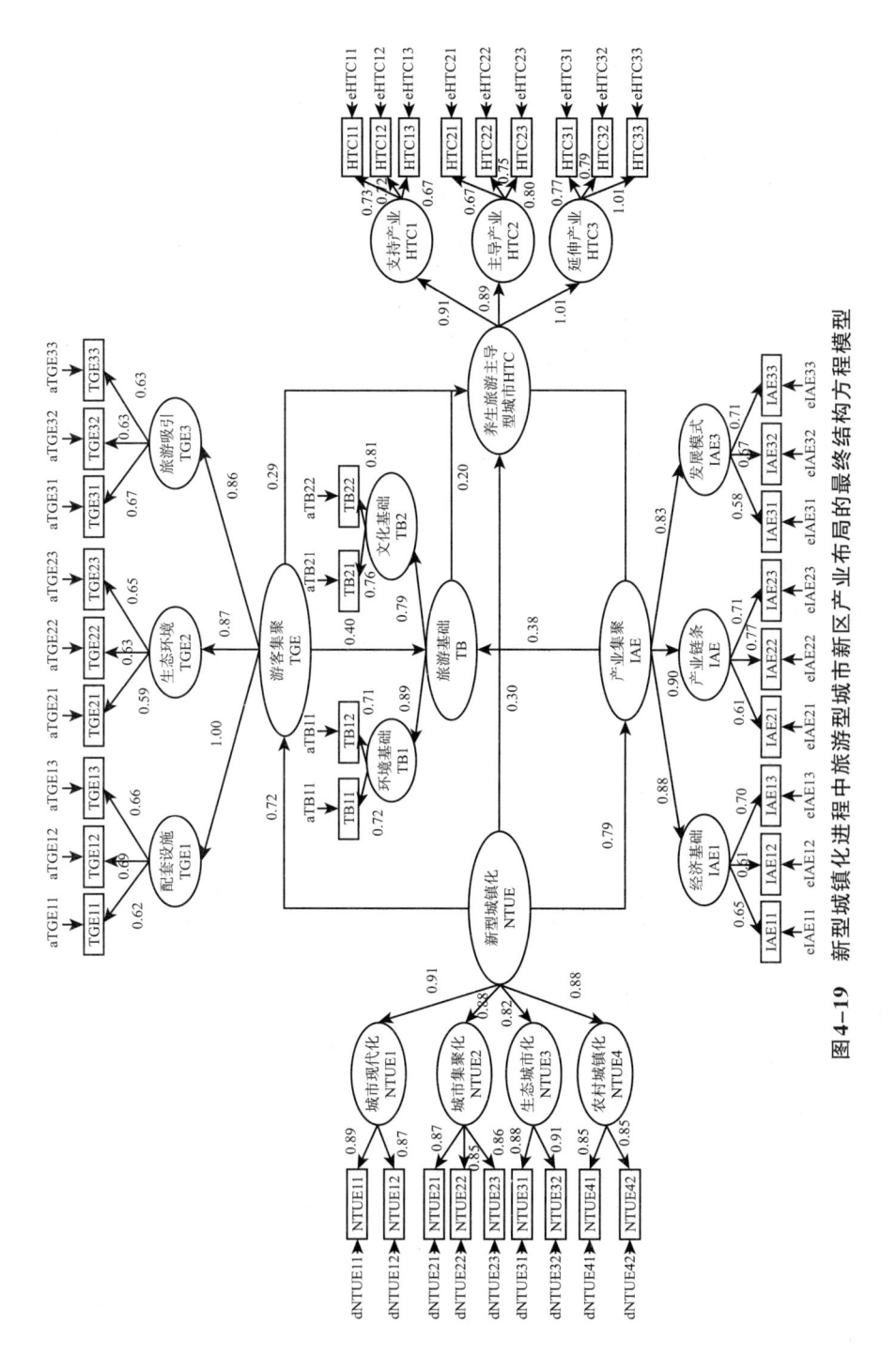

图 4-19 新型城镇化进程中旅游型城市新区产业布局的最终结构方程模型

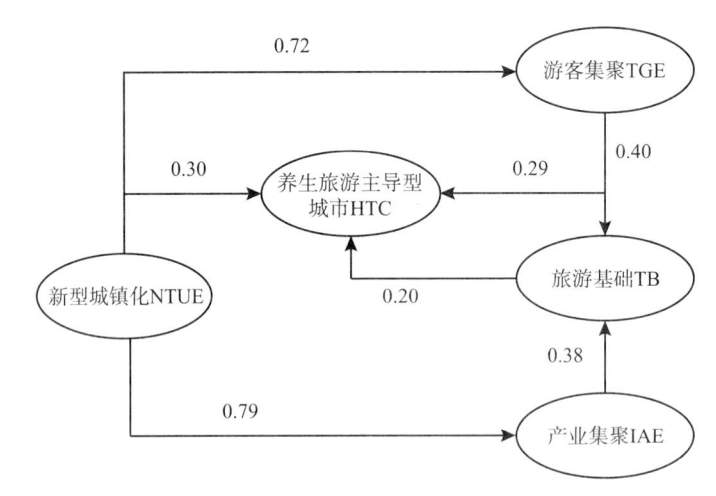

图 4-20 新型城镇化对养生旅游主导型城市新区产业布局作用的最终结构方程模型

### 4.6.4 实证结果

根据统计的显著性分析,运用标准化后的路径系数来对每条路径的作用强度进行估计,以此作为对每一条因果路径的评价,经过标准化处理之后,路径系数的数值都在 $-1\sim1$。针对西南民族地区调研获取的样本数据支持了理论分析部分提出的大部分假设。表 4-67 将新型城镇化对养生旅游主导型城市新区产业布局作用的假设验证和构建模型的路径系数情况进行了总结归纳。

表 4-67 新型城镇化对养生旅游主导型城市新区产业布局作用原始模型的路径估计

| 路径 | 变量 | 标准化路径系数 | p | 研究假设 | 假设检验 |
|---|---|---|---|---|---|
| $\gamma_1$ | IAE←NTUE | 0.79 | *** | HA1 | 支持 |
| $\gamma_2$ | TGE←NTUE | 0.72 | *** | HA2 | 支持 |
| $\gamma_3$ | HTC←NTUE | 0.30 | 0.001 | HA3 | 支持 |
| $\beta_4$ | TB←IAE | 0.38 | 0.001 | HA4 | 支持 |
| $\beta_5$ | HTC←IAE | | | HA5 | 不支持 |
| $\beta_6$ | TB←TGE | 0.40 | 0.002 | HA6 | 支持 |
| $\beta_7$ | HTC←TGE | 0.29 | 0.007 | HA7 | 支持 |
| $\beta_8$ | HTC←TB | 0.20 | 0.007 | HA8 | 支持 |

注:*** 表示 $p<0.001$。

表4-67表明，新型城镇化到产业集聚的路径及其系数为 $\gamma_1 = 0.79$，$p < 0.001$，通过了显著性检验，由此，可以验证"新型城镇化对产业集聚效应具有显著的直接正向作用"的假设，检验的结果支持了原假设 HA1。

新型城镇化到游客聚集的路径及其系数为 $\gamma_2 = 0.72$，$p < 0.001$，通过了显著性检验，由此，可以验证"新型城镇化对游客聚集效应具有显著的直接正向作用"的假设，检验的结果支持了原假设 HA2。

新型城镇化到养生旅游主导型城市新区的产业布局的路径及其系数 $\gamma_3 = 0.30$，通过了显著性检验，$p < 0.01$，由此，可以判定"新型城镇化对养生旅游主导型城市新区产业布局具有显著的直接正向作用"的假设成立，检验的结果支持了原假设 HA3。

产业集聚到旅游基础的路径及其系数为 $\beta_4 = 0.38$，$p < 0.01$，通过了显著性检验，由此，可以验证"产业集聚效应对旅游基础具有显著的直接正向作用"的假设，检验的结果支持了原假设 HA4。

产业集聚到养生旅游主导型城市新区产业布局的路径在调整结构方程模型中被删除掉了。由此，原假设"产业集聚对优化养生旅游主导型城市产业布局具有显著的直接正向作用"不能得到验证，检验的结果不支持原假设 HA5。

游客聚集到旅游基础的路径及其系数为 $\beta_6 = 0.40$，$p < 0.05$，通过了显著性检验，由此，可以验证"游客聚集效应对旅游基础具有显著的直接正向作用"的假设，检验的结果支持了原假设 HA6。

游客集聚到商务路旅游主导型城市新区产业布局的路径及其系数为 $\beta_7 = 0.29$，$p < 0.01$，通过了显著性检验，由此，可以验证"游客集聚效应对商务路旅游主导型城市新区产业布局的优化具有显著的直接正向作用"的假设，检验的结果支持了原假设 HA7。

旅游基础到养生旅游主导型城市新区产业布局的路径及其系数为 $\beta_8 = 0.20$，$p < 0.05$，通过了显著性检验，由此，可以验证"旅游基础对养生旅游主导型城市新区产业布具有显著的直接正向作用"的假设，检验的结果支持了原假设 HA8。

通过新型城镇化对养生旅游主导型城市新区产业布局的研究，得到新型城镇化、游客聚集和旅游基础对商务路旅游主导型城市新区产业布局具有显著的直接正向作用，直接正向作用产生的效应分别为 0.30、0.29、0.20，表明新型城镇化、游客聚集和旅游基础都是影响养生旅游主导型城市新区产业布局优化的重要因素，也证明了新型城镇化的城市现代化、城市集群化、城市生态化和农村城镇化这四个构成维度在识别新型城镇化过程时的合理性。与此同时，游客集聚和旅游基础分别对养生旅游主导型城市新区的产业布局优化产生了直接的影响效应，说明在西南民族地区的养生旅游主导型城市新区产业布局中，游客集聚而形成的规模效应以及旅游基础所带来的旅游规模的扩大都将对养生旅游主导型城市新区产业布局的不断优化形成正向的促进作用，都是在研究西南民族地区养生旅游主导型城市新区产业布局中所不可或缺的重要因素。

在对研究结果的梳理分析中不难发现一个重要问题：产业集聚对养生旅游主导型城市新区产业布局没有显著的直接正向作用，但是产业集聚对旅游基础具有路径系数为 0.51 的直接影响。旅游产业和泛旅游产业所形成的集聚会形成两者在自身发展中所没有的集聚效应，产业资本为养生旅游主导型城市进行深度旅游基础开发提供了较好的产业基础。

从西南民族地区新型城镇化进程中养生旅游主导型城市新区产业布局的实证结果可以看出，产业集聚、游客集聚及旅游基础都是影响新型城镇化对养生旅游主导型城市新区产业布局的重要中间变量。产业集聚为养生旅游主导型城市新区产业布局奠定了较好的经济基础、较为完整的产业链条及符合实际的发展模式，为养生旅游主导型城市新区产业布局的优化奠定了产业基础。同时，游客集聚为生态旅游的发展及相关产业发展提供了广阔的消费市场，是养生旅游主导型城市产业发展的不竭源泉，也是新型城镇化不断深化的重要基础条件，有力地促进了新型城镇化与养生旅游主导型城市产业发展。而旅游基础作为生态旅游发展的重要依赖条件，既是生态旅游城市产业发展的重要基础，也是旅游引导的城镇化得以发展的依靠，为新型城镇化对养生旅游主导型城市产业布局的优化提供了良好的资源基础条件。

# 第 5 章

# 西南民族地区新型城镇化进程中旅游型城市新区产业布局的 SPS 案例验证研究

## 5.1 案例研究设计

### 5.1.1 SPS 案例研究方法

SPS（structure pragmatic situational）案例研究是由潘善琳教授开发的适用于中国案例研究的方法，这一方法论包括三个基本原则、八个步骤和六种建模方式，帮助研究者走出案例研究中的困境。较欧美经典案例研究方法论，SPS 可操作性强，并以其结构化（structure）、实用化（pragmatic）和情境化（situational）的特点，大大降低了案例研究对英文写作能力的依赖，使英文非母语的学者可以尝试并掌握这一长期以来被欧美学者垄断的研究方法。

SPS 案例研究范式有效地解决了中国案例研究者常常面对的困境，SPS 案例研究方法通过提供系统化的操作流程、规范完善的研究步骤和设计逻辑、有效的动态和静态建模方式，使案例研究变得更加实用化和规范化。通过案例研究构建理论，其科学内涵的界定包括三个基本的原则：结构化、实用化、情景化；八个案例分析步骤：申请准入——现象概念化——建立并完善理论视角——结构化访谈——理论和数据的模型校对——撰写案例研究报告；SPS 案例研究方法有自己的六个标准章节：包括介绍部分、文献回顾、研究方法、案例描述、讨论部分和结论部分，论文的撰写都是按照这六个部分的标准来严格进行排列以及合理安排案例的章节内容；六个设计逻辑分别是特征逻辑、类比逻辑、要件逻辑、流程逻辑、生态系统逻辑、赋能逻辑，一个好的案例首先需要一个好的视角和切入点，SPS 案例研究方法的六种案例研究逻辑能够更好地帮助研究者们针对一个突发或经典案例找到一个切入点，从这个切入点出发对整个案例的相关理论部分进行系统的阐述和有针对性的说明。在确定切入点以及采用的方法和步骤以后，再运用抽象的理论概念来建立理论模型，其中包括静态和动态的两大理论模型，静态的理论模型包括分类式建模、流程式建模、转型式建模、路径依赖式建模四种方式，动态的建模方式包括分类式建模、布局式建模、对比式建模和多级式建模四个方式。

西南民族地区的民族特色包括少数民族经济和少数民族文化。从民族特色出发，本书选取西南民族地区的贵州、广西、云南的特色旅游小城镇为例，运用SPS 案例研究范式进行单案例研究。案例研究的方法是对现实情景中的具体事件和现象进行一定深度的考察，在对现象进行丰富细致的描述过程中，对现有理论进行验证，探索并发现出新的规律，以提炼出新的理论框架，运用 SPS 方法对理论概念进行模型化，并运用相关经典理论和概念模型对所研究的案例进行实证分析和结构讨论，根据研究现象确定案例事件的发展阶段，根据概念化设计确定个分析层次，在描述中对过程中的变量进行逻辑安排，运用科学的论证方法对各阶段或要素进行系统的阐述。面对现实中西南民族地区不同地域的特征和政策优势、旅游经济的发展基础以及未来发展规划的不同，SPS 案例研究范式显然成为一种非常恰当的研究方法。

### 5.1.2 案例选取

选取广西桂林观光旅游为案例，为验证西南民族地区新型城镇化进程中观光型旅游城市新区产业布局提供基础。桂林地处广西壮族自治区东北部，是广西最大空港，桂东北地区的政治、经济、文化、交通中心，桂林北接湖南、贵州，西面、南面与柳州市相连，东面与贺州市毗邻。桂林是世界著名的旅游城市、中国首批国家历史文化名城、中国优秀旅游城市，属山地丘陵地区，其境内的山水风光举世闻名，山川奇特、风景秀丽，地理环境得天独厚，典型的喀斯特岩溶地貌，遍布全市的石灰岩经历亿万年的风化侵蚀，形成了千峰环立、一水抱城、洞奇石美的独特景观。同时，桂林以俊俏的山峰、瑰丽的岩洞、清澈的江河闻名于世，早在唐宋时期，"桂林山水甲天下"就已名扬海内外，是我国重点风景游览城市和园林城市，也是国务院命名的第一批历史文化名城。2003年，世界旅游组织将桂林与北京、上海、西安一起列为中国最佳旅游城市，向世界旅游者郑重推荐。桂林市作为我国重点风景旅游城市，成为国际性观光旅游目的地，对研究西南民族地区新型城镇化进程中观光旅游型城市新区产业布局，具有典型性和代表性。

选取贵州六枝特区生态旅游为案例，为验证西南民族地区新型城镇化进程中生态型旅游城市新区产业布局提供基础。六枝特区属六盘水市辖区域，位于贵州省西部。六枝特区的旅游资源独具特色，山川秀美、气候宜人，资源丰富，民族风情浓郁，蕴藏着古夜郎文化，是一个融合民族文化、民族歌舞风情、自然风光、名胜古迹为一体的独特旅游区。"十三五"时期，六枝特区将按照"四个全面"战略布局，贯彻"五大发展理念"，牢牢守住"三条底线"，突出抓好"大扶贫、大数据、大健康"三大战略行动和"循环经济、农村改革、山地旅游"三件大事，着力走好山地特色产业生态路、山地特色现代农业路、山地特色健康旅游路、山地特色城乡一体路"四条新路"，努力将六枝建成六盘水融入黔中经济区的桥头堡、毕水经济带和黔中经济区之间的重要节点城市、宜居宜业宜游的现代化精品城市。2017年，六枝特区凭借其得天独厚的生态文化和生态文明建设的卓著成绩，入选为"中国十佳生态旅游城市"。"中国十佳生态旅游城市"荣誉的取得，进一步夯实了六枝特区生态文明建设成果，弘扬了六枝特区尊重自然、顺应自然、保护自然的理念，以绿色发展、循环发展、低碳发展为目标，有力推动了人与自然和谐发展的生态文明建设新格局，对研究西南民族地区新型城镇化进程中生态旅游型城市新区产业布局，具有典型性和代表性。

选取云南丽江休闲旅游为案例，为验证西南民族地区新型城镇化进程中休闲型旅游城市新区产业布局提供基础。大理白族自治州地处云南省中部偏西，东邻楚雄州，南靠普洱市、临沧市，西与保山市、怒江州相连，北接丽江市。地处低纬高原，四季温差不大，干湿季分明，四季如春，没有明显的严冬酷暑，气候宜人。大理山川秀丽，气候宜人，上关花、下关风、苍山雪、洱海月，构成了大理"四绝"，素有"东方瑞士"之称。根据2017年度中国目的地休闲度假指数，大理休闲指数为66，超过昆明与丽江，排名全国第七。因此，以云南大理为案例地，对西南民族地区新型城镇化进程中休闲旅游主导型城市新区产业布局进行案例验证，具有典型性与代表性。

选取云南昆明商务旅游为案例，为验证西南民族地区新型城镇化进程中商务型旅游城市新区产业布局提供基础。昆明，享"春城"之美誉，云南省会，中国面向东南亚、南亚开放的门户城市，国家级历史文化名城，我国重要的旅游、商贸城市，西部地区重要的中心城市之一。昆明是中国面向东南亚的国家一级物流园区布局城市之一、面向西南开放的门户城市。昆明的发展首位度、产业支撑度、经济集中度、文化多维度、社会集聚度"五度"加权高，经济发展的市场体系覆盖全省，经济发展触角延伸全省，资源运作半径辐射全省，正在努力建设成为中国面向西南开放的区域性国际城市。昆明凭借其先天的优势资源，具备了发展商务旅游的条件和基础，在商务旅游市场上具有巨大的发展潜力，对研究西南民族地区新型城镇化进程中商务旅游主导型城市新区产业布局，具有代表性和典型性。

选取广西巴马养生旅游为案例，为验证西南民族地区新型城镇化进程中养生型旅游城市新区产业布局提供基础。巴马长寿乡位于广西壮族自治区西北部巴马瑶族自治县，这里是世界五大长寿之乡中百岁老人分布率最高的地区，被誉为"世界长寿之乡·中国人瑞圣地"。巴马的旅游资源丰富而独特，巴马长寿乡探秘游已列为广西十大旅游精品之一。主要可供开发的旅游景点有赐福湖风光、龙洪田园风光、弄友原始森林、盘阳河风光、百鸟岩、百魔洞、好龙天坑群等自然旅游资源和巴马长寿探秘、民族风情、革命史教育基地等人文旅游资源。2013年7月，广西官方提出打造巴马长寿养生国际旅游区，成为与桂林国际旅游胜地、北部湾国际旅游度假区并驱的三大国际旅游目的地之一。巴马凭借其优越的养生旅游资源，每年吸引力着来自国内外的大批游客，每年都有来自四面八方的人到巴马旅游，旅游收入逐年上升，以巴马为案例对研究西南民族地区新型城镇化进程中养生旅游主导型城市新区产业布局，具有代表性和典型性。

## 5.1.3 案例数据收集

案例研究范式，需要通过案例相关资料数据的收集，获取研究的基础材料。在本次案例研究中，采用的案例资料收集方法主要是运用一手资料和二手资料的收集方法。一手资料的收集主要是进行实地考察，运用田野调查法对案例地进行调研，获得相关原始资料并进一步整理成调研报告（详情见附录）。二手资料的获取主要是进行网上的信息查询和资料的整合，包括关于西南民族地区关于新型城镇化和旅游型城市新区产业布局的最新的报道，期刊论文，媒体文章，人物访谈记录以及新闻评论。同时，本书在撰写的过程中主要参考的文献除了来自中国知网、ScienceDirect、Wiley、Taylor & Francis Online、Springer 外，还有众多顶级规划公司的门户网站和其他互联网上的相关文章。其中 2013 年后出版的关于西南民族地区城镇化、旅游城镇化、旅游城镇经济以及城市产业布局的相关文献和书籍为本书的写作提供了很大帮助。在这一过程之中，主要收集线下的资料，以桂林理工大学和国家图书馆为主要阵地，集合历年报刊、杂志、会议资料以及关于西南民族地区旅游城镇化、旅游产业布局规划、新型旅游产业布局模式和西南民族地区旅游经济的协同作用等相关书籍，图文结合。在对所收集的案例资料进行分类和信息价值评估的过程中，逐渐向案例研究所确立的主题倾斜，并制定一份案例研究计划书。同时查阅回顾管理学、社会学、交通学、旅游学、生态学和民族学相关知识以加深对案例研究主题的深刻全面理解。

作为案例研究的主要阵地，深入案例地进行实地考察也是完成案例研究中非常重要的一部分内容。为了收集到黄金旅游带第一手的数据和资料，对桂林至阳朔路段进行实际调研和考察，对黄金旅游带的发展现状进行有针对性的调研，特别是旅游产业布局现状进行调研，包括黄金旅游带产业发展的总体要求、空间布局形态、产业布局、产业发展、基础设施建设、新型城镇化建设和环境保护等相关方面，为下一步进行案例发展和讨论提供原始资料和一手信息。

### 5.1.4 案例经验借鉴

当前，世界上产业带主要分为以西欧、北美、日本和东欧产业带为代表的发达型和以中国、印度为代表的发展型。由于二者的发展历程不同，无论在外部结构还是内部机制方面都存在着差异。从分类来看，可以分为世界主要产业带和世界类似产业带两种类型。世界主要产业带具体地分成发达型产业带、发展型产业带，世界类似产业带可以从美国 128 公路产业带、英国伦敦绿色产业带、澳大利亚维多利亚州"大洋路"旅游带、法国"蔚蓝海岸"景观路、美国加州黄金海岸带等相关产业带出发，通过对世界范围内具有一定借鉴意义的产业带分析为黄金旅游带的规划提供建议和经验借鉴。

第一，发达型产业带以西欧产业带为例。属于混合工业区域，发展历史悠久，铁、煤资源丰富，交通运输方便，产业种类齐全，经济基础雄厚，拥有熟练的高科技人才，其中以知识、技术密集型工业、核能、航空、汽车、化工等部门最为重要，分布的结构特点是从内陆资源产地逐渐向沿海消费地区发展，次级中心地与上一级中心地之间联系紧密，产业带门户位置优越，具有国际制造业枢纽功能。北美型产业带属综合性工业地带，产业结构以重工业为主，轻工业也很发达，部门种类齐全多样，系统完整，尖端技术和高科技工业居世界领先地位。日本型产业带是以重工业为主的综合性工业地带，汽车、钢铁、造船的工业发达，近年技术密集型产业发展迅速，属于靠进口原料、燃料的加工贸易型产业带，大多布局在海运发达的港口，是世界著名的临海工业地带。目前，这一地带通过三次大的结构转变使得产业结构不断扩展和升级，一大批新兴工业部门从无到有、从小到大地发展起来。东欧产业带属资源型的重型工业地带，主要布局在内陆，大多靠近原、燃料产区。这一地区资源丰富，基础工业实力雄厚，是以重工业为主的综合性工业地带，其中燃料动力、钢铁、机械、化工等部门是主要支柱。第二次世界大战后，新兴工业部门电子、石油化学、宇航、原子能等工业得到了迅速发展，轻工业相对发展迟缓。

第二，发展型产业带以亚太东部沿海产业带为例。其北起韩国东南沿海南至菲律宾的大马尼拉。20世纪下半叶从劳动密集型组装工业入手，进而发展基础资源型、技术密集型工业，建立加工出口区、自由贸易区、经济特区等，目前在纺织、家电、汽车、钢铁、水泥等行业中居于重要地位，是新兴工业地带。印度产业集中分布区要在北部胡格利河流域和西部近海区，形成环半岛分布的工业带，呈现近海、近矿产及近农产品集中地的趋势，主要的产业带及产业带雏型有两个，北部胡格利河流域工业带和西部环半岛近海产业带，前者以麻纺织和机械制造为主，近年来，重工业城市迅速发展使从加尔各答沿恒河向内陆延伸的工业带日益成熟。后者目前形成了北部、中部和南部三大产业区：北部以棉纺织业和油脂工业为主；中部是工商业和科教中心，以发展海上航运、海上贸易和高新技术为主；南部以电子、电机、机床、汽车、冶金、化工、炼油等为主。三大工业区以近海铁路连通，与北部恒河流域产业带相联，形成环半岛产业带。

第三，美国128公路产业带。128公路位于美国马萨诸塞州波士顿市，是一条高速公路，全长90公里，与麻省理工学院等著名高校相连，沿线拥有众多科研机构和技术性企业，崛起于冷战时期美国政府大量的国防科技投资。1951年扩建后，连接了波士顿地区数十个城镇，一度集聚了近千家实验室、新兴企业和科研分支机构，在晶体管、半导体芯片、固态器件、电子计算机等领域的创新层出不穷，成为与硅谷齐名的世界线性高新技术产业带的重要代表，其创造的先进技术和产业使美国获得联合国所定义的27项高科技产业集群中的19项，并牢牢控制全球经济产业链的上游和高科技含量、高附加值的部分。20世纪90年代，随着冷战的结束，美国政府和国防军事订单、研发投资锐减，128公路产业带发展逐渐放缓，其产业结构也逐渐由信息技术产业转向生物技术等多领域，一大批生物技术研究机构、医疗结构和生物技术公司的进驻，使波士顿地区成为美国生物技术产业组织最多样化的区域集群。

第四，英国伦敦绿色产业带。伦敦发展署将其定位为全新的绿色产业带，大力发展低碳产业。为此，伦敦发展署提出了两大规划目标：形成一个以绿色产业为中心的充满活力的经济体和造就人们安居乐业的可持续发展环境。该区域将成为一个融合住宅区、可持续基础设施网络、项目研发和旅游景点的示范区，重点发展环境产业（废弃物管理和回收、再生利用）、再生能源（生物质能源、风能和光伏能源）和新兴的低碳产业（燃料汽车、替代燃料、建筑物技术）三种主要产业，立足于构建与绿色产业相关的，具有高附加值的就业岗位和供应链。

第五，澳大利亚维多利亚州"大洋路"旅游带。澳大利亚维多利亚州的"大洋路"旅游带形成于20世纪30年代，位于维多利亚州的西南部沿岸，筑有全长350公里的海公路，是全世界最为壮观的海岸旅游带之一。沿途地貌多种多样，景观丰富壮丽，有多处冲浪沙滩、帆船港口、种植园等不同种类的景点及运动休闲场所。"大洋路"旅游带具有以下特点：（1）资源开发以自然风光为主，兼顾人文景观；（2）配套设施建设注重人性化；（3）环保规定严格，宣传与大型旅游相关活动并举。

第六，法国"蔚蓝海岸"景观路。法国"蔚蓝海岸"是世界上最早的海滨度假胜地，18世纪末专供英国贵族使用，目前已经成为大众化的旅游胜地，具有非常浓厚的历史文化气息。从土伦到芒通的115公里"蔚蓝海岸"沿线修建了4条景观公路，成为该地区旅游一大亮点。"蔚蓝海岸"的人文景观体现了法国厚重的历史文化内涵，大量的教堂、壁画、古城和博物馆分布在沿线的30多个自然村镇里，这些村镇虽然规模很小，但是旅游的功能性极强，历史古迹、文化艺术、阳光沙滩、帆船码头、休闲高尔夫、自然风光、民俗风情、美食等旅游资源既能够使游人领略到自然风光、享受休闲度假，又能了解当地乃至整个法国的历史和文化。"蔚蓝海岸"景观路沿途建有18个高尔夫球场、14个游艇码头和3 000多个饭店。"蔚蓝海岸"每年停靠世界一半的豪华游艇编队，世界90%的豪华游艇在服役过程中至少访问过其游艇码头一次。另外，别具特色的餐馆旅店令人赏心悦目，这就使"蔚蓝海岸"配套设施本身成为一种景观。

第七，美国加州黄金海岸带。美国加州黄金海岸在规划中注重：（1）突出主题概念；（2）配套设施完善；（3）有针对性的市场开发。由于多方面原因，加州黄金海岸无法实施同澳洲"大洋路"一样严厉的环境保护法规。因此,加州政府在保护环境方面相对被动,每年斥巨资对其旅游景观进行检查和维护,以保证其旅游资源免受破坏。加州黄金海岸在通过多种媒体进行广泛宣传的同时,更加注重对特定人群和消费群体的宣传,比如对院校师生重点宣传其科学考察方面的资源,对城市居民重点宣传其风土人情方面的资源。此外,企业在旅游商品创意方面绞尽脑汁,在宣传自身产品的同时,也扩大了该地区旅游产业的知名度。

## 5.2 新型城镇化进程中观光旅游主导型城市新区产业布局：以广西桂林观光旅游为例

### 5.2.1 案例背景分析

城镇化是现代化的必由之路,是扩大内需、改善民生的最大潜力所在,是桂林市实现"两个建成"目标的强大动力和战略支撑。旅游业作为桂林市经济社会发展的重要支柱产业,旅游产业发展对桂林市新型城镇化进程具有十分重要的影响。尤其是在新中国成立后,桂林市的旅游经济得到快速发展,旅游业对城镇化也起到了加速作用,具体来说,可以分为以下三个阶段：一是接待为主的时期,典型的事件是桂林接待了美国前总统尼克松、克林顿,日本前首相海部俊树等多位十分重要的政治人物,虽然在这一个阶段,桂林的旅游产业发展还不完整,但是也因此声名鹊起,"桂林山水甲天下"的名声也得以享誉全球,为后期桂林旅游产业和新型城镇化的推进奠定了良好的基础。二是市场化发展时期,党的十一届三中全会以后,桂林市的旅游业进入了向市场化转型的时期,由原来单一的接待型旅游城市向市场化独立运作发展型城市转变。把旅游业放进市场这个大环境中,桂林旅游业依靠丰富的旅游资源和宽松的市场环境迅速得以兴起,旅游业对桂林整个经济市场都起到了十分重要的作用,桂林市政府和人民也在这一阶段看到了旅游产业强大的生命力。三是稳定增长时期,从20世纪末至今一直处于这个时期,桂林市委市政府将旅游产业纳入桂林市发展的重要支柱产业之一,旅游服务设施得到进一步建设,旅游市场也更加的规范化,旅游收入呈现逐步增长的稳定趋势,城镇化步伐在旅游产业的推动下进一步加快。

桂林市位于广西壮族自治区的东北部，为我国著名风景旅游城市，桂林市的经济发展是建立在自身特有的优势资源的基础之上的，其中最大的优势便是桂林的自然山水。山水风光和历史文化是桂林最大的优势资源。青山绿水是桂林城市和风景名胜的灵魂和生命线，因此，把"打造现代化国际名城、历史文化名城和生态山水名城"作为桂林城市发展的定位。一直以来，桂林市以独特秀丽的山水风光闻名遐迩，吸引力一批批前来桂林旅游的人们，一方面，提高了桂林国际旅游城市的知名度，在世界范围内打响了名声；另一方面，不断发展的旅游业为桂林市的经济社会发展提供了强有力的推动力，使桂林的旅游收入逐年上升，居民生活水平逐渐上升。

随着桂林旅游产业的不断发展，桂林旅游城市产业布局也发生了相应的变化。旅游业区别于其他产业的一个重要的特点就是旅游产业对其他相关产业具有拉动作用，桂林市旅游产业的发展速度越快，发展水平越高，对其他产业的关联带动作用越来越大。随着桂林国际旅游胜地建设逐渐上升为国家战略，桂林把推动旅游经济发展作为调整民族地区产业结构、发展多元经济的重要突破口，桂林市区域经济是一个系统整体，各产业之间是一种互为条件、相互促进、水涨船高的辩证关系。桂林市旅游经济的发展带动了其他相关产业的发展，改变了相关产业的发展模式和产业布局。具体来说，主要体现在以下方面：一是旅游产业的发展催生了观光农业的发展，旅游市场的进一步开发和环境的美化为乡村观光农业的兴起和发展提供了条件，"农家乐"这一旅游新业态也逐渐兴起并得以快速发展。二是旅游产业的发展推动了旅游与文化的结合，原本单一的观光旅游产业布局逐渐转向多项发展，通过进一步发掘、整合配置历史文化和旅游资源来提升桂林城市形象和品位，通过调整旅游产品、旅游消费结构和培育产业集群来推动旅游产业转型升级。

## 5.2.2 案例发现讨论

第一，桂林观光旅游产业战略定位与发展目标。桂林市新区产业布局基于现有的发展现状将发展基础、发展机遇以及问题和挑战进行结合，以产业集聚为手段对桂林市新区产业布局进行战略定位，同时在战略定位的基础上提出发展目标，详细的内在机理见图5-1。

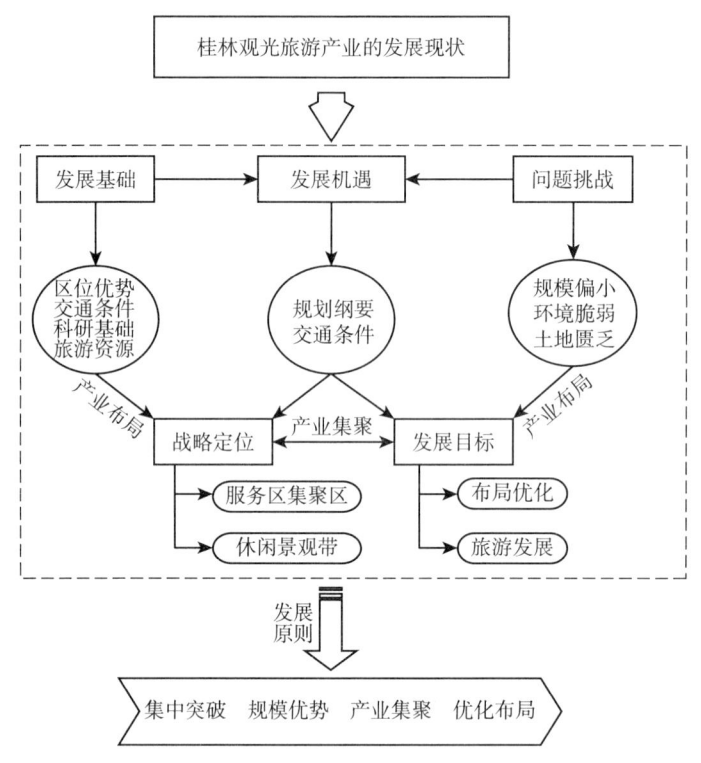

```
┌─────────────────────────┐
│  桂林观光旅游产业的发展现 │
│  状                      │
└─────────────┬───────────┘
              ▼
┌──────────────────────────────────────────────┐
│  ┌────────┐    ┌────────┐    ┌────────┐     │
│  │ 发展基础│───▶│ 发展机遇│◀───│ 问题挑战│    │
│  └───┬────┘    └───┬────┘    └───┬────┘     │
│      ▼             ▼              ▼          │
│   ╱区位优势╲    ╱规划纲要╲    ╱规模偏小╲    │
│  │交通条件 │   │交通条件 │   │环境脆弱 │    │
│  │科研基础 │    ╲      ╱    │土地匮乏 │    │
│   ╲旅游资源╱                  ╲      ╱     │
│      │  产业布局  产业集聚  产业布局         │
│      ▼             ▼              ▼          │
│  ┌────────┐◀──────▶┌────────┐              │
│  │ 战略定位│         │ 发展目标│              │
│  └───┬────┘         └───┬────┘              │
│      ├─▶服务区集聚区    ├─▶布局优化          │
│      └─▶休闲景观带      └─▶旅游发展          │
└─────────────┬────────────────────────────────┘
         发展原则
              ▼
  ▶ 集中突破  规模优势  产业集聚  优化布局 ▶
```

**图 5-1 桂林观光旅游产业战略定位与发展目标**

由图 5-1 可以看出，桂林观光旅游产业的战略定位和发展目标与其发展现状是分不开的，发展现状决定了桂林观光旅游产业的发展基础、面临的挑战以及发展机遇。在发展基础上解决所面临的困难和挑战，抓住发展机遇进行总体的战略定位和制定发展目标，具体的作用路径如下：

首先，桂林观光旅游产业发展拥有较好的产业基础。其中，桂林观光旅游产业的发展基础主要包括产业基础、区位优势、交通条件、科研基础和旅游资源五个部分。产业基础包括在桂林观光旅游产业内发展的第一、第二以及第三产业，第一产业主要以特色种植、养殖业为主。第二产业拥有自治区产业园和正在建设的低碳产业园，具备一定的工业基础。第三产业中，已建成愚自乐园、世外桃源等一批重要项目，桂林金世邦国际足球旅游文化产业园、玉圭园等一批现代高端服务业项目正在建设当中，将成为桂林观光旅游产业新的经济增长点。区位优势是指桂林市位于广西壮族自治区东北部，其北面与湖南省相邻，西面和南面与柳州地区相连，东面与贺州地区毗邻，区位条件比较优越。科研基础则指桂林市拥有广西师范大学、桂林理工大学、桂林旅游学院和广西植物研究所等多家高校和科研院所，科研力量雄厚，科技人才丰富，具有良好的产学研基础。旅游资源是指桂林旅游资源丰富，品种多样，拥有世界上最具特色的峰林景观和世外桃源景区等旅游资源。遇龙河流域两岸青山连绵，造型各异，百态千姿。世外桃源景区融合了古桥、流水、田园、古村与水上民族村寨等自然人文景观。产业基础、区位优势、交通条件、科研基础和旅游资源为桂林观光旅游产业进行战略定位以及提出近期、远期的发展目标提供良好的优势基础。

其次，桂林观光旅游产业布局遇到的问题和面临的挑战。一是桂林观光旅游产业经济规模总体偏小，无论是基础农业，还是工业和第三产业都尚处在发展阶段，并没有形成较大的产业规模，也缺乏产业集聚效应。经济规模偏小导致产业总量不大，无法取得良好的规模效益，使得总体的财政收入有所偏低。二是桂林市社会发展不平衡，尤其在城镇和乡村的收入差距上。城镇居民依靠农业生产、工业集聚以及发展现代服务业使经济收入有所提高，社会环境治理状况总体良好，同时文化在旅游产业的发展中得到传播和延续。而乡村因为偏僻的地理位置、资源匮乏、开发条件欠缺以及资金投入比例低等相关限制性因素使乡村的收入水平较低，城乡收入差距总体较大。三是旅游特色不够突出，现代服务业的发展水平较低，同时景区管理和旅游服务水平较低，旅游文化没有得到较好的表现，现代景区管理水平也较为低下。四是产业结构不合理，农业的比重偏大，现代工业发展规模较小，且发展速度较慢。现代服务业体系还未形成，产业之间的关联度较低，产业集聚、协同发展的态势尚未形成。同时土地资源不足，可利用土地资源数量相对较少，对产业的发展有较大制约。

再次，在发展基础、发展机遇以及问题和挑战的基础上，桂林观光旅游产业要进行自身的战略定位。一是桂林国际旅游胜地高端服务业集聚区。开发旅游资源、凝练旅游特色、创新旅游方式，利用桂林旅游的"金字招牌"和特色鲜明的旅游产品，延长游客在桂林的游玩时间，增加旅游经济效益。加快区域内高端休闲度假型旅游设施建设，创新旅游服务技术，规范旅游服务体系，提高旅游服务水平，建成集高端旅游、休闲和创意文化产业等为一体的现代服务业体系，构建起桂林国际旅游胜地的高端服务业集聚区。二是山水田园式休闲景观带。结合自然景观、农业景观、城镇景观，用"田间都市、山水人间"的理念和先进的现代声光电信息技术，通过空间的开合、色彩调节及图案造型的变换等方式进行烘托，依托山水风景及乡愁记忆构建田园式休闲度假群，共同构建起山水田园式休闲景观带。

最后，在自身战略定位和提出发展目标的基础上，桂林观光旅游产业布局坚持目标导向、以人为本、高端特色、生态环保以及集群发展的原则。以产业集聚获得规模优势，实现相关产业之间的资源整合和优势互补，调整产业结构，优化产业配置，形成优势力量进行集中突破，通过空间布局的调整和控制进一步进行产业的优化布局。

第二，桂林观光旅游产业空间布局与产业发展。桂林观光旅游产业的空间布局对其产业发展具有直接正向作用，桂林观光旅游产业的产业发展主要包括旅游现代服务业以及观光农业，空间布局优化对产业发展具有积极的促进作用，具体的内在作用机制见图5-2。

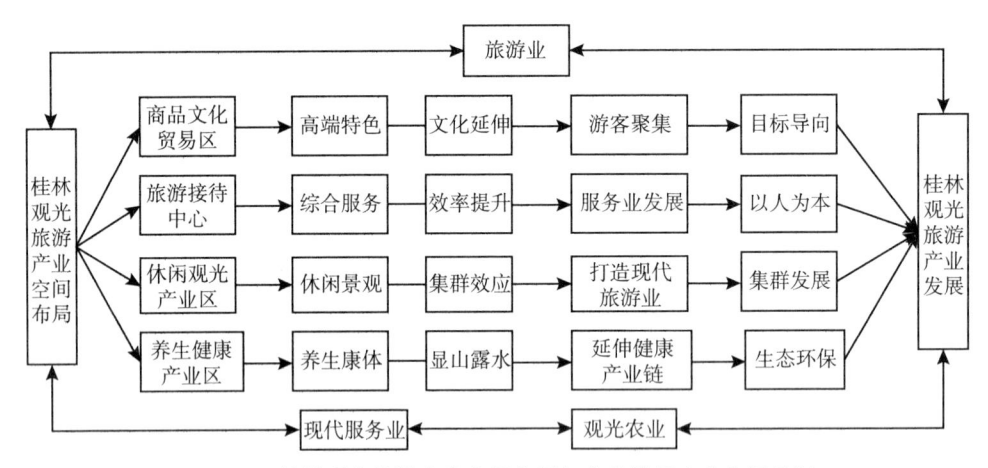

**图5-2 桂林观光旅游产业空间布局与产业发展内在作用机制**

由图5-2可以看出，桂林观光旅游产业的空间布局主要可以分为商品文化贸易区、旅游服务接待中心、休闲观光产业区以及养生健康产业区四个区域，对这四个区域进行较好的布局可以在文化、效率、集群效应以及知名度方面有所收获，将目标导向、以人为本、集群发展以及生态环保的发展原则落到实处，最终促进桂林观光旅游产业的发展。其具体的作用路径如下：

首先，进行旅游文化商品贸易区的空间布局。旅游商品文化贸易区以旅游休闲、商品贸易、商业住宅、文化创意为核心产业，带动文化艺术、文化旅游等产业发展，重点建设文化艺术商品交易中心、国际旅游商品交易中心、根雕艺术商品特色街区，打造国际化、集约化的旅游产品生产服务平台，形成桂林旅游文化企业集聚地。

其次，进行旅游服务接待中心的空间产业布局。以科教文化、旅游服务、信息、商务为核心产业，带动高端综合旅游产业发展。重点建设科教园区、游客集散中心和休闲度假产业园,加快发展旅游、现代服务、科技教育、人才培育等。

再次,进行休闲观光产业区空间产业布局。重点建设休闲农业产业园,通过区域化和一体化建设将休闲景观集群化,通过规模扩大和内部资源优势互补产生集群效应,打造现代旅游服务业,提高旅游服务的水平和质量,让区域内产业实现集群化发展。

最后,进行养生健康产业区空间产业布局。以种植加工、养生健康、生态农业为核心产业,带动农产品交易、体育竞技等产业发展,重点建设养生农产品种植园、养生食品加工园、康体养生基地、养生农产品交易中心、农业生态园和珍贵苗木种植园。

第三,桂林观光旅游产业新型城镇化与产业布局优化。桂林新型城镇化包括城市现代化、城市集聚化、城市生态化以及农村城镇化,加快城市现代化、城市集聚化、城市生态化以及农村城镇化进程可以有效地促进桂林观光旅游观光农业、现代服务业以及现代旅游业的布局优化,具体的内在机制见图5-3。

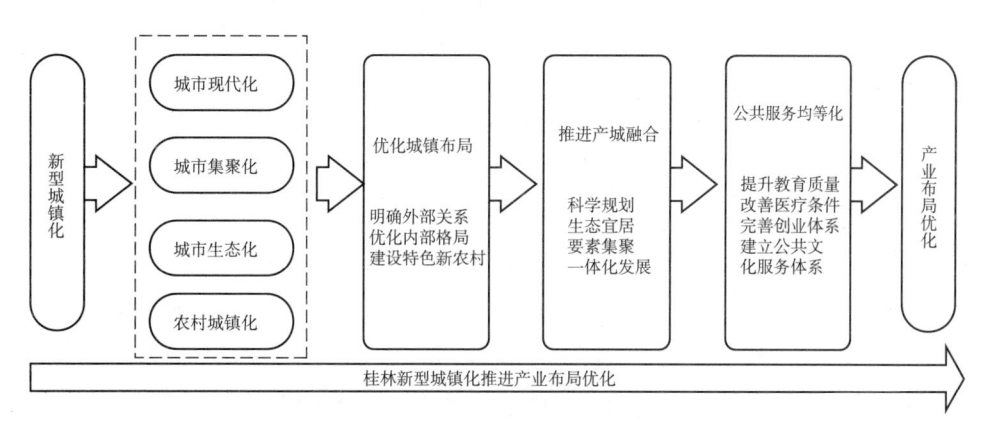

**图5-3 桂林新型城镇化与产业布局优化内在作用机制**

首先,优化城镇布局。可以从三个方面进行切入:一是明确外部空间关系,明确桂林市区与周边区域空间关系,构建起"一核一极一带"的空间结构,即桂林市区为"一核",阳朔为"一极",黄金旅游带为连接"一核一极"的"一带"。二是优化内部空间格局,通过确立观光旅游中心区,分流阳朔旅游客源,强化人口集聚和产业支撑能力,增强城市发展活力。三是建设特色新农村,根据自然禀赋,因地制宜推进特色新农村建设。离节点乡镇较近的村落要立足城乡产业对接,建设城郊社区型新农村;经济实力较强的村落建设村企合一型新农村;加快现有镇村的升级改造,提升镇村接待游客的服务水平,增加村镇居民收入。

其次，重点推进产城融合。可以从以下几个方面切入：一是科学规划，合理布局，统筹推进区域内产城融合发展，引导产业和人口向重点乡镇集中，注重保护和开发历史文化、山水景观等休闲养生旅游资源，构建旅游引导的"产城融合示范区"。二是生态宜居，正确处理发展与保护的关系，进一步树立"高品质生态环境"就是稀缺要素、重要生产要素的理念，把提高科技含量作为产业发展的主要导向，加强生态建设和环境保护，推进产城融合。三是要素集聚，充分发挥市场在要素保障中的决定性作用，借助生态资源优势，通过市场化方式提升旅游产业竞争力，吸引投资者参与工业园区、旅游景观等重大旅游引导产城融合建设项目的投资，充分利用山水生态优势，采取优惠政策吸引有实力的企业和单位发展产学研一体化研发基地、科技孵化基地、院士工作站、疗养院等优质项目。

最后，实现公共服务均等化。可以从以下几个方面切入：一是提升中小学教育质量，进一步加强初等教育和学前教育，重点改善中小学和幼儿园条件，全面完善九年义务教育学校校舍等硬件建设。二是改善基本医疗卫生条件，依托桂林市卫生学校，建立高技术水平的卫生医疗中心，加强农村疾病监测和突发公共卫生事件应对。三是完善公共就业创业服务体系，加强农民职业技能培训，提高就业创业能力和职业素质。四是建立城镇公共文化服务体系，实施文化惠民工程，加大对公共文化服务体系建设的支持力度。

### 5.2.3 案例验证分析

选取桂林观光旅游城市作为案例地是对桂林市的新型城镇化发展和观光旅游产业之间关系进行实地考察的结果，首先对桂林市旅游业发展对新型城镇化进程所起到的作用进行分析，其次分别就桂林市旅游业发展和旅游产业布局进行背景描述，得出了桂林市新型城镇化进程中观光旅游主导型城市新区产业布局的基本背景。其中，在结构方程实证研究的基础上，根据相关成熟理论建立作用机制模型，对桂林市新型城镇化进程中观光旅游主导型城市新区产业布局进行全面分析。再次，通过对桂林观光旅游产业发展基础的优势、劣势、机遇及挑战进行分析，确定桂林观光旅游产业战略定位与发展目标。最后，根据桂林观光旅游产业的分布特点进行产业空间布局，结合桂林新型城镇化的特点和进度，得出桂林新型城镇化与产业布局优化内在作用机制，包括进一步优化城镇布局、推进产城融合及促进公共服务均等化等主要措施。

在新型城镇化进程中观光旅游主导型城市新区产业布局的案例验证中，运用SPS案例研究方法进行单案例研究。基于桂林市新型城镇化发展进程、旅游业发展阶段及产业布局的全面分析,对桂林市新型城镇化进程中观光旅游新区产业布局进行案例讨论,并获得案例发现。在案例讨论过程中,以新型城镇化进程中观光旅游主导型城市产业布局的构成维度、分析框架、布局机理、研究假设及结构方程实证结果及相关内容为基础,重点把握西南民族地区旅游型城市的特殊性和民族性特点,对优化观光旅游新区产业布局的驱动要素进行探讨,重点研究新型城镇化对观光旅游型城市的影响,同时对影响的具体路径进行探索,为下一步探讨西南民族地区观光旅游主导型城市新区产业布局的实现路径构建了静态的理论模型。

总的来说,通过以桂林观光旅游产业为案例,对西南民族地区新型城镇化进程中观光旅游主导型城市新区产业布局优化路径进行了探讨,验证了新型城镇化进程对优化观光旅游主导型城市新区产业布局所具有的正向作用,同时肯定了产业集聚、游客集聚及旅游资源在观光旅游主导型城市新区产业布局优化中的作用,为下一步提出西南民族地区新型城镇化进程中观光旅游主导型城市新区产业布局优化路径奠定了基础。

## 5.3 新型城镇化进程中生态旅游主导型城市新区产业布局:以贵州六枝特区生态旅游为例

### 5.3.1 案例背景分析

贵州六枝特区凭借其生态文明建设的卓著成绩,入选为 2017 年"中国十佳生态旅游城市"。殊不知,十年前的六枝特区还是一个以煤炭为生存之本的传统资源型城市,对于旅游业"新兵"的六枝来说,实现从"黑色资源"到"绿色产业",从传统资源型城市转型为绿色、生态、健康的"康养胜地•运动境界"。旅游,让村寨变美,让百姓脱贫,是旅游撬动了城市转型,推动了城镇化与旅游业发展。研究以时间为主线,将六枝特区的转型之路分为三个阶段:

第一阶段:思路转型——从资源型城市向绿色、生态、多元可持续发展转型。1999 年,原六枝矿务局因资源枯竭"破产重组","第一张多米诺骨牌"倒下,六枝经济社会遭遇连锁阵痛,多年开山挖煤,石漠化严重,森林覆盖率一度下降至 21.8%;空气中充斥着超过国家二级标准一倍多的二氧化硫,悬浮颗粒遮蔽蓝天；煤泥水淌进六枝小溪、河流；财政收入多年一直排在六盘水市末端，社会维稳压力大。于是，六枝特区意识到城市转型发展的必要性，通过对自身资源优势进行审视，一个旅游梦在六枝开始孕育：从最初试探性的"一产转型、二产升级、三产优化"，到打造"贵州西部宜居宜业宜游旅游目的地城市"，六枝以发展全域旅游为目标，试图让经济发展换道超车。

第二阶段：把握重点——大力整治生态环境，补齐环境短板。在转变城市发展思路之后，六枝在旅游发展道路上面临着一个重要的问题：传统型工业给当地生态环境带来了严重污染，居民生活环境脏乱差。为此，六枝特区党委、政府决定先整治当地的生态环境，对周边环境进行集中改造。经过集中改造的六枝特区焕然一新，污水有流处、垃圾有放处，村里建起了山泉湿地公园，园内建有小木屋、景观亭、特色文化长廊、生态停车场。布依博物馆成了全省首家村级农事博物馆，阳光房发酵垃圾制作有机肥，成为全省垃圾污水处理的循环利用模板。

第三阶段：持续发展——入选为2017年"中国十佳生态旅游城市"。近年来，六枝特区立足"盆景山城·画廊六枝"，围绕打造国际标准旅游休闲度假城市和大健康旅游目的地，加大生态文明建设和环境保护工作力度，大力推进景区基础设施、配套服务设施建设，加快构造现代服务业发展体系，是第二批国家全域旅游示范区创建单位。以牂牁江为核心，六枝特区建设了郎岱花果山国际生态田园文化度假区、落别牛角布依风情体验区、廻龙溪温泉度假区、318房车露营基地；郎岱、月亮河、新场、大用、落别等乡镇农业生态旅游园区，"花果山—月亮河—松坝—大用—牛角"旅游产业示范带等。未来，六枝将继续培育大健康旅游产业，建成牂牁江山地休闲旅游目的地、"黄果树源·梦里泉乡"温泉度假小镇，打造一批以山地特色旅游为核心的产品。

## 5.3.2　案例发现讨论

在对贵州六枝特区进行案例分析的基础上，结合六枝旅游转型划分的三个阶段特征，结合经济学、旅游规划学及生态学的相关原理，基于六枝特区城市发展思路、转型模型和生态旅游发展模型，进一步推导出不同阶段的六枝特区新型城镇化进程中生态型城市新区产业布局优化作用作用机制。

第一阶段，思路转型——从资源型城市向绿色、生态、多元可持续发展转型。贵州省六枝特区在城镇化与旅游经济发展的过程中，首先转变的就是城市发展思路，具体来说是从依赖传统型的"黑色资源"到依靠"绿色资源"发展的转型过程。结合六枝特区的实际情况，研究较为合理地模拟出六枝特区城市发展思路转型模型，见图 5-4。

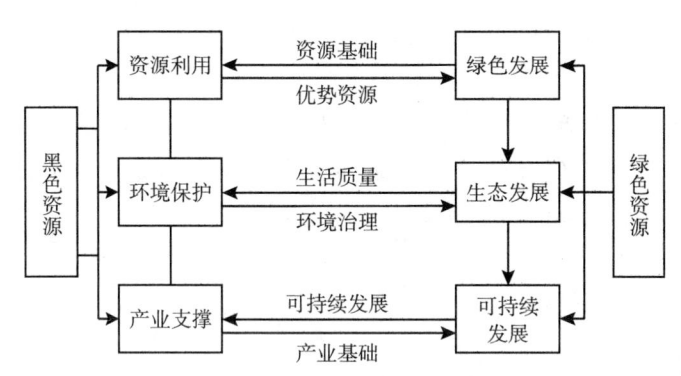

图 5-4 六枝特区城市发展思路转型模型

从图 5-4 可以看出，六枝特区要转变成依赖"绿色资源"发展的新型城市，结合前文对西南民族地区新型城镇化进程中生态旅游主导型城市产业布局的结构方程实证结果，其路径大致可以从资源、环境、产业三个方面着手：

从资源利用的角度出发，六枝特区有着得天独厚的自然生态环境与历史文化景观，迴龙溪温泉旅游景区、牂牁江景区、梭戛长角苗景区、月亮河夜郎布依文化生态园、洒耳风景区、月亮河森林公园等自然风景名胜景区景观独特，自然生态保护良好。同时六枝特区境内有彝族、白族、傣族、壮族、苗族、回族等多个少数民族分布，少数民族人口占总人口的30%以上，使六枝特区具有多样化的民族风情。良好的自然生态资源和多样化的民族风情为六枝特区实现绿色发展提供了坚实的资源基础，而绿色发展理念促进了优势资源的集中利用。特别是近年来，六枝特区立足于青山绿水和民族风情，整合优质旅游资源，构建多元化的旅游产品体系，让旅游回归"品质游"，打造出六枝特色旅游品牌。

从环境保护的角度出发，六枝特区以打造"生态旅游圈"为理念，在城市发展转型中尤其关注环境的保护，包括自然生态环境的保护和城市的文明状况。结合前文对西南民族地区新型城镇化进程中生态旅游主导型城市产业布局的结构方程实证结果，可以看出，环境承载力对生态旅游主导型城市产业布局具有直接的正向作用，加强六枝特区的环境治理和保护，有利于实现城市生态发展，生态发展理念反过来有利于促进六枝特区居民生活质量的提高。尤其是在农村地区，生态发展理念有利于进一步促进农村城镇化，推动六枝特区的新型城镇化进程。

从产业支撑的角度出发，六枝特区通过转变发展理念，充分利用自身的优势资源推进旅游产业的发展，进一步加强旅游"六要素"建设的同时，在提升景区的舒适度和个性化下功夫。不断创新旅游产品，借助丰富的民族风情来丰富旅游内涵，延长六枝旅游景区的旅游产业链，为实现旅游业的可持续发展奠定坚实的产业基础，可持续发展理念反过来将进一步推进六枝特区旅游业与新型城镇化的可持续发展。

第二阶段：把握重点——大力整治生态环境，补齐环境短板。在第一阶段发展的基础上，六枝特区通过审视自身发展优势与劣势，重点把握生态旅游发展，结合前文西南民族地区新型城镇化进程中生态旅游主导型城市新区产业布局的实证结果，重点掌握游客集聚、环境承载力、产业集聚三个中间变量，较为合理地模拟出六枝特区生态旅游发展模型，见图5-5。

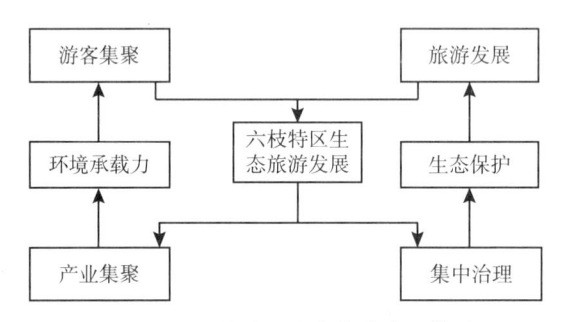

**图5-5 六枝特区生态旅游发展模型**

由图5-5可以看出，在第一阶段转变思路中，六枝特区将旅游产业作为新型城镇化发展的重要产业支撑，为六枝经济社会的发展提供了可持续发展的路径。随着旅游产业不断发展，泛旅游产业不断兴起，各产业之间的关联性越来越强，并逐渐在空间上形成产业集聚状态。产业集聚状态有利于六枝党委和政府进行集中治理，尤其是在生态环境方面，集中治理居民生活污染，加强关联产业的环境保护责任划分，划分旅游示范点起到积极的带头作用，进一步推进了六枝特区的生态环境保护和发展。

环境承载力是新型城镇化与生态旅游主导型城市产业布局优化的重要变量，环境承载力的高低反映人与环境的相互作用，包括资源、生态、土地等重要因素与人类之间的关系。六枝特区要推进旅游产业的发展，提高环境承载力是首要任务。一方面，将人类活动和资源开发严格限制在六枝环境承载力可以承受的范围以内，以可持续发展的理念发展旅游经济。另一方面，通过整治环境，改善现有的生活环境，提高城市居民和农村居民的生活质量，不断提高六枝的环境承载力。

旅游者作为旅游发展的要素之一，是旅游经济不可缺少的旅游主体。旅游经济要实现发展，离不开旅游者。一方面，当旅游者在六枝特区这一旅游目的地形成规模集聚时，旅游者为当地带来旅游收入和更多的就业机会，这将为六枝特区城市发展提供强有力的经济基础，也有利于提高居民的生活水平，实现人口城镇化。另一方面，旅游主体作为目的地文化的传播者，游客集聚效应的增强有利于六枝特区文化的转播和影响力的扩大，强化旅游品牌，为六枝旅游经济的发展提供助力。

第三阶段：持续发展——入选为2017年"中国十佳生态旅游城市"。在转变思路与把握重点的基础上，六枝特区迎来了旅游经济发展的黄金时期，结合六枝特区的发展现状，重点把握生态文明建设、城市基础设施建设、全域旅游示范区建设及新型城镇化建设四个方面，较为合理地模拟出六枝特区新型城镇化与生态旅游城市发展模型，见图5-6。

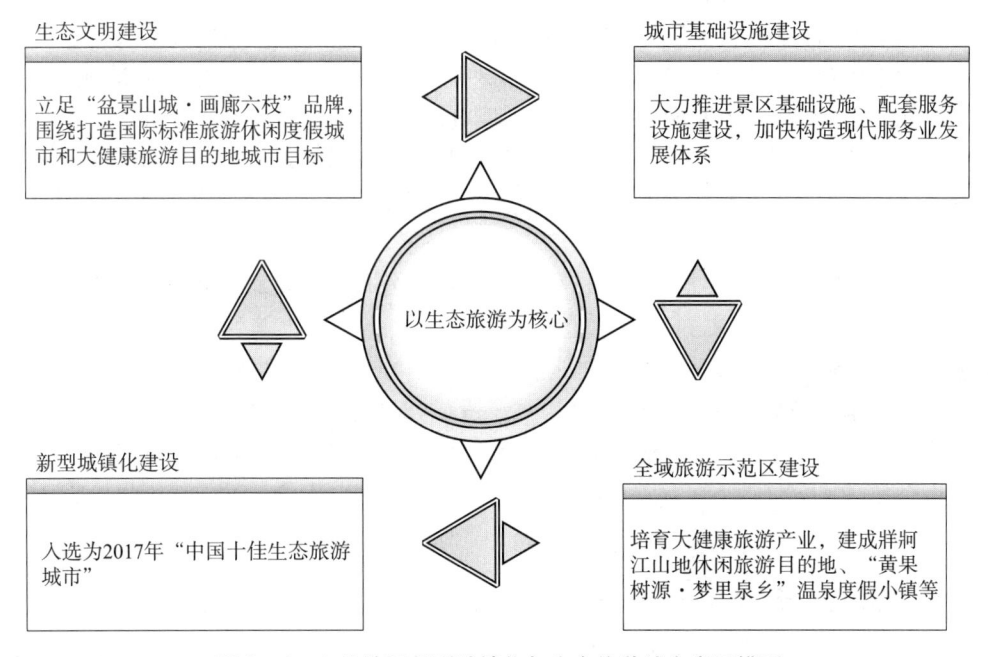

**图5-6　六枝特区新型城镇化与生态旅游城市发展模型**

由图5-6可以看出，六枝特区以发展生态旅游为核心，通过加强生态文明建设、城市基础设施建设、全域旅游示范区建设，最终推动新型城镇化建设，具体来说，各部分的建设路径如下：

六枝特区的生态文明建设以发展生态旅游为核心，围绕"文明城镇美丽乡村"创建，加快"三城两带"环境改造，突出沿路、沿河、沿库、沿园、沿寨生态建设，着力打造"一江一园一库一馆一岛"生态长廊，创建绿色生态产业。在城市发展思路转型以后，六枝通过完善治理保护思路，坚持自然修复为主，抓好退耕还林还草、封山育林及植树造林等工程，建设郎岱、大用、北部库区等农业园区，打造牂牁江、都香高速沿线精品水果基地，改善六枝生态环境，把牂牁江、廻龙溪打造成六枝乃至全省生态旅游品牌。

在城市基础设施建设方面，启动企业"退城入园"及"扩能改造"工程，提升了城区空气环境质量；加快中心城区、岩脚、郎岱等污水处理厂，及六枝河治理、饮用水源地保护等为重点的"治水工程"；加强城区建筑施工、文化娱乐设施噪声监管，城乡垃圾收运系统、垃圾无害化处理体系建设；加强城市拓展区、城市道路改造、城区街头景观建设、城市绿地及公园绿化建设的"治声、扩城、美化、亮化"工程。

在全域旅游示范区建设方面，六枝特区自然风光秀丽，人文历史深厚，拥有丰富的旅游资源，当地政府通过开展一系列旅游项目全面落实全域旅游的战略规划。如2017年11月17日，第七届中国摩托艇联赛"中国凉都·画廊六枝"牂牁江大奖赛在贵州省六盘水市六枝特区的牂牁江水域激情开赛，摩托艇赛事的举办，可以将六枝丰富的资源对外传播出去，让外界了解当地的人文山水，推动旅游文化产业的发展。

在新型城镇化建设方面，六枝特区是贵州省公布第一批整县推进小城镇建设发展的试点县，通过实施1个示范小城镇带动周边多个"美丽乡村"，建"1+N"镇村联动发展模式，形成了功能互补、联系紧密的新型城镇化体系。从2016年开始，全区新型城镇化建设进入"快车道"。2017年，六枝特区凭借得天独厚的生态文化和生态文明建设的卓著成绩，入选为2017年"中国十佳生态旅游城市"。

### 5.3.3 案例验证分析

选取六枝特区生态旅游城市作为案例地是对六枝特区市的新型城镇化发展和生态旅游产业之间关系进行实地考察的结果，根据六枝特区发展的实际情况，将六枝特区旅游经济与城镇化发展分为三个阶段，通过对每一个阶段进行背景描述，得出了六枝特区市新型城镇化进程中生态旅游主导型城市新区产业布局的基本背景。在案例描述中，按照划分的三个阶段，分别对每一个阶段六枝特区进行案例讨论，得出六枝特区城市发展思路转型模型、六枝特区生态旅游发展模型及新型城镇化与生态旅游城市发展模型。

在新型城镇化进程中生态旅游主导型城市新区产业布局的案例验证中，运用 SPS 案例研究方法进行单案例研究，在对六枝特区新型城镇化发展进程、旅游业发展阶段及产业布局进行全面分析的基础上，对六枝特区市新型城镇化进程中生态旅游新区产业布局进行案例讨论，并获得案例发现。在案例讨论过程中，以新型城镇化进程中生态旅游主导型城市产业布局的构成维度、分析框架、布局机理、研究假设及结构方程实证结果的相关内容为基础，重点把握西南民族地区生态旅游主导型城市的特殊性和民族性特点，以突出西南民族地区以少数民族经济和少数民族文化为内容的民族特色，以维护和促进民族团结为目的，在民族地区旅游发展的大背景下对优化生态旅游新区产业布局的驱动要素进行探讨，重点集中在新型城镇化对生态旅游型城市的影响，同时对影响的具体路径进行探索，为下一步进行西南民族地区生态旅游主导型城市新区产业布局的实现路径构建了静态的理论模型。

总的来说，通过以六枝特区生态旅游产业为案例，对西南民族地区新型城镇化进程中生态旅游主导型城市新区产业布局优化路径进行了探讨，验证了新型城镇化进程对优化生态旅游主导型城市新区产业布局所具有的正向作用，同时肯定了产业集聚、游客集聚及环境承载力在生态旅游主导型城市新区产业布局优化中的作用，为下一步提出西南民族地区新型城镇化进程中生态旅游主导型城市新区产业布局优化路径奠定了基础。

## 5.4 新型城镇化进程中休闲旅游主导型城市新区产业布局：以云南大理休闲旅游为例

### 5.4.1 案例背景分析

大理的旅游业发展可以追溯到 1994 年大力实施的"以旅活市"战略，此战略的提出和实施为大理旅游业的发展提供了战略基础。自此后，大理政府注重城市基础服务设施建设，集中力量改善旅游投资环境，同时积极引进资本，做好旅游规划开发的同时注重生态环境与民族风情的原生态保护，不断规范旅游市场秩序,坚持依法依规整治旅游市场。通过努力,大理旅游业从传统一般"接待型"到"产业支柱性"升级,旅游规模不断扩大。2016年,大理白族自治州被列为全国第二批全域旅游示范区名录,在2017年中国目的地休闲度假指数排名中,大理休闲指数为66,超过昆明与丽江,排名全国第七,发展成为我国著名的休闲旅游城市。

大理的城镇化建设与"多规合一"战略是分不开的,大理作为"多规合一"试点,以"多规叠加""多规协调""多规融合""多规合一"为路线和方法,厘清了城乡发展战略,统筹衔接各类规划的具体目标任务。结合"多规合一"试点工作的开展,大理还以国家新型城镇化和云南特色城镇化战略为契机,高效发挥城乡规划的综合引领作用,以规划为依据,以制度创新为动力,以功能培育为基础,以加强管理为保证,使得区域协调发展、生态包容共生、城乡互促共进、资源高效利用的大理特色城镇化得到有效推进。

随着旅游业不断发展,新型城镇化成果逐渐显著,在休闲旅游时代到来之际,传统的观光旅游逐渐向休闲度假旅游转变,当地政府为把大理建设成为世界级休闲旅游度假目的地,大理将进一步打造交通基础设施建设,积极打造大理航空网,对大理机场进行改扩建,加快新航线开通,力争为广大游客提供更便捷通达的交通服务。实施县县通高速的工程,同时不断打造景点景区之间的交通通达,让游客到大理后非常便捷到达各县、各景点游玩,真正实现全域旅游。同时,大理还将加大力度对现有景点景区改造提升品质,在提升过程当中也要保持这些景点景区原有的历史文化风貌。此外,还将打造一批新的旅游景点,大理逐步从过去观光旅游向休闲、度假、养生、康体转变,因此当前也在着力打造养生、休闲、度假的项目,为游客提供更加优质的服务。

### 5.4.2 案例发现讨论

著名未来预测学家莫利托认为:休闲是未来全球经济发展的五大动力中的第一引擎。休闲产业关联度高,产业带动能力强,尤其是随着中国经济的快速发展,游客对旅游目的地选择更加多元化,传统景区接待游客数量有所下降,休闲活动在人们生活中的重要性日益凸显。大理作为重要的休闲旅游目的地之一,依托丰富的休闲旅游资源,从传统的一般"接待型"转向"产业支柱型",休闲旅游不断发展。本书从大理休闲旅游发展实际情况出发,结合前文结构方程实证结果,较为合理地模拟出大理休闲旅游发展模式,见图5-7。

```
         ┌──────────────────┐
         │  大理休闲旅游资源  │
         └────────┬─────────┘
                  ▼
┌─────────────────────────────────────────────────┐
│  ┌────┐   ┌──────┐       ┌──────┐               │
│  │    │   │旅游规模│ ────▶ │产品升级│ ◀──┐         │
│  │一般│   ├──────┤       ├──────┤    │         │
│  │"接 │──▶│旅游市场│ ────▶ │旅游资源│    │ "产业   │
│  │待型"│   ├──────┤       ├──────┤    │ 支柱型" │
│  │    │   │旅游产品│ ────▶ │民族文化│    │         │
│  └────┘   └──────┘       ├──────┤    │         │
│                          │生态环境│ ◀──┤         │
│                          ├──────┤    │         │
│                          │文明状况│ ◀──┤         │
│                          ├──────┤    │         │
│                          │经济基础│ ◀──┘         │
│                          └──────┘               │
└────────────────────┬────────────────────────────┘
                     ▼
         ┌──────────────────┐
         │   休闲旅游产业支撑  │
         └────────┬─────────┘
                  ⇕
         ┌──────────────────┐
         │   大理休闲旅游城市  │
         └──────────────────┘
```

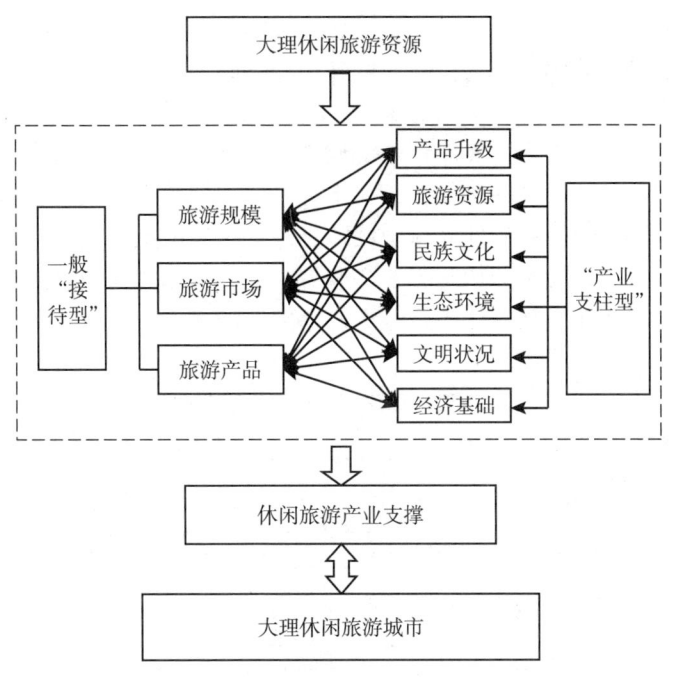

图 5-7　大理休闲旅游发展模式

休闲产业成为大理发展的支柱产业与大理的经济历史条件与旅游资源基础是分不开的。具体来说，可以从两个方面分析：一方面，大理历来很重视生态环境保护和建设，把生态保护放在了一个突出的位置，尤其是体现在洱海保护上，通过采取"双取消""三退三还""禁磷、禁白"等环保行动，积极建设"洱海国家生态文明示范县"，积极推进田园风光等一系列的环境保护和生态建设措施。另一方面，大理大力发展清洁能源和可再生资源，在太阳能、风能、生物能等领域加大支持力度，优化能源使用结构。多年的环境保护和生态建设发展为大理发展休闲旅游产业奠定了坚实的基础条件。

大理休闲旅游发展模式与大理的产品升级、旅游资源、民族文化、生态环境、文明状况和经济基础是分不开的。大理的休闲旅游资源十分丰富，主要景点包括大理挖色镇、天龙八部影视城、苍山等，同时大理市是以白族为主体的少数民族聚居区，白族占有全市人口的 65%。白族风情多姿多彩，风俗习惯具有鲜明的地方民族特色。良好的自然环境和丰富的民族文化为大理休闲旅游的展开提供了旅游产品条件，为原本单一的休闲旅游产品注入了新的文化内涵，提升了旅游产品质量。同时，伴随着旅游市场的不断扩大、旅游规模不断完善，大理休闲产品进一步升级，大理注重生态环境治理与文明状况改善，加强旅游市场监督和管理，为游客进行休闲旅游提供一个良好的安全的绿色的港湾，助力于建设大理休闲旅游城市。

当大理的休闲旅游产业发展到一定程度时，休闲旅游产业与大理的文化、体育、农业、环保等行业进一步融合，在旅游产业的推动下，大理新型城镇化得以进一步推进。结合西南民族地区新型城镇化进程中休闲旅游城市新区产业布局结构方程实证结果，将大理的休闲旅游产业与新型城镇化之间的关系进行分析，推导出大理新型城镇化进程与休闲旅游产业发展互动模式，见图5-8。

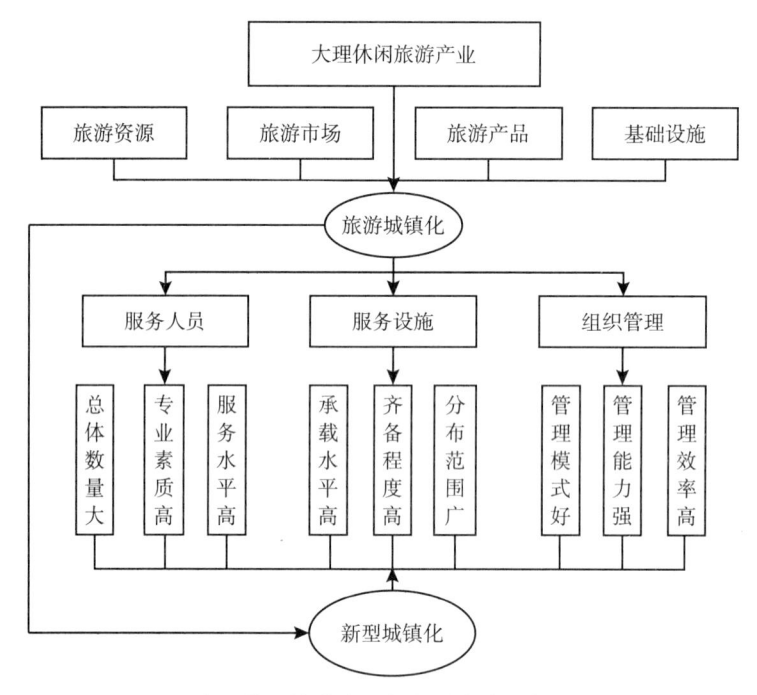

图5-8 大理休闲旅游产业与新型城镇化发展互动模式

由图5-8可以看出，从大理休闲旅游产业的旅游资源、旅游市场、旅游产品和基础设施四个方面出发，结合大理的发展现状和旅游发展历史，对大理综合服务能力从服务人员、服务设施和组织管理三个方面产生积极的影响。具体的作用路径有以下几个方面。

首先，大理城镇化有利于休闲旅游经济的发展。从大理休闲旅游产业的旅游资源、旅游市场、旅游产品和基础设施四个方面出发，休闲旅游产业发展对旅游资源提出了客观要求，大理周边的农村、乡镇以及政府将进一步进行资源的整合和生产要素集聚。为了进一步促进城镇化进程，政府制定相关的政策条款，包括加大资金支持、提供相应的土地政策和制定发展规划，为大理发展旅游业积极发挥政府职能。从旅游市场来说，城镇化发展的根本动力就是发展旅游经济，包括扩大旅游景区规模、增加旅游供给、开发旅游资源、完善景区产品结构等，从根本上提高大理的旅游吸引力。从旅游产品的角度来说，经过多年的发展大理逐渐形成了具有自身特色的发展方式和实施路径，其实施方式是一个动态的过程，尤其在空间布局方面，根据大理在不同时期所呈现出来的特点采取不同的实施方式。从基础设施的角度出发，城镇化的进步是大理政府、景区以及城市共同作用的结果。一方面，大理政府和景区要制定相关的政策规则为景区的发展提供规则保障，平衡保障投入与发展投入；另一方面，大理经济基础作为休闲旅游产业发展的依靠和支撑，大理旅游经济的发展也将对休闲旅游产业发展产生很大的影响，只有大理的经济发展到一定程度时，才能共享一个旅游发展的大环境，建立健全旅游设施。

其次，大理旅游经济的发展影响着景区服务人员的数量、专业素质以及服务水平。旅游服务质量的提升是城市旅游发展的重要体现，旅游服务提升是城市旅游发展的一个重要方向和发展目标。城市旅游目的地要获得发展，首先需要一定数量的服务人员，人力集聚是旅游经济发展的基础条件，只有当服务人员的数量达到一定规模时，旅游接待力才有可能得到提升。其次是服务人员的专业素质，任何一个行业的发展与从业人员的素质是密不可分的，只有当从业人员素质达到一定高度时，团队的综合实力和创新力才能得到提升。最后是服务水平，旅游服务质量和保障能力，是旅游业发展的基础。反过来旅游经济的发展也有利于提升旅游服务能力，尤其在旅游业市场化的今天，旅游服务水平成了发展旅游经济的一项重要评价标准。

再次，大理旅游经济的发展影响着景区服务设施的承载力、齐备程度以及分布范围。当大理旅游经济发展到一定程度时，为了进一步扩大旅游规模和开发旅游资源，大理对旅游服务设施建设也提出了相应的要求。首先要求具有更高承载力的景区服务设施，只有当景区的服务设施承载力水平提高时，才能为构建大旅游格局提供良好的硬件基础，因此，全面提升城市旅游基础设施的完备度、规范度、舒适度，增强城市旅游承载力成为旅游经济发展的必经之路。其次，旅游经济发展会带来大量的客流，在旅游市场化的大背景下，不同的游客有着不同的旅游需求，相应地对旅游服务设施也提出了多样化的要求，这就带动了旅游服务设施的多样化建设。最后是旅游服务设施的分布范围，旅游经济发展势必会带来旅游规模的扩张，包括景区建设的扩大，在这样的背景下，扩大旅游服务设施的分布范围就成了旅游经济发展的客观要求。

最后，大理旅游经济的发展影响着景区组织管理的模式、能力以及效率。旅游经济的发展不仅对景区的硬件设施和旅游资源提出了相应的要求，对景区的管理能力、管理模式、管理体制也都提出了相应的要求，并且在景区不同的发展时间阶段中呈现出不同的特点。当景区获得初步发展时，其管理的重要目标在于促进景区的经济发展，其组织管理模式也相应地适应大理景区旅游经济发展的需要。当景区的旅游经济发展到一定规模时，其呈现出旅游规模扩大化、人员数量化、产品精品化、项目多样化的特点，本着整体性、文化性、社会性和可持续性发展的原则，景区开始由积极寻求旅游收入到注重城市、社会、环境的一体化发展，在发展中保持民族特色和原始自然风管，相应地其在管理模式的选择上也会更倾向采取一种绿色管理模式。

### 5.4.3 案例验证分析

选取大理休闲旅游城市作为案例地是对大理市的新型城镇化发展和休闲旅游产业之间关系进行实地考察的结果，根据大理发展的实际情况，分别对大理的旅游经济发展状况、新型城镇化发展状况及未来大理城市发展背景进行分析，归纳推导出大理休闲旅游产业发展模式和新型城镇化与大理休闲旅游产业发展的互动模式。

在新型城镇化进程中休闲旅游主导型城市新区产业布局的案例验证中，运用SPS案例研究方法进行单案例研究，在对大理新型城镇化发展进程、旅游业发展阶段及产业布局全面分析的基础上，对大理新型城镇化进程中休闲旅游新区产业布局进行案例讨论，并获得案例发现。在案例讨论过程中，以新型城镇化进程中休闲旅游主导型城市产业布局的构成维度、分析框架、布局机理、研究假设及结构方程实证结果的相关内容为基础，重点把握西南民族地区旅游型城市的特殊性和民族性特点，在民族地区旅游发展的大背景下对优化休闲旅游新区产业布局的驱动要素进行探讨，重点集中在新型城镇化对休闲旅游型城市的影响，同时对影响的具体路径进行探索，为下一步进行西南民族地区休闲旅游主导型城市新区产业布局的实现路径构建了静态的理论模型。

总的来说，通过以大理休闲旅游产业为案例，对西南民族地区新型城镇化进程中休闲旅游主导型城市新区产业布局优化路径进行了探讨，验证了新型城镇化进程对优化休闲旅游主导型城市新区产业布局所具有的正向作用，同时肯定了产业集聚、游客集聚及消费模式在休闲旅游主导型城市新区产业布局优化中的作用，为下一步提出西南民族地区新型城镇化进程中休闲旅游主导型城市新区产业布局优化路径奠定了基础。

## 5.5 新型城镇化进程中商务旅游主导型城市新区产业布局：以云南昆明商务旅游为例

### 5.5.1 案例背景分析

随着我国改革开放的不断深入，商务旅游逐渐成为我国旅游市场中一种重要的旅游形式。云南昆明市凭借其优异的生态环境、具有特色的民族风情、丰富多样的自然和人文旅游资源、美丽整洁的市容市貌，特别是迅猛发展的交通条件及实力雄厚的会展设施使昆明市逐渐拥有发展商务旅游接待的能力，种种优势条件使昆明市正逐步显露出成为我国西南地区商务旅游最佳目的地的发展趋势。

同时，昆明市从1993年开展第一届中国昆明出口商品交易会开始，其会展业发展已有二十多年的历史。2015年，滇池国际会展中心落成，占地面积位列全国第三，西南地区第一。极强的产业带动力促使会展中心所在区域经济发展迅猛。在昆明市公示的《昆明会展中心周边片区控制性详细规划优化成果》中，正式将会展片区定位为"依托生态自然以高端会务会展为核心，融合文旅休闲、商务办公、酒店、公共服务、生态居住于一体的多功能城市新区"。未来昆明将积极引入国内外重大赛事、品牌展会、国际峰会、高端论坛等大型活动，提升南博会、昆交会、旅交会等展会的影响力，积极推动会展业与高原特色现代农业、旅游业、大健康、文化创意产业等融合发展。通过发展会展业，构建一批功能完善、特色突出、灵活高效的开放合作载体，提升面向东南亚开放的窗口平台功能，极大地推进了昆明市商务旅游产业的发展。

新型城镇化作为现代化的必由之路，是解决昆明农业农村农民问题的重要途径，是推动区域协调发展的有力支撑，是扩大内需和促进产业升级的重要抓手。昆明市委市政府将昆明的新型城镇化建设放在了突出的位置，要求在现有昆明城市发展的基础上，进一步优化城镇化布局和形态，提高城镇建设和发展水平，有序推进新型城镇化发展，创新城镇化发展模式，提高社会主义新农村建设水平，努力缩小城乡差距,推进城乡发展一体化。同时突出强调以现代服务业为主导,加快发展商贸及物流业、金融业、旅游业、文化创意产业、科技及信息服务业、房地产业、会展业、健康服务业,使第三产业成为昆明市城镇化发展的后续动力和吸纳转移农村剩余劳动力的重要渠道,通过新型城镇化建设进一步推进昆明市商务旅游产业的发展和优化商务旅游产业布局。

### 5.5.2 案例发现讨论

昆明市商务旅游产业的发展与其得天独厚的优势资源条件是分不开的,包括自然资源和非自然资源两个方面的内容。根据本书的维度划分、分析框架以及前文结构方程实证分析的结果,结合昆明商务旅游经济发展的现状特征,模拟出昆明商务旅游产业发展机制图,具体的作用路径可见图5-9。

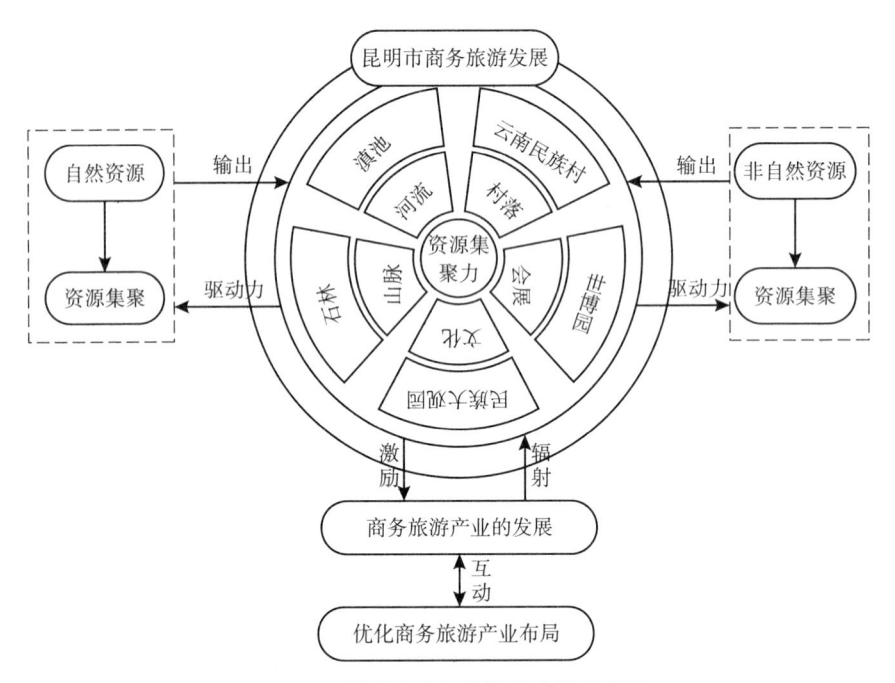

**图5-9 昆明市商务旅游产业发展机制**

由图5-9可以看出,昆明商务旅游经济发展通过对自然资源和非自然资源产生作用力实现对景区资源集聚力的作用,资源集聚力的增长包括自然资源集聚力增长和非自然资源集聚力增长两个方面。具体的作用路径可以从以下几个方面来进行说明。

首先,昆明商务旅游经济发展对自然资源集聚力增加有着促进作用。昆明自然资源十分丰富,且资源质量较高,包括著名的滇池、石林等,不同类型的自然资源在昆明的空间范围内集中并且产生积极的经济效果,促使昆明城镇化步伐不断加快并且空间规模不断扩大。昆明将商务旅游发展的观念深入城镇化中,客观上对资源形成了相应的要求,要求资源集聚以产生新的旅游吸引力,并通过资源开发和再造形成新的旅游生产力,为打造新的旅游经济增长极提供了条件。

其次,昆明商务旅游经济发展对非自然资源集聚力增加有着促进作用。昆明市的非自然资源包括云南民族文化大观园、世博园、云南民族村以及大量的仿古建筑等,非自然资源是昆明在长期的历史演进中所形成的自身特色,非自然资源与自然资源相得益彰。商务旅游经济发展从景区管理出发,将景区管理的理念贯穿城市发展中,重视旅游服务和旅游产品创新,这就对非自然资源的整合和集聚产生了新的要求。

最后,昆明商务旅游经济发展与优化商务旅游产业布局形成互动。要做大做强昆明的商务旅游,将昆明市打造成国际商务旅游目的地,除了依赖已有的区位优势以外,还必须积极拓展昆明商务旅游产业的发展空间,而发展空间的拓展需要以坚实的旅游经济发展为后盾。只有当昆明的商务旅游经济发展到一定程度时,旅游基础、旅游服务及旅游市场规范管理等才能得到加强,旅游产业布局才得以优化。

旅游服务作为研究西南民族地区新型城镇化进程中商务旅游主导型城市产业布局的中间变量之一,在昆明新型城镇化与商务旅游产业布局优化进程中起到重要的作用。根据本书的维度划分、分析框架以及实证分析的结果,模拟出昆明新型城镇化推动商务旅游产业优化布局进程的作用机制,具体的作用路径可见图 5 - 10。

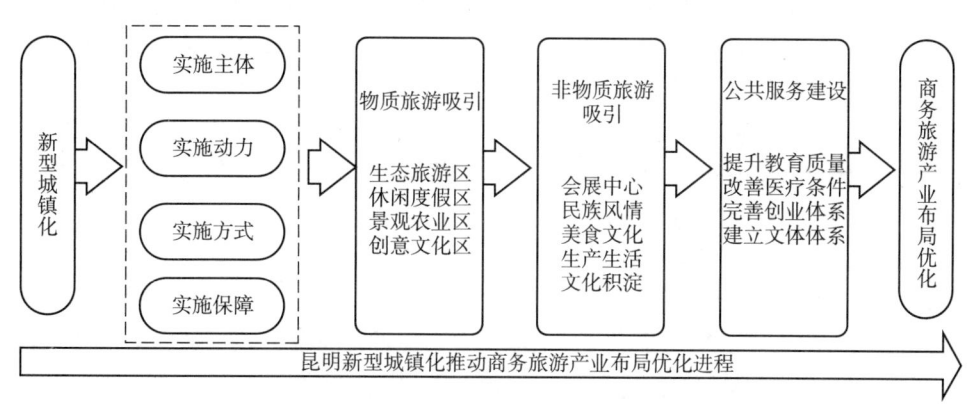

图 5 - 10 昆明新型城镇化推动商务旅游产业优化布局进程的作用路径

由图 5-10 可以看出，在昆明新型城镇化推动商务旅游产业优化布局进程的作用机制当中，新型城镇化通过其实施主体、实施动力、实施方式和实施保障四个维度作用于旅游的物质吸引力和非物质吸引力。具体来说，其作用路径如下：

首先，新型城镇化步伐的加快可以进一步促进昆明商务旅游产业的物质旅游吸引力提高。从实施主体来看，新型城镇化的实施主体来自城市周边的农村、乡镇和政府，在新型城镇化进程中，农村人口不断形成集聚，乡镇的自主发展意识增加，资源要素原有的结构被打破，在不断发展中逐渐形成一种更为适应新型城镇化的结构。同时，政府作为实施主体之一，新型城镇化水平的不断提高促进政府的政策偏移，相关政策的出台和实施在很大程度上弥补发展短板，为新型城镇化的进一步发展提供强有力的保障，最终促进物质旅游资源的集聚和整合。从实施动力来看，新型城镇化水平的提高会刺激昆明发展旅游的原始动机，促进原有的零散的单一的物质旅游资源逐渐聚合并在源源不断的旅游发展动力中获得发展。从实施方式来看，新型城镇化水平的不断提高将创新物质资源整合和资源集聚方式，包括生态旅游区、休闲度假区、景观农业区以及创意文化区等，扩大物质旅游吸引力的范围。从实施保障来看，新型城镇化依托生态资源、休闲资源、农业资源等优势资源，形成生态旅游区、休闲度假区、景观农业区以及创意文化区等物质资源集聚方式，在促进资源整合和发展相关产业链的过程中，为商务旅游产业的发展提供保障。

其次，新型城镇化在促进物质旅游吸引力提高的基础上进一步带动非物质旅游吸引力的提高。物质资源吸引力的提高反映了商务旅游产业的旅游资源丰富程度的提高，相关旅游基础设施不断完善，商务旅游产业旅游产业逐渐突破传统意义上的观光旅游和休闲旅游，将产业升级形成互相推动的产业链。随着产业的不断的升级，原有的旅游市场和目标人群的定位也会发生相应的改变，旅游市场不断升级，从传统的观光旅游为主转变为以体验旅游为主，旅游产品和城市环境也得到相应的升级。在这样的大背景下，可以从会展中心、民族风情、美食文化、生产生活、文化积淀等方面来吸引游客。为了进一步满足商务旅游发展的需要，昆明在传统商务旅游发展的模式上不断促进旅游产业的升级，其中非常重要的路径就是不断挖掘非物质资源的旅游吸引力。

最后，新型城镇化水平的提高通过作用于公共服务建设推动商务旅游产业优化布局。新型城镇化水平的提升对当地的公共服务设施建设具有积极的推动作用，具体体现在以下几个方面：一是提升中小学教育质量。新型城镇化步伐的加快有利于进一步加强初等教育和学前教育，重点改善中小学和幼儿园条件，全面完善九年义务教育学校校舍等硬件建设。二是改善基本医疗卫生条件，加强疾病监测、疫情处理和突发公共卫生事件应对。三是完善公共就业创业服务体系，加强农民职业技能培训，提高就业创业能力和职业素质。四是实施文化惠民工程，加大对公共文化服务体系建设的支持力度，加快全民健身场地的建设，强化规划功能，促进体育设施的广覆盖高利用，提供高效优质的体育公共服务。通过完善公共服务设施建设，为旅游服务质量的提升提供硬件基础，而旅游服务作为影响商务旅游产业优化布局的重要直接变量，旅游服务的提升将有利于促进昆明商务旅游产业的优化布局，为打造国际化的商务旅游目的地提供条件。

### 5.5.3 案例验证分析

选取昆明商务旅游城市作为案例地是对昆明市的新型城镇化发展和商务旅游产业之间关系进行实地考察的结果，根据昆明发展的实际情况，分别对昆明的旅游经济发展状况、未来昆明城市发展背景及新型城镇化发展状况进行分析，归纳推导出昆明商务旅游产业发展模式和新型城镇化与昆明商务旅游产业发展的互动模式。

在新型城镇化进程中商务旅游主导型城市新区产业布局的案例验证中，运用SPS案例研究方法进行单案例研究，在对昆明市新型城镇化发展进程、旅游业发展阶段及产业布局全面分析的基础上，对昆明市新型城镇化进程中商务旅游新区产业布局进行案例讨论，并获得案例发现。在案例讨论过程中，以新型城镇化进程中商务旅游主导型城市产业布局的构成维度、分析框架、布局机理、研究假设及结构方程实证结果的相关内容为基础，重点把握西南民族地区商务旅游主导型城市的特殊性和民族性特点，对优化商务旅游新区产业布局的驱动要素进行探讨，重点集中在新型城镇化对商务旅游型城市的影响，并对影响的具体路径进行探索，为下一步进行西南民族地区商务旅游主导型城市新区产业布局的实现路径构建了静态的理论模型。

总的来说，通过以昆明商务旅游产业为案例，对西南民族地区新型城镇化进程中商务旅游主导型城市新区产业布局优化路径进行了探讨，验证了新型城镇化进程对优化商务旅游主导型城市新区产业布局所具有的正向作用，同时肯定了产业集聚、游客集聚及旅游服务在商务旅游主导型城市新区产业布局优化中的作用，为下一步提出西南民族地区新型城镇化进程中商务旅游主导型城市新区产业布局优化路径奠定了基础。

## 5.6 新型城镇化进程中养生旅游主导型城市新区产业布局：以广西巴马养生旅游为例

### 5.6.1 案例背景分析

巴马的旅游业发展主打"养生、绿色、健康"的旅游品牌，这与巴马的旅游资源状况是分不开的。首先，巴马地属亚热带季风气候区，具有丰富的森林生态群落，为巴马输送富含负离子的优质空气，人居环境和气候条件十分宜人。其次，巴马水系十分发达，巴马的水是弱碱性小分子团水，溶解度高达71%，河水反复进出地下溶洞而被矿化，含有丰富的矿物质，尤其是锶的含量很高，有利于人体代谢物的排出，对延缓衰老有很好的功效。再次，巴马生长着各色野生植物，这些植物长期在绿色、生态、无污染的环境中生长，所接受的化肥农药的比率几乎为零，不仅吃起来味道不错，而且十分健康。特别是野菜、野果中，含有各种人体需要的维生素、氨基酸和植物纤维，火麻仁制成的油和汤含有大量的不饱和脂肪酸，这些都是长寿老人常吃的食物。最后，巴马居民在长期的历史发展中形成了自身乐观、积极向上的生活态度，且当地提倡晚婚晚育，为当地人的长寿提供了一个良好的生活作息时间。

巴马作为广西壮族自治区确定的"三大国际旅游区"建设之一，在推进各旅游景区景点建设项目的同时，把城镇建设作为一项重要的工作内容来抓，城镇项目建设有效推进。基础设施建设迅速发展，城市服务功能日趋完善，水、电、路、通信等较便利，银行、保险、学校、医院、广播电视、网络等配套完善。为了加快城市建设，加强推动巴马城镇化发展，当地政府着力抓好专项整治，推进城镇规范化建设，充分发挥土地监察和规划监察作用，调整充实综合执法力量，强力推进城乡道路、商业配套设施、公共配套服务设施和污水处理设施建设。巴马先后荣获中国"最适宜人居住的十个小城"、十佳"中国最美小城""中国王牌旅游目的地"等荣誉称号。

巴马的养生旅游与新型城镇化发展是密不可分的，二者相互影响、相互促进。在新型城镇化建设的背景下，养生旅游成为巴马新型城镇化发展的重要推动力。而依托巴马的养生旅游资源，巴马将新型城镇化与旅游产业、长寿产业与生态产业相结合，促进新型城镇化建设。

## 5.6.2 案例发现讨论

巴马依托养生旅游资源，为探索新型城镇化道路提供了依赖路径，主要体现在产业发展、人口集聚、住宅建设及公共服务设施建设方面。结合前文西南民族地区新型城镇化进程中养生旅游主导型城市新区产业布局的结构方程实证结果，强化旅游基础、产业集聚、游客集聚三个变量在新型城镇化与养生旅游产业发展中的重要中间作用，结合巴马养生旅游与城镇化发展现状，较为合理地模拟出巴马养生旅游产业促进新型城镇化建设机制，见图5-11。

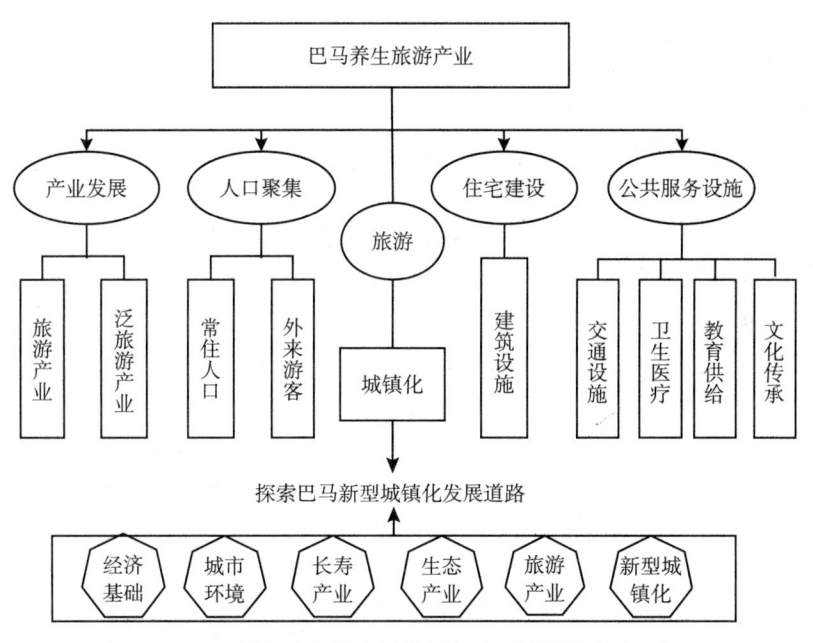

**图5-11 巴马养生旅游产业发展促进新型城镇化建设机制**

由图5-11可以看出，产业发展、人口集聚、住宅建设以及公共服务设施是巴马养生旅游产业影响新型城镇化的重要组成部分，四者共同对巴马起着重要的促进作用，同时根据巴马养生旅游特点，结合巴马新型城镇化城市、社会、环境的一体化发展目标，提出了具体的促进巴马新型城镇化建设的对策建议。具体的实施路径如下。

首先,养生旅游的发展促进巴马产业的发展。产业发展是城镇化的第一基础,包括旅游产业和泛旅游产业的发展。旅游产业作为主导产业对泛旅游产业具有积极的带动作用,包括业态的集聚和产业之间融合聚集。业态集聚以某一产业中的某一种业态为形式,通过与此相关的企业、机构等经营单位,形成规模化。不同产业之间,通过产业链的延伸和交叉,形成相互之间的融合,形成产业聚集。

其次,养生旅游的发展促进巴马人口集聚。人口集聚是城市化发展的第二基础,人口集聚是一种产业的集聚、资金的集聚、信息的集聚,包括常住人口和外来游客,新型城镇化带来经济的发展和社会的进步,人们为了寻求更高的工资收入和更好的生活环境,由原来的居住地向城镇化水平较高的城市靠拢是一种大众趋势,从这个角度来说,人口集聚是具有吸引力的自然集聚。同时,人口集聚也是一种资源优化利用的集聚,新型城镇化在城镇规模、人口数量、产业发展等多方面都有要求,在产业集聚的基础上,只有当人口也形成集聚,相关的人力资源要素才能得到整合,资源才能得到更加合理的配置。

再次,养生旅游的发展促进巴马住宅建设。住宅建设是居住的前提,新型城镇化步伐的加快必然会使大量的劳动力人口流入巴马,这就在很大程度上刺激了城中住宅的需求。新型城镇化不仅对巴马的住宅建设数量提出了要求,在解决住房短缺问题的同时对住房品质也提出了相应的要求。当巴马的养生旅游产业发展到一定阶段时,为了与养生旅游产业的高水平特点相适应,同时改善城市的整体居民风貌,巴马政府将把重点放在住宅建设上,进一步推进城镇化水平。

最后,养生旅游产业发展为巴马搭建平台,强化巴马基础设施建设。养生旅游的发展以巴马生态环境为资源基础,尤其是原生、生态及健康的旅游资源。随着旅游业发展水平的提升,游客的旅游需求也向更高层次提升,他们不仅仅注重原生资源的独特性,对巴马发展养生旅游的环境和设施品位也有自己的要求。而巴马以建设"养生国际旅游区"为契机,将养生旅游产业的发展放在十分突出的位置,为了进一步推进养生旅游的发展,在新型城镇化建设的背景下将投入更多的资源在旅游环境、旅游设施建设及旅游品位的提升上。

巴马的新型城镇化建设为养生旅游产业的发展提供了重要的推动作用,主要体现在改善巴马养生旅游环境、提高巴马养生旅游知名度、创新旅游产品体系及加大巴马产业融合方面。结合前文西南民族地区新型城镇化进程中养生旅游主导型城市新区产业布局的结构方程实证结果,强化旅游基础、产业集聚、游客集聚三个变量在新型城镇化与养生旅游产业发展中的重要中间作用,结合巴马养生旅游与城镇化发展现状,较为合理地模拟出巴马新型城镇化建设促进养生旅游产业发展的作用机制，见图 5-12。

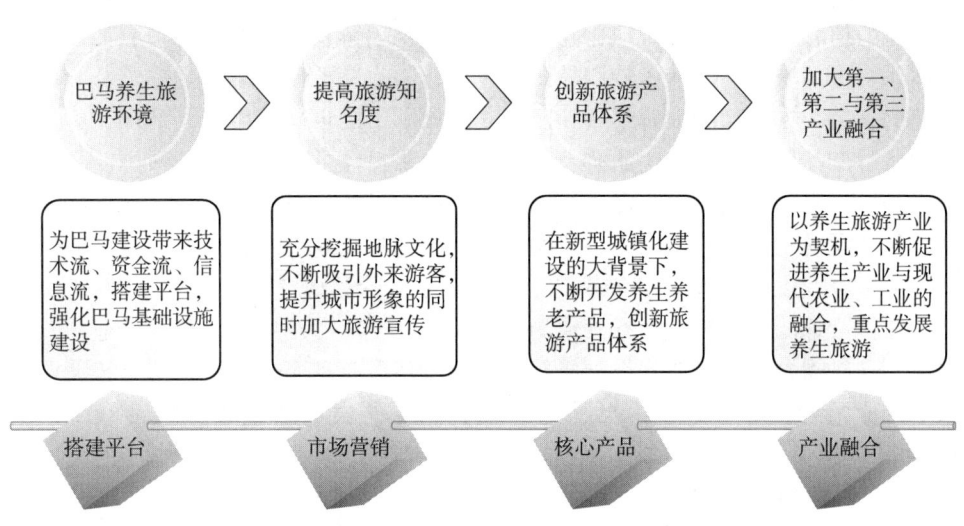

```
┌─────────┐   ┌─────────┐   ┌─────────┐   ┌─────────┐
│巴马养生旅│ > │提高旅游知│ > │创新旅游产│ > │加大第一、│
│游环境    │   │名度      │   │品体系    │   │第二与第三│
│          │   │          │   │          │   │产业融合  │
└─────────┘   └─────────┘   └─────────┘   └─────────┘

┌─────────┐   ┌─────────┐   ┌─────────┐   ┌─────────┐
│为巴马建设│   │充分挖掘地│   │在新型城镇│   │以养生旅游│
│带来技术流│   │脉文化，不│   │化建设的大│   │产业为契机│
│、资金流、│   │断吸引外来│   │背景下，不│   │，不断促进│
│信息流，搭│   │游客，提升│   │断开发养生│   │养生产业与│
│建平台，强│   │城市形象的│   │养老产品，│   │现代农业、│
│化巴马基础│   │同时加大旅│   │创新旅游产│   │工业的融合│
│设施建设  │   │游宣传    │   │品体系    │   │，重点发展│
│          │   │          │   │          │   │养生旅游  │
└─────────┘   └─────────┘   └─────────┘   └─────────┘

  搭建平台      市场营销      核心产品      产业融合
```

图 5-12　巴马新型城镇化建设促进养生旅游产业发展机制

由图 5-12 可以看出，在巴马养生旅游产业发展中，新型城镇化建设为促进养生旅游产业发展提供了完善的旅游环境和旅游知名度，有利于创新现有的旅游产品体系，加大第一、第二与第三产业融合，促进巴马养生旅游产业的发展。

首先，巴马新型城镇化建设为巴马养生旅游发展搭建了平台。新型城镇化对于旅游产业发展是重要的历史机遇，过去受城乡二元经济结构的制约，公共财政对农村基础设施建设、乡村道路、信息化建设投入不足，农民人均可支配收入低。随着巴马政府新型城镇化建设的展开，资源的扩大供给为养生旅游产业带来技术流、资金流、信息流，尤其是在巴马较为落后的地区，其资源短缺现象严重，基础设施建设还有很长的路要走。巴马新型城镇化建设所带来的基础设施建设为这些地区提供了重要的平台，使他们养生旅游产业的发展有了基础。

其次，巴马新型城镇化建设为巴马养生旅游发展提高了知名度。巴马的新型城镇化建设要依托当地文脉与地脉，依靠自身的资源特色和产业特色，通过延伸产业链，打造属于自身的品牌和形象，不断吸引外来游客观光、度假，塑造城市名片。养生旅游产业的发展依赖于巴马新型城镇化建设这一趋势，充分挖掘地方文化，对已开发的旅游资源进行深度开发，不断开发新的旅游产品。同时加大现有旅游产品的重新组合，整合区域内的优势资源，通过改变产品的组合方式达到整体的创新，推动巴马的养生旅游产品营销。

再次,巴马新型城镇化建设为巴马养生旅游发展创新旅游产品体系。旅游目的地发展的核心就在于旅游产品,创造出具有生命力的旅游产品是可持续发展旅游产业的核心。巴马新型城镇化建设的一项重要内容在于不断创新现有的旅游产品体系,更新城市发展的依赖产品,为建立较为完整的产品体系提供资金和政策方面的支持。在这样的大背景下,巴马养生旅游不断创新养生养老产品,创新现有的旅游产品体系,为养生旅游产业的发展提供持续的生命力。

最后,巴马新型城镇化建设为巴马养生旅游发展促进产业融合。巴马的新型城镇化建设既是城镇化与旅游产业融合发展的一种创新形式,也是长寿产业与生态产业、农业现代化与新型城镇化、工业发展与新型城镇化协同发展的一个过程。任何产业的发展都离不开其他产业发展,养生旅游产业属于第三产业,其发展离不开巴马农业、工业建设,而新型城镇化建设有利于推动第一、第二产业与第三产业融合发展,这就为巴马生态旅游产业的发展营造了一个良好的产业环境。

### 5.6.3 案例验证分析

选取巴马养生旅游城市作为案例地是对巴马市的新型城镇化发展和养生旅游产业之间关系进行实地考察的结果,根据巴马发展的实际情况,分别对巴马的旅游经济发展状况、新型城镇化发展状况及新型城镇化与巴马养生产业发展的关系进行分析,得出巴马新型城镇化进程中养生旅游产业发展的基本背景,归纳推导出巴马养生旅游产业促进新型城镇化建设的作用机制和巴马新型城镇化建设促进养生旅游产业发展作用机制。

在新型城镇化进程中养生旅游主导型城市新区产业布局的案例验证中,运用SPS案例研究方法进行单案例研究,在对巴马新型城镇化发展进程、旅游业发展阶段及产业布局进行全面分析的基础上,对巴马新型城镇化进程中养生旅游新区产业布局进行案例讨论,并获得案例发现。在案例讨论过程中,以新型城镇化进程中养生旅游主导型城市产业布局的构成维度、分析框架、布局机理、研究假设及结构方程实证结果的相关内容为基础,重点把握西南民族地区旅游型城市的特殊性和民族性特点,对优化养生旅游新区产业布局的驱动要素进行探讨,重点集中在新型城镇化对养生旅游型城市的影响,同时对影响的具体路径进行探索,为下一步进行西南民族地区养生旅游主导型城市新区产业布局的实现路径构建了静态的理论模型。

总的来说,通过以巴马养生旅游产业为案例,对西南民族地区新型城镇化进程中养生旅游主导型城市新区产业布局优化路径进行了探讨,验证了新型城镇化进程对优化养生旅游主导型城市新区产业布局所具有的正向作用,同时肯定了产业集聚、游客集聚及旅游基础在养生旅游主导型城市新区产业布局优化中的作用,为下一步提出西南民族地区新型城镇化进程中养生旅游主导型城市新区产业布局优化路径奠定了基础。

# 第6章

# 西南民族地区新型城镇化进程中旅游型城市新区产业布局优化的实现路径

## 6.1 新型城镇化进程中观光旅游主导型城市新区产业布局优化路径

### 6.1.1 政府方面：实施政策保障，推进市场改革

第一，土地政策保障。积极争取国家级旅游度假区，积极争取土地管理改革综合试点，建立新型土地管理体制机制。适应旅游型城市新区产业布局建设需要，编制土地利用总体规划，适当增加新增建设用地总规模，提高土地集约利用水平。对旅游型城市新区建设用地计划实行差别化管理并予以倾斜，建设占用耕地所需补充指标允许在省域范围内有偿流转、调剂使用。探索农村集体土地产权制度改革，开展农村集体土地使用权流转试点。建立集约化、规模化和规范化的土地利用制度，加快建立城乡统一的建设用地市场。对规划确定的重大基础设施项目、重点产业项目和生态保护等项目，实施国家重大建设项目用地政策，按市场化机制实施国家统筹耕地占补平衡。

第二,搭建公开信息平台。及时发布旅游型城市新区政策法规、土地开发、规划建设、招商选资、经济发展等方面信息,介绍国家、桂林市政策法规,入驻重点企业信息,以及园区土地、规划、招商等信息;搜集周边区县、其他高端产业功能区相关信息,实施信息平台动态管理,促进区域间经济协同发展。建立经济社会数据统计与监测体系,建立旅游型城市新区统一的经济社会数据统计、考核报送体系;启动数据库建设工作,建立旅游型城市新区多元化的数据采集体系、多角度的业务处理体系、全方位的信息服务体系,实现旅游型城市新区各园区、各乡镇统计数据资源的内部共享。

第三,充分发挥市场作用,大力推进市场化改革。改进政府行政审批配置资源的方式,来适应经济市场化不断发展的趋势,加快调整经济结构,大力发展混合所有制经济,实现投资主体多元化,使股份制成为公有制的主要实现形式,以利益为导向引导生产要素流向。通过专营权出让、股权改制、BOT 和 BT 等方式,积极尝试吸收社会资本、土地要素和当地劳动力资源参与基础设施和公共服务设施建设。鼓励具有一定规模的企业以"资本带项目"的形式,集中兴建"商务写字楼、科技研发楼、城市综合体",参与产业开发建设,吸引附加值高、创新能力强的中小型企业集中入驻、集群发展。

### 6.1.2 企业方面:突出观光特色,打造旅游品牌

第一,打造以观光旅游为主导的完整产业链条。坚持产业布局中以人文景观和自然景观为主要吸引力,以欣赏有特色的自然景观为主要目的,实现旅游要素的聚集,形成以某个或者几个著名旅游区为基础的观光旅游主导型产业集群。打造以"观光旅游为主导产业,农业、渔业、林业、畜牧业为支持产业,休闲商业、医疗保健业、会议会展业、酒店住宿业、餐饮业为延伸产业,创业文化业、物流商贸业、信息产业、金融业为相关产业"的完整产业链条。

第二,突出西南民族地区的地理特征和自然风貌资源。在西南民族地区进行观光旅游主导的城市新区布局时要结合地域特征和自然风貌,将西南民族地区的喀斯特地貌和多样化的少数民族情打造成精品观光旅游线路,开发具有旅游潜力的资源,整合已有的旅游资源,创新旅游产品。同时依靠产业集聚将不同类型的资源进行重新组合,最大限度地发挥西南民族地区自然和人文资源的最大优势。在进行旅游产品布局时要划分核心观光区、边缘观光带和旅游观光节点,完善整体的产业布局,优化产业格局,突出西南民族地区民族性旅游产品。

第三,统一品牌形象宣传。深入挖掘提炼旅游型城市新区内涵特征,结合沿

线民族民俗特色，以国际视角塑造统一品牌，聘请国际专业策划公司，共同设计标识、英文名称、网站域名、广告用语等，塑造统一品牌形象，实现统一宣传推介，充分展示旅游大通道独特魅力和优势，塑造良好形象。

第四，充分依托观光旅游带内各类景观，其包括：地文景观中的峰丛、石林、奇特与象形山石、岩石洞与洞穴景观；水域风光中的观光游憩河段、古河道段落、沼泽与湿地风光；生物景观中的林地、林间花卉地、水生动物栖息地、陆地动物栖息地等景观；文化景观中的遗址遗迹。应积极打造园林休憩区域、文化活动场所、动物与植物展示地、景物观赏点等观光服务项目，配套车站、港口渡口与码头等交通设施。创新菜品饮食、中草药材及制成品等旅游商品服务。积极打造有影响力的旅游节来吸引游客。

## 6.2 新型城镇化进程中生态旅游主导型城市新区产业布局优化路径

### 6.2.1 政府方面：加大财政投入，注重法规建设

第一，加大财政投入力度。随着市场经济的深化，应当善于利用经济手段，培育和引导市场，促使各种渠道的资金进入，特别要注意调动非公有制经济组织的投资积极性，吸引更多的民间资金。同时，还应积极开拓新的资金筹集渠道。各级政府要按照建立公共财政的要求，把旅游型城市新区建设资金纳入本级年度财政预算，保证逐年有所增长。为激励旅游型城市新区产业发展，适时调整财政资金支持方式，运用竞争性财政补助方式，主要采取"以奖代补"或"贴息补助"的方式，对旅游型城市新区的骨干龙头企业、基础设施和公共服务设施项目建设给予支持。

第二，构建生态保障体系，维护旅游型城市新区生态环境。通过战略环评和项目环评，根据全区各地的资源生态环境特点，从宏观产业布局、产业升级、要素配置、环境准入等方面，把好项目准入关，提出有针对性的对策措施，强化环境保护对经济结构调整的倒逼功能，推动经济发展方式转变，切实提高发展质量。加强部门协作，优化审批程序，提高办事时效，加快重大项目建设进度。重点做好旅游型城市新区发展的服务工作，依据资源环境承载力，高起点、高标准地发展一批现代服务产业、创意文化业、会议会展业、现代物流基地，引领和带

动旅游型城市新区的发展。将城市规划、土地利用规划和环境保护规划互相衔接、融为一体，推动工业向园区集中、人口向城镇集聚，保护好生态空间，推动水土资源统筹使用，缓解旅游型城市新区发展带来的生态环境压力以及农业开发与生态争地争水等矛盾，保障粮食安全、漓江流域生态安全和环境安全。

第三，注重法律法规保障，助力沿线产业全面振兴。加强环境监测体系与应急能力建设，完善大气、酸雨和城市噪声自动监测系统，重点加强重金属和有机毒物的排放监控。建设和完善环境自动监测信息管理和决策支持系统，加强环境应急能力建设。开展重点企业、园区和港口的环境风险评估，对污染事件危险源情况进行调查，编制突发环境污染事故应急预案，建立应急响应平台。细化允许土地开发利用及项目建设的法规条款，规范准入机制。从人民利益出发，强化服务意识，从法律法规制度上切实保障桂林至阳朔旅游型城市新区居民利益，促进当地居民参与大通道沿线发展的利益分配，与当地居民共享发展成果。对与居民利益产生冲突的企业或项目须及时停产整顿或休业整顿，把人民切身利益放在首位。

## 6.2.2 企业方面：突出生态特色，构建生态体系

第一，打造以生态旅游为主导的完整产业链条。坚持产业布局中以人工景观和生态景观为基础，以观光游览为主要目的，实现区域内旅游要素、游憩方式聚合；形成以某个或者几个区域为重心的生态旅游主导型产业集群。打造以"生态旅游为主导产业，农业、渔业、林业、畜牧业为支持产业，综合娱乐业、休闲商业、运动康体业、医疗保健业、酒店住宿业、餐饮业为延伸产业，创业文化业、物流商贸业、信息产业、金融业为相关产业"的完整产业链条。

第二，注重生态旅游资源开发与泛旅游产业发展之间平衡。西南民族地区新型城镇化进程中旅游型城市新区产业布局优化要树立全局意识，坚持全面可持续发展的可持续发展观。具体来说，实现生态旅游产业与泛旅游产业的平衡发展和合理布局可以从以下几点出发：一是对西南民族地区旅游型城市新区的旅游资源进行全面评估，运用科学的方法对旅游资源质量进行合理划分，根据权重的大小来进行产业布局的合理安排。二是拉长生态旅游产业链条，将西南民族地区旅游型城市新区的泛旅游产业积极地融合到旅游产业链，增强产业与产业时间的关联度，提升区域整体的经济实力。三是科学设置旅游服务设施，积极引进生态环保技术进行废物处理和实现废物再利用，在提高生态旅游产业利用率的同时惠顾泛旅游产业，实现共同发展、绿色发展、平衡发展。

第三，划定环境功能保护区。在进行生态旅游主导型城市新区产业布局时必

要将西南民族地区脆弱的生态环境纳入考虑范围，注重生态环境的保护，划定生态自然保护区。在分析西南民族地区生态旅游主导型城市新区生态环境特点、生态脆弱性和生态服务功能价值的基础上，按环境功能划分为生态涵养区及饮用水水源保护区、生态保育区、生态控制区。生态涵养区及饮用水水源保护区可通过植树造林、限制工业项目及村庄规模、推进小流域综合治理、调转生态破坏型产业、建设生态农业等多方面，构建生态修复、生态治理、生态保护为一体的水土保持防线，同时对涵养区内农村的污水、垃圾、厕所、河道进行同步治理，使生态环境得到明显改善。生态保育区可通过农村养殖规模化、化肥农药高效及减量化、农村污水处理生态化等措施来进行保护，减少水环境污染。生态控制区则应该控制好该区域废水、废气及环境噪声，控制本区域所安置的企业种类及生产规模，控制能源的投入及使用方式，采取高效脱硫脱氮除尘等污染治理设备，建设污水处理系统等方式减少各类污染物排放。

第四，要植入文化，兼顾保护。文化是根基，要将地方独特的民族风情、农艺景观、工艺品等本土文化元素充分挖掘，巧妙地植入旅游市场的发展中，进一步提升其思想内涵和文化品位，使游客置身其中得到身心愉悦和心情放松。另外，还要坚持"开发中保护、保护中开发"，重点保护好当地名木古树、人文景观、历史遗存，以及脚下的一草一木、一枝一叶，真正做到"带走的是照片，留下的是足印"。对乡镇主要街道和重要区域进行景观规划，充分凸显桂北建筑特色。对现状较新、形体、材质较好的建筑保留不变，着重布置夜景灯光；对在桂阳公路沿线质量较好的现有建筑以外立面清洁为主；对现状效果较差及规划远期拆除但近期尚需保留的建筑，区别不同情况，分别进行外立面粉刷、装修设计、添加现代建筑符号、统一建筑色彩和风格；对改造范围内三层以下平屋顶住宅，在建筑物结构许可、地基承载力达到要求的情况下，将平屋顶改造为坡屋顶；对雁山镇、葡萄镇、白沙镇等桂阳公路贯穿乡镇的公共建筑根据具体情况，进行专门屋顶设计，做到与周边建筑和室外环境相协调；对桂阳公路沿线两侧建筑，增加和完善景观照明设施，充分运用灯光效果，突出建筑物特色。规范广告牌匾的类型、形式和悬挂范围，达到广告特色与城镇景观相互融合的效果。整治沿线城镇景观。包括面层次的整治：合理定位城镇发展特色，构建特色旅游小城镇，整治镇区，完善基础设施建设和控制建筑风貌，增加镇区活动空间，把特色城镇景观融入特色景观带中，成为景观序列中的兴奋点；线层面的整治：主要包括道路景观和道路沿线建筑景观的整治，应符合城镇整体特色；点层面的整治：一些重要节点，如公路入口、重要公共空间、重点建筑的入口等景观的整治，使其成为城镇景观的兴奋点。

第五，注重景观系统建设。开展全境景观的科学评价。通过建立科学合理的景观评价体系，利用GPS等先进技术手段对景观系统进行科学评价。采用"显"的手法，矮化路肩种植，用低矮灌木和地被植物代替该路段的路树，形成道路两侧风景画面的前景，两侧的农田或果园以及连绵远山成为中景和远景。配合基本农田保护区的规划建设，做到田成方、渠成网、路相通、树成行。充分利用其中的排灌沟渠、陡坎斜埂、田缘等非种植用地进行绿化造林。充分发挥村落水体的作用，全面实施深、浅水藕种植和鱼苗放养工程。调整农村种植结构，适当加大景观农业作物的种植面积。村落、田园、水体、山野，点、线、面的绿化形式互为交织，疏密有致、各具特色，创造一种郊游观光、垂钓、度假的自然景观。采用"藏"的手法，对于因地形地貌原因而导致景观质量差的路段，采用乔灌草结合的立体绿化模式，形成对游人两侧观赏视线的遮挡，既遮挡了较差的自然景观，又使游人有景可赏。采用"补"的手法，对于因植被破坏而导致自然景观质量差而又位于游人视阈内的路段，通过对土地利用方式调整和植被恢复来改善自然景观，为了充分保护原有自然植被，运用生态学原理进行有针对性的植被恢复，促进自然植被群落稳定发展。

第六，充分依托生态旅游带内各类景观，其包括：地文景观中的谷地型旅游地景观；水域风光中的沼泽与湿地、潭池风光；生物景观中的林地、疏林草地、草地、草场花卉地、林间花卉地、水生动物栖息地、陆地动物栖息地、鸟类栖息地、蝶类栖息地等景观；原始聚落等遗址遗迹。应积极打造文化活动场所，建设工程与生产地等生态服务项目，配套交通设施。为游客提供菜品饮食、农林畜产品、水产品与加工产品等旅游商品服务，积极打造农事节吸引游客。

## 6.3 新型城镇化进程中休闲旅游主导型城市新区产业布局优化路径

### 6.3.1 政府方面：建设基础设施，细化责任机制

第一，要完善设施，增强功能。让游客吃得开心、住得舒心、玩得尽心、购得放心，旅游的接待主体即汽车旅馆、中高端酒店、休闲度假中心和特色山庄等，为游客提供功能齐全的硬件设施、安全优质的服务环境，以及组织开展丰富多彩的文化活动。通过联营联办、共建共享的方式开辟出诸多特色景点，使游客

在垂钓、采摘和体验式劳动中寄情山水、自娱自乐，从而使得吃、住、行、游、购、娱"一体化"。同时引入"曼格夫游线游戏化"概念，以"大穿越"的组织模式构建参与式、体验式的游线，改变传统呆板静态的观光模式，赋予游线故事化、情节化、任务完成、冲关奖励，以刺激、冒险、挑战、运动的游戏体验，能最大限度地让游客感受当地的旅游资源特色和本土文化，拉近人与人、人与自然、人与文化的关系。

第二，建立责任追究机制。将规划中各项任务目标细化，明确责任部门、责任人员及完成时限，认真做好各项任务的组织实施，严格落实责任追究制度，建立绩效考核机制。以新设立的统筹领导管理机构为主体，各经济功能区和各乡镇积极配合，建立绩效考核机制，把监督考核工作纳入规划实施工作的总体部署，保证规划执行的严肃性，确保各项政策措施落实到位。建立监督预警机制。加强对规划实施的监测、预警和跟踪分析，分阶段检查规划执行情况，及时总结经验，发现问题，并提出督导意见。建立和完善公众参与制度，涉及群众利益的规划、决策和项目，应充分听取群众的意见，及时公布休闲旅游主导型城市新区生态建设重点内容，扩大公众知情权、参与权和监督权。大力开展生态县区、生态乡镇的群众性创建活动，充分发挥工会、共青团、妇联等社会团体作用，积极组织和引导居民以多种方式积极参与休闲旅游主导型城市新区建设。建立评估反馈机制。建立规划中期评估修订机制，健全信息沟通和反馈机制，根据形势变化和发展的要求，不定期召开专题会议，广泛征求社会各界意见，适时对规划进行修订和完善。

## 6.3.2 企业方面：突出休闲特色，实施旅游区划

第一，打造以休闲旅游为主导的完整产业链条。坚持产业布局中以旅游资源为依托，以休闲为主要目的，实现游览、娱乐、观光和休息四位一体，形成以某个或者几个镇为节点的休闲旅游主导型产业集群。在西南民族地区休闲旅游主导型城市新区的产业布局中所形成的旅游带内打造以"休闲旅游为主导产业，农业、渔业、林业、畜牧业为支持产业，综合娱乐业、休闲商业、运动康体业、医疗保健业、酒店住宿业、餐饮业为延伸产业，创业文化业、物流商贸业、信息产业、金融业、旅游地产业、低碳工业为相关产业"的完整产业链条。

第二，对不同类型的旅游进行旅游区划分。根据西南民族地区新型城镇化进程和休闲旅游主导型城市新区产业布局的特点进行相应的休闲旅游区划分和布局，划定西南民族地区少数民族风情体验区，让游客体验西南民族地区壮族、白族、彝族等少数民族生产生活方式，同时开展少数民族风情的体验活动，让游客

积极地参与其中。划定乡村休闲度假区，让游客体验到西南民族地区优美的自然风光和淳朴的民族风情，打造慢旅游体验环境，放松自己。在西南民族地区新型城镇化进程中休闲旅游主导型城市新区进行产业布局要求突出养生旅游价值，根据西南民族地区的养生资源进行不同旅游活动类型的开发，包括中医药保健养生旅游、饮食养生旅游、武术养生旅游、地理环境养生旅游以及情志养生旅游等。

第三，注重新区产业布局的一体化特征。着眼新区区域一体化要求，高起点、高标准、高质量开展新区区域内各类规划工作，以规划引领发展，推动城乡空间布局与结构优化，实现新区与周边城镇全面对接、城乡规划全覆盖目标。按照城乡一体化总体目标，统一谋划新区城乡空间发展格局。加快构建以主城区为中心、新区城区为依托，以西南民族地区休闲旅游主导型城市新区农业示范区科技产业园为节点，以中心村、基层村和居民点为基础的"四位一体"城乡发展体系。旅游产业布局以集中为主、集中与分散相结合，休闲旅游主导型城市新区形成"点—轴"有机结合的空间发展格局。

第四，充分依托休闲旅游带内各类景观，其包括：地文景观中的山丘型旅游地、谷地型旅游地景观；水域风光中的观光游憩河段、古河道段落、沼泽与湿地、潭池、地热与温泉风光；生物景观中的林地、独树、疏林草地、草场花卉地、林间花卉地、水生动物栖息地、陆地动物栖息地、鸟类栖息地、蝶类栖息地等景观；人类活动遗址等遗址遗迹。应积极打造康体游乐休闲度假地、园林游憩区域、文化活动场所、动物与植物展示地、景物观赏点、聚会接待厅堂（室）、体育健身馆场、特色店铺等休闲服务项目，完善相关交通设施，为游客提供休闲旅游商品服务。积极打造地方风俗与民间礼仪、民间节庆、民间健身活动与赛事、庙会、饮食习俗、特色服饰等吸引游客。其中，休闲农业区主要依托谷地型旅游地资源和基本农田性质的土地利用情况，重点发展休闲度假项目、特色观光农业项目。

## 6.4 新型城镇化进程中商务旅游主导型城市新区产业布局优化路径

### 6.4.1 政府方面：整合优势资源，调整投资结构

第一，要整合优势资源。西南民族地区旅游型城市新区产业布局一方面与西

南民族地区新型城镇化是密不可分的，城镇化进程使西南民族地区的旅游型城市在人口、职业转变、产业结构、土地利用以及地域空间方面都产生了深刻的变化。另一方面，旅游型城市新区产业布局的不断优化也促进了旅游产业带的形成。旅游产业带是由两个旅游产业极而形成的带状区域，其具备高端服务、商务会展、优美景观、历史文化和农特产品等资源禀赋。旅游带虽然具有超强的吸引力、良好的发展前景，但就目前而言，普遍存在市场化运作不强和基础配套设施建设滞后等问题，这些都需要在科学论证的基础上制定出相应的旅游发展计划，瞄准国内外中高端市场，实行合理布局，充分挖掘内在潜力和优势，积极整合各类资源，力求放大亮点，做精景点，彰显高端特色，对接国内外中高端商务旅游市场。

第二，调整产业结构，优化空间布局。按照"空间集中、产业集聚、企业集群"的发展思路，创新理念，多措并举，推动桂林至阳朔黄金旅游带向产业主题化、企业集中化、发展集约化、环境优质化发展。一是主动淘汰低端产业。围绕一体化、高端化、国际化的产业带发展目标，立足淘汰落后产能，对产业层次低、占地多、贡献小的企业和闲置土地进行清理，推进企业"退二进三""退地进房""腾笼换鸟"，提高黄金旅游带内土地集约程度，释放发展空间。对不符合标准的小散低劣企业进行清理、搬迁，促进升级转型。二是做大做强优势产业。统筹推进具有特色的工业化、城镇化、农业现代化建设，着力实施投资拉动、项目带动、创新驱动战略，重点培育现代旅游业、高端服务业、农产品加工等洁净产业，推动黄金旅游带内工业化与信息化相融合、低碳工业与现代观光农业相融合、新兴技术与优势产业相融合，促进生产规模由小变大、产业层次由低到高、企业关联由散到聚。

第三，积极调整投资结构。坚持有所为有所不为，进一步调整投资存量，优化投资增量，提高投资效益。集中力量解决好立项、征地、拆迁、基础设施建设、环境服务等方面的问题，确保工程进度。加大对重点公共服务项目的投入，优先保障对农村公共服务、卫生、科技教育、就业和社会保障、环境资源保护等领域和项目的投入。对带动能力强、竞争优势大、有利于促进产业结构优化升级的大项目，加大前期、启动经费和资本金注入的支持力度，拓宽渠道引进社会资金参与重点项目建设。进一步强化产业政策的约束力，从源头上控制盲目投资和低水平延伸。

第四，拓展多元融资渠道。充分发挥市场的主导作用、政府的引导作用和企业的投资主体作用，多元化开辟融资渠道，建立投资稳定增长的内在机制。加强重大建设项目前期工作，完善项目储备制度，保证重大项目建设的有序接替，做好项目的规划指导、咨询论证和筛选申报工作,形成项目建设"开工一批、竣工一批、储备一批"的良性循环。加强地方政府与银行的沟通合作,稳定银企合作机制,实现信贷投放优化与结构调整的有机结合。优化资金投向,确保重大项目建设的需要。打破跨行业、跨地区经营限制,鼓励有条件、有实力的企业采取横向联合、租赁、兼并、参股等形式,最大限度地盘活存量资产。充分发挥好商业银行的主渠道作用,支持符合产业政策并纳入战略重点的企业加快发展。用足用好国家财政金融政策,积极争取国债资金、预算内资金和专项政策资金。积极建立资金使用的监督管理机制,加强对资金使用情况的监督检查,确保资金发挥最大的使用效益。

## 6.4.2 企业方面:突出商务特色,定制旅游服务

第一,打造以商务旅游为主导的完整产业链条。坚持产业布局中以商务配套设施为基础,以商务活动需求为目的,实现区域内商务和旅游综合服务全面配套,形成以某个乡镇为中心的商务旅游主导型产业集群。在旅游带内形成以"商务旅游为主导产业,农业为支持产业,综合娱乐业、休闲商业、运动康体业、医疗保健业、会议会展业、酒店住宿业、餐饮业为延伸产业,创业文化业、教育培训业、物流商贸业、信息产业、金融业、旅游地产业、低碳工业为相关产业"的完整产业链条。

第二,加强商业服务设施的建设力度。城市商业服务设施按照"市级——片区级——社区级"三级配套设施进行规划建设,根据旅游型城市新区的城市规划和发展现状将商业用地进行合理的划分,明确地划分商业设施建设用地。规划出市级的商业综合中心、市级商务中心、片区商业中心、综合市场以及社区级商业服务网点。加大基本的商业服务设施建设,包括餐厅、超市、专卖店、银行网点、银行、康体娱乐中心等。

第三,根据不同的客源市场需求提供相应的旅游服务。紧密地结合西南民族地区新型城镇化进程中商务旅游主导型城市新区的资源分布状况,有效合理地布局新区产业布局结构,在发挥资源优势的过程中满足游客的旅游需求。建立专门的游客服务系统,以游客的需求层次结构来确定相应的产业布局结构,突出旅游服务的定制化。

第四,充分依托商务旅游带内各类景观,其包括:地文景观中的山丘型旅游地、谷地型旅游地景观;水域风光中的观光游憩河段、潭池、地热与温泉风光;生物景观中的林地、草地等景观;气候景观中的避暑气候地、避寒气候地;人类

活动遗址、原始聚落等遗址遗迹。应积极打造教学科研实验场所、社会与商贸活动场所、园林游憩区域、文化活动场所，聚会接待厅堂（室）、体育健身馆场、特色市场等商务服务项目。完善相关交通设施。积极打造旅游经济商贸区、低碳工业聚集区、综合功能经济区和商务会展经济区，其中，旅游经济商贸区主要依托谷地型旅游地景观、区位优势和已有的桂林九美桥时尚园等项目，重点发展旅游商贸市场项目和文化产业园项目。低碳工业聚集区主要依托丰富的林地、草地资源，重点发展低碳工业项目、工艺品加工项目。综合功能经济区主要依托谷地型旅游地景观、地热与温泉资源和人文资源，重点发展教学科研实验场所项目、创意文化园项目、商贸服务中心项目、信息产业园项目、温泉项目。商务会展经济区主要依托潭池风光、丰富的林地、草地资源和人文资源，重点发展商务会展项目、展示演示中心项目。

## 6.5 新型城镇化进程中养生旅游主导型城市新区产业布局优化路径

### 6.5.1 政府方面：扩大服务领域，保障农民利益

第一，扩大公共服务领域，突破公共服务发展障碍。提高旅游公共服务供给水平，加快建设为游客服务的紧急救援中心、医疗救护中心、信息服务中心、旅游呼叫中心、维权投诉中心。发展游客旅游保险、旅游交通指引、自驾车宿营地等"公共混合品"服务，增强旅游公共服务的覆盖面。整合旅游公共服务资源，消除旅游"公共品"供给的市场准入壁垒、产权结构单一、组织制度缺陷、资源配置不合理的障碍，实施旅游公共服务的分类发展。切实加强旅游公共服务部门的建设，解决旅游公共服务管理处人员的"参公"财政编制问题，建立国际接轨、国内一流的旅游公共服务模式。

第二，财税政策保障。对养生旅游主导型城市新区实行上缴税收地方财政部分全额返还，用于基础设施建设、社会保障、改善民生、生态建设与环境保护。加大财政支持力度，中央、省级财政对重大项目建设实行贷款贴息。设立旅游型城市新区建设专项资金，政府安排专项资金用于旅游型城市新区基础设施及配套设施的建设。将旅游型城市新区纳入全国生态文明示范区建设，加大生态补偿力

度。制定旅游型城市新区产业发展目录，对新办符合高端特色条件的企业给予税收优惠。将旅游型城市新区内物流企业纳入国家物流企业税收优惠试点范围。理顺政府间财政分配关系，建立黄金旅游带内市、县区成本分担和利益分配的协商机制。取消市财政的城市维护建设税上解，用于城市建设。

第三，合理安排资金投入。做好项目投资的效益分析，包括经济效益分析、环境效益分析、社会效益分析和综合效益分析。经济效益分析包括产业项目创造的直接经济效益和环境治理本身产生的经济效益等间接经济效益，针对投资损失与直接经济效益，计算投资效益比；环境效益分析主要从区域污染物总量的削减、噪声值的降低、固体废物不良影响的降低和生态环境质量的改善等方面考虑；社会效益分析主要从生产生活环境的改善、环境污染防治和生态建设给社会带来的稳定等方面考虑；综合效益分析主要从旅游型城市新区的持续、稳定、协调发展的角度，实施综合规划，改善旅游型城市新区产生的综合效益。

第四，保障区域农民利益，共享"试验区"成果。维护农民生产要素权益，保障农民公平分享土地增值收益。形成以旅游促农业、以道路带农村、以旅游型城市新区惠农民、城乡一体的新型城乡关系，让广大农民平等参与现代化和国际旅游胜地进程、共同分享现代化和国际旅游胜地成果。以农业增效、农民增收和提高农业竞争力为目标，以建立和完善资金投入、生产补贴、社会化服务、风险防范、政策法规等五大体系为重点。增加投入总量，改革补贴方式，改革农业补贴制度，完善粮食主产区利益补偿机制，实施优惠政策，加强综合服务，完善农业保险制度，防止化解风险。统筹城乡基础设施建设和社区建设，加快建设养生旅游主导型城市新区公共服务设施和产业集群基础设施，完善多种保障体系，促进新区与乡镇的融合发展，为国际旅游胜地建设先行先试"试验区"提供基础保障。

第五，创新安置办法，保障区域内失地农民利益。首先，农业生产安置。征收规划区内的农民集体土地，应当通过利用农村集体机动地、承包农户自愿交回的承包地、承包地流转和土地开发整理新增加的耕地等来置换或补偿，使被征地农民继续从事农业生产。其次，重新择业安置。应当积极创造条件，向被征地农民提供免费的劳动技能培训，安排相应的工作岗位。在同等条件下，用地单位应优先吸收被征地农民就业。征收规划区内的农民集体土地，应将因征地而导致无耕地的农民，纳入城镇就业体系，并建立社会保障制度。再次，入股分红安置。对有长期稳定收益的项目用地，在农户自愿的前提下，被征地农村集体经济组织经与用地单位协商，可以征地补偿安置费用入股，或以经批准的建设用地土地使用权作价入股。农村集体经济组织和农户通过合同约定以优先股的方式获取收益。最后，异地移民安置。区内确实无法为因征地而导致无地的农民提供基本生产生活条件的，在充分征求被征地农村集体经济组织和农户意见的前提下，由政府统一组织，实行异地移民安置。

### 6.5.2 企业方面：突出养生特色，创新旅游产品

第一，打造以养生旅游为主导的完整产业链条。坚持产业布局中以养生旅游资源为依托，以恢复健康、增强体质为目的，实现观光、休闲、度假、养生综合开发，形成以某个或者几个区域为支点的养生旅游主导型产业集群。打造以"养生旅游为主导产业，农业、渔业、林业、畜牧业为支持产业，综合娱乐业、休闲商业、养老服务业、运动康体业、医疗保健业、会议会展业、酒店住宿业、餐饮业为延伸产业，创业文化业、教育培训业、物流商贸业、信息产业、金融业、旅游地产业为相关产业"的完整产业链条。

第二，根据游客需求地进行旅游开发模式的选择。结合西南民族地区的旅游资源和市场定位，坚持因地制宜的原则，结合当地政府产业政策和产业匹配状况，选择合适的旅游开发模式。依托西南民族地区森林公园、宗教圣地、旅游度假村等自然环境选择中药治疗、温泉浴等模式；依托西南民族地区的民族工艺、武术历史，选择学习和旅游相结合的旅游模式；利用西南民族地区非物质文化遗产积极引导人们开展非物质文化遗产保护活动，培养旅游者对保护非物质文化遗产的兴趣，修身养性。

第三，打造多样化的旅游形式以满足不同的游客需求。在西南民族地区新型城镇化进程中养生旅游主导型城市新区进行产业布局时要注重多样化的表现形式，同时根据客源市场的定位和目标人群特征进行旅游形式和旅游产品的选择。面向青少年群体策划出以游乐体验为主的活动项目和旅游路线，可以开展植物科普、制作工艺品、骑行活动、学习搭建小木屋、开展教育活动等旅游项目，面向中青年群体可以开展更深层次的民族旅游体验活动，并且划分专项的活动区域，在不同的活动区域内进行相应的养生旅游产业布局。

第四，充分依托养生旅游带内各类景观，其包括：地文景观中的山丘型旅游地、谷地型旅游地景观；水域风光中的观光游憩河段、潭池、地热与温泉风光；生物景观中的林地、疏林草地、草地、草场花卉地、林间花卉地等景观。应积极打造养生康体区，养生康体区主要依托风景名胜区核心景区风光、丰富的动植物资源和基本农田性质的土地利用情况，重点发展养生康体项目、特色餐饮项目。

# 第 7 章

# 西南民族地区新型城镇化进程中旅游型城市新区产业布局的实践规划：以桂林至阳朔黄金旅游带为例

## 7.1 产业规划基本原理

### 7.1.1 区域经济发展原理

（1）区域产业分工合作理论。这一理论的主要观点有区域分工的比较优势理论、新古典经济学和新贸易理论的分工理论和现代分工协作理论。认为区域优势是决定区域分工的基础，规模经济成为解释区域间分工的新工具。随着科技的进步和全球化的发展，各种文化相互渗透、相互融合，人们对全球新竞争条件下的经济发展和企业生存进行了更深入的思考。随着专业化和超边际分析的分工协作理论兴起，合作分工理论向传统的分工理论提出挑战，分工协作向更深层次、更广领域发展。

（2）区域经济增长理论。区域经济增长理论以新古典经济增长理论和新经济增长理论为基础。前者认为经济的稳定增长可以通过市场机制调整生产中的劳动与资本的配合比例来实现，经济增长过程体现为资本和劳动力积累的过程，资本积累起主要作用，决定资本积累的要素是投资收益率。后者认为保证经济持续增长，克服资本积累过程中收益递减的关键是生产过程中新投入品的不断引入，这里的新投入品涵盖了新知识。

（3）区域非均衡增长理论。区域非均衡增长理论认为经济发展不会同时出现在所有地方，而一旦出现在某处，在巨大的集聚经济效应下，要素将向该地区集聚，使该地区的经济增长加速，最终形成具有较高收入水平的核心区，与核心区相对应，周边的落后地区称为边缘区。在核心区与边缘区之间同时存在着两种不同方向的作用，称为"极化效应"和"涓滴效应"。

## 7.1.2 产业结构发展原理

（1）产业演进理论。产业演进理论主要指工业化阶段理论，主要有配第、克拉克、钱纳里和霍夫曼等代表人物。配第—克拉克定理认为：随着经济的发展，人均国民收入水平的提高，第一产业国民收入和劳动力的相对比重逐渐下降；第二产业国民收入和劳动力的相对比重上升，经济进一步发展，第三产业国民收入和劳动力的相对比重也开始上升。钱纳里根据人均国内生产总值，将不发达经济到成熟工业经济整个变化过程划分为 3 个阶段 6 个时期，从任何一个发展阶段向更高一个阶段的跃进都是通过产业结构转化来推动的。

（2）主导产业选择理论。主导产业选择理论主要包括经济成长阶段论和主导产业选择理论。前者将经济社会发展过程划分为 6 个阶段，通过研究各国经济发展效率的差异，发现在经济增长的每一个阶段甚至在一个成熟并继续成长的发展阶段中，都存在一些能够带动其他产业发展的部门，这些部门即主导部门。后者认为在市场经济条件下，社会需求是推动产业发展最直接、最大的原动力，其结构变化也是产业结构变化和发展的原动力。

（3）制度结构优化理论。制度结构优化理论是从制度角度对产业结构的优化进行研究，认为产业结构最优包括静态产业结构最优和动态产业结构最优。有效的制度结构通过交易费用的减少使产业经济向优化影响静态产业结构优化；制度通过对创新精神的弘扬来增强产业结构调整的活力，从而影响动态结构优化。

## 7.1.3 产业空间布局原理

（1）区位理论。其主要包括：杜能的农业区位论、韦伯的工业区位论和克里斯泰勒的中心地理论。杜能的农业区位论：在19世纪初出版的《孤立国对于农业和国民经济之关系》（1826）一书中，杜能指出距离城市远近的地租差异即区位地租或经济地租，是决定农业土地利用方式和农作物布局的关键因素。由此他提出了以城市为中心呈6个同心圆状分布的农业地带理论，即著名的"杜能环"。韦伯的工业区位论：德国经济学家韦伯认为运输费用决定着工业区位的基本方向，理想的工业区位是运距和运量最低的地点。除运费以外，韦伯又增加了劳动力费用因素与集聚因素，认为由于这两个因素的存在，原有根据运输费用所选择的区位将发生变化。克里斯泰勒的中心地理论：德国地理学家克里斯泰勒将区位理论扩展到聚落分布和市场研究，认为组织物质财富生产和流通的最有效的空间结构是一个以中心城市为中心的、由相应的多级市场区组成的网络体系。

（2）产业集聚布局理论。产业聚集布局理论即产业集群理论。在区域产业规划中，把产业集群作为重要的产业发展模式，以园区为载体，加强在有限地域空间的产业集聚，不断扩大区域内产业的横向和纵向联系，细化主导产业和配套产业，培育良好的集群发展环境，培育集群发展创新氛围。

（3）核心—边缘理论。核心—边缘理论世界是经济空间结构演变模式的一种理论，认为发展可以看作一种由基本创新群最终汇成大规模创新系统的不连续积累过程，而迅速发展的大城市系统，通常具备有利于创新活动的条件。创新往往是从大城市向外围地区进行扩散的。

## 7.2 发展基础及思路

### 7.2.1 黄金旅游带总体发展状况

黄金旅游带的形成是区域经济发展的一个显著特征。在黄金旅游带形成初期，企业区位行为受环境条件的影响，而表现为向某一优势区位集中，进而发展成若干城市工业集中区，企业在运营过程中又由中心向外沿轴线扩散，这两种空间过程既相互推动又相互制约，便形成了黄金旅游带。黄金旅游带是一条带状的链条产业集中区域，是相关或相同的产业的基地，在此区域内可以形成产业集聚效应，更好地壮大产业。在这黄金旅游带里资源会更有效地利用和配置。

桂林至阳朔黄金旅游带（以下简称"黄金旅游带"）北起桂林市象山区迎宾

路口，南至阳朔清泉路口，东邻漓江核心景区，西至包茂高速公路，涵盖了象山区二塘乡，雁山区柘木镇、雁山镇、大埠乡，临桂县六塘镇以及阳朔葡萄镇、白沙镇、阳朔镇等8个乡镇的所属区域。黄金旅游带土地面积约为586平方公里，建成区面积176平方公里，占黄金旅游带面积的30.03%。农业用地面积133平方公里，占黄金旅游带22.70%；核心风景区面积42平方公里，占黄金旅游带7.17%；山地面积43平方公里，占黄金旅游带7.34%；未开发利用面积192平方公里，占黄金旅游带32.76%。

黄金旅游带位于桂林市区与阳朔之间，东邻漓江风景名胜区，是桂林旅游"一核一极"的重要辐射区域，是桂林市区的南大门。黄金旅游带旅游资源丰富、区位优势突出、交通便利，加快黄金旅游带的产业发展，对调整区域产业结构、培育新的经济增长点、推进桂林国际旅游胜地建设具有重要意义。黄金旅游带内拥有世界上最具特色的峰林景观和世外桃源景区等旅游资源：遇龙河流域两岸青山连绵，造型各异，百态千姿；世外桃源景区融合了古桥、流水、田园、古村与水上民族村寨等自然人文景观。区域内的桂林至阳朔二级公路正在改造升级为城市景观大道，并成为桂林至阳朔的主要交通要道。黄金旅游带中心乡镇雁山镇距离桂林两江国际机场44公里，距离火车站21.8公里，距离漓江杨堤码头27.1公里，交通条件十分便利。黄金旅游带内拥有广西师范大学、桂林理工大学、广西师范大学漓江学院、桂林理工大学博文管理学院、桂林旅游学院和广西植物研究所等多家高校和科研院所，拥有多个国家级省部级重点实验室，近年获得各类科研成果13 000余项。黄金旅游带拥有桂林市重要的教育科研基地，科研力量雄厚，科技人才丰富，具有良好的产学研基础。

黄金旅游带第一产业主要以特色种植、养殖业为主，雁山万亩无公害蔬菜基地、葡萄镇千亩花卉苗木基地以及多个种植、养殖基地品牌效应突出，规模效应明显。第二产业拥有雁山自治区B类产业园和正在建设的低碳产业园，具备一定的工业基础。第三产业中已建成愚自乐园、世外桃源等一批重要项目，桂林金世邦国际足球旅游文化产业园、玉圭园等一批现代高端服务业项目正在建设当中，将成为黄金旅游带新的经济增长点。

依据《桂林国际旅游胜地建设发展规划纲要》《桂林漓江风景名胜区总体规划》《广西壮族自治区漓江流域生态环境保护条例》《桂林市国民经济和社会发展第十二个五年规划纲要》《桂林市城区产业发展规划》《桂林市土地利用总体规划》以及相关市县各类规划和政策文件，编制《桂林至阳朔黄金旅游带发展规划（2014－2020年)》（以下简称《规划》),《规划》执行期为2014～2020年，远景展望到2030年。

## 7.2.2 定位与目标

考虑到黄金旅游带的发展优势、发展定位和发展过程中存在的问题，在下一阶段发展的过程中，需要进一步克服当前存在的劣势，在当前现有产业基础上，科学合理地进行产业布局和空间布局，更快地实现将黄金旅游带打造成桂林国际旅游胜地高端服务业集聚区和山水田园式休闲景观带的目标。一是桂林国际旅游胜地高端服务业集聚区。开发旅游资源、凝练旅游特色、创新旅游方式，利用桂林旅游的"金字招牌"和特色鲜明的旅游产品，延长游客在桂林的游玩时间，增加旅游经济效益。加快区域内高端休闲度假型旅游设施建设，创新旅游服务技术，规范旅游服务体系，提高旅游服务水平，建成集高端旅游、休闲和创意文化产业等为一体的现代服务业体系，构建桂林国际旅游胜地的高端服务业集聚区。二是山水田园式休闲景观带。结合自然景观、农业景观、城镇景观，用"田间都市、山水人间"的理念和先进的现代声光电信息技术，通过空间的开合、色彩调节及图案造型的变换等方式进行烘托，依托山水风景及乡愁记忆构建田园式休闲度假群，对沿途已有的桂林园博园、雁山植物园、世外桃源、白沙葡萄种植园、高等学校等进行提升改造，共同构建起雁山至阳朔的山水田园式休闲景观带。

通过规划发展，争取在黄金旅游带现有产业发展基础上，通过落实现有产业规划、技术创新对传统产业进行改造、空间整合形成规模效应以及新兴产业项目引进形成新的经济增长点，全面提升优化黄金旅游带内产业层次，使黄金旅游带产业规模带动性增强，技术创新能力强，快速提升黄金旅游带的经济、社会、环境发展速度。

第一，近期目标（2014~2020年）。到2020年，经济方面，地区生产总值达到160亿元以上，年均增长11%~12%；第一产业总值达到22亿元，年均增长4%左右；第二产业总产值82亿元，年均增长20%左右，其中工业总值70亿元，年均增长21%；第三产业总产值56亿元，增长17%左右；实现财政收入突破17亿元，年均增长18%；黄金旅游带旅游总收入超过64亿元，年均增长26%；接待游客突破775万人次，年均增长22%。社会方面，黄金旅游带内城市化水平达到40%以上，城乡协调发展水平进一步提高。增加居民的就业机会和经济收入，提高居民的物资生活条件，提高居民的文化素质，提高居民的满意度。实现黄金旅游带内城镇居民人均可支配收入和农村居民人均纯收入年均增速分别达到15%和16%。环境方面，特色地形地貌、水资源得到完善保护，人为破坏较为严重的地段基本得到恢复。区域能源综合利用率超过45%，工业固体废弃物综合利用率超过95%，工业用水重复利用率超过75%，规模以上企业主要污染物排放稳定达标率超过92%，重点园区通过ISO14000环境质量认证。

第二，远期目标（2021~2030年）。到2030年，经济方面，地区生产总值达到420亿元以上，年均增长7%~8%；第一产业总值达到32亿元，年均增长3%左右；第二产业增加产值227亿元，年均增长11%左右，其中工业增加值200亿元，年均增长11%；第三产业总产值161亿元，增长11%左右；实现财政收入突破53亿元，年均增长12%；黄金旅游带旅游总收入超过260亿元，年均增长15%；接待游客突破2010万人次，年均增长12%。社会方面，黄金旅游带内城市化水平达到60%以上，城乡协调发展水平进一步提高。增加居民的就业机会和经济收入，提高居民的物资生活条件，提高居民的文化素质，提高居民的满意度。实现黄金旅游带内城镇居民人均可支配收入和农村居民人均纯收入年均增速分别达到10%和12%。环境方面，特色地形地貌、水资源得到全面、完善保护，人为破坏较为严重的地段完全得到恢复。区域能源综合利用率超过60%，工业固体废弃物综合利用率接近100%，工业用水重复利用率超过90%，规模以上企业主要污染物排放稳定达标率超过97%，重点园区通过国际高级别环境质量认证。

第三，具体目标根据黄金旅游带内的现有产业发展规模，结合桂林市产业的发展趋势和发展目标，从优化黄金旅游带产业结构、提高综合竞争力等角度出发，衡量和预测发展目标，可以依靠统计学中常用的ARMA模型进行测算。发展目标的预测需要根据过去和现在的样本值对序列未来时刻取值进行估计，常用的是线性最小均方误差预测。假设目前时刻是T时刻，已知时刻T之前的所有数值，我们的目的是预测变量$Y_{t+h}$的取值，$h>0$，成为h步预测。

预测误差为$e_{T+h} = Y_{T+h} - \hat{Y}_{T+h}$，选择合适的函数形式，使得预测误差的平方和最小，就是最优预测，也是桂林至阳朔黄金旅游带产业确定发展目标的最优选择。

以ARMA（1，1）模型为例说明。此模型可写为：
$$X_t = \varphi X_{t-1} + \varepsilon_t - \theta_1 \varepsilon_{t-1}$$
$$\hat{X}_t(1) = E(X_{t+1}) = E(\varphi_1 X_t + \varepsilon_{t-1} - \theta_1 \varepsilon_t) = \varphi_1 X_t - \theta_1 \varepsilon_t$$

由于实际数据的局限性，过于靠前的$\varepsilon_t$是未知的，因而我们往往给定初始值，取以前某时刻$\varepsilon_t = 0$，即假定$X_{t-j} = \hat{X}_{t-j-1}(1)$，这样就可以递推算出$\varepsilon_t$，进而得到$\hat{X}_{t(1)}$。

一般地，有$\hat{X}_t(1) = E(X_{t+1}) = \varphi_1 \hat{X}_t(1-1)$

当上式大于零时，预测值为$\hat{X}_t(1) = \left(X_t - \dfrac{\theta_1}{\varphi_1}\varepsilon_t\right)\varphi_1^1$。可以看出，预测函数的

形式是由模型的自回归部分决定的，滑动平均部分用于确定预测函数的待定系数，使得预测函数"适应"于观测数据。

根据桂林市已有数据和 ARMA 模型进行分析和预测，设计黄金旅游带发展目标。目标的设定主要参考国家、广西壮族自治区、桂林市、黄金旅游带内主要区县在 2013 年的经济发展指标。

国家层面：2013 年全年国内生产总值 568 845 亿元，比上年增长 7.7%。其中，第一产业增加值 56 957 亿元，增长 4.0%；第二产业增加值 249 684 亿元，增长 7.8%；第三产业增加值 262 204 亿元，增长 8.3%。全年全部工业增加值 210 689 亿元，比上年增长 7.6%。规模以上工业增加值增长 9.7%。

广西壮族自治区层面：2013 年全年全区生产总值 14 378 亿元，比上年增长 10.3%。第一产业增加值 2 343.57 亿元，增长 4.3%；第二产业增加值 6 863.04 亿元，增长 11.9%；第三产业增加值 5 171.39 亿元，增长 10.2%。全部工业增加值 5 364.92 亿元，比上年增长 11.4%。规模以上工业增加值增长 12.9%。

桂林市层面：2013 年全市地区生产总值 1 657.90 亿元，按可比价格计算，比上年增长 11.0%。其中，第一产业增加值 299.44 亿元，增长 5.2%；第二产业增加值 792.87 亿元，增长 15.5%；第三产业增加值 565.59 亿元，增长 7.3%。全部工业总产值 2 068.11 亿元，比上年增长 18.8%，其中规模以上工业总产值 1 917.11 亿元，增长 20.1%。

雁山区层面：2013 年实现地区生产总值 20.93 亿元，增长 8.7%；农业总产值 8.03 亿元，增长 5.5%；工业总产值 27.53 亿元，增长 12%；固定资产投资 23.5 亿元，增长 24.9%；财政收入 1.08 亿元，增长 6.4%。

临桂区层面：2013 年完成生产总值 197.03 亿元，增长 17.4%；全社会固定资产投资 217.15 亿元，增长 26.2%；城镇居民人均可支配收入 29 028 元，增长 10.9%；农村居民人均纯收入 9 991 元，增长 15.6%；组织财政收入 21.09 亿元，增长 16.9%。完成农业总产值 58 亿元，增长 5.41%。完成工业总产值 343.59 亿元，增长 29.3%。①

在国家、广西壮族自治区、桂林市、黄金旅游带内主要区县在 2013 年的经济发展指标的基础上，结合黄金旅游带现状和中国著名的"黄金旅游带"、桂林至阳朔的"梦幻景观带"、桂林国际旅游胜地的"高端服务区"和旅游引导的"产城融合示范区"的发展定位，分别对地区生产总值、规模以上工业总产值和第三产业产值的增长速度在桂林市和主要区县当前的发展水平下，提高 2~5 个

---

① 数据均来源于《中国统计年鉴》，广西壮族自治区统计局、桂林市统计局。

百分点,得到黄金旅游带未来发展的方案。确定黄金旅游带的具体发展目标为:

经济方面,到 2020 年黄金旅游带生产总值达到 160 亿元以上,年均增长 12%左右;第一产业总值达到 22 亿元,年均增长 4%左右;第二产业总产值 82 亿元,年均增长 20%左右,其中工业总值 70 亿元,年均增长 21%;第三产业总产值 56 亿元,增长 17%左右;实现财政收入突破 17 亿元,年均增长 18%;黄金旅游带旅游总收入超过 64 亿元,年均增长 26%;接待游客突破 775 万人次,年均增长 22%。

社会方面,到 2020 年黄金旅游带内城市化水平达到 40%以上,城乡协调发展水平进一步提高。增加居民的就业机会和经济收入,提高居民的物资生活条件,提高居民的文化素质,提高居民的满意度。实现黄金旅游带内城镇居民人均可支配收入和农村居民人均纯收入年均增速分别达到 15%和 16%。

环境方面,到 2020 年特色地形地貌、水资源得到完善保护,人为破坏较为严重的地段基本得到恢复。区域能源综合利用率超过 45%,工业固体废弃物综合利用率超过 95%,工业用水重复利用率超过 75%,规模以上企业主要污染物排放稳定达标率超过 92%,重点园区通过 ISO14000 环境质量认证。

### 7.2.3 发展思路与原则

黄金旅游带的发展思路。紧抓桂林市建设国际旅游胜地的机遇,将黄金旅游带建设成为桂林国际旅游胜地先行先试"试验区"。围绕黄金旅游带"一轴四区"的总体布局,加快产业布局的调整和引导,完善黄金旅游带功能,构建起以景色宜人、特色鲜明、深度体验、产城融合为特点旅游主导型产业发展模式,使黄金旅游带在桂林率先全面建成小康社会。

黄金旅游带的发展原则。充分发挥桂林国际旅游胜地建设"试验区"的示范作用,坚持"目标导向、以人为本、高端特色、显山露水、生态环保、集群发展"的发展原则,推动黄金旅游带持续健康发展,为桂林国际旅游胜地建设积累宝贵经验。

第一,目标导向原则。坚持以旅游主导型产业发展模式进行产业布局,旅游方式以观光旅游为主向观光旅游和休闲度假旅游、民族文化旅游、特种旅游并重的转变,经济增长方式由数量规模型向质量效益型转变。

第二,以人为本原则。坚持以人为本的设计"吃、住、行、游、购、娱"等旅游要素,充分满足游客的"体验胜地,漫游桂林"愿景;以人为本地考虑当地居民的生产和生活,建立保障体制,让当地居民分享"试验区"建设的成果,实现人的城镇化。

第三，高端特色原则。坚持高起点的发展旅游产业，以观光旅游和休闲度假旅游、民族文化旅游、特种旅游并重为抓手，打造自由度、灵活度高、特色鲜明的旅游产品，提升旅游品位。

第四，显山露水原则。坚持将旅游大通道建设成为独具特色的生态景观大道，充分体现桂林至阳朔旅游大通道的景观大道功能，道路两侧景观依山水地势而建，统一规划沿线乡镇各具特色的建筑风貌，不遮挡山水风光和人文景观，充分展示黄金旅游带内丰富的自然资源和文化底蕴。

第五，生态环保原则。坚持在黄金旅游带发展过程中生态环境保护与生态环境建设并举、保护优先、预防为主、防治结合。正确处理资源开发与环境保护的关系，在保护中开发，在开发中保护。遵循自然规律，做到近期与远期统一、局部与全局兼顾，促进可持续发展。

第六，集群发展原则。坚持实施旅游主导型产业集群发展模式，科学规划产业布局，统筹安排、因地制宜，加强政策引导，提高行业空间集聚度，结合观光、生态、休闲、商务、养生等多种旅游形态，根据产业特点和资源条件划分若干旅游产业特色集群发展。

## 7.3 黄金旅游带 SWOT 分析

### 7.3.1 优势分析

黄金旅游带的优势主要包括：优越的区位条件、突出的资源要素、雄厚的科技教育资源及美誉天下的旅游品牌等。具体来说，可以分为以下几个方面：

第一，黄金旅游带具有优越的区位条件。一是交通条件十分优越。黄金旅游带地理位置优越，位于桂林市中心与阳朔连接部，东接漓江风景名胜区，是桂林旅游"一核一极"的重要辐射区域、是桂林市区的南大门、"南畅"的战略腹地，是转送桂林市中心与阳朔游客的重要区域。桂林至阳朔旅游大通道（桂阳公路）纵贯南北，漓江水上游览路线和交通大动脉包茂高速公路分列东西。①321国道阳朔至桂林段。321国道阳朔至桂林段扩建工程作为"北通南畅"工程之一，起点位于阳朔，经白沙镇、葡萄镇、雁山镇，终点位于桂林市象山区凯风路与环城南二路相交处（八中路口），全长57.87公里。其中，阳朔至雁山园博园段38.68公里，按一级公路技术标准扩建，红线宽度32米，中央绿化带3米，双向4车道，两侧分设非机动车道及机非隔离带，估算投资18.3亿元。雁山园博园至八中路口段19.19公里，按一级公路技术标准扩建，红线宽度50米，中央绿化带6米（其中园博园至雁山加油站段3米、迎宾路口至八中路口段1.5米），双向6车道，同时按城市道路功能同步建设隔离带、慢车道、绿化、路灯和管网等设施。②包茂高速公路桂林至阳朔段。包茂高速公路全长3 130公里，其中位于桂林至阳朔黄金旅游带内的四塘至阳朔段全长46.3公里。包茂高速公路是国家高速公路网的第7条纵线，是连接我国华北、西北、西南的纵向大通道。包茂高速公路粤境段段采用双向四车道高速公路标准，设计速度为100公里/小时。二是水路发达，漓江水路包括漓江自桂林至阳朔83公里水程，是广西东北部喀斯特地形发育最典型的地段。漓江依据景色的不同，大致可分为三个景区：第一景区：桂林市区至黄牛峡；第二景区：黄牛峡至水落村；第三景区：水落村至阳朔；正如著名文学家韩愈的诗句所言："江作青罗带，山如碧玉簪"，三个景区的这一段水路被誉为百里画廊。

第二，黄金旅游带具有突出的资源要素条件。一是生态环境优势突出。桂林至阳朔黄金旅游带生态环境良好，植被覆盖率高，河流水质和空气质量优良，是国家级生态示范区。二是具有旅游资源优势。拥有世界上发育最典型的岩溶地貌和历史文化、民族文化等自然人文旅游资源，休闲度假旅游条件优越，具有旅游资源组合优势。三是农林产品资源丰富。黄金旅游带南部是广西主要的农产品生产基地，粮食、水果、蔬菜等产量名列桂林市前茅。黄金旅游带内的金橘、罗汉果、沙田柚、马蹄、月柿、葡萄、白果等品种被广西列为优势和特色农产品，同时也是广西的中药材基地，拥有丰富的中草药资源，适宜发展生物医药、食品饮料、现代特色农业等产业。四是生产要素有竞争力。黄金旅游带内的劳动力、土地、水电价格较东部及沿海地区明显偏低，在黄金旅游带内投资办企业具有较大的成本优势。从外地转移到黄金旅游带内办企业，即使增加运输成本，在总成本上仍具有比较优势。

第三，黄金旅游带拥有雄厚的科技教育资源。桂林市作为广西重要的教育科研基地，科研力量雄厚，科技人才丰富，具有良好的产学研基础。良好的科技资源和雄厚教育基础能够为黄金旅游带发展先进低碳工业、观光农业和现代旅游业提供强大的科技、人才、和技术支撑。桂林至阳朔旅游大通道是连接桂林市中心与阳朔的主要通道，同时也在其沿线承载了桂林市部分的科教资源。

第四，黄金旅游带具有美誉天下的旅游品牌。桂林至阳朔旅游大通道是漓江水上游览路线返回桂林市区的必经之路。黄金旅游带桂林市中心与阳朔两地之间。桂林自古享有"山水甲天下"之美誉,是中国乃至世界重要的旅游目的地城市,是国家重点风景游览城市和历史文化名城,阳朔又有"阳朔山水甲桂林"的美称。特别是桂林国际旅游胜地的建设,将进一步提升桂林旅游服务能力、促进旅游产业与其他产业融合创新发展,打造国际一流旅游目的地,提升桂林作为区域性文化旅游中心和国际交流的重要平台的知名度,进一步增添吸引优秀人才和企业落户的聚集能力。黄金旅游带能够通过桂林的城市品牌效应和宜居环境,吸引国内外大企业投资落户、吸引和留住国内外优秀人才来创业、生活。

### 7.3.2 劣势分析

黄金旅游带的劣势主要包括:工业化程度偏低、产业基础薄弱、人均收入不高及城市化水平较低等。具体来说,可以分为以下几个方面:

第一,黄金旅游带的工业化程度较低,经济总量偏小。按照一般的评判标准,当工业化率达到20%~40%时,处于工业化初级阶段;当工业化率达到40%~60%时,处于半工业化阶段;当工业化达到60%以上时,处于工业化阶段。对照《桂林经济社会统计年鉴》(2014)中黄金旅游带内乡镇的经济总量和工业产值来看,黄金旅游带内乡镇的工业化率大量处于工业化初期到半工业化的阶段。地处西南地区的桂林作为旅游城市,本身在发展工业方面就受到诸多限制,因此,黄金旅游带经济发展也存在动力不足的情况。受整体发展环境影响,虽然黄金旅游带在近年来经济社会发展不断提速,但是经济总量依然偏小。

第二,黄金旅游带的产业基础薄弱。从产业基础上看,虽然黄金旅游带内吸引旅游产业及其支持产业、延伸产业和相关产业的一批知名企业和项目落户,但大多仍处于规划和一期建设阶段,并未能够真正实现预期的产业效益。同时,黄金旅游带内企业规模总体偏小、产业层次不够高、融资渠道狭窄、核心竞争力不强等问题比较突出,直接导致了企业难以规模发展,发展活力受限,加之黄金旅游带内企业布局分散,辐射和带动能力不强。根据农业和工业化阶段的测算结果,黄金旅游带内农业基础较好,但在农业基础设施方面仍有待完善。而黄金旅游带内工业发展阶段仍处于工业化的初期阶段,整体经济总量较低,人均生产总值不高,产业结构有待调整。

第三,黄金旅游带的人均收入较低。从人均收入上看,由于黄金旅游带内产业基础较为薄弱,导致黄金旅游带内居民主要还是农村居民人口占大多数,居民收入主要来自农业。虽然黄金旅游带内居民人均收入高于广西的平均水平,但仍普遍低于全国农民人均纯收入（见表7-1）。

表7-1　　　　2013年桂林至阳朔黄金旅游带各乡镇农民人均收入状况

| 乡镇 | 农民人均纯收入（元） |
| --- | --- |
| 二塘乡 | 8 280 |
| 雁山镇 | 6 802 |
| 柘木镇 | 7 942 |
| 大埠乡 | 6 950 |
| 阳朔镇 | 9 837 |
| 白沙镇 | 9 016 |
| 葡萄镇 | 7 500 |
| 六塘镇 | 8 353 |
| 广西 | 6 791 |
| 全国 | 8 896 |

资料来源：《桂林经济社会统计年鉴》。

第四，黄金旅游带的城市化水平不高，发展承载力较弱。从城镇化水平上看，黄金旅游带内乡镇中，只有阳朔城镇化率超过了50%，其他乡镇的城镇化水平普遍较低，大量乡镇城镇化水平在10%以下，城镇化水平亟待提升（见表7-2）。从发展承载力上看，城镇化质量不高的问题也越来越突出，主要表现在土地城镇化快于人口城镇化，城镇用地粗放低效；城镇空间分布与资源环境承载能力不匹配，城镇规模结构不合理；城市服务管理水平不高等。

表7-2　　　　2013年桂林至阳朔黄金旅游带各乡镇城镇化发展现状

| 乡镇 | 总人口数（人） | 非农业人口数（人） | 城镇化率（%） |
| --- | --- | --- | --- |
| 二塘乡 | 18 206 | 2 183 | 11.99 |
| 柘木镇 | 21 672 | 45 | 0.21 |
| 雁山镇 | 22 883 | 148 | 0.65 |
| 大埠乡 | 14 958 | 381 | 2.55 |
| 阳朔镇 | 46 523 | 24 366 | 52.37 |
| 白沙镇 | 47 416 | 1 487 | 3.14 |

续表

| 乡镇 | 总人口数（人） | 非农业人口数（人） | 城镇化率（%） |
|---|---|---|---|
| 葡萄镇 | 36 200 | 2 500 | 6.91 |
| 六塘镇 | 40 963 | 722 | 1.76 |
| 黄金旅游带 | 248 821 | 31 832 | 12.79 |

资料来源：《桂林经济社会统计年鉴》。

### 7.3.3 机遇分析

黄金旅游带内有其发展的机遇，主要包括以下几个方面：

第一，全球旅游业推动国内旅游发展趋势，为旅游产业发展奠定坚实的基础。一是旅游产业已经形成规模，旅游产业支柱作用也更为强化，旅游产业在质和量上将持续发展，旅游资源多元化开发。二是旅游产业国内旅游市场、入境旅游市场、出境旅游市场运行良好。市场上的旅游人次、总收入、人均旅游消费支出都呈上升趋势。世界旅游组织对我国旅游产业的发展给出了非常高的预期。三是旅游产业由于在我国社会经济中的作用日益突出，旅游业的发展已经被我国列入国民经济和社会发展计划。

第二，中国—东盟自由贸易区建设和广西北部湾经济区开放开发，为桂林以旅游业为主导的产业带发展提供巨大的市场。桂林对内是"山水甲天下"的旅游名城，对外是促进中国—东盟全面合作以及中国与世界合作的一张名片，以旅游业为主导形成的产业带将获得更广阔的市场。

第三，国家旅游综合改革试验区和国际旅游胜地建设，是桂林以旅游业为主导的产业带重要的发展机会。国家旅游综合改革综合试验区和国际旅游胜地建设，指出要发挥桂林优势、带动区域增长、促进结构升级，推进桂林国际旅游胜地建设和发展，打造世界级的旅游城市和国际旅游目的地，实现城市功能提升、城乡协调发展、旅游龙头带动、产业全面振兴、以城带乡、产业融合、生态环保的发展格局。将桂林打造成为世界一流的山水观光休闲度假旅游目的地、全国生态文明建设示范区、全国旅游创新发展先行区、区域性文化旅游中心城市和国际交流的重要平台。

第四，桂阳公路改造升级建设推动。桂阳公路改造升级项目的实施，进一步改善旅游交通环境，转送游客的能力大大提高，客流量迅速增加；建设山水景观大道，"车在路上行；人在画中游"，极大提高了黄金旅游带的旅游吸引力，吸引高端旅游度假机构落户,带动沿线旅游、休闲、经济、农业等产业园区和科教园区的发展,为黄金旅游带发展奠定了坚实基础。

## 7.3.4 威胁分析

黄金旅游带也面临着一些挑战,总的来说,可以分为以下几个方面:

第一,周边区域的旅游产业带竞争加剧。近几年,区域竞争越来越白热化,地方政府不仅拼命争夺资金和项目,争夺人才和企业的落户,而且开始争夺国家政策和国家战略(见表7-3)。一个明显的现象是,近几年区域规划和政策遍地开花,有20多个区域规划上升为国家战略,地方政府对行政资本的追逐十分激烈。

表7-3　　　　　　　　　　周边区域的旅游产业带

| 产业带 | 区域发展 |
| --- | --- |
| 昆明—玉溪旅游文化产业经济带 | 昆玉旅游文化产业经济带将规划建设60个重大项目,总投资超过5 000亿元。根据《昆明—玉溪旅游文化产业经济带总体规划纲要》,到2015年,经济带区域实现接待旅游者8 500万人次,旅游业总收入实现700亿元,占云南省旅游业总收入的35%;到2025年,接待旅游者1.8亿人次,旅游总收入2 700亿元,占到全省旅游业总收入的40%以上 |
| 雷琼旅游产业带 | 扎实抓好湖光岩五星级温泉度假村、霞山渔人码头及欧陆风情街、特呈岛度假村、吴川吉兆湾海洋休闲度假中心等14个重点项目建设,完善市区主要公园旅游休闲设施,规划建设一批海鲜美食、特色购物、文化娱乐、运动健身等服务项目,打造滨海休闲旅游产业带 |
| 海南国际旅游岛 | 打造中国旅游业改革创新的试验区、世界一流的海岛休闲度假旅游目的地、全国生态文明建设示范区、国际经济合作和文化交流的重要平台、南海资源开发和服务基地、国家热带现代农业基地 |

第二,区域内的旅游产业带分散资源。《桂林国际旅游胜地建设发展规划纲要》中提出重点建设漓江黄金旅游产业带、湘桂走廊旅游产业带、西南通道旅游产业带,这在一定程度上将削减桂林至阳朔黄金旅游带的资源,分散产业带的人流、物流和信息流,对黄金旅游带的规划和发展产生一定的不确定性和紧迫性。

## 7.4 产业选择

### 7.4.1 产业发展思路

产业带的形成要从产业集群开始。在以旅游为主导产业的带动下,产业带架构体现为多层次的产业聚集(见图7-1)。

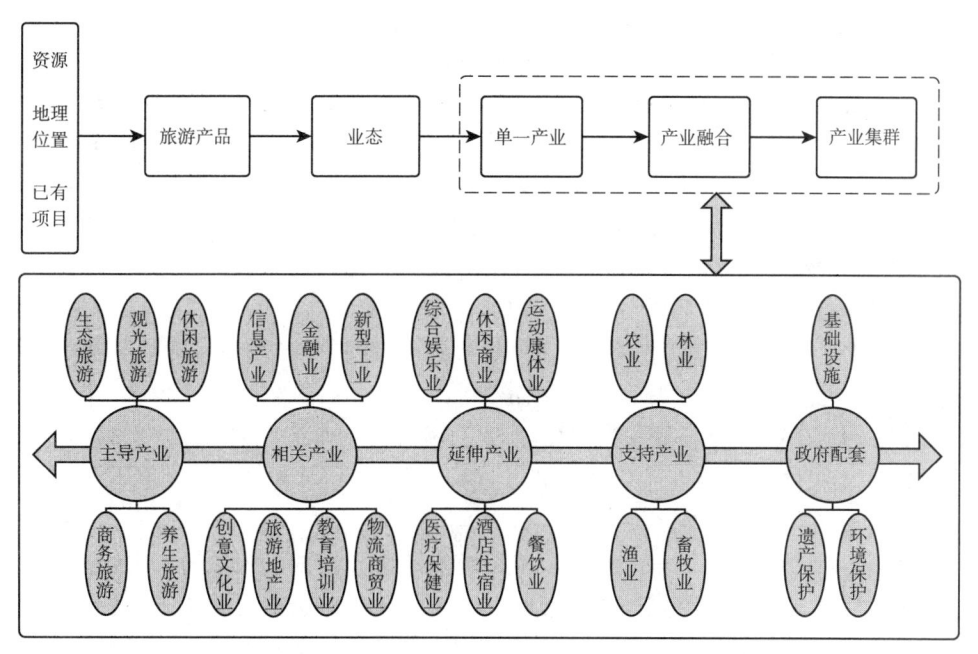

图7-1 旅游为主导产业带动下的产业带架构

一是业态的聚集。业态聚集是立体网络架构中的最小聚集单元,以某一产业中的某一种业态为形式,通过与此相关的企业、机构等经营单位,形成规模化,如酒店群、美食街等。

二是单一产业的聚集。旅游业或旅游相关的其他产业,在某一区域内依托核心吸引物形成单一产业的聚集,形成诸如会展中心、温泉城、养生城、农业园等。

三是产业之间融合聚集。不同产业之间,通过产业链的延伸和交叉,形成相互之间的融合,形成聚集。如温泉产业与会议产业融合形成温泉会都、酒店与高尔夫融合形成高尔夫度假区等。

四是旅游产业整合聚集。业态聚集、产业聚集与产业间融合等在不同领域、不同层次、不同阶段,以旅游业为核心,通过泛旅游产业的整合,形成综合型、立体网络的产业带。

由于黄金旅游带地处桂林与阳朔两个旅游极之间,具备高端服务、商务会展、自然风光、优美景观、历史文化和农特产品等条件优厚的资源禀赋。黄金旅游带虽然具有超强的吸引力、良好的发展前景,但就目前而言,普遍存在市场化运作不够和基础配套设施建设滞后等问题,一定程度上影响了发展速度、开发深度和建设品位。因此在黄金旅游带发展的过程中要坚持以下原则。

第一,要规划牵引,整合资源。能不能发展、怎样发展、如何突出区域旅游特色、提升建设品位?这些都需要经过前瞻性思考和认真谋划,在科学论证的基础上制订出相应的旅游发展计划,瞄准国内外中高端市场,实行合理布局,充分挖掘内在潜力和优势,积极整合各类资源,在高端服务、商务会展、文化内涵、优美景观上做文章,力求把亮点放大,把景点做精,把高端特色彰显,实现针对国内外中高端市场的旅游发展。

第二,要完善设施,增强功能。多方运作、广筹资金,为游客提供功能齐全的硬件设施、安全优质的服务环境,以及组织开展丰富多彩的文化活动。同时,通过联营联办、共建共享的方式开辟出诸多特色景点,使游客在垂钓、采摘和体验式劳动中寄情山水、自娱自乐,从而使得吃、住、行、游、购、娱"一体化"。同时以"大穿越"的组织模式构建参与式、体验式的游线,赋予游线故事化、情节化,最大限度地让游客感受当地的旅游资源特色和本土文化,迅速拉近人与人、人与自然、人与文化的关系。

第三,要植入文化,兼顾保护。充分挖掘地方独特的民族风情,巧妙地将农艺景观、工艺品、美术品等本土文化元素,植入旅游市场的发展之中,进一步提升其思想内涵和文化品位,使游客身心愉悦。另外,还要坚持"开发中保护、保护中开发",重点保护好历史遗存当地名木古树、人文景观。

### 7.4.2 产业集群化发展

旅游产业集群是以旅游目的地系统集群化为核心,即在一个区域里形成旅游目的地系统的聚集。旅游目的地系统不是一个产业,是旅游产业聚集表现的一种形态和产业的系统关系,包括旅游吸引物系统、游程系统、接待配套系统、管理系统、服务系统、销售系统等,这些产业的系统关系形成聚集和集群化发展。由于目的地吸引核心的不同,旅游目的地系统集群呈现出观光旅游主导型产业集群、生态旅游主导型产业集群、休闲旅游主导型产业集群、商务旅游主导型产业集群和养生旅游主导型产业集群等不同形式和特点,不同类型的旅游目的地具有不同的结构和发展模式。

观光旅游主导型产业集群。以人文景观和自然景观为主要吸引力,以欣赏有特色的自然景观为主要目的,实现旅游要素的聚集,形成以某个或者某几个著名旅游区为基础的观光旅游主导型产业集群。打造以"观光旅游为主导产业——农业、渔业、林业,畜牧业为支持产业——休闲商业、医疗保健业、会议会展业、酒店住宿业,餐饮业为延伸产业——创业文化业、物流商贸业、信息产业、金融业为相关产业"的完整产业链条。

生态旅游主导型产业集群。以人工景观和生态景观为基础,以观光游览为主要目的,实现区域内旅游要素、游憩方式聚合;形成以某个或者某几个区域为重心的生态旅游主导型产业集群。打造以"生态旅游为主导产业——农业、渔业、林业,畜牧业为支持产业——综合娱乐业、休闲商业、运动康体业、医疗保健业、酒店住宿业,餐饮业为延伸产业——创业文化业、物流商贸业、信息产业、金融业为相关产业"的完整产业链条。

休闲旅游主导型产业集群。以旅游资源为依托,以休闲为主要目的,实现游览、娱乐、观光和休息四位一体,形成以某个或者某几个镇为节点的休闲旅游主导型产业集群。在黄金旅游带内形成以"休闲旅游为主导产业——农业、渔业、林业,畜牧业为支持产业——综合娱乐业、休闲商业、运动康体业、医疗保健业、酒店住宿业,餐饮业为延伸产业——创业文化业、物流商贸业、信息产业、金融业、旅游地产业、低碳工业为相关产业"的完整产业链条。

商务旅游主导型产业集群。以商务配套设施为基础,以商务活动需求为目的,实现区域内商务和旅游综合服务全面配套,形成以某个乡镇为中心的商务旅游主导型产业集群。在黄金旅游带内形成以"商务旅游为主导产业——农业为支持产业——综合娱乐业、休闲商业、运动康体业、医疗保健业、会议会展业、酒店住宿业、餐饮业为延伸产业——创业文化业、教育培训业、物流商贸业、信息产业、金融业、旅游地产业、低碳工业为相关产业"的完整产业链条。

养生旅游主导型产业集群。以养生旅游资源为依托,以恢复健康、增强体质为目的,实现观光、休闲、度假、养生综合开发,形成以某个或者某几个区域为支点的养生旅游主导型产业集群。打造以"养生旅游为主导产业——农业、渔业、林业、畜牧业为支持产业——综合娱乐业、休闲商业、养老服务业、运动康体业、医疗保健业、会议会展业、酒店住宿业、餐饮业为延伸产业——创业文化业、教育培训业、物流商贸业、信息产业、金融业、旅游地产业为相关产业"的完整产业链条。

### 7.4.3 主导产业选择

近几年，桂林旅游业围绕着国家提出的《桂林国际旅游胜地建设发展规划纲要》和市委提出的"两个转变，五个增加"发展战略，按照"整合资源配套成龙、错落分工差异经营、形成合力整体成长"和"建设世界山水文化体验之都"的思路，加大资源整合力度，适时调整经营方略，积极发挥旅游品牌优势，大力提升旅游发展层次和水平，带动了第三产业的较快发展，取得了较大的工作成效，旅游成为桂林最具比较优势和品牌效应、具有较大发展潜力的经济产业。黄金旅游带连接桂林和阳朔两个旅游增长极，拥有漓江风景区的大片范围以及世外桃源等有名的自然景区。

随着旅游业的发展，我国旅游业正进入大众化、产业化发展的新阶段，旅游产业的市场基础和组织方式都发生了巨大的变化，旅游市场大众化、常态化和散客化趋势日趋明显，随着自驾游、自助游、休闲体验游等旅游消费形式的兴起，游客旅游活动呈现自主性、灵活性和多样性，其对旅游公共服务的需求越来越高。游客的旅游活动已经从简单的"景点旅游"进入"城市旅游"时代，"漫游""深度游""体验式""参与式"的形式越来越多，传统的简单观光的服务已经无法满足日趋多元的市场需求。近年来桂林旅游的散客比例持续上升，散客量年平均增长幅度达到30%左右。今后，随着桂林市高速公路和高铁网络建设的不断完善，这一趋势将更加明显。

随着旅游市场需求的多样化，单一特性的消费内容已无法满足人们的消费需求，因此，多元化和多产业融合的旅游经济成为市场的主导需求。随着人们出游动机的多样化和复杂化，可以作为旅游吸引物的资源已突破自然观光景点和人文风情的范畴，凡是可为人们提供趣味性、知识性、康体性等特性的产业都可作为旅游资源。同时，积极与漓江水路互动，借助漓江旅游辐射源促进黄金旅游带发展。

依据《旅游资源分类、调查与评价》（GB/T18972-2003）中旅游资源分类表，综合考虑黄金旅游带的资源优势及旅游大通道的整体定位，选择旅游业为黄金旅游带主导产业。同时，旅游业作为主导产业是符合黄金旅游带长远发展目标的。其中，主要旅游业形态的主要内容见以下几方面。

（1）观光旅游业。依托黄金旅游带内的地文景观、水域风光、生物景观和文化遗址遗迹，应积极打造园林休憩区域，文化活动场所，动植物展示地等观光服务项目。完善交通设施和旅游商品服务。积极打造旅游节吸引游客。

（2）生态旅游业。依托黄金旅游带内的谷地型旅游地景观、水域风光、生物景观和原始聚落等遗址遗迹。应积极打造生态服务项目。完善交通配套和旅游商品服务市场。积极打造农事节吸引游客。其中，特色生态经济区主要依托漓江风景名胜区内丰富的林地、草地资源和愚自乐园等现有项目，重点发展集自然与人文合一的旅游综合体项目。生态旅游景区主要依托漓江风景名胜区划定的一般景区和其中内丰富的林地、草地资源，重点发展生态主题公园项目。生态农产品生产区主要依托葡萄镇、白沙镇丰富的动植物资源和丰富的生物景观，重点发展农产品深加工项目和农业主题公园项目。

（3）休闲旅游业。依托黄金旅游带内的山丘型旅游地、谷地型旅游地景观、水域风光和人类活动遗址、文化遗址遗迹。应积极打造康体游乐休闲度假地、园林游憩区域、聚会接待厅堂（室）、体育健身馆场、特色市场等休闲服务项目。完善交通设施，为游客提供优质的旅游产品服务。积极打造地方风俗与民间礼仪、民间节庆、民间演艺、民间健身活动与赛事、宗教活动、庙会与民间集会、饮食习俗、特色服饰等吸引游客。其中，休闲农业区主要依托谷地型旅游地资源和基本农田性质的土地利用情况，重点发展休闲度假项目、特色观光农业项目。

（4）商务旅游业。依托黄金旅游带内的山丘型旅游地、谷地型旅游地景观、水域风光、气候景观和人类活动遗址、原始聚落等遗址遗迹。应积极打造教学科研实验场所、社会与商贸活动场所等商务服务项目。完善交通设施，提供优质的商务旅游商品服务。积极打造商贸节等吸引游客。其中，旅游经济商贸区主要依托谷地型旅游地景观、区位优势和已有的桂林九美桥时尚园等项目，重点发展旅游商贸市场项目和文化产业园项目。低碳工业聚集区主要依托丰富的林地、草地资源，重点发展低碳工业项目、工艺品加工项目。综合功能经济区主要依托谷地型旅游地景观、地热与温泉资源和人文资源，重点发展教学科研实验场所项目、创意文化园项目、商贸服务中心项目、信息产业园项目、温泉项目。商务会展经济区主要依托潭池风光、丰富的林地、草地资源和人文资源，重点发展商务会展项目、展示演示中心项目。

（5）养生旅游业。依托黄金旅游带内的地文景观、水域风光、生物景观，应积极打造康体游乐休闲度假地，园林游憩区域，动物与植物展示地，景物观赏点，体育健身馆场等养生服务项目，积极打造地方风俗与民间礼仪、民间节庆、民间演艺、民间健身活动与赛事、饮食习俗、体育节等吸引游客。其中，养生康体区主要依托漓江风景名胜区核心景区风光、丰富的动植物资源和基本农田性质的土地利用情况，重点发展养生康体项目、特色餐饮项目。

## 7.4.4 支持产业选择

针对以旅游业为主导产业的黄金旅游带，为主导产业提供支撑的支持产业也尤为重要。第一，依据黄金旅游带现有的土地利用情况，黄金旅游带内有很大的面积土地是第一产业，为支持主导产业旅游业的发展，黄金旅游带内应该在原有基础上相应推进农业、林业、渔业和畜牧业等第一产业的发展，以满足旅游业日益发展的需要，提供物质保障。第二，旅游业的发展离不开便利的交通条件，交通运输业作为支持产业为旅游业的发展提供了运力支持。第三，黄金旅游带内旅游业涉及大量自然遗产保护区和国家4A级及以上景区，针对如此高级别的旅游资源，遗产保护业和环境保护业也成为黄金旅游带内旅游业重要的保障和支持条件。综合考虑，在黄金旅游带内，选择的支持产业包括农业、林业、渔业、畜牧业、交通运输业、遗产保护业和环境保护业。通过农、林、渔、畜牧业的发展，可以有效支持不同类型的旅游业发展，交通运输业的发展延展了旅游业的深度和广度，最大效率提升了旅游业的空间。遗产保护业和环境保护业则从源头和根本上保障了旅游业的可持续发展。支持产业的发展前向延伸了旅游导向型产业链。

农业。依托黄金旅游带现有农业基础和现有的桂林现代农业科技示范园、雁山镇蔬菜基地、广西桂林国家农业科技园区、阳朔葡萄园艺场和阳朔茶观园等项目，大力发展体验式休闲农业和城郊观光型农业。重点发展绿色有机蔬菜精深加工，建设蔬菜冷库、保鲜库及冲洗厂房，重点引进蔬菜保鲜、速冻、腌渍和原汁饮料灌装设备生产线。实施优质稻产业工程，积极发展粮食生产到精深加工的现代粮食产业。开发各类型农作物深加工产品，注重品质及营销推广，努力成为国内外大型快餐企业农作物深加工产品供货商，开发高端农业产品，生产加工出口保鲜、速冻等广受国外消费者青睐的农业加工产品，满足不同层次市场需求。

林业。依托黄金旅游带现有林业条件和现有的中国科学院广西植物研究所、雁山园景区、桂林现代农业科技示范园和广西桂林国家农业科技园区等项目，大力推进体验式休闲林业和观光型林业。重点开发和推广园林绿化苗木和名贵花卉品种，发展高档木本切花、鲜切花、盆栽花卉和经济林木。发展花卉、木材深加工产业，重点引进花卉、木材精加工流水线成套设备，开发各档次花卉产品、木材制品，建设检验、检测及研发等配套设备，与云南景谷林业股份有限公司等国内林业龙头企业接洽合作，创建国内花卉、苗圃和林业品牌产品，扩展林业下游深加工项目，与科研院所合作，推进珍奇花卉、苗圃、木本深加工产品研制和产业化。

渔业。依托黄金旅游带现有渔业资源和黄金旅游带各乡镇现有鱼塘规模。大力发展观光渔业、农家鱼塘模式。重点养殖青、草、鲢、鳙、鲤、鲫、鳊、鲂、鲮、非鲫等经济性鱼类、罗氏沼虾、海南大虾等虾类及河蟹等蟹类品种。通过政府和渔业企业引进、应用和推广新型养殖技术，同时加快引进和培育优质水产养殖品种，推行优化养殖品种结构措施，提高淡水养殖产出率。推进农家鱼塘、渔业生产基地规范化、规模化建设，建立品牌效应。发展渔业产品深加工，对生产的鱼、虾和蟹类淡水养殖产品，通过保鲜、速冻、腌渍等方法进行深加工，开发多种口味和品牌，在国内市场和东盟市场进行宣传和销售。

畜牧业。依托黄金旅游带现有畜牧业资源和黄金旅游带内已有畜牧业企业，大力提高畜禽产品生产、加工能力，发展肉类、蛋类、乳制品的生产和加工，实现产业的规模化、园区化、标准化、品牌化、信息化。重点建设肉禽冷链、冷库和配送等设备设施，引进国内肉禽深加工制造企业，如双汇、金锣、正大、雨润、民和股份等，培育壮大深加工龙头企业，结合当地瘦肉猪养殖优势，重点发展鲜肉分级、冷冻加工，制作腌制、酱卤、肉干、烟熏等各类肉禽熟食。积极开展肉禽综合利用，购买国内外先进制造设备，充分利用肉禽资源，制作食品、营养品、药品、工业原料及有机肥料等。在扩大规模、肉食品精深加工的同时，积极开发分割肉、冷鲜肉、小包装及快餐食品，实现肉类加工系列化、分类化、现代化的目标。通过推广规模化、标准化养殖模式，完善从繁育、养殖、饲料、防疫、屠宰到肉制品加工的产业体系。支持肉制品加工龙头企业与养殖基地的联营合作和各类副产品的综合加工利用，扩大肉制品深加工规模，拓展和延伸加工产业链，增加产品品种，实现规模化生产经营。推进深加工产业的发展，形成以一业带多业的发展新格局，努力建成区域性的精品肉类加工产业基地。

## 7.4.5 延伸产业选择

旅游业的发展不能单单依托山水美景和交通环保等内容，现代旅游业的发展是以旅游业为中心，延伸上下游产业形成旅游产业链，更为立体地提升旅游业的发展规模和发展层次。依托旅游业的发展，延伸配套综合娱乐业、休闲商业、养老服务业、运动康体业、医疗保健业、会议会展业、酒店住宿业和餐饮业，通过选择这些产业，达到配套延伸主导产业旅游业发展的作用。综合考虑，在桂林至阳朔黄金旅游带内，选择的延伸产业包括综合娱乐业、休闲商业、养老服务业、运动康体业、医疗保健业、会议会展业、酒店住宿和餐饮业。在旅游业发展的过程中，伴随产生的综合娱乐、养老服务、运动康体从精神和身心方面为旅游业提供了有效保障，医疗保健业则为旅游业的健康持续发展保驾护航，会议会展、酒店住宿和餐饮业则为旅游业提供了有力的后勤保障。延伸产业的发展后向扩展了旅游导向型产业链。

综合娱乐业。结合黄金旅游带内现有资源，依托愚自乐园、愚自乐园地中海俱乐部桂林度假村和白沙镇七星堆体育公园等项目，大力提升黄金旅游带内娱乐项目丰富程度。重点发展打造情境模拟、游乐、观光主题、风情体验、4D体验等旅游相关形态主题公园，融合商业零售、商务办公、酒店餐饮、公寓住宅、综合娱乐旅游综合体，开发一系列与黄金旅游带风情风貌相融合的演艺娱乐项目，设立竞猜型体育彩票点，适量发展彩票活动中心及销售网点，举办主题公园内娱乐活动等综合娱乐业项目开发。

休闲商业。结合黄金旅游带休闲商业资源基础和现有的桂林九美桥时尚园、桂林国际旅游商品交易区等项目，依托桂林至阳朔旅游大通道、漓江风景名胜区等区位优势和旅游资源优势，大力加强交通运输公司与旅行企业、旅游景区的合作，巩固经典旅游路线，开辟新兴旅游路线。重点建设现代农业示范区、农业科技观光园区、体育运动休闲旅游区和休闲农业庄园。积极开发体育休闲旅游产品和休闲观光旅游等特色旅游产品，拓展农业观光、农业生产体验活动和体育运动休闲产业的发展规模，立足黄金旅游带，打造休闲商业品牌。

养生服务业。结合黄金旅游带内绿色山水资源和文化积淀，依托山水休闲旅游、人文景观旅游及生态养生旅游资源，大力推进沿漓江高端休闲养生服务岸线建设，加强休闲旅游与健康养生的融合程度。重点发展田园体验、健康运动、观光游览、休闲度假、健康养生、长寿文化等系列产品。以特有的中医药养生观、道教养生观、中华茶文化和太极文化为核心思想，传承中国古老的养生文化内涵，以茶保健、温泉疗养、有机国药调理、太极养生功等为主要养生手段，结合养生服务目的地建设，最终达到养身养心、天人合一的全方位疗养，形成黄金旅游带养生服务的独特之处，同时形成国际竞争力。

运动康体业。结合黄金旅游带内现有资源和现有的白沙镇七星堆体育公园、桂林漓江高尔夫球场等项目，依托自然山水，将运动康体业与旅游相结合，大力拓展旅游方式、开发旅游新项目。重点发展森林公园徒步探险，沿桂林至阳朔旅游大通道及其沿线规划自行车骑行道进行自行车骑行、登山、攀岩，漓江水上运动、漓江边户外拓展和露营等具体运动康体形式。

医疗保健业。结合黄金旅游带内医疗保健基础和现有各沿线乡镇医疗保健机构，依托黄金旅游带居民和游客医疗保健需求和黄金旅游带的空气质量、景色条件等比较优势，重点延伸发展更多的医疗研究中心、医疗服务中心和卫生所。借助广西中药材资源，整合校企院所研究力量，建立中药产业的研发创新体系，建设中药活性筛选和药理学研究中心、中药制剂工程研究中心、中药指纹图谱和质量标准研究中心、中药临床试验中心等。建成结合中西医特色的预防、养生、保健、高端医疗服务及部分重大疾病和慢性病的治疗服务基地。加大服务居民和游客应急处置的医疗服务中心和乡镇卫生所，积极提升黄金旅游带整体医疗保健水平，为黄金旅游带内居民和游客提供更加及时的医疗帮助。

会议会展业。结合桂林至阳朔黄金旅游带建设，依托会议为主、展览为辅、展会结合的导向原则。大力推动会展业与旅游业融合发展，提升壮大和延伸会展产业链，打造"中国桂林会展品牌"。重点发展国际会展中心、会议服务中心等会议会展业项目。合理布局会展场馆，以满足会展规模日益扩大的需求。建议建设雁山国际博览中心，重点发展大型综合类会展，白沙镇、阳朔镇发展中小型专业类会展，实现错位发展、协同提高，提高黄金旅游带会展业的整体实力和国际竞争力。场馆建设应以政府投入为主，经营管理权可以让渡给企业。要完善场馆周边交通设施，拓宽进出场馆的道路，建设大型停车场和公交换乘中心，增设道路与交通指示牌。完善商业配套设施，如住宿、餐饮、休闲、娱乐、购物等。要完善配套商务服务，为参展商提供"一站式"的周到、细致服务，如展台布置、广告制作、法律咨询、物流仓储等。

酒店住宿业。结合黄金旅游带内酒店住宿业资源和各乡镇现有的酒店住宿基础，大力发展酒店住宿业。重点发展作为社交、会议、娱乐、购物、保健等活动的星级酒店，具备山水特色、文化特色、保健特色、农产品特色、民族特色等不同元素的特色酒店和古朴风味、贴近自然风光、具有田园气息的农家住宿等不同的酒店住宿业形态，依托会议会展、旅游接待、综合娱乐等产业和需求进行分布，积极吸收、容纳过境、驻境游客，形成具有黄金旅游带特色的酒店住宿形态。

餐饮业。结合黄金旅游带旅游市场和各乡镇现有的农庄、农家乐，依托现代管理和科学技术手段，大力发展餐饮业，推进黄金旅游带不同类型餐饮形态发展。重点发展特色餐厅、民族风味餐厅、大型连锁经营餐厅与现有农庄、农家乐，利用电子商务等现代流通方式进行订餐、送餐服务，拓展餐饮业服务领域。开发特色菜肴，结合民族风味，加快延伸服务空间，积极推广连锁经营、网络营销、集中采购、统一配送等现代经营方式，加快从传统餐饮业向现代餐饮业和特色餐饮业的转变，形成特色餐饮业和现代餐饮业。

## 7.5 空间布局

### 7.5.1 空间布局现实依据

（1）上位规划。在黄金旅游带空间的划分上，应当充分尊重已有的上位规划，如《桂林市"十二五"规划》《桂林漓江风景名胜区总体规划》《桂林市城区产业发展规划》《桂林市桂阳路旅游大通道（雁山段）概念性规划》等。

（2）桂林市土地利用情况。结合桂林市土地利用总体规划以及桂林市土地利用情况对黄金旅游带的空间布局进行指导。

（3）黄金旅游带内现有产业。充分依托黄金旅游带内现有的产业状况，因势利导地进行科学合理的空间布局，以构建、提升和完善产业发展集群。

（4）产业选择。充分依托产业选择和定位，以旅游业为主导的产业集群为发展思路，对黄金旅游带进行空间布局。

（5）乡镇区划。在空间布局的过程中，为确定具体的空间边界，充分考虑黄金旅游带内各乡镇的行政区划范围，划分时尽量做到沿乡镇行政区划定界，以提升规划实现的行政效率，减少乡镇间因协商规划实施而产生的成本。

### 7.5.2 空间布局规划

轴线指依托交通主干321国道阳朔至桂林段为核心形成的产业拓展轴，由黄金旅游带中心向南北方向放射，串联起黄金旅游带内各主要产业发展区。通过强化轴线的景观功能和连接功能来引导黄金旅游带内各产业的发展空间和方向。

依据上位规划和桂林市土地利用情况，对桂林至阳朔黄金旅游带进行区划分。通过对《桂林漓江风景名胜区总体规划》中《风景保护规划图》（见图7-2）和《桂林市土地利用总体规划》等上位规划和土地利用情况的综合考虑，等上位规划和土地利用情况的综合考虑，对桂林至阳朔黄金旅游带进行区划分，具体分为四个区（见图7-3）。

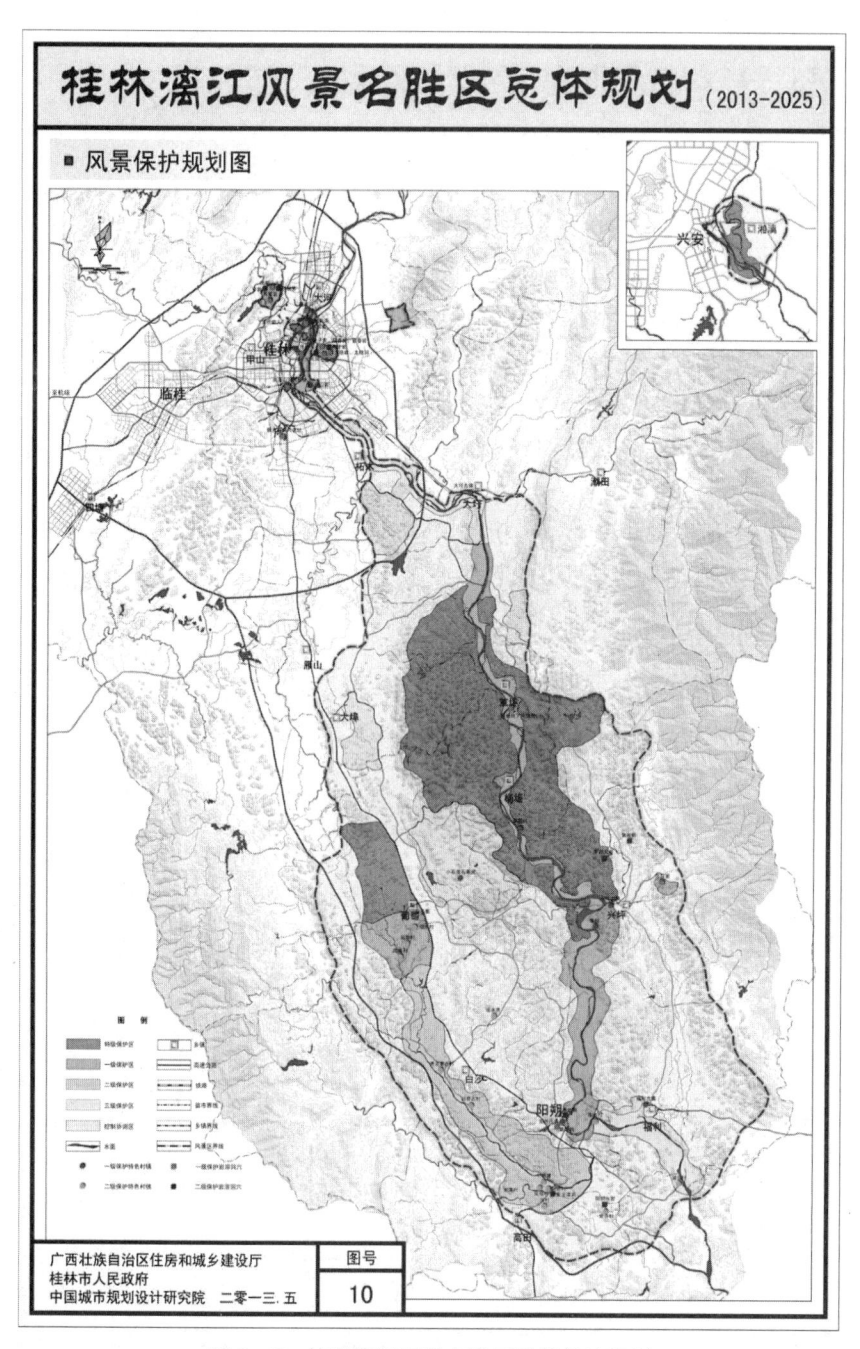

第7章 西南民族地区新型城镇化进程中旅游型城市新区产业布局的实践规划：以桂林至阳朔黄金旅游带为例

图7-2 桂林漓江风景名胜区风景保护规划

资料来源：《桂林漓江风景名胜区总体规划（摘选）》，载于《桂林日报》，2016年6月29日，专版15。

253

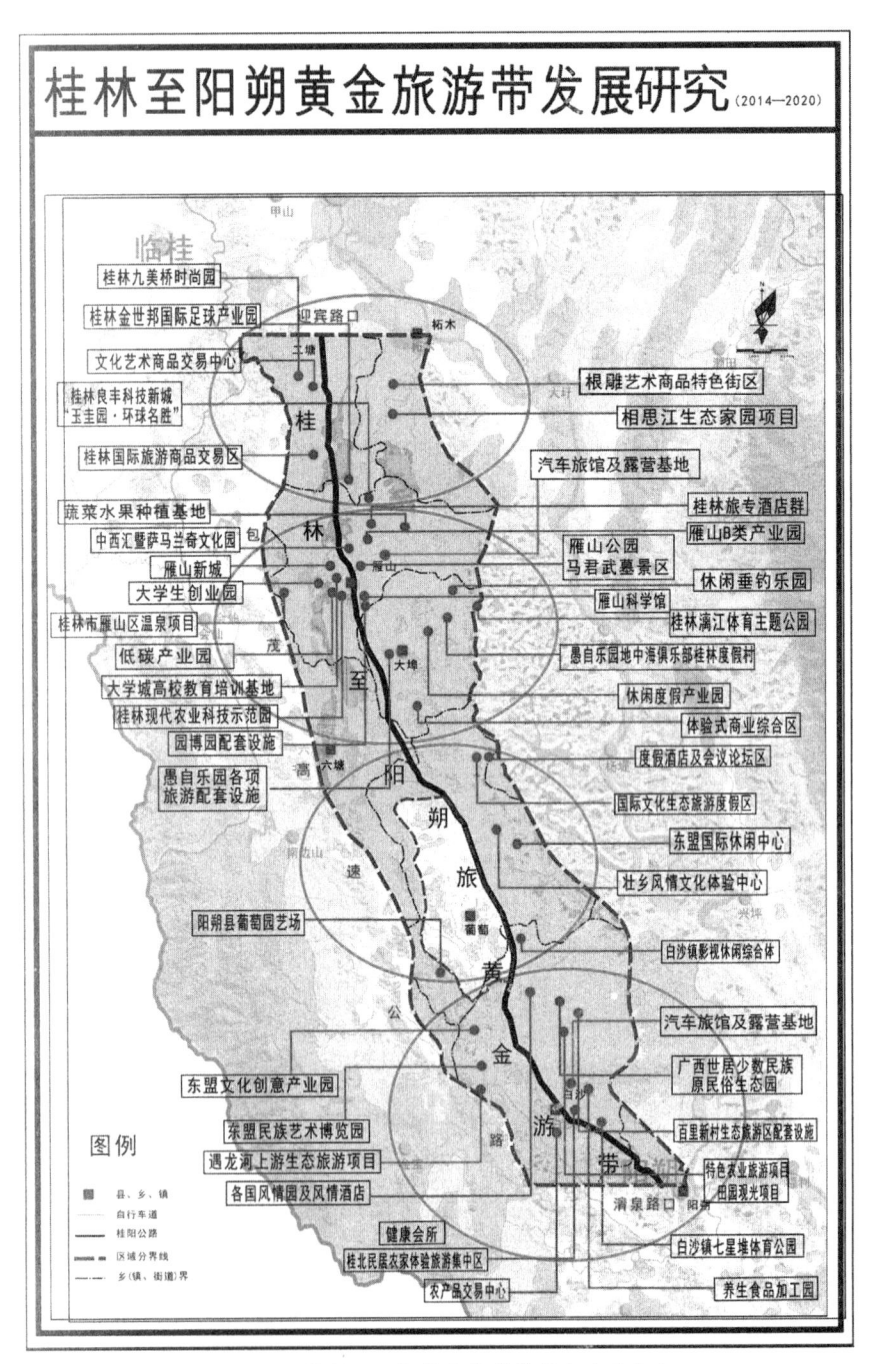

图 7-3 桂林至阳朔黄金旅游带现有产业分布

结合黄金旅游带各区内已有产业特征及分布,为黄金旅游带各区定名(见图7-4)。

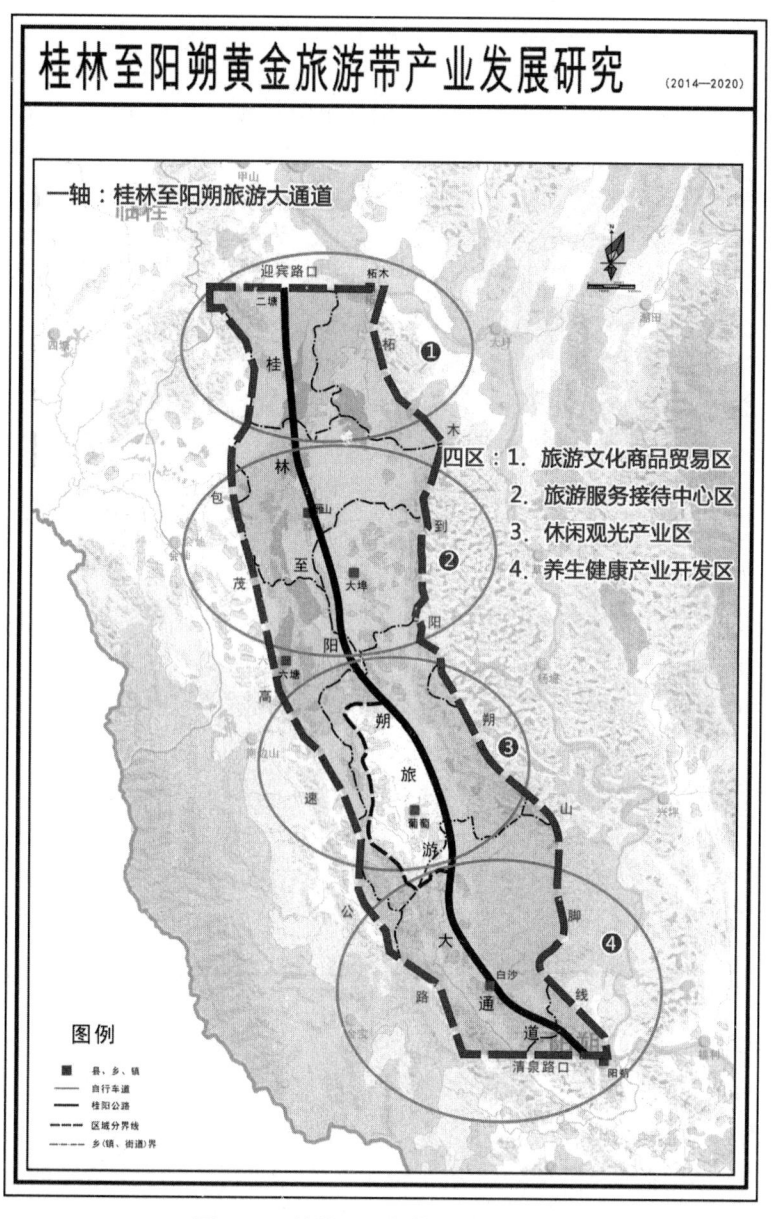

图7-4 桂林至阳朔黄金旅游带分区

(1) 旅游文化商品贸易区。范围位于黄金旅游带北部，以二塘乡和柘木镇为主体，加快发展特色农业、新型工业、商贸业、旅游产品等产业，重点建设新型工业产业园，文化艺术商品交易中心，重点引进一批国内外知名文化企业，积极发展文化产品，打造国际化、集约化的文化产品生产及服务平台，形成桂林历史文化名城文化领先企业的集聚地。

(2) 旅游服务接待中心区。位于黄金旅游带中部，以雁山区雁山镇、大埠乡为主体。加快发展旅游、教育培训、信息、文化体育和娱乐、房地产、环保、物流、商贸等产业，重点建设信息产业园、科教园区、大学生创业园、低碳产业、商品交易区等产业园，着力打造游客集散中心、休闲度假、教育培训等基地。打造集现代化、高层次"吃、住、行、游、购、娱"于一体的国际化旅游服务接待中心区，为提升桂林旅游接待服务水平树立标杆。

(3) 休闲观光产业区。位于黄金旅游带中部以下，以葡萄镇为主体，依托阳朔峰林、葡萄峰林，创新休闲观光旅游方式；加快发展休闲观光产业，着力打造农家体验旅游、花卉观赏、田园观光、休闲垂钓乐园等项目。打造世界一流的山水休闲观光度假旅游目的地、国际旅游合作和文化交流的重要平台。

(4) 养生健康产业开发区。位于黄金旅游带的南部，以白沙镇为主体，依托新型农村社区建设，着重发展养生健康产业、房地产、旅游等产业；依托白沙七星堆体育公园项目，大力发展体育养生业，重点开发养生、养老、保健用品，着力建设一批养生、疗养康乐项目。进一步延伸养生健康产业链，形成养、疗、研、学一条龙的产业体系，打造具有国际水准和桂林特色的养生健康产业开发区。

## 7.6 基础设施

### 7.6.1 交通基础设施

完善沿线路网结构，增强景区景点的连通性，形成密度合理、市政交通和乡镇间道路互联互通的城乡交通体系。重点建设以旅游大通道为基础的干线道路、高标准的自行车道和步行道，以及连接周边各乡镇的支线道路，形成干支路网络，提高道路通行能力。加快雁山、葡萄、白沙镇与包茂高速公路间的互通连接道建设，提升桂林至阳朔快、慢速旅游通道间转化效率。加快杨堤—兴坪等徒步线路与321国道阳朔至桂林段间连接道建设，有效衔接徒步、骑行、自驾和客运班车等多种旅游方式。加快干线321国道阳朔至桂林段改扩建工程进度，提升黄金旅游带内道路安全保障质量。大力发展城市公共交通，加快城市轨道交通规划建设，提高公交车班次密度，对桂林城区至阳朔的班车纳入城市公共交通体系，进行公交化改造，逐步形成以公共交通为主体的多层次的现代城市交通格局。

### 7.6.2 市政基础设施

加强地下综合管道网的规划与建设。供水方面，完善黄金旅游带内供水网络体系，重点加快水厂扩建和饮用水净水技术改造等供水工程。污水排放方面，加快推进黄金旅游带各分区污水处理厂以及配套管网的建设，改造黄金旅游带内已有的污水处理厂，新建大埠乡、白沙镇污水处理厂，完善管网建设，逐步纳入城市一体化管理，2020年前黄金旅游带内各分区实现污水统一处理，提高乡镇污水的纳管率，保证黄金旅游带内工业企业100%纳管集中处理。加快低碳工业园和大学生科技园等工业园区的污水处理设施的规划与建设，力争2020年区内污水处理率达到95%，无害处理率达到95%。垃圾处理方面，区域内各村建立垃圾收集站，各乡镇设立垃圾转运站，各县区设立垃圾处理站，到2020年实现垃圾分类收运处理，垃圾收集率达到95%以上，转运率达到100%，处理率达到95%以上。同时，防止垃圾收运、处理过程中的扬尘、污染地下水、焚烧超标排放等二次污染。能源方面，完善高压电网，重点建设变电站以及220千伏、110千伏输变电所，完善中低压配电网建设。同时，加强水电供给及应急救援保障能力建设，提升各类应急预案的有效性，完善应急保障体系。

### 7.6.3 信息基础设施

统一规划、统一建设、统一管理，强化资源整合，推进信息共享和业务协同，加快企业电子服务建设。加强基础数据库建设，建设高校数据中心，加快建设企业、高校基础数据库。建立新型网络化、智能化信息中心，加强黄金旅游带内企业和高校信息化平台建设，为黄金旅游带内企业和高校提供便捷高效的信息化服务支持。

## 7.7 环境保护

### 7.7.1 生态保护

(1) 景观功能保护。依据自然资源和景观资源，合理规划和利用，优先保护现有的景观格局，实施底泥疏浚、环境引配水、河岸绿化等生态修复工程，保护河流水塘等水域，保持河道自然曲度。

(2) 生态功能保护。重点保护现有的主要河流、湖泊等水系生态系统，对集中式生活饮用水水源区加以保护，尽可能保留现有生态水系主线，保持水系生物多样性和自然性；在区域内建立水资源涵养林，保护水系湿地的生态功能。

(3) 生态防护网架建设。充分利用集中区自然地理特征，合理配置与构建生态保护空间格局，支撑黄金旅游带城市化进程对生态环境功能的需求，有序引导产业功能区、人居环境功能区的绿色空间建设与生态网架的有机契合。

### 7.7.2 资源利用

(1) 推进新能源利用。改造提升传统产业，通过加强技术创新和设备改造，淘汰高耗能、高污染落后产能，促进企业生产工艺的优化和产品结构的升级。积极发展清洁及可再生能源，逐步降低消费领域中碳基能源（煤、油等传统能源）的消费比重，全面推进太阳能、风能、生物质能、天然气水合物等新能源的应用，推进太阳能光伏发电商业化。加快推进使用天然气，提高天然气在能源消费中的比重。

(2) 发展循环经济。支持资源节约型、环境友好型企业发展，引导行业转变发展方式。引导企业执行环境管理标准，提升清洁生产水平。完善再生资源回收体系，推进大宗工业废物、建筑和道路废弃物综合利用，提高生活垃圾资源化利用率。推广农业循环经济模式，提高农业废弃物资源化利用水平。支持园区循环化改造工程，推进循环经济产业园区建设。

### 7.7.3 污染防治

（1）水污染控制。严格遵守饮用水源保护区保护法律法规，加强饮用水水源污染治理，严禁向漓江主流及其主要支流丢弃垃圾、废弃物和直接排放污水。加强从八中路口开始的地下水源保护，按照"厂网并举、管网优先"的原则，进一步加快沿线自来水厂和城镇污水处理厂配套管网建设，因地制宜推进雨污分流和现有合流管网系统的改造，提高城镇污水收集能力和处理效率，促进城市水域环境质量的改善。加强对工业废水治理，对集中式生活饮用水水源区加以保护，开展对城市和农村水源污染治理。推广清洁生产审核和环境管理体系认证，推进用水量较大的企业积极改进生产工艺，推广节水新技术、新工艺和新产品，减少工业用水量和排水量。积极推进水资源企业内部梯级利用、企业间梯级利用，提高分散式中水回用率。

（2）大气污染控制。对所有可以集中供热的企业进行集中供热，尽量减少锅炉烟尘的排放。大力推广使用清洁能源，加强过程控制，强化企业内部废气处理，保证达标排放，有计划淘汰燃煤锅炉，减少大气污染物的产生和排放，工业废气排放达标率达到100%。根据区域工业布局，适当建设环境自动监测点位，对区域内重点污染源逐步实现在线监测。工业区及主要道路周边建设完善的生态防护林，保持足够的绿地空间。

（3）固体废弃物污染控制。全面推行无废少废工艺和清洁生产工艺，从源头减少废物产生量，促进企业采用生态设计、工艺改进、清洁生产等措施控制生产过程中的固废产生量。加强对危险废物收集运输的管理，采用专用容器进行分类收集，危险废物和医疗废物安全处置率达100%。提高固体废弃物的综合利用率，综合利用率达95%以上。

# 结　论

本书主要以西南民族地区新型城镇化进程中旅游型城市新区产业布局为主要目标，通过对西南民族地区新型城镇化与旅游型城市进行维度划分建立了分析框架，根据维度构成和分析框架对西南民族地区新型城镇化进程中旅游型城市新区产业布局的机理进行阐述，同时提出本书的研究假设、建立理论模型，并通过数据分析和建立结构方程模型对新型城镇化进程与旅游型城市新区产业布局的关系进行实证分析，同时从研究具体地区出发选择广西桂林、贵州六枝、云南丽江、云南昆明及广西巴马作为案例地，运用 SPS 案例研究方法进行案例验证。以实证分析和案例验证为基础对西南民族地区新型城镇化进程中旅游型城市新区产业布局的优化提出对策和策略。同时，以西南民族地区桂林至阳朔黄金旅游带为案例地，通过将本书所构建的西南民族地区新型城镇化与旅游型城市新区产业布局关系进行实践规划，将西南民族地区新型城镇化进程中旅游型城市新区产业布局优化做到理论和实践的统一。本书所进行的创新性工作和所得出的结论如下：

第一，构建了新型城镇化进程中旅游型城市新区产业布局的分析框架。在对新型城镇化和旅游型城市进行内涵和构成维度分析的基础上，通过运用相关理论结合实际，将新型城镇化分为城市现代化、城市集聚化、城市生态化以及农村城镇化四个维度，从旅游型城市分类出发将旅游型城市分为观光旅游主导型城市、生态旅游主导型城市、休闲旅游主导型城市、商务旅游主导型城市和养生旅游主导型城市五种类型。从两者构成维度的内部连接路径出发，引入游客聚集、产业集聚和旅游发展三个中间变量构建出全书的分析框架。

第二，提出了新型城镇化进程中旅游型城市新区产业布局的机理。在新型城镇化进程中旅游型城市新区产业布局相关原理的基础上，根据本书对旅游型城市的划分，分别对观光旅游主导型城市、生态旅游主导型城市、休闲旅游主导型城市、商务旅游主导型城市和养生旅游主导型城市的产业布局基础进行深入而详细的分析。在布局基础分析的基础上，结合西南民族地区新型城镇化特征、旅游型城市发展特点、城市新区布局现状以及产业发展现状等因素探讨了新型城镇化进程中旅游型城市新区产业的布局机理，包括观光旅游主导型城市、生态旅游主导型城市、休闲旅游主导型城市、商务旅游主导型城市和养生旅游主导型城市。

第三，构建了新型城镇化进程中旅游型城市新区产业布局的理论模型和结构方程模型，通过路径系数的计算进行实证分析。依据西南民族地区新型城镇化进程中旅游型城市新区产业布局的分析框架和布局机理，设置游客聚集、产业集聚、旅游资源、环境承载力、消费模式、旅游服务及旅游基础七个中间变量，提出本书的研究假设并根据解释变量和被解释变量之间的关系，建立新型城镇化与旅游型城市的理论模型。同时，为了进一步分析新型城镇化与旅游型城市之间的关系，在对样本数据进行检验、分析的基础上，通过适配度检验和路径系数分析对初始结构方程模型进行估计和检验，再根据检验结果对结构方程模型进行调整，同时进行效应分解和关键变量识别，建立最终的结构方程模型，对研究假设的路径进行检验并对结果进行讨论，包括新型城镇化进程中观光旅游主导型城市新区产业布局结构方程模型、新型城镇化进程中生态旅游主导型城市新区产业布局结构方程模型、新型城镇化进程中休闲旅游主导型城市新区产业布局结构方程模型、新型城镇化进程中商务旅游主导型城市新区产业布局结构方程模型、新型城镇化进程中养生旅游主导型城市新区产业布局结构方程模型。结果表明：新型城镇化对旅游型城市具有显著的直接正向作用，产业集聚对旅游型城市并没有产生直接的影响作用，旅游资源、环境承载力、消费模式、旅游服务及旅游基础对旅游型城市新区产业布局具有重要的影响作用。

第四，运用 SPS 案例分析方法对西南民族地区新型城镇化进程与旅游型城市新区产业布局关系进行案例验证。采取单案例研究的方法，以广西桂林、贵州六枝特区、云南丽江、云南昆明及广西巴马为案例地，分别对新型城镇化进程中观光型旅游城市、新型城镇化进程中生态型旅游城市、新型城镇化进程中休闲型旅游城市、新型城镇化进程中商务型旅游城市、新型城镇化进程中养生型旅游城市新区产业布局进行案例验证。结果表明：新型城镇化建设对城市新区的产业布局优化具有积极的促进作用，同时产业布局的进一步优化又对新型城镇化进程的加快具有推动作用，验证了本书提出的研究假设和实证分析的结果。

第五，提出了西南民族地区新型城镇化进程中旅游型城市新区产业布局优化的实现路径。基于研究的分析框架、布局机理、理论模型、实证分析、案例验证的结果，研究提出适用于西南民族地区新型城镇化进程中旅游型城市新区产业的布局原则，分别从政府和企业两个维度出发，分别针对观光旅游主导城市、生态旅游主导型城市、休闲旅游主导型城市、商务旅游主导型城市及养生旅游主导型城市提出产业布局优化的实现路径，为西南民族地区新型城镇化进行中旅游型城市新区产业布局优化提供政策建议。

第六，通过选用案例地将西南民族地区新型城镇化进程中旅游型城市新区产业布局进行实践规划，进行理论和实践的有机统一。选用桂林至阳朔的黄金旅游带作为规划地，按照旅游规划的方法和路径，在对黄金旅游带的发展现状分析的基础上，提出规划的总体要求，同时提出空间布局和产业布局的实施路径。根据黄金旅游带的现状，规划从现代旅游业、现代服务业和观光农业三种类型产业的布局的优化出发，制定出黄金旅游带规划的项目具体分布。同时为了进一步保证黄金旅游带产业带的健康发展和布局完善，研究分别从区域内的空间布局、环境保护及基础设施提出了规划路径，提出规划实施的政策措施和实施保障。

限于自身学术水平，本书虽然对西南民族地区新型城镇化进程旅游型城市新区产业布局进行了深入和研究，但是研究仍然存在许多的不足和未解决的问题，在研究的一些方面还可以展开进一步的研究。

第一，由于新型城镇化与产业布局受到来自多方面因素的影响，在今后的研究中，可以适当地引入其他的中间变量，不仅仅局限于现有的维度分析，可以将影响力较强的因素纳入研究范围。

第二，由于本书的研究区域划定在西南民族地区，在进行相关的要素选择和理论架构时都从西南民族地区的发展现状出发，集中反映西南民族地区独特性，具有较强的地域性特征。在今后的研究中可以适当地进行嫁接，研究在不同的地域环境中是否具有普遍性特征，如果不存在普适应，那么不同区域之间的主要影响因子存在着怎样的区别。

第三，由于新型城镇化是一个不断变化的动态过程，其在不同的发展阶段所呈现出的特征也不尽相同。在今后的研究中，除了本书通过一次调研所获得的调研数据进行研究以外，还可以从长远的角度出发，长期地对研究地进行观察和展开时间序列数据的收集，研究新型城镇化在不同的发展时期对旅游型城市新区产业布局的作用机制。

第四，由于城市类型的多样性，不同类型的城市新区与新型城镇化接入的模式也是存在着差别的。在今后的研究中，可以跳出本书研究的旅游型城市范围，研究新型城镇化进程中工业型城市、农业型城市新区产业布局机理和优化路径。

# 附录1：西南民族地区新型城镇化进程中观光旅游主导型城市新区产业布局调查问卷

亲爱的朋友：

您好！我是"西南民族地区新型城镇化进程中旅游型城市新区产业布局研究"课题组的调查员，为了完成相关研究工作，希望您抽出一点时间，以研究自身的实际经验填写以下内容。您的回答将是本研究的重要依据，敬请您耐心作答，避免错漏。

我郑重向您承诺，本问卷只用于学术研究分析，没有任何的商业目的。问卷不会涉及您的隐私，且获得的全部数据也将绝对保密，敬请安心作答。再次感谢您的支持！请在所选项上打√即可。

（一）被访问者的基本情况

1. 请问您是：
   A. 当地村民      B. 城镇居民
2. 请问您属于：
   A. 汉族          B. 少数民族
3. 您的年龄：
   A. 14 岁以下     B. 15~24 岁     C. 25~44 岁     D. 45 岁以上
4. 您在本地居住的时间：
   A. 5 年以下      B. 5~10 年      C. 10~20 年     D. 20~30 年
   E. 30 年以上
5. 您的职业：
   A. 工人          B. 职员         C. 教育工作者   D. 农民
   E. 自由职业者    F. 管理人员     G. 军人         H. 学生
   I. 服务人员      J. 技术人员     K. 政府工作人员 L. 退休人员

M. 其他

6. 您的家庭人口数：

A. 5 人以上　　　　B. 2~5 人　　　　C. 单身

7. 您的家庭年收入是：

A. 3 000 以下　　　　　　　　　B. 3 000~5 000

C. 5 000~10 000　　　　　　　　D. 10 000~20 000

E. 20 000~30 000　　　　　　　F. 30 000~50 000

G. 50 000 以上

（二）被访者从事旅游业的情况

8. 您的家庭是否有从事旅游行业的成员：

A. 是　　　　B. 否

9. 您的家庭成员主要从事的旅游的经营活动：

A. 餐饮　　　B. 住宿　　　C. 导游　　　D. 交通

E. 景区管理　F. 旅游产品销售　G. 旅游规划　H. 娱乐

I. 其他旅游活动

10. 您的旅游收入占家庭总收入的：

A. 80%以上　　B. 50%~80%　　C. 20%~50%　　D. 10%~20%

E. 10%以下

（三）被访者的旅游感知情况

请您根据您的判断进行选择，1 表示最低（最少、最不好、最不满意），2 表示较低（较少、比较不好、比较不满意），3 表示中等（一般、无所谓高也无所谓低），4 表示较高（较多、较好、较为满意），5 表示最高（最多、最好、最满意）。

### 第一部分：新型城镇化发展状况

| 序号 | 测量指标 | 现在的状态 | | | | |
|---|---|---|---|---|---|---|
| | | 1 | 2 | 3 | 4 | 5 |
| 1 | 城市现代化的程度符合观光旅游主导型城市产业布局要求的程度 | | | | | |
| 2 | 城市现代化与产业要素符合观光旅游主导型城市产业布局要求程度 | | | | | |
| 3 | 城市集聚化的程度符合观光旅游主导型城市产业布局要求的程度 | | | | | |
| 4 | 城市集聚化与旅游业融合符合观光旅游主导型城市产业布局要求程度 | | | | | |
| 5 | 城市集聚化与产业布局符合观光旅游主导型城市产业布局要求程度 | | | | | |

续表

| 序号 | 测量指标 | 现在的状态 | | | | |
|---|---|---|---|---|---|---|
| | | 1 | 2 | 3 | 4 | 5 |
| 6 | 城市生态化的要求符合观光旅游主导型城市产业布局要求的程度 | | | | | |
| 7 | 城市生态化与生态旅游符合观光旅游主导型城市产业布局要求程度 | | | | | |
| 8 | 农村城镇化程度符合观光旅游主导型城市产业布局要求的程度 | | | | | |
| 9 | 农村城镇化与就业结构符合观光旅游主导型城市产业布局要求程度 | | | | | |

**第二部分：观光旅游主导型城市发展状况**

| 序号 | 测量指标 | 现在的状态 | | | | |
|---|---|---|---|---|---|---|
| | | 1 | 2 | 3 | 4 | 5 |
| 1 | 支持产业分布符合观光旅游主导型城市产业布局要求的程度 | | | | | |
| 2 | 支持产业类型符合观光旅游主导型城市产业布局要求的程度 | | | | | |
| 3 | 支持产业结构符合观光旅游主导型城市产业布局要求的程度 | | | | | |
| 4 | 主导产业分布符合观光旅游主导型城市产业布局要求的程度 | | | | | |
| 5 | 主导产业类型符合观光旅游主导型城市产业布局要求的程度 | | | | | |
| 6 | 主导产业结构符合观光旅游主导型城市产业布局要求的程度 | | | | | |
| 7 | 延伸产业分布符合观光旅游主导型城市产业布局要求的程度 | | | | | |
| 8 | 延伸产业类型符合观光旅游主导型城市产业布局要求的程度 | | | | | |
| 9 | 延伸产业结构符合观光旅游主导型城市产业布局要求的程度 | | | | | |

**第三部分：游客集聚发展状况**

| 序号 | 测量指标 | 现在的状态 | | | | |
|---|---|---|---|---|---|---|
| | | 1 | 2 | 3 | 4 | 5 |
| 1 | 游客对配套设施的满意度符合观光旅游主导型城市产业布局要求程度 | | | | | |
| 2 | 配套设施所带来的公共服务符合观光旅游主导型城市产业布局要求程度 | | | | | |
| 3 | 配套设施的分布符合观光旅游主导型城市产业布局要求的程度 | | | | | |
| 4 | 环境容量与游客进入符合观光旅游主导型城市产业布局要求程度 | | | | | |
| 5 | 生态环境设施建设符合观光旅游主导型城市产业布局要求的程度 | | | | | |

续表

| 序号 | 测量指标 | 现在的状态 | | | | |
|---|---|---|---|---|---|---|
| | | 1 | 2 | 3 | 4 | 5 |
| 6 | 生态环境保护范围符合观光旅游主导型城市产业布局要求的程度 | | | | | |
| 7 | 旅游吸引与游客进入结合符合观光旅游型城市产业布局要求的程度 | | | | | |
| 8 | 旅游吸引的空间特征符合观光旅游主导型城市产业布局要求的程度 | | | | | |
| 9 | 旅游吸引强度与动机符合观光旅游主导型城市产业布局要求程度 | | | | | |

### 第四部分：旅游资源发展状况

| 序号 | 测量指标 | 现在的状态 | | | | |
|---|---|---|---|---|---|---|
| | | 1 | 2 | 3 | 4 | 5 |
| 1 | 自然资源开发强度符合观光旅游主导型城市产业布局要求的程度 | | | | | |
| 2 | 自然资源开发潜力符合观光旅游主导型城市产业布局要求的程度 | | | | | |
| 3 | 非自然资源开发强度符合观光旅游主导型城市产业布局要求程度 | | | | | |
| 4 | 非自然资源开发潜力符合观光旅游主导型城市产业布局要求程度 | | | | | |

### 第五部分：产业集聚发展状况

| 序号 | 测量指标 | 现在的状态 | | | | |
|---|---|---|---|---|---|---|
| | | 1 | 2 | 3 | 4 | 5 |
| 1 | 经济发展状况符合观光旅游主导型城市产业布局要求的程度 | | | | | |
| 2 | 经济发展潜力符合观光旅游主导型城市产业布局要求的程度 | | | | | |
| 3 | 经济基础与产业结合符合观光旅游主导型城市产业布局要求的程度 | | | | | |
| 4 | 产业链条的长度符合观光旅游主导型城市产业布局要求的程度 | | | | | |
| 5 | 产业链条与旅游结合符合观光旅游主导型城市产业布局要求的程度 | | | | | |
| 6 | 产业链与泛旅游产业融合符合观光旅游主导型城市产业布局要求程度 | | | | | |
| 7 | 产业集群模式符合观光旅游主导型城市产业布局要求的程度 | | | | | |
| 8 | 产业集群与旅游业结合符合观光旅游主导型城市产业布局要求的程度 | | | | | |
| 9 | 产业集群化趋势与城市定位符合观光旅游主导型城市产业布局要求程度 | | | | | |

# 附录2：西南民族地区新型城镇化进程生态旅游主导型城市新区产业布局调查问卷

亲爱的朋友：

您好！我是"西南民族地区新型城镇化进程中旅游型城市新区产业布局研究"课题组的调查员，为了完成相关研究工作，希望您抽出一点时间，以研究自身的实际经验填写以下内容。您的回答将是本研究的重要依据，敬请您耐心作答，避免错漏。

我郑重向您承诺，本问卷只用于学术研究分析，没有任何的商业目的。问卷不会涉及您的隐私，且获得的全部数据也将绝对保密，敬请安心作答。再次感谢您的支持！请在所选项上打√即可。

（一）被访问者的基本情况

1. 请问您是：
   A. 当地村民　　B. 城镇居民
2. 请问您属于：
   A. 汉族　　B. 少数民族
3. 您的年龄：
   A. 14 岁以下　　B. 15～24 岁　　C. 25～44 岁　　D. 45 岁以上
4. 您在本地居住的时间：
   A. 5 年以下　　B. 5～10 年　　C. 10～20 年　　D. 20～30 年
   E. 30 年以上
5. 您的职业：
   A. 工人　　B. 职员　　C. 教育工作者　　D. 农民
   E. 自由职业者　　F. 管理人员　　G. 军人　　H. 学生
   I. 服务人员　　J. 技术人员　　K. 政府工作人员　　L. 退休人员

M. 其他

6. 您的家庭人口数：

　A. 5 人以上　　　　B. 2～5 人　　　　C. 单身

7. 您的家庭年收入是：

　A. 3 000 以下　　　　　　　　　B. 3 000～5 000

　C. 5 000～10 000　　　　　　　 D. 10 000～20 000

　E. 20 000～30 000　　　　　　　F. 30 000～50 000

　G. 50 000 以上

（二）被访者从事旅游业的情况

8. 您的家庭是否有从事旅游行业的成员：

　A. 是　　　　　　B. 否

9. 您的家庭成员主要从事的旅游的经营活动：

　A. 餐饮　　　　B. 住宿　　　　C. 导游　　　　D. 交通

　E. 景区管理　　F. 旅游产品销售　G. 旅游规划　　H. 娱乐

　I. 其他旅游活动

10. 您的旅游收入占家庭总收入的：

　A. 80% 以上　　B. 50%～80%　　C. 20%～50%　　D. 10%～20%

　E. 10% 以下

（三）被访者的旅游感知情况

请您根据您的判断进行选择，1 表示最低（最少、最不好、最不满意），2 表示较低（较少、比较不好、比较不满意），3 表示中等（一般、无所谓高也无所谓低），4 表示较高（较多、较好、较为满意），5 表示最高（最多、最好、最满意）。

### 第一部分：新型城镇化发展状况

| 序号 | 测量指标 | 现在的状态 | | | | |
|---|---|---|---|---|---|---|
| | | 1 | 2 | 3 | 4 | 5 |
| 1 | 城市现代化的程度符合生态旅游主导型城市产业布局要求的程度 | | | | | |
| 2 | 城市现代化与产业要素符合生态旅游主导型城市产业布局要求程度 | | | | | |
| 3 | 城市集聚化的程度符合生态旅游主导型城市产业布局要求的程度 | | | | | |
| 4 | 城市集聚化与旅游业融合符合生态旅游主导型城市产业布局要求程度 | | | | | |
| 5 | 城市集聚化与产业布局符合生态旅游主导型城市产业布局要求程度 | | | | | |

续表

| 序号 | 测量指标 | 现在的状态 | | | | |
|---|---|---|---|---|---|---|
| | | 1 | 2 | 3 | 4 | 5 |
| 6 | 城市生态化的要求符合生态旅游主导型城市产业布局要求的程度 | | | | | |
| 7 | 城市生态化与生态旅游符合生态旅游主导型城市产业布局要求程度 | | | | | |
| 8 | 农村城镇化程度符合生态旅游主导型城市产业布局要求的程度 | | | | | |
| 9 | 农村城镇化与就业结构符合生态旅游主导型城市产业布局要求程度 | | | | | |

## 第二部分：生态旅游主导型城市发展状况

| 序号 | 测量指标 | 现在的状态 | | | | |
|---|---|---|---|---|---|---|
| | | 1 | 2 | 3 | 4 | 5 |
| 1 | 支持产业分布符合生态旅游主导型城市产业布局要求的程度 | | | | | |
| 2 | 支持产业类型符合生态旅游主导型城市产业布局要求的程度 | | | | | |
| 3 | 支持产业结构符合生态旅游主导型城市产业布局要求的程度 | | | | | |
| 4 | 主导产业分布符合生态旅游主导型城市产业布局要求的程度 | | | | | |
| 5 | 主导产业类型符合生态旅游主导型城市产业布局要求的程度 | | | | | |
| 6 | 主导产业结构符合生态旅游主导型城市产业布局要求的程度 | | | | | |
| 7 | 延伸产业分布符合生态旅游主导型城市产业布局要求的程度 | | | | | |
| 8 | 延伸产业类型符合生态旅游主导型城市产业布局要求的程度 | | | | | |
| 9 | 延伸产业结构符合生态旅游主导型城市产业布局要求的程度 | | | | | |

## 第三部分：游客集聚发展状况

| 序号 | 测量指标 | 现在的状态 | | | | |
|---|---|---|---|---|---|---|
| | | 1 | 2 | 3 | 4 | 5 |
| 1 | 游客对配套设施的满意度符合生态旅游主导型城市产业布局要求程度 | | | | | |
| 2 | 配套设施所带来的公共服务符合生态旅游主导型城市产业布局要求程度 | | | | | |
| 3 | 配套设施的分布符合生态旅游主导型城市产业布局要求的程度 | | | | | |
| 4 | 环境容量与游客进入符合生态旅游主导型城市产业布局要求程度 | | | | | |
| 5 | 生态环境设施建设符合生态旅游主导型城市产业布局要求的程度 | | | | | |

续表

| 序号 | 测量指标 | 现在的状态 | | | | |
|---|---|---|---|---|---|---|
| | | 1 | 2 | 3 | 4 | 5 |
| 6 | 生态环境保护范围符合生态旅游主导型城市产业布局要求的程度 | | | | | |
| 7 | 旅游吸引与游客进入结合符合生态旅游型城市产业布局要求的程度 | | | | | |
| 8 | 旅游吸引的空间特征符合生态旅游主导型城市产业布局要求的程度 | | | | | |
| 9 | 旅游吸引强度与动机符合生态旅游主导型城市产业布局要求程度 | | | | | |

**第四部分：环境承载力发展状况**

| 序号 | 测量指标 | 现在的状态 | | | | |
|---|---|---|---|---|---|---|
| | | 1 | 2 | 3 | 4 | 5 |
| 1 | 社会环境现状符合生态旅游主导型城市产业布局要求的程度 | | | | | |
| 2 | 社会环境容量符合生态旅游主导型城市产业布局要求的程度 | | | | | |
| 3 | 经济环境状态符合生态旅游主导型城市产业布局要求程度 | | | | | |
| 4 | 经济环境容量符合生态旅游主导型城市产业布局要求程度 | | | | | |

**第五部分：产业集聚发展状况**

| 序号 | 测量指标 | 现在的状态 | | | | |
|---|---|---|---|---|---|---|
| | | 1 | 2 | 3 | 4 | 5 |
| 1 | 经济发展状况符合生态旅游主导型城市产业布局要求的程度 | | | | | |
| 2 | 经济发展潜力符合生态旅游主导型城市产业布局要求的程度 | | | | | |
| 3 | 经济基础与产业结合符合生态旅游主导型城市产业布局要求的程度 | | | | | |
| 4 | 产业链条的长度符合生态旅游主导型城市产业布局要求的程度 | | | | | |
| 5 | 产业链条与旅游结合符合生态旅游主导型城市产业布局要求的程度 | | | | | |
| 6 | 产业链与泛旅游产业融合符合生态旅游主导型城市产业布局要求程度 | | | | | |
| 7 | 产业集群模式符合生态旅游主导型城市产业布局要求的程度 | | | | | |
| 8 | 产业集群与旅游业结合符合生态旅游主导型城市产业布局要求的程度 | | | | | |
| 9 | 产业集群化趋势与城市定位符合生态旅游主导型城市产业布局要求程度 | | | | | |

# 附录3：西南民族地区新型城镇化进程休闲旅游主导型城市新区产业布局调查问卷

亲爱的朋友：

您好！我是"西南民族地区新型城镇化进程中旅游型城市新区产业布局研究"课题组的调查员，为了完成相关研究工作，希望您抽出一点时间，以研究自身的实际经验填写以下内容。您的回答将是本研究的重要依据，敬请您耐心作答，避免错漏。

我郑重向您承诺，本问卷只用于学术研究分析，没有任何的商业目的。问卷不会涉及您的隐私，且获得的全部数据也将绝对保密，敬请安心作答。再次感谢您的支持！请在所选项上打√即可。

（一）被访问者的基本情况

1. 请问您是：
   A. 当地村民　　　　B. 城镇居民
2. 请问您属于：
   A. 汉族　　　　　　B. 少数民族
3. 您的年龄：
   A. 14 岁以下　　　B. 15~24 岁　　　C. 25~44 岁　　　D. 45 岁以上
4. 您在本地居住的时间：
   A. 5 年以下　　　　B. 5~10 年　　　C. 10~20 年　　　D. 20~30 年
   E. 30 年以上
5. 您的职业：
   A. 工人　　　　　　B. 职员　　　　　C. 教育工作者　　D. 农民
   E. 自由职业者　　　F. 管理人员　　　G. 军人　　　　　H. 学生

I. 服务人员　　　J. 技术人员　　　K. 政府工作人员　　　L. 退休人员

M. 其他

6. 您的家庭人口数：

A. 5 人以上　　　B. 2~5 人　　　C. 单身

7. 您的家庭年收入是：

A. 3 000 以下　　　　　　　　　　B. 3 000~5 000

C. 5 000~10 000　　　　　　　　　D. 10 000~20 000

E. 20 000~30 000　　　　　　　　F. 30 000~50 000

G. 50 000 以上

(二) 被访者从事旅游业的情况

8. 您的家庭是否有从事旅游行业的成员：

A. 是　　　　B. 否

9. 您的家庭成员主要从事的旅游的经营活动：

A. 餐饮　　　B. 住宿　　　C. 导游　　　D. 交通

E. 景区管理　　F. 旅游产品销售　G. 旅游规划　　H. 娱乐

I. 其他旅游活动

10. 您的旅游收入占家庭总收入的：

A. 80% 以上　　B. 50%~80%　　C. 20%~50%　　D. 10%~20%

E. 10% 以下

(三) 被访者的旅游感知情况

请您根据您的判断进行选择，1 表示最低（最少、最不好、最不满意），2 表示较低（较少、比较不好、比较不满意），3 表示中等（一般、无所谓高也无所谓低），4 表示较高（较多、较好、较为满意），5 表示最高（最多、最好、最满意）。

### 第一部分：新型城镇化发展状况

| 序号 | 测量指标 | 现在的状态 | | | | |
| --- | --- | --- | --- | --- | --- | --- |
| | | 1 | 2 | 3 | 4 | 5 |
| 1 | 城市现代化的程度符合休闲旅游主导型城市产业布局要求的程度 | | | | | |
| 2 | 城市现代化与产业要素符合休闲旅游主导型城市产业布局要求程度 | | | | | |
| 3 | 城市集聚化的程度符合休闲旅游主导型城市产业布局要求的程度 | | | | | |
| 4 | 城市集聚化与旅游业融合符合休闲旅游主导型城市产业布局要求程度 | | | | | |

续表

| 序号 | 测量指标 | 现在的状态 | | | | |
|---|---|---|---|---|---|---|
| | | 1 | 2 | 3 | 4 | 5 |
| 5 | 城市集聚化与产业布局符合休闲旅游主导型城市产业布局要求程度 | | | | | |
| 6 | 城市生态化的要求符合休闲旅游主导型城市产业布局要求的程度 | | | | | |
| 7 | 城市生态化与休闲旅游符合休闲旅游主导型城市产业布局要求程度 | | | | | |
| 8 | 农村城镇化程度符合休闲旅游主导型城市产业布局要求的程度 | | | | | |
| 9 | 农村城镇化与就业结构符合休闲旅游主导型城市产业布局要求程度 | | | | | |

**第二部分：休闲旅游主导型城市发展状况**

| 序号 | 测量指标 | 现在的状态 | | | | |
|---|---|---|---|---|---|---|
| | | 1 | 2 | 3 | 4 | 5 |
| 1 | 支持产业分布符合休闲旅游主导型城市产业布局要求的程度 | | | | | |
| 2 | 支持产业类型符合休闲旅游主导型城市产业布局要求的程度 | | | | | |
| 3 | 支持产业结构符合休闲旅游主导型城市产业布局要求的程度 | | | | | |
| 4 | 主导产业分布符合休闲旅游主导型城市产业布局要求的程度 | | | | | |
| 5 | 主导产业类型符合休闲旅游主导型城市产业布局要求的程度 | | | | | |
| 6 | 主导产业结构符合休闲旅游主导型城市产业布局要求的程度 | | | | | |
| 7 | 延伸产业分布符合休闲旅游主导型城市产业布局要求的程度 | | | | | |
| 8 | 延伸产业类型符合休闲旅游主导型城市产业布局要求的程度 | | | | | |
| 9 | 延伸产业结构符合休闲旅游主导型城市产业布局要求的程度 | | | | | |

**第三部分：游客集聚发展状况**

| 序号 | 测量指标 | 现在的状态 | | | | |
|---|---|---|---|---|---|---|
| | | 1 | 2 | 3 | 4 | 5 |
| 1 | 游客对配套设施的满意度符合休闲旅游主导型城市产业布局要求程度 | | | | | |
| 2 | 配套设施所带来的公共服务符合休闲旅游主导型城市产业布局要求程度 | | | | | |
| 3 | 配套设施的分布符合休闲旅游主导型城市产业布局要求的程度 | | | | | |
| 4 | 环境容量与游客进入符合休闲旅游主导型城市产业布局要求程度 | | | | | |

续表

| 序号 | 测量指标 | 现在的状态 | | | | |
|---|---|---|---|---|---|---|
| | | 1 | 2 | 3 | 4 | 5 |
| 5 | 生态环境设施建设符合休闲旅游主导型城市产业布局要求的程度 | | | | | |
| 6 | 生态环境保护范围符合休闲旅游主导型城市产业布局要求的程度 | | | | | |
| 7 | 旅游吸引与游客进入结合符合休闲旅游型城市产业布局要求的程度 | | | | | |
| 8 | 旅游吸引的空间特征符合休闲旅游主导型城市产业布局要求的程度 | | | | | |
| 9 | 旅游吸引强度与动机符合休闲旅游主导型城市产业布局要求程度 | | | | | |

**第四部分：消费模式发展状况**

| 序号 | 测量指标 | 现在的状态 | | | | |
|---|---|---|---|---|---|---|
| | | 1 | 2 | 3 | 4 | 5 |
| 1 | 体验需求与休闲设施符合休闲旅游主导型城市产业布局要求的程度 | | | | | |
| 2 | 体验需求与产业发展符合休闲旅游主导型城市产业布局要求的程度 | | | | | |
| 3 | 消费能级高度符合休闲旅游主导型城市产业布局要求程度 | | | | | |
| 4 | 消费能级与休闲设施符合休闲旅游主导型城市产业布局要求程度 | | | | | |

**第五部分：产业集聚发展状况**

| 序号 | 测量指标 | 现在的状态 | | | | |
|---|---|---|---|---|---|---|
| | | 1 | 2 | 3 | 4 | 5 |
| 1 | 经济发展状况符合休闲旅游主导型城市产业布局要求的程度 | | | | | |
| 2 | 经济发展潜力符合休闲旅游主导型城市产业布局要求的程度 | | | | | |
| 3 | 经济基础与产业结合符合休闲旅游主导型城市产业布局要求的程度 | | | | | |
| 4 | 产业链条的长度符合休闲旅游主导型城市产业布局要求的程度 | | | | | |
| 5 | 产业链条与旅游结合符合休闲旅游主导型城市产业布局要求的程度 | | | | | |
| 6 | 产业链与泛旅游产业融合符合休闲旅游主导型城市产业布局要求程度 | | | | | |
| 7 | 产业集群模式符合休闲旅游主导型城市产业布局要求的程度 | | | | | |
| 8 | 产业集群与旅游业结合符合休闲旅游主导型城市产业布局要求的程度 | | | | | |
| 9 | 产业集群化趋势与城市定位符合休闲旅游主导型城市产业布局要求程度 | | | | | |

# 附录4：西南民族地区新型城镇化进程商务旅游主导型城市新区产业布局调查问卷

亲爱的朋友：

您好！我是"西南民族地区新型城镇化进程中旅游型城市新区产业布局研究"课题组的调查员，为了完成相关研究工作，希望您抽出一点时间，以研究自身的实际经验填写以下内容。您的回答将是本研究的重要依据，敬请您耐心作答，避免错漏。

我郑重向您承诺，本问卷只用于学术研究分析，没有任何的商业目的。问卷不会涉及您的隐私，且获得的全部数据也将绝对保密，敬请安心作答。再次感谢您的支持！请在所选项上打√即可。

（一）被访问者的基本情况

1. 请问您是：
   A. 当地村民　　　B. 城镇居民
2. 请问您属于：
   A. 汉族　　　　　B. 少数民族
3. 您的年龄：
   A. 14岁以下　　　B. 15~24岁　　　C. 25~44岁　　　D. 45岁以上
4. 您在本地居住的时间：
   A. 5年以下　　　 B. 5~10年　　　 C. 10~20年　　　D. 20~30年
   E. 30年以上
5. 您的职业：
   A. 工人　　　　　B. 职员　　　　　C. 教育工作者　　D. 农民
   E. 自由职业者　　F. 管理人员　　　G. 军人　　　　　H. 学生
   I. 服务人员　　　J. 技术人员　　　K. 政府工作人员　L. 退休人员

M. 其他

6. 您的家庭人口数：

A. 5 人以上　　　　B. 2~5 人　　　　C. 单身

7. 您的家庭年收入是：

A. 3 000 以下　　　　　　　　B. 3 000~5 000

C. 5 000~10 000　　　　　　　D. 10 000~20 000

E. 20 000~30 000　　　　　　 F. 30 000~50 000

G. 50 000 以上

（二）被访者从事旅游业的情况

8. 您的家庭是否有从事旅游行业的成员：

A. 是　　　　B. 否

9. 您的家庭成员主要从事的旅游的经营活动：

A. 餐饮　　　B. 住宿　　　C. 导游　　　D. 交通

E. 景区管理　　F. 旅游产品销售　　G. 旅游规划

H. 娱乐　　　I. 其他旅游活动

10. 您的旅游收入占家庭总收入的：

A. 80% 以上　　B. 50%~80%　　C. 20%~50%　　D. 10%~20%

E. 10% 以下

（三）被访者的旅游感知情况

请您根据您的判断进行选择，1 表示最低（最少、最不好、最不满意），2 表示较低（较少、比较不好、比较不满意），3 表示中等（一般、无所谓高也无所谓低），4 表示较高（较多、较好、较为满意），5 表示最高（最多、最好、最满意）。

### 第一部分：新型城镇化发展状况

| 序号 | 测量指标 | 现在的状态 | | | | |
|---|---|---|---|---|---|---|
| | | 1 | 2 | 3 | 4 | 5 |
| 1 | 城市现代化的程度符合商务旅游主导型城市产业布局要求的程度 | | | | | |
| 2 | 城市现代化与产业要素符合商务旅游主导型城市产业布局要求程度 | | | | | |
| 3 | 城市集聚化的程度符合商务旅游主导型城市产业布局要求的程度 | | | | | |
| 4 | 城市集聚化与旅游业融合符合商务旅游主导型城市产业布局要求程度 | | | | | |
| 5 | 城市集聚化与产业布局符合商务旅游主导型城市产业布局要求程度 | | | | | |

续表

| 序号 | 测量指标 | 现在的状态 | | | | |
|---|---|---|---|---|---|---|
| | | 1 | 2 | 3 | 4 | 5 |
| 6 | 城市生态化的要求符合商务旅游主导型城市产业布局要求的程度 | | | | | |
| 7 | 城市生态化与商务旅游符合商务旅游主导型城市产业布局要求程度 | | | | | |
| 8 | 农村城镇化程度符合商务旅游主导型城市产业布局要求的程度 | | | | | |
| 9 | 农村城镇化与就业结构符合商务旅游主导型城市产业布局要求程度 | | | | | |

### 第二部分：商务旅游主导型城市发展状况

| 序号 | 测量指标 | 现在的状态 | | | | |
|---|---|---|---|---|---|---|
| | | 1 | 2 | 3 | 4 | 5 |
| 1 | 支持产业分布符合商务旅游主导型城市产业布局要求的程度 | | | | | |
| 2 | 支持产业类型符合商务旅游主导型城市产业布局要求的程度 | | | | | |
| 3 | 支持产业结构符合商务旅游主导型城市产业布局要求的程度 | | | | | |
| 4 | 主导产业分布符合商务旅游主导型城市产业布局要求的程度 | | | | | |
| 5 | 主导产业类型符合商务旅游主导型城市产业布局要求的程度 | | | | | |
| 6 | 主导产业结构符合商务旅游主导型城市产业布局要求的程度 | | | | | |
| 7 | 延伸产业分布符合商务旅游主导型城市产业布局要求的程度 | | | | | |
| 8 | 延伸产业类型符合商务旅游主导型城市产业布局要求的程度 | | | | | |
| 9 | 延伸产业结构符合商务旅游主导型城市产业布局要求的程度 | | | | | |

### 第三部分：游客集聚发展状况

| 序号 | 测量指标 | 现在的状态 | | | | |
|---|---|---|---|---|---|---|
| | | 1 | 2 | 3 | 4 | 5 |
| 1 | 游客对配套设施的满意度符合商务旅游主导型城市产业布局要求程度 | | | | | |
| 2 | 配套设施所带来的公共服务符合商务旅游主导型城市产业布局要求程度 | | | | | |
| 3 | 配套设施的分布符合商务旅游主导型城市产业布局要求的程度 | | | | | |
| 4 | 环境容量与游客进入符合商务旅游主导型城市产业布局要求程度 | | | | | |
| 5 | 生态环境设施建设符合商务旅游主导型城市产业布局要求的程度 | | | | | |

续表

| 序号 | 测量指标 | 现在的状态 ||||| 
|---|---|---|---|---|---|---|
| | | 1 | 2 | 3 | 4 | 5 |
| 6 | 生态环境保护范围符合商务旅游主导型城市产业布局要求的程度 | | | | | |
| 7 | 旅游吸引与游客进入结合符合商务旅游型城市产业布局要求的程度 | | | | | |
| 8 | 旅游吸引的空间特征符合商务旅游主导型城市产业布局要求的程度 | | | | | |
| 9 | 旅游吸引强度与动机符合商务旅游主导型城市产业布局要求程度 | | | | | |

### 第四部分：旅游服务发展状况

| 序号 | 测量指标 | 现在的状态 ||||| 
|---|---|---|---|---|---|---|
| | | 1 | 2 | 3 | 4 | 5 |
| 1 | 复合性旅游产品符合商务旅游主导型城市产业布局要求的程度 | | | | | |
| 2 | 复合性旅游服务符合商务旅游主导型城市产业布局要求的程度 | | | | | |
| 3 | 附带性旅游产品符合商务旅游主导型城市产业布局要求程度 | | | | | |
| 4 | 附带性旅游服务符合商务旅游主导型城市产业布局要求程度 | | | | | |

### 第五部分：产业集聚发展状况

| 序号 | 测量指标 | 现在的状态 ||||| 
|---|---|---|---|---|---|---|
| | | 1 | 2 | 3 | 4 | 5 |
| 1 | 经济发展状况符合商务旅游主导型城市产业布局要求的程度 | | | | | |
| 2 | 经济发展潜力符合商务旅游主导型城市产业布局要求的程度 | | | | | |
| 3 | 经济基础与产业结合符合商务旅游主导型城市产业布局要求的程度 | | | | | |
| 4 | 产业链条的长度符合商务旅游主导型城市产业布局要求的程度 | | | | | |
| 5 | 产业链条与旅游结合符合商务旅游主导型城市产业布局要求的程度 | | | | | |
| 6 | 产业链与泛旅游产业融合符合商务旅游主导型城市产业布局要求程度 | | | | | |
| 7 | 产业集群模式符合商务旅游主导型城市产业布局要求的程度 | | | | | |
| 8 | 产业集群与旅游业结合符合商务旅游主导型城市产业布局要求的程度 | | | | | |
| 9 | 产业集群化趋势与城市定位符合商务旅游主导型城市产业布局要求程度 | | | | | |

# 附录5：西南民族地区新型城镇化进程养生旅游主导型城市新区产业布局调查问卷

亲爱的朋友：

您好！我是"西南民族地区新型城镇化进程中旅游型城市新区产业布局研究"课题组的调查员，为了完成相关研究工作，希望您抽出一点时间，以研究自身的实际经验填写以下内容。您的回答将是本研究的重要依据，敬请您耐心作答，避免错漏。

我郑重向您承诺，本问卷只用于学术研究分析，没有任何的商业目的。问卷不会涉及您的隐私，且获得的全部数据也将绝对保密，敬请安心作答。再次感谢您的支持！请在所选项上打√即可。

（一）被访问者的基本情况

1. 请问您是：
  A. 当地村民　　B. 城镇居民
2. 请问您属于：
  A. 汉族　　B. 少数民族
3. 您的年龄：
  A. 14岁以下　　B. 15~24岁　　C. 25~44岁　　D. 45岁以上
4. 您在本地居住的时间：
  A. 5年以下　　B. 5~10年　　C. 10~20年　　D. 20~30年
  E. 30年以上
5. 您的职业：
  A. 工人　　　　B. 职员　　　　C. 教育工作者　　D. 农民
  E. 自由职业者　F. 管理人员　　G. 军人　　　　　H. 学生
  I. 服务人员　　J. 技术人员　　K. 政府工作人员　L. 退休人员

M. 其他

6. 您的家庭人口数:

A. 5 人以上　　　B. 2~5 人　　　C. 单身

7. 您的家庭年收入是:

A. 3 000 以下　　　　　　　　B. 3 000~5 000

C. 5 000~10 000　　　　　　　D. 10 000~20 000

E. 20 000~30 000　　　　　　F. 30 000~50 000

G. 50 000 以上

(二) 被访者从事旅游业的情况

8. 您的家庭是否有从事旅游行业的成员:

A. 是　　　　　B. 否

9. 您的家庭成员主要从事的旅游的经营活动:

A. 餐饮　　　B. 住宿　　　C. 导游　　　D. 交通

E. 景区管理　　F. 旅游产品销售　G. 旅游规划　　H. 娱乐

I. 其他旅游活动

10. 您的旅游收入占家庭总收入的:

A. 80% 以上　　B. 50%~80%　　C. 20%~50%　　D. 10%~20%

E. 10% 以下

(三) 被访者的旅游感知情况

请您根据您的判断进行选择,1 表示最低(最少、最不好、最不满意),2 表示较低(较少、比较不好、比较不满意),3 表示中等(一般、无所谓高也无所谓低),4 表示较高(较多、较好、较为满意),5 表示最高(最多、最好、最满意)。

### 第一部分:新型城镇化发展状况

| 序号 | 测量指标 | 现在的状态 | | | | |
|---|---|---|---|---|---|---|
| | | 1 | 2 | 3 | 4 | 5 |
| 1 | 城市现代化的程度符合养生旅游主导型城市产业布局要求的程度 | | | | | |
| 2 | 城市现代化与产业要素符合养生旅游主导型城市产业布局要求程度 | | | | | |
| 3 | 城市集聚化的程度符合养生旅游主导型城市产业布局要求的程度 | | | | | |
| 4 | 城市集聚化与旅游业融合符合养生旅游主导型城市产业布局要求程度 | | | | | |
| 5 | 城市集聚化与产业布局符合养生旅游主导型城市产业布局要求程度 | | | | | |

续表

| 序号 | 测量指标 | 现在的状态 | | | | |
|---|---|---|---|---|---|---|
| | | 1 | 2 | 3 | 4 | 5 |
| 6 | 城市生态化的要求符合养生旅游主导型城市产业布局要求的程度 | | | | | |
| 7 | 城市生态化与养生旅游符合养生旅游主导型城市产业布局要求程度 | | | | | |
| 8 | 农村城镇化程度符合养生旅游主导型城市产业布局要求的程度 | | | | | |
| 9 | 农村城镇化与就业结构符合养生旅游主导型城市产业布局要求程度 | | | | | |

### 第二部分：养生旅游主导型城市发展状况

| 序号 | 测量指标 | 现在的状态 | | | | |
|---|---|---|---|---|---|---|
| | | 1 | 2 | 3 | 4 | 5 |
| 1 | 支持产业分布符合养生旅游主导型城市产业布局要求的程度 | | | | | |
| 2 | 支持产业类型符合养生旅游主导型城市产业布局要求的程度 | | | | | |
| 3 | 支持产业结构符合养生旅游主导型城市产业布局要求的程度 | | | | | |
| 4 | 主导产业分布符合养生旅游主导型城市产业布局要求的程度 | | | | | |
| 5 | 主导产业类型符合养生旅游主导型城市产业布局要求的程度 | | | | | |
| 6 | 主导产业结构符合养生旅游主导型城市产业布局要求的程度 | | | | | |
| 7 | 延伸产业分布符合养生旅游主导型城市产业布局要求的程度 | | | | | |
| 8 | 延伸产业类型符合养生旅游主导型城市产业布局要求的程度 | | | | | |
| 9 | 延伸产业结构符合养生旅游主导型城市产业布局要求的程度 | | | | | |

### 第三部分：游客集聚发展状况

| 序号 | 测量指标 | 现在的状态 | | | | |
|---|---|---|---|---|---|---|
| | | 1 | 2 | 3 | 4 | 5 |
| 1 | 游客对配套设施的满意度符合养生旅游主导型城市产业布局要求程度 | | | | | |
| 2 | 配套设施所带来的公共服务符合养生旅游主导型城市产业布局要求程度 | | | | | |
| 3 | 配套设施的分布符合养生旅游主导型城市产业布局要求的程度 | | | | | |
| 4 | 环境容量与游客进入符合养生旅游主导型城市产业布局要求程度 | | | | | |
| 5 | 生态环境设施建设符合养生旅游主导型城市产业布局要求的程度 | | | | | |

续表

| 序号 | 测量指标 | 现在的状态 | | | | |
|---|---|---|---|---|---|---|
| | | 1 | 2 | 3 | 4 | 5 |
| 6 | 生态环境保护范围符合养生旅游主导型城市产业布局要求的程度 | | | | | |
| 7 | 旅游吸引与游客进入结合符合养生旅游型城市产业布局要求的程度 | | | | | |
| 8 | 旅游吸引的空间特征符合养生旅游主导型城市产业布局要求的程度 | | | | | |
| 9 | 旅游吸引强度与动机符合养生旅游主导型城市产业布局要求程度 | | | | | |

### 第四部分：旅游基础发展状况

| 序号 | 测量指标 | 现在的状态 | | | | |
|---|---|---|---|---|---|---|
| | | 1 | 2 | 3 | 4 | 5 |
| 1 | 自然环境基础符合养生旅游主导型城市产业布局要求的程度 | | | | | |
| 2 | 社会环境基础符合养生旅游主导型城市产业布局要求的程度 | | | | | |
| 3 | 地域文化基础符合养生旅游主导型城市产业布局要求程度 | | | | | |
| 4 | 现代文化基础符合养生旅游主导型城市产业布局要求程度 | | | | | |

### 第五部分：产业集聚发展状况

| 序号 | 测量指标 | 现在的状态 | | | | |
|---|---|---|---|---|---|---|
| | | 1 | 2 | 3 | 4 | 5 |
| 1 | 经济发展状况符合养生旅游主导型城市产业布局要求的程度 | | | | | |
| 2 | 经济发展潜力符合养生旅游主导型城市产业布局要求的程度 | | | | | |
| 3 | 经济基础与产业结合符合养生旅游主导型城市产业布局要求的程度 | | | | | |
| 4 | 产业链条的长度符合养生旅游主导型城市产业布局要求的程度 | | | | | |
| 5 | 产业链条与旅游结合符合养生旅游主导型城市产业布局要求的程度 | | | | | |
| 6 | 产业链与泛旅游产业融合符合养生旅游主导型城市产业布局要求程度 | | | | | |
| 7 | 产业集群模式符合养生旅游主导型城市产业布局要求的程度 | | | | | |
| 8 | 产业集群与旅游业结合符合养生旅游主导型城市产业布局要求的程度 | | | | | |
| 9 | 产业集群化趋势与城市定位符合养生旅游主导型城市产业布局要求程度 | | | | | |

# 参 考 文 献

[1] Adam Smith. Wealth of Nations [M]. Cosimo, Inc, 2007.

[2] Alfred Weber. Alfred Weber's Theory of the Location of Industries [M]. The University of Chicago Press, 1929.

[3] August Lösch. The Economics of Location [M]. Yale University Press, 1978.

[4] Bachman, Lyle F., Adrian S. Plamer. Language Testing in Practice. Oxford University Press, 1996.

[5] Bagozzi, Yi, Y. On the Evaluation of Structural Equation Models. Academic of Marketing Science, 1988 (16): 76-94.

[6] Bollen, K. A. Structural Equations with Latent Variables. New York: John Wiley & Sons, 1989: 206-221.

[7] Carmines E G, Mclver J P. Analysing Models with Unobservable Variable. G W Bohrnstedt, E E Borgatta. Social Measurement Current Issues. Beverly Hills, CA: Saga, 1981: 65-115.

[8] Chris Gratton. Industrial Diversification in New Towns [J]. Urban Studies, 1979. 16 (2): 157-164.

[9] Danlu C, Klaus F, Yanning G, Shan G, etc. Urbanization and the Thermal Environment of Chinese and US-American Cities [J]. Science of The Total Environment, 2017, 589 (1): 200-211.

[10] David Ricardo. On the Principles of Political Economy and Taxation [M]. Liberty Fund, 2004.

[11] Diamantopoulos, A., Siguaw, J. A. Introducing LISREL: a Guide for the Uninitiated. Thousand Oaks, CA: Sage, 2002.

[12] Edwin S. Mills, Charles M. Becker. Studies in Indian Urban Development [M]. Oxford: Oxford University Press, 1986.

[13] EliFilip Heckscher, Bertil Gotthard Ohlin. Heckscher – Ohlin trade theory [M]. MIT Press, 1991.

[14] Hu L T, Bentler P M. Cutoff Criteria for Fit Indexes in Covariance. Strutural Equation Modeling, 1999 (1): 1 – 55.

[15] Iain Begg. High Technology Location and the Urban Areas of Great Britain: Development in the 1980s [J]. Urban Studies, 1991. 28 (6): 961 – 981.

[16] IimiA. Urbanization and development of infrastructure in the east Asianregion [J]. JBICI Review, 2005 (10): 88 – 109.

[17] Jinqiang He, Shaojian Wang, Yanyan Liu, Haitao Ma, Qianqian Liu, Examining the Relationship between Urbanization and the Eco-environment Using a Coupling Analysis: Case study of Shanghai, China, Ecological Indicators, 2017 (77): 185 – 193.

[18] Kline, R. B. Principles and Practice of Structural Equation Modeling. New York: Guilford Press, 1998.

[19] Liyin S, Chenyang S, Liudan J, etc, Dynamic Sustainability Performance during Urbanization Process between BRICS Countries [J]. Habitat International, 2017 (60): 19 – 33.

[20] Liyin Shen, Zhenyu Zhang, Xiaoling Zhang, Hang Yan, Bei He, Measuring Incoordination-adjusted Sustainability Performance during the Urbanization Process: Spatial – dimensional Perspectives [J]. Journal of Cleaner Production, 2017 (143): 731 – 743.

[21] Paul R. Krugman. Increasing Returns, Monopolistic Competition and International Trade [J]. Journal of International Econimics, 1979 (9): 469 – 479.

[22] Peter Calthorpe. The Next American Metropolis: Ecology, Community, and the American Dream [M]. Princeton Architectural Press, 1993.

[23] Raine – Eudy, Ruth. Using Structural Equation Modeling to Test for Differential Reliability and Validity: a Empirical Demonstration. Structural Equation Modeling, 2000 (7): 124 – 141.

[24] Raykov T. Estimation of Congeneric Scale Reliability via Covariance Structure Analysis with Nonlinear Constraints. British Journal of Mathematical and Statistical Psychology, 2011 (54): 315 – 323.

[25] Robert A. Henderson. The Employment Performance of Established Manufacturing Industry in the Scttish New Towns [J]. Urban Studies, 1984. 21 (3):

295 – 315.

［26］Samuel A, Edem K M Kl. Urbanization, Democracy, Bureaucratic Quality, and Environmental Degradation ［J］. Policy Modeling, 2017.

［27］Shook, Ketchen, Hult, Michele Kacmar. An Assessment of the Use of Structural Equation Modeling in Strategic Management Research. Strategic Management Journal. 2004（25）: 397 – 404.

［28］United Nations. World Urbanization Prospects: The 2001 Revision ［M］. Population Division, 2001.

［29］Xiaoling Zhang, Sustainable urbanization: a Bi-dimensional Matrix Model ［J］. Journal of Cleaner Production, 2016（134）: 425 – 433.

［30］Yue Wang, Tao Zhao, Impacts of Urbanization-related Factors on $CO_2$ Emissions: Evidence from China's Three Regions with Varied Urbanization Levels ［J］. Atmospheric Pollution Research, 2017.

［31］安永刚, 张合平. 长株潭核心区休闲产业布局研究［J］. 经济地理, 2009, 29（11）: 1876 – 1879, 1782.

［32］白凯. 无应答式李克特量表在旅游研究中的应用检验［J］. 旅游学刊, 2011（4）: 9 – 35.

［33］陈桂秋. 新型城镇化和产业集聚区互动发展研究［J］. 商业经济研究, 2015（12）: 60 – 61.

［34］陈浩, 张京祥, 陈宏胜. 新型城镇化视角下中国"土地红利"开发模式转型［J］. 经济地理, 2015（4）: 1 – 8.

［35］陈建军, 胡晨光. 产业集聚的集聚效应——以长江三角洲次区域为例的理论和实证分析［J］. 管理世界, 2008（6）: 68 – 83.

［36］陈健平. 基于新型城镇化视角的城市休闲旅游品质提升路径思考［J］. 江汉大学学报（社会科学版）, 2014, 31（4）: 22 – 26, 124.

［37］陈蜀花. 民族地区旅游经济发展研究——以广西桂林为例［J］. 黑龙江民族丛刊, 2015（3）: 49 – 53.

［38］陈文福. 西方现代区位理论述评［J］. 云南社会科学, 2004（2）: 62 – 64.

［39］陈小龙. 我国乡村养生旅游开发存在问题及对策［J］. 海南广播电视大学学报, 2018.

［40］陈智文, 时之华, 陈晓春, 张清. 地方性高新技术产业开发区发展动力及模式研究［J］. 松辽学刊（自然科学版）, 1993（1）: 10 – 13.

［41］仇保兴. 新型城镇化: 从概念到行动［J］. 行政管理改革, 2012（1）:

11-18.

[42] 崔宇明,代斌,王萍萍.城镇化、产业集聚与全要素生产率增长研究[J].中国人口科学,2013(4):54-63,127.

[43] 戴林琳,盖世杰.大事件作用契机下巴塞罗那的城市新区建设与旧区改造探析[J].中外建筑,2009(2):59-62.

[44] 邓玉萍,许和连.外商直接投资、集聚外部性与环境污染[J].统计研究,2016,33(9):47-54.

[45] 丁娟,焦华富,李俊峰.产业演进对旅游城市空间形态演变的作用机理——以黄山市为例[J].地理研究,2014(10):1966-1976.

[46] 丁雨莲,陆林,黄亮.文化休闲旅游符号的思考——以丽江大研古城和徽州古村落为例[J].旅游学刊,2006(7):12-16.

[47] 窦银娣,李伯华,刘沛林.旅游产业与新型城镇化耦合发展的机理、过程及效应研究[J].资源开发与市场,2015(12):1525-1528.

[48] 范兆媛,周少甫.新型城镇化对经济增长影响的研究——基于空间动态误差面板模型[J].数理统计与管理,2018,37(1):146-154.

[49] 方创琳,马海涛.新型城镇化背景下中国的新区建设与土地集约利用[J].中国土地科学,2013(7):2,4-9.

[50] 方民生,葛立成.试论旅游城市的产业结构[J].浙江学刊,1985(3):17-20.

[51] 方震凡,徐高福,张文富,章德三,朱国才.新时期发展森林休闲养生旅游探析——以千岛湖龙洞清心谷为例[J].中国林业经济,2014(6):68-71,78.

[52] 冯·杜能.孤立国同农业和国民经济的关系[M].北京:商务印书馆.1986.

[53] 冯金.西安(咸阳)国际化大都市建设背景下咸阳市产业布局研究[D].西北大学,2011.

[54] 冯伟,蔡学斌,杨琴等.中国农产品加工业的区域布局与产业集聚[J].中国农业资源与区划,2016(8):97-102.

[55] 冯正强,易振新.旅游型城市旅游化与城镇化动态关系检验——基于面板VAR模型[J].财会月刊,2017(30):101-106.

[56] 付景保.西南民族地区生态旅游发展战略的选择——基于SWOT的分析[J].西南民族大学学报(人文社会科学版),2013(3):126-129.

[57] 高鸿,张强,李承蔚,曾爱华."旅游+"理念下的巴马县总体规划

实践 [J]. 规划师, 2017, 33 (6): 73-78.

[58] 郭文炯. "资源诅咒"的空间结构解析: 核心边缘理论视角 [J]. 经济地理, 2014 (3): 17-23.

[59] 郭悦, 钟廷勇, 安烨. 产业集聚对旅游业全要素生产率的影响——基于中国旅游业省级面板数据的实证研究 [J]. 旅游学刊, 2015, 30 (5): 14-22.

[60] 何腾. 基于协同学的西部民族地区旅游城镇化发展研究 [J]. 贵州民族研究, 2013 (1): 122-126.

[61] 胡杰, 李庆云, 韦颜秋. 我国新型城镇化存在的问题与演进动力研究综述 [J]. 城市发展研究, 2014 (1): 25-30.

[62] 胡亦武. 基于描述性统计分析的大学资助国际化项目的实证研究 [J]. 云南财经大学学报, 2009 (3): 149-153.

[63] 黄澄. 旅游基础设施建设新探 [J]. 黑龙江史志, 2007 (6): 47-48.

[64] 黄金川, 方创琳. 城市化与生态环境交互耦合机制与规律性分析. 地理研究, 2003, 22 (2): 212-220.

[65] 季书涵, 朱英明, 张鑫. 产业集聚对资源错配的改善效果研究 [J]. 中国工业经济, 2016 (6): 73-90.

[66] 季书涵, 朱英明. 产业集聚的资源错配效应研究 [J]. 数量经济技术经济研究, 2017, 34 (4): 57-73.

[67] 简新华, 杨艳琳. 产业经济学 (第二版) [M]. 武汉: 武汉大学出版社, 2009.

[68] 焦爱英, 马军海, 王潇. 高新技术产业开发区产业集群竞合关系研究 [J]. 科技进步与对策, 2010 (4): 50-54.

[69] 焦晓云. 新型城镇化进程中农村就地城镇化的困境、重点与对策探析——"城市病"治理的另一种思路 [J]. 城市发展研究, 2015, 22 (1): 108-115.

[70] 解学梅. 中小企业协同创新网络与创新绩效的实证研究 [J]. 管理科学学报, 2010 (8): 51-64.

[71] 君华, 彭玉兰. 产业布局与集聚理论述评 [J]. 经济评论, 2007 (2): 146-152.

[72] 康丽玮, 王晓峰, 甄江红. 基于AHP法的城市现代化水平综合评析——以鄂尔多斯市为例 [J]. 干旱区资源与环境, 2013 (2): 41-45.

[73] 蓝庆新, 陈超凡. 新型城镇化推动产业结构升级了吗?——基于中国省级面板数据的空间计量研究 [J]. 财经研究, 2013 (12): 57-71.

[74] 李爱民. 我国新型城镇化面临的突出问题与建议 [J]. 城市发展研究, 2013 (7): 104-109, 116.

[75] 李翅. 城市新区发展的战略决策模式探讨 [J]. 城市发展研究, 2007 (5): 24-30.

[76] 李慧明, 刘倩, 左晓利. 困境与期待: 基于生态文明的消费模式转型研究述评与思考 [J]. 中国人口. 资源与环境, 2008 (4): 114-120.

[77] 李立, 张仲啸. 论商务旅游市场的特点及营销策略 [J]. 桂林旅游高等专科学校学报, 2000 (2): 62-65.

[78] 李晓东. 净月潭国家森林公园客源市场调查与分析 [J]. 辽宁林业科技, 2005 (2): 20-22.

[79] 李新, 刘朝明, 王敏晰. 中国高新区主导产业选择指标体系研究 [J]. 科技进步与对策, 2009 (1): 71-75.

[80] 李鑫, 方法林. 开放式景区发展: 差异、问题与措施、趋势 [J]. 经济师, 2018 (2): 176-178, 180.

[81] 李旭, 秦耀辰, 宁晓菊等. 中国入境游客旅游目的地选择变化及影响因素 [J]. 经济地理, 2014 (6): 169-175.

[82] 李莺莉, 王灿. 新型城镇化下我国乡村旅游的生态化转型探讨 [J]. 农业经济问题, 2015, 36 (6): 29-34, 110.

[83] 李勇刚, 张鹏. 产业集聚加剧了中国的环境污染吗——来自中国省级层面的经验证据 [J]. 华中科技大学学报 (社会科学版), 2013, 27 (5): 97-106.

[84] 李悦. 产业经济学 [M]. 东北财经大学出版社, 2008.

[85] 李志飞, 曹珍珠. 旅游引导的新型城镇化: 一个多维度的中外比较研究 [J]. 旅游学刊, 2015 (7): 16-25.

[86] 李子联, 崔芽心, 谈镇. 新型城镇化与区域协调发展: 机理、问题与路径 [J]. 中共中央党校学报, 2018, 22 (1): 122-128.

[87] 林昆勇, 谢鹏飞. 新型城镇化时期城市新区开发建设研究 [J]. 城市, 2013 (6): 10-15.

[88] 刘长虹. 基于增长极和产业集群理论的高新区发展模式研究 [J]. 中国科技产业, 2010 (4): 80-81.

[89] 刘佳, 王娟. 我国沿海旅游产业集聚发展与承载力提升关联作用研究 [J]. 商业研究, 2016 (10): 145-156.

[90] 刘佳, 赵金金, 张广海. 中国旅游产业集聚与旅游经济增长关系的空

间计量分析 [J]. 经济地理, 2013 (4): 186-192.

[91] 刘杰克. 有效市场调研的三步曲 [J]. 市场研究, 2004 (10): 12-13, 9.

[92] 刘肖威, 李贺. 产业开发区带动城市新区发展模式研究——以天津滨海新区轻纺经济区为例 [J]. 建设科技, 2013 (13): 79.

[93] 刘立峰. 对新型城镇化进程中若干问题的思考 [J]. 宏观经济研究, 2013 (5): 3-6, 36.

[94] 刘立峰. 我国城市新区发展战略研究 [J]. 城市观察, 2012 (3): 158-164.

[95] 刘林. 城市新区产业发展与布局规划研究 [D]. 西北大学, 2012.

[96] 刘沛林. 新型城镇化建设中"留住乡愁"的理论与实践探索 [J]. 地理研究, 2015 (7): 1205-1212.

[97] 刘荣增, 王淑华. 城市新区的产城融合 [J]. 城市问题, 2013 (6): 18-22.

[98] 刘少和, 梁明珠. 环大珠三角城市群游憩带旅游产业集聚发展路径模式——以广东山海旅游产业园区建设为例 [J]. 经济地理, 2015, 35 (6): 190-197.

[99] 刘望辉, 张奋勤, 刘习平. 产业集聚与新型城镇化的关系的实证研究 [J]. 统计与决策, 2015 (24): 140-143.

[100] 刘伟财, 雷晓童. 商务旅游市场发展现状及对策分析 [J]. 金融经济, 2017 (2): 63-64.

[101] 刘文政, 朱瑾. 资源环境承载力研究进展: 基于地理学综合研究的视角 [J]. 中国人口·资源与环境, 2017, 27 (6): 75-86.

[102] 刘小瑜. 试论方程结构对样本变化的耐抗性 [J]. 经济科学, 2008 (5): 122-128.

[103] 刘耀彬, 李仁东, 宋学锋. 中国城市化与生态环境耦合度分析. 自然资源学报, 2005, 20 (1): 105-112.

[104] 刘玉亭, 王勇, 吴丽娟. 城市群概念、形成机制及其未来研究方向评述 [J]. 人文地理, 2013 (1): 62-68.

[105] 刘云. 休闲旅游与区域城镇化互动融合实证研究 [J]. 江淮论坛, 2014 (3): 80-84.

[106] 刘中艳, 李明生. 现代服务业职业经理人胜任力模型实证研究——以旅游饭店业为例 [J]. 求索, 2011 (3): 24-26.

[107] 龙江智,李恒云.中国城镇居民国内旅游消费模式[J].地理研究,2012,31(1):155-168.

[108] 陆潮,胡守庚,童陆亿,迟彬,钱春蕾.新型城镇化背景下地铁站点综合服务能力评价——以武汉市地铁二号线为例[J].地域研究与开发,2015,34(6):63-68.

[109] 陆春.城市新区开发中土地储备若干问题研究[D].同济大学硕士论文,2007.

[110] 陆大道,陈明星.关于"国家新型城镇化规划(2014-2020)"编制大背景的几点认识[J].地理学报,2015(2):179-185.

[111] 陆大道,陈明星.关于"国家新型城镇化规划(2014-2020)"编制大背景的几点认识[J].地理学报,2015,70(2):179-185.

[112] 吕一河,傅微,李婷,刘源鑫.区域资源环境综合承载力研究进展与展望[J].地理科学进展,2018,37(1):130-138.

[113] 罗良文,梁圣蓉.贸易开放、产业集聚与城镇化——基于1993~2013年省级面板数据的实证研究[J].社会科学研究,2016(2):8-15.

[114] 罗能生,李佳佳,罗富政.中国城镇化进程与区域生态效率关系的实证研究[J].中国人口.资源与环境,2013(11):53-60.

[115] 罗盛锋,刘永丽,黄燕玲等.西南民族地区旅游影响调控研究——基于游客感知视角[J].中国农业资源与区划,2015(5):50-59.

[116] 罗伊玲,周玲强,刘亚彬."全域化"生态新农村建设路径研究——以武义生态养生旅游与美丽乡村共建为例[J].生态经济,2016,32(2):139-142,176.

[117] 马耀峰,张佑印,梁雪松.旅游服务感知评价模型的实证研究[J].人文地理,2006(1):25-28.

[118] 马志东,俞会新.产业集聚与城镇化关系的实证分析——基于我国东中西部差异的视角[J].河北大学学报(哲学社会科学版),2016,41(6):80-87.

[119] 迈克尔.波特.国家竞争优势[M].北京:华夏出版社,2002.

[120] 倪鹏飞.新型城镇化的基本模式、具体路径与推进对策[J].江海学刊,2013(1):87-94.

[121] 彭冲,陈乐一,韩峰.新型城镇化与土地集约利用的时空演变及关系[J].地理研究,2014(11):2005-2020.

[122] 彭红碧,杨峰.新型城镇化道路的科学内涵[J].理论探索,2010

(4): 75-78.

[123] 彭顺生. 新世纪中国商务旅游面临的挑战及其应对策略 [J]. 经济地理, 2009, 29 (9): 1574-1579.

[124] 彭希哲, 朱勤. 我国人口态势与消费模式对碳排放的影响分析 [J]. 人口研究, 2010, 34 (1): 48-58.

[125] 齐骥. 新型城镇化背景下文化发展的维度与路径 [J]. 城市发展研究, 2014 (3): 15-20.

[126] 乔小勇. "人的城镇化"与"物的城镇化"的变迁过程: 1978~2011年 [J]. 改革, 2014 (4): 88-99.

[127] 秦智, 李敏. 产城融合推进柳东新区新型城镇化建设步伐 [J]. 企业科技与发展, 2013 (16): 7-9.

[128] 秦智, 谢杰. 基于产业集聚的我国城市新区新型城镇化建设路径研究——以广西柳东新区为例 [J]. 中国高新技术企业, 2013 (28): 1-4.

[129] 任远. 人的城镇化: 新型城镇化的本质研究 [J]. 复旦学报 (社会科学版), 2014 (4): 134-139.

[130] 单卓然, 黄亚平. "新型城镇化"概念内涵、目标内容、规划策略及认知误区解析 [J]. 城市规划学刊, 2013 (2): 16-22.

[131] 沈清基. 论基于生态文明的新型城镇化 [J]. 城市规划学刊, 2013 (1): 29-36.

[132] 沈清基. 论基于生态文明的新型城镇化 [J]. 城市规划学刊, 2013 (1): 29-36.

[133] 盛丹, 王永进. 产业集聚、信贷资源配置效率与企业的融资成本——来自世界银行调查数据和中国工业企业数据的证据 [J]. 管理世界, 2013 (6): 85-98.

[134] 孙翠兰. 区域经济与新时期空间发展战略 [M]. 北京: 中国经济出版社, 2006.

[135] 孙慧, 朱俏俏. 中国资源型产业集聚对全要素生产率的影响研究 [J]. 中国人口·资源与环境, 2016 (1): 121-130.

[136] 孙浦阳, 韩帅, 许启钦. 产业集聚对劳动生产率的动态影响 [J]. 世界经济, 2013 (3): 33-53.

[137] 孙浦阳, 韩帅, 许启钦. 产业集聚对劳动生产率的动态影响 [J]. 世界经济, 2013, 36 (3): 33-53.

[138] 谭清美, 夏后学. 市民化视角下新型城镇化与产业集聚耦合效果评判

[J]. 农业技术经济, 2017 (4): 106-115.

[139] 唐子来, 李新阳. 2010 年上海世博会的公共服务设施: 经验借鉴和策略建议 [J]. 城市规划学刊, 2006 (1): 60-68.

[140] 陶长琪, 周璇. 要素集聚下技术创新与产业结构优化升级的非线性和溢出效应研究 [J]. 当代财经, 2016 (1): 83-94.

[141] 陶飞, 王林秀. 基于产业集群的徐州经济技术开发区低碳产业结构路径优化 [J]. 科技管理研究, 2011 (19): 76-79.

[142] 田丽. 论新型城镇化与农村经济发展的关系——基于 2006~2015 年面板数据 [J]. 贵州财经大学学报, 2018 (2): 86-97.

[143] 汪光焘. 关于供给侧结构性改革与新型城镇化 [J]. 城市规划学刊, 2017 (1): 10-18.

[144] 汪宇明. 广西桂林旅游资源深度开发研究 [J]. 人文地理, 2001 (6): 53-56, 80.

[145] 王宝霞. 旅游景区生态环境保护与可持续发展的研究 [J]. 旅游纵览 (下半月), 2018 (1): 178-179.

[146] 王恩旭, 吴荻. 旅游驱动型城市旅游城镇化效率时空差异研究 [J]. 南京社会科学, 2016 (10): 29-35.

[147] 王发明, 邵冲, 应建仁. 基于产业生态链的经济技术开发区可持续发展研究 [J]. 城市问题, 2007 (5): 28-31, 45.

[148] 王换娥, 孙静, 田华杰. 我省新型城镇化建设与产业集聚互动研究 [J]. 现代商业, 2012 (18): 52-53.

[149] 王凯, 易静, 肖燕等. 中国旅游产业集聚与产业效率的关系研究 [J]. 人文地理, 2016 (2): 120-127.

[150] 王利伟, 赵明. 中国城镇化演进的系统逻辑——基于人地关系视角 [J]. 城市规划, 2014 (4): 17-22, 33.

[151] 王宁. 综合型旅游城市新区发展定位思考——以威海市泊于新区为例 [J]. 规划师, 2012 (S2): 200-203.

[152] 王茜. 铁岭市凡河新区发展研究 [D]. 长春: 东北师范大学硕士论文, 2009.

[153] 王清荣, 秦胜忠. 智慧旅游与桂林国际旅游胜地核心竞争力的提升 [J]. 社会科学家, 2014 (5): 102-106.

[154] 王琼. 昆明商务旅游发展战略研究 [J]. 全国商情 (经济理论研究), 2008 (21): 90-92.

[155] 王新越，秦素贞，吴宁宁. 新型城镇化的内涵、测度及其区域差异研究 [J]. 地域研究与开发，2014 (4)：69-75.

[156] 王新越，秦素贞，吴宁宁. 新型城镇化的内涵、测度及其区域差异研究 [J]. 地域研究与开发，2014 (4)：69-75.

[157] 魏敏，李国平. 区域主导产业选择方法及其应用研究——一个关于陕西省主导产业选择的案例 [J]. 科学学研究，2004 (1)：47-52.

[158] 邬娜，傅泽强，谢园园，沈鹏，高宝，李林子. 基于生态承载力的产业布局优化研究进展述评 [J]. 生态经济，2015，31 (5)：21-25.

[159] 吴福象，沈浩平. 新型城镇化、创新要素空间集聚与城市群产业发展 [J]. 中南财经政法大学学报，2013 (4)：36-42，159.

[160] 谢佩清，王媛. 世界优秀商务旅游城市发展经验借鉴——城市宏观环境要素 [J]. 技术经济与管理研究，2013 (12)：107-113.

[161] 谢品，李良智，赵立昌. 江西省制造业产业集聚、地区专业化与经济增长实证研究 [J]. 经济地理，2013 (6)：103-108.

[162] 谢天成，施祖麟. 中国特色新型城镇化概念、目标与速度研究 [J]. 经济问题探索，2015 (6)：112-117.

[163] 谢燕娜，朱连奇，杨迅周等. 河南省旅游产业集聚区发展模式创新研究 [J]. 经济地理，2013 (11)：175-181.

[164] 徐杰，段万春，张世湫. 西部地区产业布局合理化水平研究——以云南省为例 [J]. 经济问题探索，2013 (5)：94-101.

[165] 徐杰，段万春，张世湫. 西部地区产业布局合理化水平研究——以云南省为例 [J]. 经济问题探索，2013 (5)：94-101.

[166] 徐万里. 结构方程模式在信度检验中的应用 [J]. 统计与信息论坛，2008 (7)：9-13.

[167] 徐万里. 结构方程模式在信度检验中的应用 [J]. 统计与信息论坛，2008 (7)：9-13.

[168] 徐选国，杨君. 人本视角下的新型城镇化建设：本质、特征及其可能路径 [J]. 南京农业大学学报（社会科学版），2014 (2)：15-20.

[169] 许德友. 以"产城融合"推进中国新型城镇化 [J]. 长春市委党校学报，2013 (5)：34-37.

[170] 许晖，许守任，王睿智. 消费者旅游感知风险维度识别及差异分析 [J]. 旅游学刊，2013，28 (12)：71-80.

[171] 续亚萍，俞会新. 产业集聚与新型城镇化建设如何良性互动 [J]. 人

民论坛, 2014 (34): 92-94.

[172] 严彩云, 张开文. 旅游业与城镇化发展进程分析——以广西为例 [J]. 商, 2016 (22): 290-291.

[173] 杨超. 大青沟国家沙漠公园生态旅游承载能力研究 [J]. 辽宁林业科技, 2016 (4): 14-16.

[174] 杨林, 袁鑫, 滕晓娜. 产业集聚对山东省城镇化助推作用差异性的实证分析 [J]. 经济与管理评论, 2014, 30 (2): 138-143.

[175] 杨仁发, 李娜娜. 产业集聚能否促进城镇化 [J]. 财经科学, 2016 (6): 124-132.

[176] 杨晓刚. 低碳经济视野下的大理休闲产业 [J]. 创造, 2010 (7): 84-86.

[177] 杨仪青. 新型城镇化发展的国外经验和模式及中国的路径选择 [J]. 农业现代化研究, 2013 (4): 385-389.

[178] 杨仪青. 纵观国外城镇化建设实践 协调发展中国新型城镇化建设 [J]. 世界农业, 2015 (5): 24-28.

[179] 杨勇. 集聚密度、多样性和旅游企业劳动生产率——兼对产业聚集理论观点的拓展研究 [J]. 财贸经济, 2015 (2): 148-161.

[180] 姚士谋, 张平宇, 余成等. 中国新型城镇化理论与实践问题 [J]. 地理科学, 2014 (6): 641-647.

[181] 姚士谋, 张艳会, 陆大道, 余成. 我国新型城镇化的几个关键问题——对李克强总理新思路的解读 [J]. 城市观察, 2013 (5): 5-13.

[182] 叶昌东, 周春山. 城市新区开发的理论与实践 [J]. 世界地理研究, 2010 (4): 106-112.

[183] 叶昌东, 周春山. 城市新区开发的理论与实践 [J]. 世界地理研究, 2010 (4): 106-112.

[184] 尹华光, 王换茹, 姚云贵, 周立群. 武陵山片区旅游产业空间布局优化研究 [J]. 中南林业科技大学学报（社会科学版），2015 (1): 33-38+43.

[185] 尹华光, 王换茹, 姚云贵, 周立群. 武陵山片区旅游产业空间布局优化研究 [J]. 中南林业科技大学学报（社会科学版），2015, 9 (1): 33-38, 43.

[186] 尹华光, 王换茹. 武陵山片区旅游产业空间布局影响因素研究 [J]. 资源开发与市场, 2016 (4): 504-508.

[187] 永树理, 赵光洲, 李凯. 大型国际会展活动场馆后续利用价值探

析——以昆明世界园艺博览会为例 [J]. 价格理论与实践, 2015 (12): 173 - 175.

[188] 余博. 首都文化创意产业集聚区提升服务水平的路径探析 [J]. 北京印刷学院学报, 2015, 23 (3): 42 - 46.

[189] 余凤龙, 黄震方, 曹芳东等. 中国城镇化进程对旅游经济发展的影响 [J]. 自然资源学报, 2014 (8): 1297 - 1309.

[190] 袁绪祥, 王清荣. 加快推动桂林旅游产业转型升级的若干思考 [J]. 社会科学家, 2009 (12): 158 - 161.

[191] 原玉丰. 生产性服务业在城市新区的区位选择与聚集化发展研究 [J]. 特区经济, 2011 (4): 245 - 247.

[192] 张春燕. 旅游产业与新型城镇化的耦合评价模型 [J]. 统计与策, 2014 (14): 28 - 31.

[193] 张改素, 丁志伟, 胥亚男等. 河南省城镇体系等级层次结构研究——基于河南省新型城镇化战略分析 [J]. 地域研究与开发, 2014, 33 (1): 46 - 51.

[194] 张广海, 赵韦舒. 中国新型城镇化与旅游化互动效应及其空间差异 [J]. 经济地理, 2017 (1): 196 - 204.

[195] 张红岩. 新型城镇化和产业集聚区互动发展研究 [J]. 商业代, 2013 (10): 136 - 137.

[196] 张宏伟. 新型城镇化要防止产业新城泛滥 [J]. 城市开发, 2013 (2): 32 - 33.

[197] 张鸿雁. 中国新型城镇化理论与实践创新 [J]. 社会学研究, 2013 (3): 1 - 14, 241.

[198] 张利燕. 巴马养生旅游可持续发展研究 [J]. 大众科技, 2012, 14 (2): 105 - 106.

[199] 张生瑞, 钟林生, 周睿, 王英杰. 云南红河哈尼梯田世界遗产区生态旅游监测研究 [J]. 地理研究, 2017, 36 (5): 887 - 898.

[200] 张扬扬. 新型城镇化: 内涵、制约因素及对策 [J]. 中南财经政法大学研究生学报, 2013 (2): 17 - 20.

[201] 张引, 杨庆媛, 闵婕. 重庆市新型城镇化质量与生态环境承载力耦合分析 [J]. 地理学报, 2016, 71 (5): 817 - 828.

[202] 张引, 杨庆媛, 闵婕. 重庆市新型城镇化质量与生态环境承载力耦合分析 [J]. 地理学报, 2016, 71 (5): 817 - 828.

[203] 张勇荣, 周忠发, 马士彬. 近20年贵州喀斯特山区石漠化与气候变化特征分析 [J]. 环境科学与技术, 2014, 37 (9): 192-197.

[204] 张玉, 吴承祯, 李灵, 陈坚. 世界遗产地风景旅游城市新区廊道景观规划——以武夷新区为例 [J]. 福建林学院学报, 2013 (3): 236-241.

[205] 张云飞. 城市群内产业集聚与经济增长关系的实证研究——基于面板数据的分析 [J]. 经济地理, 2014, 34 (1): 108-113.

[206] 张占斌. 新型城镇化的战略意义和改革难题 [J]. 国家行政学院学报, 2013 (1): 48-54.

[207] 张占斌. 新型城镇化的战略意义和改革难题 [J]. 国家行政学院学报, 2013 (1): 48-54.

[208] 章笕, 徐峥. 城市新区都市旅游开发实证研究——以宁波市鄞州新城为例 [J]. 资源开发与市场, 2012 (10): 952-954.

[209] 赵海燕. 商务旅游发展的研究探讨 [J]. 中国经贸导刊, 2010 (1): 86.

[210] 郑丹. 服务补救中顾客情绪对顾客满意之影响的实证研究 [J]. 中国管理科学, 2011 (6): 166-173.

[211] 郑鹏. 2000年以来中国旅游城镇化研究进展 [J]. 旅游论坛, 2014 (6): 1-6.

[212] 中国金融40人论坛课题组, 周诚君. 加快推进新型城镇化: 对若干重大体制改革问题的认识与政策建议 [J]. 中国社会科学, 2013 (7): 59-76, 205-206.

[213] 钟家雨, 柳思维. 基于协同理论的湖南省旅游小城镇发展对策 [J]. 经济地理, 2012 (7): 159-164.

[214] 周波, 方微. 国内养生旅游研究述评 [J]. 旅游论坛, 2012, 5 (1): 40-45.

[215] 周春山. 城市空间结构与形态 [M]. 北京: 科学出版社, 2007.

[216] 周民良, 时保国. 大城市新区产业发展思路研究——以洛阳新区伊洛区为例 [J]. 开发研究, 2013 (4): 1-5.

[217] 周叔莲. 正确处理生产和消费的关系——兼论中国式的社会主义消费模式 [J]. 经济问题, 1981 (7): 13-19.

[218] 周武忠. 旅游定位与城市新区开发——以湖州东方好园风景旅游区为例 [J]. 东南大学学报 (哲学社会科学版), 2005 (1): 72-77, 124.

[219] 周作明. 中国内地养生旅游初论 [J]. 林业经济问题, 2010, 30 (2): 141-145.

［220］朱华有. 空间集聚与产业区位的形成—理论研究与应用分析［D］. 东北师范大学，2004.

［221］朱孟珏，周春山. 改革开放以来我国城市新区开发的演变历程、特征及机制研究［J］. 现代城市研究，2012（9）：80-85.

［222］朱孟珏，周春山. 国内外城市新区发展理论研究进展［J］. 热带地理，2013（3）：363-372.

［223］朱孟珏，周春山. 我国城市新区开发的管理模式与空间组织研究［J］. 热带地理，2013（1）：56-62.

［224］朱涛. 阅读梁思成之八"梁陈方案"：两部国都史的总结与终结［J］. 时代建筑，2013（5）：130-142.

［225］朱希伟，曾道智. 旅游资源、工业集聚与资源诅咒［J］. 世界经济，2009（5）：65-72.

# 后　记

当我在写这本书的后记时，我已经离开了原工作单位桂林理工大学，全身投入到新的工作单位——广西民族大学。尽管投入新的岗位上使我每日的工作更加繁忙，以至于本书的撰写工作有所延迟，但我相信境由心造，事在人为，态度决定成败，最终顺利地完成了本书的撰写。本书是我主持的2015年度国家旅游局旅游业青年专家培养计划项目"西南民族地区新型城镇化进程中旅游型城市新区产业布局研究"（TYETP201547）的主要研究成果。回想起整本书的撰写过程，虽有不易，却让我对科研产生了愈加强烈的兴趣。在写书的过程中，我不断明白自己所欠缺的东西，并挖掘自己能够努力的方向。这本著作是我和我的硕士生曹冬勤共同努力的研究成果，从选题到确定写作提纲，从实地调研到论文撰写，从数据处理到理论分析，既有艰辛和不易，也有快乐和成就。

在本书即将付梓之际，我的政治经济学专业博士生导师、中国社会科学院学部委员、中国社会科学院大学首席教授程恩富教授；我的理论经济学专业博士后合作导师、长江学者、山东大学经济研究院院长黄少安教授和我的技术经济及管理专业博士生导师；哈尔滨工业大学发展战略研究中心主任于渤教授等三位老师欣然为本书作序。在此，谨向指导我学习和成长的程恩富老师、黄少安老师和于渤老师表示我最衷心的感谢。

我还要对广西民族大学的卞成林书记表示最衷心的感谢，不是卞成林书记给我创造的良好的科研环境和条件，本书难以付梓；感谢广西民族大学谢尚果校长、崔晓麟副校长、宣传部陈铭彬部长、社科处刘金林处长、民族学与社会学学院王柏中院长的大力支持和帮助，使我在一个全新的工作环境中能够快速地进入角色并融入广西民族大学这个温暖的大集体中来；感谢广西民族大学研究生院的胡良人书记、黄焕汉副院长、胡玉平副院长及研究生院的其他各位同志，是他们在工作上点点滴滴的支持和帮助，使我在繁忙的工作中能够静下心来深入思考，最终完成本书的撰写，对他们的付出，我心怀感激；感谢经济科学出版社的李晓杰师妹对本书出版所付出的辛勤劳动，感谢在本书的校对和出版过程中所有付出心血的朋友们。

曾　鹏

2019 年 2 月